方案篇

ZHONGGUO TESE
GAOSHUIPING GAOZHI XUEXIAO HE ZHUANYEQUN JIANSHE
YANJIU YU SHIJIAN

中国特色
高水平高职学校和专业群建设
研究与实践

主 编 朱晓渭
副主编 崔 岩 何玉麒 周 杰

西北大学出版社
·西安·

图书在版编目（CIP）数据

中国特色高水平高职学校和专业群建设研究与实践. 方案篇/朱晓渭主编. —西安：西北大学出版社，2020.12
 ISBN 978-7-5604-4655-4

Ⅰ.①中… Ⅱ.①朱… Ⅲ.①高等职业教育—学科建设—研究—中国 Ⅳ.①G718.5

中国版本图书馆CIP数据核字（2020）第261982号

内容简介

2019年，教育部、财政部先后下发《教育部 财政部关于实施中国特色高水平高职学校和专业建设计划的意见》《中国特色高水平高职学校和专业建设计划项目遴选管理办法（试行）》《教育部 财政部关于公布中国特色高水平高职学校和专业建设计划建设单位名单的通知》，启动并实施"双高计划"，全国共有197所院校入选（其中，高水平学校56所，高水平专业群141所）。陕西8所高职学校入选"双高计划"（其中，高水平学校4所，高水平专业群4所），质量和数量位居全国前列，标志着陕西高等职业教育核心竞争力已经进入全国前列。为切实推进陕西8所学校的"双高计划"建设，加强信息交流和共享，及时总结、推广建设经验和典型案例，引领全省高职教育深化改革、强化内涵建设、实现高质量发展，陕西省职业技术教育学会协调组织8所学校编撰《中国特色高水平高职学校和专业群建设研究与实践》，分为《方案篇》《建设篇》《成果篇》三辑。

本辑为《方案篇》，共3部分。第一部分，教育部、财政部"双高计划"相关文件；第二部分，陕西8所学校"高水平学校建设方案"和"高水平专业群建设方案"的精简版；第三部分，陕西"双高计划"建设研讨会交流材料。

中国特色高水平高职学校和专业群建设研究与实践（方案篇）

主　　编	朱晓渭
副 主 编	崔　岩　何玉麒　周　杰
出版发行	西北大学出版社
地　　址	西安市太白北路229号
邮　　编	710069
电　　话	029-88302825
经　　销	全国新华书店
印　　装	西安华新彩印有限责任公司
开　　本	787mm×1 092mm　1/16
印　　张	20.75
字　　数	460千字
版　　次	2020年12月第1版　2020年12月第1次印刷
书　　号	ISBN 978-7-5604-4655-4
定　　价	68.00元

本版图书如有印装质量问题，请拨打电话029-88302966予以调换

《中国特色高水平高职学校和专业群建设研究与实践》

编委会

———————— ✳ ————————

主　任　朱晓渭

副主任　崔　岩　何玉麒　周　杰

编　委　刘永亮　王周锁　赵居礼　王　津
　　　　　刘敏涵　刘胜辉　刘予东　杨卫军
　　　　　胡海东　杨建民　王晓江

前 言

为贯彻落实《国家职业教育改革实施方案》，教育部、财政部于2019年3月启动了"中国特色高水平高职学校和专业建设计划项目"（以下简称"双高计划"），先后下发了《教育部 财政部关于实施中国特色高水平高职学校和专业建设计划的意见》（教职成〔2019〕5号）、《中国特色高水平高职学校和专业建设计划项目遴选管理办法（试行）》和《教育部办公厅 财政部办公厅关于开展中国特色高水平高职学校和专业建设计划项目申报的通知》（教职成厅函〔2019〕9号）等文件，组建了中国特色高水平高职学校和专业建设计划项目建设咨询专家委员会，遴选出了"双高计划"立项建设单位，发布了《教育部 财政部关于公布中国特色高水平高职学校和专业建设计划建设单位名单的通知》（教职成函〔2019〕14号）。

全国共有197所高职院校入选"双高计划"，其中，高水平学校56所，高水平专业群141所。陕西有8所高职学校入选"双高计划"建设，数量位居全国前列。其中，高水平学校4所，分别是陕西工业职业技术学院（A档）、杨凌职业技术学院（B档）、陕西铁路工程职业技术学院（C档）和西安航空职业技术学院（C档），位居全国第四、中西部第一；陕西工业职业技术学院入选高水平学校建设A档，居全国前十名，为西部唯一。高水平专业群建设立项学校4所，分别是陕西国防工业职业技术学院机电一体化技术（B档）、陕西职业技术学院旅游管理（B档）、陕西能源职业技术学院煤矿开采技术（C档）和咸阳职业技术学院学前教育（C档）。这标志着陕西高等职业教育核心竞争力已经进入全国前列。

为了使陕西8所学校承担的国家"双高计划"建设项目落实落地，加快推进建设进程，切实建成"引领改革、支撑发展、中国特色、世界水平的高职学校和专业群,带动职业教育持续深化改革,强化内涵建设,实现高质量发展",加强学校间的信息交流和共享,及时总结、推广各学校的建设经验和典型案例,供各校借鉴和参考。根据陕西8所"双高计划"建设学校的一致提议,由陕西省职业技术教育学会牵头编撰《中国特色高水平高职学校和专业群建设研究与实践》,分为《方案篇》《建设篇》《成果篇》三辑,内容包括教育部、财政部"双高计划"建设项目相关文件,陕西8所"双高计划"建设学校"高水平学校建设方案"和"高水平专业群建设方案",建设过程中遇到的问题及解决办法,典型案例、研究成果及建设成效。

  本辑为《方案篇》,共分为3个部分,第一部分选编了教育部、财政部"双高计划"建设项目相关文件。第二部分是陕西8所学校"高水平学校建设方案"和"高水平专业群建设方案"的精简版。第三部分是陕西"双高计划"建设研讨会上的交流材料。8所学校的学会特聘研究员提供了本校的相关资料,西部现代职业教育研究院的有关专家给予了精心指导,在出版过程中西部现代职业教育研究院从经费上给予了大力支持。在此,向他们表示衷心的感谢!

  由于编者水平有限,书中难免有不妥之处,敬请读者提出宝贵意见。

编 者

2020年7月

目 录

第一部分 政策文件

教育部 财政部关于实施中国特色高水平高职学校和专业建设计划的意见（教职成〔2019〕5号）……………………………………（3）

教育部 财政部关于印发《中国特色高水平高职学校和专业建设计划项目遴选管理办法（试行）》的通知（教职成〔2019〕8号）………（8）

教育部办公厅 财政部办公厅关于开展中国特色高水平高职学校和专业建设计划项目申报的通知（教职成厅函〔2019〕9号）…………（13）

教育部 财政部关于公布中国特色高水平高职学校和专业建设计划建设单位名单的通知（教职成函〔2019〕14号）……………………（15）

第二部分 建设方案

陕西工业职业技术学院"双高计划"建设方案 …………………… （25）
杨凌职业技术学院"双高计划"建设方案 ………………………… （53）
西安航空职业技术学院"双高计划"建设方案 …………………… （78）
陕西铁路工程职业技术学院"双高计划"建设方案 ……………… （125）
陕西国防工业职业技术学院"双高计划"建设方案 ……………… （173）
陕西职业技术学院"双高计划"建设方案 ………………………… （207）
陕西能源职业技术学院"双高计划"建设方案 …………………… （224）
咸阳职业技术学院"双高计划"建设方案 ………………………… （253）

第三部分　研讨交流

把握"双高计划"建设大方向,修改完善好建设方案 …………………… 崔　岩(283)
"双高计划"建设方案任务书编制中的难点及思考 ……………………… 刘永亮(292)
立足行业特色和区位优势,找准定位,完善建设方案 …………………… 赵居礼(294)
对标"双高计划",突出行业特色,支持高铁建设 ………………………… 王　津(296)
突出军工特质,完善建设方案,建设高水平专业群 ……………………… 刘敏涵(300)
打造高水平专业群　服务产业高端发展 ………………………………… 刘予东(302)
瞄准目标,克服困难,建设好学前教育高水平专业群 …………………… 杨卫军(305)
树立"六新"理念,深化区校融合,着力打造服务乡村振兴"双高校" …… 张　迪(307)
突出现代服务业特色　打造智慧文旅人才培养高地 …………………… 王　平(310)

附件

附件1　"双高计划"建设单位情况统计 ………………………………………… (312)
附件2　陕西8所"双高计划"建设学校和12个高水平专业群
　　　　建设预算经费统计 ……………………………………………………… (319)

第一部分

政策文件

选编了教育部、财政部关于实施中国特色高水平高职学校和专业建设的4个文件。

教育部 财政部
关于实施中国特色高水平高职学校和专业建设计划的意见

教职成〔2019〕5号

各省、自治区、直辖市教育厅(教委)、财政厅(局),新疆生产建设兵团教育局、财政局:

为深入贯彻落实全国教育大会精神,落实《国家职业教育改革实施方案》,集中力量建设一批引领改革、支撑发展、中国特色、世界水平的高职学校和专业群,带动职业教育持续深化改革,强化内涵建设,实现高质量发展,现就实施中国特色高水平高职学校和专业建设计划(以下简称"双高计划")提出如下意见。

一、总体要求

(一)指导思想

以习近平新时代中国特色社会主义思想为指导,牢固树立新发展理念,服务建设现代化经济体系和更高质量更充分就业需要,扎根中国、放眼世界、面向未来,强力推进产教融合、校企合作,聚焦高端产业和产业高端,重点支持一批优质高职学校和专业群率先发展,引领职业教育服务国家战略、融入区域发展、促进产业升级,为建设教育强国、人才强国作出重要贡献。

(二)基本原则

——坚持中国特色。扎根中国大地,全面贯彻党的教育方针,坚定社会主义办学方向,完善职业教育和培训体系,健全德技并修、工学结合的育人机制,服务新时代经济高质量发展,为中国产业走向全球产业中高端提供高素质技术技能人才支撑。

——坚持产教融合。创新高等职业教育与产业融合发展的运行模式,精准对接区域人才需求,提升高职学校服务产业转型升级的能力,推动高职学校和行业企业形成命运共同体,为加快建设现代产业体系,增强产业核心竞争力提供有力支撑。

——坚持扶优扶强。质量为先、以点带面,兼顾区域和产业布局,支持基础条件优良、改革成效突出、办学特色鲜明的高职学校和专业群率先发展,积累可复制、可借鉴的改革经验和模式,发挥示范引领作用。

——坚持持续推进。按周期、分阶段推进建设,实行动态管理、过程监测、有进有出、优胜劣汰,完善持续支持高水平高职学校和专业群建设的机制,实现高质量发展。

——坚持省级统筹。发挥地方支持职业教育改革发展的积极性和主动性,加大资金和政策保障力度。中央财政以奖补的形式通过相关转移支付给予引导支持。多渠道扩大资源供给,构建政府行业企业学校协同推进职业教育发展新机制。

(三)总体目标

围绕办好新时代职业教育的新要求,集中力量建设50所左右高水平高职学校和150个左右高水平专业群,打造技术技能人才培养高地和技术技能创新服务平台,支撑国家重点产业、区域支柱产业发展,引领新时代职业教育实现高质量发展。

到2022年,列入计划的高职学校和专业群办学水平、服务能力、国际影响显著提升,为职业教育改革发展和培养千万计的高素质技术技能人才发挥示范引领作用,使职业教育成为支撑国家战略和地方经济社会发展的重要力量。形成一批有效支撑职业教育高质量发展的政策、制度、标准。

到2035年,一批高职学校和专业群达到国际先进水平,引领职业教育实现现代化,为促进经济社会发展和提高国家竞争力提供优质人才资源支撑。职业教育高质量发展的政策、制度、标准体系更加成熟完善,形成中国特色职业教育发展模式。

二、改革发展任务

(四)加强党的建设

深入推进习近平新时代中国特色社会主义思想进教材进课堂进头脑,大力开展理想信念教育和社会主义核心价值观教育,构建全员全过程全方位育人的思想政治工作格局,实现职业技能和职业精神培养高度融合。落实党委领导下的校长负责制,充分发挥党组织在学校的领导核心和政治核心作用,牢牢把握意识形态主动权,引导广大师生树牢"四个意识"、坚定"四个自信"、坚决做到"两个维护"。加强基层党组织建设,将党的建设与学校事业发展同部署、同落实、同考评,有效发挥基层党组织战斗堡垒作用和共产党员先锋模范作用,带动学校工会、共青团等群团组织和学生会组织建设,为学校改革发展提供坚强组织保证。

(五)打造技术技能人才培养高地

落实立德树人根本任务,将社会主义核心价值观教育贯穿技术技能人才培养全过程。坚持工学结合、知行合一,加强学生认知能力、合作能力、创新能力和职业能力培养。加强劳动教育,以劳树德、以劳增智、以劳强体、以劳育美。培育和传承工匠精神,引导学生养成严谨专注、敬业专业、精益求精和追求卓越的品质。深化复合型技术技能人才培养培训模式改革,率先开展"学历证书+若干职业技能等级证书"制度试点。在全面提高质量的基础上,着力培养一批产业急需、技艺高超的高素质技术技能人才。

(六)打造技术技能创新服务平台

对接科技发展趋势,以技术技能积累为纽带,建设集人才培养、团队建设、技术服务于一体,资源共享、机制灵活、产出高效的人才培养与技术创新平台,促进创新成果与核心技术产业化,重点服务企业特别是中小微企业的技术研发和产品升级。加强与地方政府、产业园区、行业深度合作,建设兼具科技攻关、智库咨询、英才培养、创新创业功能,体现学校特色的产教融合平台,服务区域发展和产业转型升级。进一步提高专业群集聚度和配套供给服务能力,与行业领先企业深度合作,建设兼具产品研发、工艺开发、技术推广、大师培育功能的技术技能平台,服务重点行业和支柱产业发展。

(七)打造高水平专业群

面向区域或行业重点产业,依托优势特色专业,健全对接产业、动态调整、自我完善的专业群建设发展机制,促进专业资源整合和结构优化,发挥专业群的集聚效应和服务功能,实现人才培养供给侧和产业需求侧结构要素全方位融合。校企共同研制科学规范、国际可借鉴的人才培养方案和课程标准,将新技术、新工艺、新规范等产业先进元素纳入教学标准和教学内容,建设开放共享的专业群课程教学资源和实践教学基地。组建高水平、结构化教师教学创新团队,探索教师分工协作的模块化教学模式,深化教材与教法改革,推动课堂革命。建立健全多方协同的专业群可持续发展保障机制。

(八)打造高水平双师队伍

以"四有"标准打造数量充足、专兼结合、结构合理的高水平双师队伍。培育引进一批行业有权威、国际有影响的专业群建设带头人,着力培养一批能够改进企业产品工艺、解决生产技术难题的骨干教师,合力培育一批具有绝技绝艺的技术技能大师。聘请行业企业领军人才、大师名匠兼职任教。建立健全教师职前培养、入职培训和在职研修体系。建设教师发展中心,提升教师教学和科研能力,促进教师职业发展。创新教师评价机制,建立以业绩贡献和能力水平为导向、以目标管理和目标考核为重点的绩效工资动态调整机制,实现多劳多得、优绩优酬。

(九)提升校企合作水平

与行业领先企业在人才培养、技术创新、社会服务、就业创业、文化传承等方面深度合作,形成校企命运共同体。把握全球产业发展、国内产业升级的新机遇,主动参与供需对接和流程再造,推动专业建设与产业发展相适应,实质推进协同育人。施行校企联合培养、双主体育人的中国特色现代学徒制。推行面向企业真实生产环境的任务式培养模式。牵头组建职业教育集团,推进实体化运作,实现资源共建共享。吸引企业联合建设产业学院和企业工作室、实验室、创新基地、实践基地。

(十)提升服务发展水平

培养适应高端产业和产业高端需要的高素质技术技能人才,服务中国产业走向全球产业中高端。以应用技术解决生产生活中的实际问题,切实提高生产效率、产品质量和服务品质。加强新产品开发和技术成果的推广转化,推动中小企业的技术研发和产品升级,促进民族传统工艺、民间技艺传承创新。面向脱贫攻坚主战场,积极吸引贫困地区学生到"双高计划"学校就学。服务乡村振兴战略,广泛开展面向农业农村的职业教育和培训。面向区域经济社会发展急需紧缺领域,大力开展高技能人才培训。积极主动开展职工继续教育,拓展社区教育和终身学习服务。

(十一)提升学校治理水平

健全内部治理体系,完善以章程为核心的现代职业学校制度体系,形成学校自主管理、自我约束的体制机制,推进治理能力现代化。健全学校、行业、企业、社区等共同参与的学校理事会或董事会,发挥咨询、协商、议事和监督作用。设立校级学术委员会,统筹行使学术事务的决策、审议、评定和咨询等职权。设立校级专业建设委员会和教材选用委员会,指导和促进专业建设和教学改革。发挥教职工代表大会作用,审议学校重大问题。优化内部治理结构,扩大二级院系管理自主权,发展跨专业教学组织。

(十二)提升信息化水平

加快智慧校园建设,促进信息技术和智能技术深度融入教育教学和管理服务全过程,改进教学、优化管理、提升绩效。消除信息孤岛,保证信息安全,综合运用大数据、人工智能等手段推进学校管理方式变革,提升管理效能和水平。以"信息技术+"升级传统专业,及时发展数字经济催生的新兴专业。适应"互联网+职业教育"需求,推进数字资源、优秀师资、教育数据共建共享,助力教育服务供给模式升级。提升师生信息素养,建设智慧课堂和虚拟工厂,广泛应用线上线下混合教学,促进自主、泛在、个性化学习。

(十三)提升国际化水平

加强与职业教育发达国家的交流合作,引进优质职业教育资源,参与制定职业教育国际标准。开发国际通用的专业标准和课程体系,推出一批具有国际影响的高质量专业标准、课程标准、教学资源,打造中国职业教育国际品牌。积极参与"一带一路"建设和国际产能合作,培养国际化技术技能人才,促进中外人文交流。探索援助发展中国家职业教育的渠道和模式。开展国际职业教育服务,承接"走出去"中资企业海外员工教育培训,建设一批鲁班工坊,推动技术技能人才本土化。

三、组织实施

(十四)建立协同推进机制

国家有关部门负责宏观布局、统筹协调、经费管理等顶层设计,围绕经济社会发展和国家战略需要,适时调整建设重点,成立项目建设咨询专家委员会,为重大政策、总体方案、审核立项、监督评价等提供咨询和支撑。各地要加强政策支持和经费保障,动员各方力量支持项目建设,对接区域经济社会发展需求,构建以"双高计划"学校为引领,区域内高职学校协调发展的格局。"双高计划"学校要深化改革创新,聚焦建设任务,科学编制建设方案和任务书,健全责任机制,扎实推进建设,确保工作成效。

(十五)加强项目实施管理

"双高计划"每五年一个支持周期,2019年启动第一轮建设。制定项目遴选管理办法,明确遴选条件和程序,公开申请、公平竞争、公正认定。项目遴选坚持质量为先、改革导向,以学校、专业的客观发展水平为基础,对职业教育发展环境好、重点工作推进有力、改革成效明显的省(区、市)予以倾斜支持。制定项目绩效评价办法,建立信息采集与绩效管理系统,实行年度评价项目建设绩效,中期调整项目经费支持额度;依据周期绩效评价结果,调整项目建设单位。发挥第三方评价作用,定期跟踪评价。建立信息公开公示网络平台,接受社会监督。

(十六)健全多元投入机制

各地新增教育经费向职业教育倾斜,在完善高职生均拨款制度、逐步提高生均拨款水平的基础上,对"双高计划"学校给予重点支持,中央财政通过现代职业教育质量提升计划专项资金对"双高计划"给予奖补支持,发挥引导作用。有关部门和行业企业以共建、共培等方式积极参与项目建设。项目学校以服务求发展,积极筹集社会资源,增强自我造血功能。

(十七)优化改革发展环境

各地要结合区域功能、产业特点探索差别化的职业教育发展路径,建立健全产教对接机制,促进人才培养与产业需求有机衔接。加大"双高计划"学校的支持力度,在领导班子、核定教师编制、高级教师岗位比例、绩效工资总量等方面按规定给予政策倾斜。深入推进"放管服"改革,在专业设置、内设机构及岗位设置、进人用人、经费使用管理上进一步扩大学校办学自主权。建立健全改革创新容错纠错机制,鼓励"双高计划"学校大胆试、大胆闯,激发和保护干部队伍敢于担当、干事创业的积极性、主动性、创造性。

教育部 财政部
2019 年 3 月 29 日

教育部 财政部
关于印发《中国特色高水平高职学校和专业建设计划项目遴选管理办法(试行)》的通知

教职成〔2019〕8号

各省、自治区、直辖市教育厅(教委)、财政厅(局),新疆生产建设兵团教育局、财政局:

根据《教育部 财政部关于实施中国特色高水平高职学校和专业建设计划的意见》(教职成〔2019〕5号),教育部、财政部研究制定了《中国特色高水平高职学校和专业建设计划项目遴选管理办法(试行)》,现印发你们,请遵照执行。

教育部 财政部

2019年4月16日

中国特色高水平高职学校和专业建设计划项目遴选管理办法(试行)

第一章 总 则

第一条 为加强中国特色高水平高职学校和专业建设计划(简称"双高计划")项目管理,保证"双高计划"顺利实施,根据《教育部 财政部关于实施中国特色高水平高职学校和专业建设计划的意见》(教职成〔2019〕5号),制定本办法。

第二条 教育部、财政部(简称两部)联合组织管理,地方(包括项目学校举办方,下同)统筹推进项目建设,学校具体实施。

第三条 项目资金包括中央财政资金、地方财政资金和学校自筹资金。

第四条 "双高计划"每五年一个支持周期,2019年启动第一轮建设。实行总量控制、动态管理,年度评价、期满考核,有进有出、优胜劣汰。重点支持建设50所左右高水平高职学校和150个左右高水平专业群。

第二章 职责分工

第五条 两部负责总体规划、协调推进等重大事项的决策,主要职责包括:

(一)项目设计、审核立项、过程监管、绩效管理;

(二)规划阶段重点任务,统筹安排中央财政资金;

(三)组建项目建设咨询专家委员会(简称"专委会");

(四)审定项目遴选和考核标准;

(五)指导省级教育和财政部门管理区域绩效;

(六)委托第三方评价项目绩效。

教育部职业教育与成人教育司承担"双高计划"日常工作。

第六条 专委会由有关行业主管部门、学校、科研机构、行业企业专家组成,受两部委托主要承担以下工作:

(一)研制"双高计划"建设单位遴选标准和考核标准;

(二)评审建设方案和任务书;

(三)为项目建设提供咨询服务。

第七条 省级教育和财政部门主要履行以下职责:

(一)根据遴选条件,开展项目预审和推荐工作;

(二)指导监督本区域项目建设,协调解决有关问题;

(三)落实项目学校的相关支持政策和建设资金,并对项目实施监管。

第八条 项目学校举办方主要履行以下职责:

(一)发挥办学主体作用,在政策、资金、资源等方面提供支持,营造良好的项目建设环境;

(二)指导项目建设工作,协调解决有关问题。

第九条 项目学校主要履行以下职责:

(一)编制报送项目建设方案和任务书;

(二)按照批复的建设方案和任务书开展项目建设;

(三)确保项目资金使用规范、安全、高效;

(四)完成项目绩效目标,按要求报送项目建设报告,并接受监控、审计和评价。

第三章 项目遴选

第十条 "双高计划"遴选坚持质量为先、改革导向、扶优扶强,面向独立设置的专科高职学校(包括社会力量举办的专科高职学校),分高水平学校和高水平专业群两类布局。在高职学校年生均财政拨款水平达到国家统一要求且逐年增长的前提下,对职业教育发展环境好、重点工作推进有力、改革成效明显、"双高计划"政策资金保障力度大的省份予以倾斜支持。

第十一条 学校须具备以下基本条件:

(一)学校办学条件高于专科高职学校设置标准,数字校园基础设施高于《职业院校数字校园建设规范》标准。

(二)学校人才培养和治理水平高,在产教融合、校企合作方面成效显著,对区域发展贡献度高,已取得以下工作成效:被确定为《高等职业教育创新发展行动计划(2015—2018年)》省级及以上优质高职学校建设单位;已制定学校章程并经省级备案,设有理事会或董事会机构,成立校级学术委员会,内部质量保证体系健全;财务管理规范,内部控制制度健全;牵头组建实体化运行的职业教育集团,合作企业对学校支持投入力度大;成立应用技术协同创新中心、技能大师工作室;非学历培训人日数不低于全日制在校生数;近三年招生计划完成率不低于90%,毕业生半年后就业率不低于95%;配合"走出去"企业开展员工教育培训、有教育部备案的中外合作办学项目或招收学历教育留学生。

(三)学校坚持职业教育办学定位和方向,干事创业的积极性、主动性、创造性高,教育教学改革、校企合作和专业建设基础好,人才培养质量和师资队伍水平高,学生就业水平高,社会支持度高。

(四)学校在以下9项标志性成果中有不少于5项:

1.近两届获得过国家级教学成果奖励(第一完成单位);

2.主持国家级职业教育专业教学资源库立项项目且应用效果好;

3.承担国家级教育教学改革试点且成效明显(仅包括现代学徒制试点、"三全育人"综合改革试点、教学工作诊断与改进工作试点、定向培养士官试点);

4.有国家级重点专业(仅包括国家示范、骨干高职学校支持的重点专业);

5.近五年学校就业工作被评为全国就业创业典型(仅包括全国毕业生就业典型经验高校、创新创业典型经验高校、创新创业教育改革示范高校);

6.近五年学生在国家级及以上竞赛中获得过奖励(仅包括世界技能大赛、全国职业院校技能大赛、中国"互联网+"大学生创新创业大赛、"挑战杯"全国大学生课外学术科技作品竞赛和中国大学生创业计划竞赛);

7.教师获得过国家级奖励(仅包括"万人计划"教学名师、全国高校黄大年式团队、全国职业院校教学能力比赛获奖);

8.建立校级竞赛制度,近五年承办过全国职业院校技能大赛;

9.建立校级质量年报制度,近五年连续发布《高等职业院校质量年度报告》且未有负面行为被通报。

在满足以上条件的基础上,学校近五年在招生、财务、实习、学生管理等方面未出现过重大违纪违规行为。学校未列入本省升本规划。

第十二条 专业群须具备以下基本条件:

(一)专业群定位准确,对接国家和区域主导产业、支柱产业和战略性新兴产业重点领域。专业群组建逻辑清晰,群内专业教学资源共享度、就业相关度较高,形成优势互补、协同发展的建设机制。专业特色鲜明,行业优势明显,有较强社会影响力。

(二)专业群有高水平专业带头人和教学创新团队,校外兼职教师素质优良。实践教学基地设施先进、管理规范,基地建设与实践教学项目设计相适应、相配套。校企共同设计科学规范的专业群课程体系,反映行业领域的新技术、新工艺、新规范,信息技术深度融入教育教学,线上线下课程资源丰富。

(三)专业群生源质量好,保持一定办学规模。建立毕业生就业跟踪调查机制,学生就业对口率、用人单位满意度、学生就业满意度高。与行业企业深入合作开展科技研发应用,科研项目、专利数量多。

第十三条 项目遴选包括学校申报、省级推荐、遴选确定等3个环节。

(一)学校申报。满足第十条、十一条、十二条的学校自愿申报,按要求向省级教育部门提交申报材料(包括申报书、学校总体建设方案、不超过2个专业群的建设方案、真实性声明、承诺书等)。

(二)省级推荐。省级教育部门会同财政部门依据基本条件择优遴选,学校申报材料及遴选结果公示无异议后,出具推荐函(包括推荐院校顺序名单、真实性声明等),与推荐学校申报材料一并报两部。

(三)遴选确定。两部委托专委会依次开展高水平学校、高水平专业群项目遴选。专委会根据高水平学校和专业群遴选标准,分别对学校和专业群评价赋分。依据学校和2个专业群赋分综合排序,确定高水平学校推荐单位,推荐结果分为三档,A档10所、B档20所、C档20所左右;依据学校和1个专业群赋分综合排序,考虑产业布局和专业群布点,确定高水平专业群推荐单位,推荐结果分为三档,A档30所、B档60所、C档60所左右。两部对推荐结果进行审核、公示并公布结果。根据年度资金安排,中央财政通过相关转移支付引导支持建设一批,地方和学校自筹资金建设一批。

第四章 项目实施

第十四条 项目学校根据建设任务和预算安排,确定绩效目标,编制项目任务书。省级教育、财政部门核准后报两部审定。

第十五条 项目学校根据审定意见修订完善建设方案和任务书,报两部备案并启动建设。

第十六条 项目学校按照备案的建设方案和任务书实施建设,原则上不作调整。建设过程中确需调整,须经省级教育、财政部门核准并报两部备案。

第十七条 每个支持周期结束,项目学校按要求提交验收报告,经省级验收后报两部复核。复核结果予以公布,并作为下一周期遴选的重要依据。

第五章 项目管理

第十八条 制定绩效评价办法,全面实施预算绩效管理、落实管理责任、改进管理方式,提高经费使用绩效。

第十九条 绩效评价结果作为调整项目资金支持额度的重要依据。对资金筹措有力、建设成效显著的项目,加大支持力度;对资金筹措不力、实施进展缓慢、建设实效有限的项目,提出警告并酌减资金支持额度。出现重大问题,经整改仍无改善的项目,中止项目建设。中止建设的项目学校不得再次申请"双高计划"项目。

第二十条 有下列行为视其情节轻重给予警告、限期整改、中止项目等处理:

(一)编报虚假预算,套取国家财政资金;

（二）项目执行不力，未开展实质性建设；
（三）擅自调整批复的建设方案和任务书内容；
（四）项目经费使用不符合国家财务制度规定；
（五）其他违反国家法律法规和本办法规定的行为。

第六章　附　则

第二十一条　本办法自发布之日起施行。各地应根据本办法制订实施细则。

第二十二条　本办法由两部负责解释和修订。

教育部办公厅 财政部办公厅关于开展中国特色高水平高职学校和专业建设计划项目申报的通知

教职成厅函〔2019〕9号

各省、自治区、直辖市教育厅（教委）、财政厅（局），新疆生产建设兵团教育局、财政局：

为贯彻落实《国家职业教育改革实施方案》，根据《教育部 财政部关于实施中国特色高水平高职学校和专业建设计划的意见》（教职成〔2019〕5号）和《中国特色高水平高职学校和专业建设计划遴选管理办法（试行）》（以下简称《遴选管理办法》），现就项目申报有关事项通知如下。

一、范围和数量

围绕国家重大战略和区域支柱产业，首轮立项建设50所左右高水平高职学校和150个左右高水平专业群，重点布局在现代农业、先进制造业、现代服务业、战略性新兴产业等技术技能人才紧缺领域。

二、申报条件

申报学校须同时满足《遴选管理办法》第十条、十一条、十二条要求，每所学校申报2个专业群，每个专业群一般包含3~5个专业。相关条件和数据来源以国家有关部门发文和"高等职业院校人才培养工作状态数据采集与管理平台"为主要依据。

三、工作流程

（一）学校申报。符合申报条件的学校自愿申报，按要求向省级教育行政部门提交申报材料。

（二）省级推荐。省级教育行政部门会同财政部门对学校申报资格进行审核并择优遴选，公示无异议后报教育部、财政部（简称两部）。

（三）遴选确定。两部委托项目建设咨询专家委员会开展项目遴选推荐，对推荐结果进行审核、公示并公布结果。

四、有关要求

（一）申报学校须于2019年4月29日至5月15日登录教育部官网职成司主页（http://www.moe.gov.cn/s78/A07/）"中国特色高水平高职学校和专业建设计划"专栏"双高计划项目管理系统"，按要求填写《中国特色高水平高职学校和专业建设计划申报书》（简称《申报书》，见附件），并上传建设方案及佐证材料电子版。学校用户名和初始密码另行通知省级教育行政部门。

（二）省级教育行政部门会同财政部门须于 2019 年 5 月 31 日前完成省级推荐工作，通过"双高计划项目管理系统"提交推荐信息，并将省级推荐函（包括推荐学校顺序名单、材料真实性审查情况等）和学校申报材料纸质版一并报送至教育部职业教育与成人教育司。省级教育行政部门用户名和初始密码另行通知。

（三）学校申报材料包括：《申报书》（须通过"双高计划项目管理系统"打印并签章，15 份）、建设方案（学校总体建设方案和 2 个专业群建设方案合并装订，不超过 120 页，15 份）、佐证材料（不超过 200 页，5 份），材料双面打印，A4 纸装订。

（四）各省级教育行政部门须按规定程序审核、公示相关申报材料，保证材料公开、真实、有效。

通讯地址：北京市西单大木仓胡同 37 号教育部职成司高职发展处（邮编：100816）
联 系 人：任占营（职成司）
　　　　　王　俊（财务司）
联系电话：010－66096232（职成司）
　　　　　010－66097557（财务司）
电子信箱：sfgz@moe.edu.cn
附件：中国特色高水平高职学校和专业建设计划申报书

教育部办公厅　财政部办公厅
2019 年 4 月 18 日

教育部 财政部关于公布中国特色高水平高职学校和专业建设计划建设单位名单的通知

教职成函〔2019〕14号

各省、自治区、直辖市教育厅(教委)、财政厅,各计划单列市教育局、财政局,新疆生产建设兵团教育局、财政局:

根据《教育部 财政部关于实施中国特色高水平高职学校和专业建设计划的意见》(教职成〔2019〕5号)和《中国特色高水平高职学校和专业建设计划项目遴选管理办法(试行)》(教职成〔2019〕8号),经高职学校自愿申报,省级教育行政部门、财政部门审核推荐,中国特色高水平高职学校和专业建设计划(简称"双高计划")项目建设咨询专家委员会评审,教育部、财政部审定并公示,现对"双高计划"第一轮建设单位名单予以公布。

各地要将"双高计划"作为落实《国家职业教育改革实施方案》的"先手棋",优化改革发展环境,加强政策支持和经费保障,动员各方力量支持项目建设。项目学校要按照备案的建设方案和任务书实施建设,教育部、财政部将适时开展项目绩效评价,评价结果作为下一周期遴选的重要依据。

附件:中国特色高水平高职学校和专业建设计划建设单位名单

教育部 财政部
2019年12月10日

中国特色高水平高职学校和专业建设计划建设单位名单

(同一档次内按国务院省级行政区划顺序及校名拼音排序)

第一类:

高水平学校建设单位(A档)

学校名称	专业群名称
北京电子科技职业学院	汽车制造与装配技术、药品生物技术
天津市职业大学	眼视光技术、包装工程技术

续表

学校名称	专业群名称
江苏农林职业技术学院	现代农业技术、园林技术
无锡职业技术学院	数控技术、物联网应用技术
金华职业技术学院	机械制造与自动化、学前教育
浙江机电职业技术学院	机械制造与自动化、智能控制技术
山东商业职业技术学院	市场营销、云计算技术与应用
黄河水利职业技术学院	水利水电建筑工程、测绘地理信息技术
深圳职业技术学院	通信技术、电子信息工程技术
陕西工业职业技术学院	机械制造与自动化、材料成型与控制技术

第二类：

高水平学校建设单位（B档）

学校名称	专业群名称
北京工业职业技术学院	机电一体化技术、工程测量技术
天津医学高等专科学校	护理、药学
河北工业职业技术学院	黑色冶金技术、电气自动化技术
辽宁省交通高等专科学校	道路桥梁工程技术、汽车运用与维修技术
常州信息职业技术学院	软件技术、信息安全与管理
江苏农牧科技职业学院	畜牧兽医、食品药品监督管理
南京信息职业技术学院	通信技术、电子产品质量检测
杭州职业技术学院	电梯工程技术、服装设计与工艺
宁波职业技术学院	应用化工技术、模具设计与制造
浙江金融职业学院	金融管理、国际贸易实务
日照职业技术学院	水产养殖技术、建筑工程技术
淄博职业学院	电气自动化技术、新能源汽车技术
长沙民政职业技术学院	现代殡葬技术与管理、老年服务与管理
广东轻工职业技术学院	精细化工技术、产品艺术设计
广州番禺职业技术学院	艺术设计、珠宝首饰技术与管理
深圳信息职业技术学院	软件技术、移动通信技术
顺德职业技术学院	家具设计与制造、制冷与空调技术
重庆电子工程职业学院	物联网应用技术、信息安全与管理
重庆工业职业技术学院	模具设计与制造、汽车检测与维修技术
杨凌职业技术学院	农业生物技术、水利工程

第三类：

高水平学校建设单位(C档)

学校名称	专业群名称
北京财贸职业学院	会计、连锁经营管理
天津轻工职业技术学院	模具设计与制造、光伏发电技术与应用
山西省财政税务专科学校	会计、市场营销
内蒙古机电职业技术学院	电力系统自动化技术、机械制造与自动化
长春汽车工业高等专科学校	汽车制造与装配技术、新能源汽车技术
哈尔滨职业技术学院	机电一体化技术、电子商务
上海工艺美术职业学院	工艺美术品设计、产品艺术设计
常州机电职业技术学院	工业机器人技术、模具设计与制造
江苏经贸职业技术学院	电子商务、老年服务与管理
温州职业技术学院	鞋类设计与工艺、电机与电器技术
芜湖职业技术学院	机电一体化技术、食品营养与检测
福建船政交通职业学院	航海技术、安全技术与管理
九江职业技术学院	船舶工程技术、物联网应用技术
滨州职业学院	护理、机械制造与自动化
武汉船舶职业技术学院	船舶工程技术、轮机工程技术
湖南铁道职业技术学院	铁道机车车辆制造与维护、铁道机车
南宁职业技术学院	建筑室内设计、软件技术
海南经贸职业技术学院	旅游管理、国际经济与贸易
四川工程职业技术学院	数控技术、焊接技术与自动化
贵州交通职业技术学院	道路桥梁工程技术、汽车运用与维修技术
昆明冶金高等专科学校	有色冶金技术、测绘工程技术
陕西铁路工程职业技术学院	高速铁道工程技术、城市轨道交通工程技术
西安航空职业技术学院	飞机机电设备维修、无人机应用技术
兰州资源环境职业技术学院	应用气象技术、金属精密成型技术
宁夏职业技术学院	畜牧兽医、机电一体化技术
新疆农业职业技术学院	种子生产与经营、畜牧兽医

高水平专业群建设单位(A档)

学校名称	专业群名称
北京农业职业学院	园艺技术
北京信息职业技术学院	信息安全与管理

续表

学校名称	专业群名称
天津电子信息职业技术学院	软件技术
天津现代职业技术学院	无人机应用技术
邢台职业技术学院	汽车检测与维修技术
山西工程职业学院	黑色冶金技术
辽宁农业职业技术学院	园艺技术
长春职业技术学院	计算机网络技术
黑龙江农业经济职业学院	作物生产技术
黑龙江建筑职业技术学院	市政工程技术
江苏建筑职业技术学院	建筑装饰工程技术
浙江建设职业技术学院	工程造价
安徽机电职业技术学院	工业机器人技术
安徽商贸职业技术学院	电子商务
福建信息职业技术学院	物联网应用技术
江西应用技术职业学院	国土资源调查与管理
山东科技职业学院	服装设计与工艺
黄冈职业技术学院	建筑钢结构工程技术
武汉职业技术学院	光电技术应用
湖南工业职业技术学院	数控技术
湖南工艺美术职业学院	刺绣设计与工艺
湖南汽车工程职业学院	汽车智能技术
重庆城市管理职业学院	老年服务与管理
成都航空职业技术学院	飞行器制造技术
四川交通职业技术学院	道路桥梁工程技术
兰州石化职业技术学院	石油化工技术

高水平专业群建设单位（B档）

学校名称	专业群名称
北京劳动保障职业学院	老年服务与管理
天津交通职业学院	物流管理
石家庄铁路职业技术学院	铁道工程技术
唐山工业职业技术学院	动车组检修技术
山西机电职业技术学院	数控技术

续表

学校名称	专业群名称
山西职业技术学院	大数据技术与应用
内蒙古化工职业学院	煤化工技术
黑龙江职业学院	数控技术
黑龙江农业工程职业学院	农业装备应用技术
常州工程职业技术学院	应用化工技术
江苏工程职业技术学院	现代纺织技术
江苏海事职业技术学院	航海技术
江苏食品药品职业技术学院	食品加工技术
南通航运职业技术学院	航海技术
苏州工艺美术职业技术学院	工艺美术品设计
苏州农业职业技术学院	园林工程技术
浙江交通职业技术学院	道路桥梁工程技术
浙江经济职业技术学院	物流管理
浙江经贸职业技术学院	电子商务
浙江旅游职业学院	导游
安徽水利水电职业技术学院	水利水电建筑工程
福州职业技术学院	软件技术
黎明职业大学	高分子材料加工技术
漳州职业技术学院	食品加工技术
江西财经职业学院	会计
江西环境工程职业学院	林业技术
江西交通职业技术学院	道路桥梁工程技术
济南职业学院	机电一体化技术
青岛职业技术学院	服装与服饰设计
山东畜牧兽医职业学院	畜牧兽医
山东交通职业学院	汽车运用与维修技术
威海职业学院	建筑工程技术
潍坊职业学院	电气自动化技术
烟台职业学院	模具设计与制造
河南工业职业技术学院	机电一体化技术
河南农业职业学院	种子生产与经营
河南职业技术学院	数控技术

续表

学校名称	专业群名称
许昌职业技术学院	机电一体化技术
郑州铁路职业技术学院	铁道机车
武汉铁路职业技术学院	动车组检修技术
襄阳职业技术学院	特殊教育
长沙航空职业技术学院	飞行器维修技术
湖南化工职业技术学院	应用化工技术
广东科学技术职业学院	软件技术
广东水利电力职业技术学院	水利水电建筑工程
广州铁路职业技术学院	铁道供电技术
广西职业技术学院	茶树栽培与茶叶加工
柳州职业技术学院	机电设备维修与管理
重庆电力高等专科学校	发电厂及电力系统
重庆工程职业技术学院	机电一体化技术
重庆工商职业学院	物联网应用技术
成都纺织高等专科学校	服装设计与工艺
成都职业技术学院	软件技术
四川建筑职业技术学院	建筑工程技术
铜仁职业技术学院	畜牧兽医
陕西国防工业职业技术学院	机电一体化技术
陕西职业技术学院	旅游管理
酒泉职业技术学院	风力发电工程技术
宁夏工商职业技术学院	应用化工技术

第四类：

高水平专业群建设单位（C档）

学校名称	专业群名称
北京交通运输职业学院	城市轨道交通运营管理
天津渤海职业技术学院	环境工程技术
沧州医学高等专科学校	临床医学
承德石油高等专科学校	石油工程技术
河北化工医药职业技术学院	药品生产技术
秦皇岛职业技术学院	审计

续表

学校名称	专业群名称
石家庄邮电职业技术学院	邮政通信管理
石家庄职业技术学院	建筑工程技术
内蒙古建筑职业技术学院	供热通风与空调工程技术
渤海船舶职业学院	船舶工程技术
辽宁机电职业技术学院	工业过程自动化技术
辽宁经济职业技术学院	物流管理
沈阳职业技术学院	机械设计与制造
吉林交通职业技术学院	道路桥梁工程技术
吉林铁道职业技术学院	铁道机车
哈尔滨铁道职业技术学院	城市轨道交通工程技术
南京铁道职业技术学院	铁道交通运营管理
南通职业大学	建筑工程技术
苏州工业职业技术学院	智能控制技术
无锡商业职业技术学院	市场营销
徐州工业职业技术学院	高分子材料工程技术
浙江工贸职业技术学院	光电制造与应用技术
浙江警官职业学院	刑事执行
浙江商业职业技术学院	电子商务
浙江艺术职业学院	戏曲表演
安徽医学高等专科学校	护理
江西外语外贸职业学院	电子商务
东营职业学院	石油化工技术
青岛酒店管理职业技术学院	酒店管理
山东职业学院	城市轨道交通车辆技术
湖北交通职业技术学院	新能源汽车技术
湖北职业技术学院	护理
武汉电力职业技术学院	发电厂及电力系统
长沙商贸旅游职业技术学院	餐饮管理
湖南交通职业技术学院	道路桥梁工程技术
湖南生物机电职业技术学院	种子生产与经营
岳阳职业技术学院	护理
东莞职业技术学院	电子信息工程技术

续表

学校名称	专业群名称
广东工贸职业技术学院	测绘地理信息技术
广东机电职业技术学院	数控技术
广东食品药品职业学院	中药学
广州民航职业技术学院	飞机机电设备维修
中山火炬职业技术学院	包装策划与设计
广西建设职业技术学院	建筑工程技术
重庆航天职业技术学院	智能控制技术
重庆三峡医药高等专科学校	中药学
重庆三峡职业学院	畜牧兽医
重庆医药高等专科学校	药学
成都农业科技职业学院	休闲农业
四川邮电职业技术学院	通信技术
贵州轻工职业技术学院	大数据技术与应用
昆明工业职业技术学院	物流管理
云南机电职业技术学院	机电一体化技术
陕西能源职业技术学院	煤矿开采技术
咸阳职业技术学院	学前教育
新疆轻工职业技术学院	应用化工技术

第二部分

建设方案

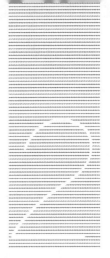

　　收录了陕西工业职业技术学院、杨凌职业技术学院、西安航空职业技术学院、陕西铁路工程职业技术学院、陕西国防工业职业技术学院、陕西职业技术学院、陕西能源职业技术学院和咸阳职业技术学院8所学校的"双高计划"建设方案。

陕西工业职业技术学院"双高计划"建设方案

概　述

为保障陕西工业职业技术学院各项事业高质量高水平发展，在充分调研和论证的基础上，通过政府主导、行业指导、对接产业、企业参与，学校与全国机械工业教育发展中心、陕西省机械工业联合会以及陕西秦川集团、陕汽集团等国内知名企业联合制定了《陕西工业职业技术学院中国特色高水平高职学校建设方案》。

建设方案紧扣国家"引领改革、支撑发展、中国特色、世界水平"的高职发展定位，以服务陕西和西部经济发展、助力"中国制造2025"战略和"一带一路"倡议为宗旨，以服务区域发展、促进产业升级、深化改革创新、提升内涵品质、引领职教创新发展为根本任务，聚焦以"145"为主要建设内容的十大类建设项目，即"1"加强：加强党建引领，锻造中国高水平高职红色引擎；"4"打造：打造技术技能人才培养高地、技术技能创新服务平台、高水平专业群和高水平双师队伍；"5"提升：提升校企合作水平、服务发展水平、内部治理水平、信息化水平和国际化水平，并进一步将其细化为涵盖校内教育教学改革、科研平台创新、管理体制提升、人事制度修订、智慧校园打造等多个方面的41项建设任务，重点打造两个国际先进水平专业群，统筹构建三级（国家级、省级、校级）高水平专业群建设体系，带动其余专业协同发展，最终在人才培养模式改革、课程体系优化、实训基地建设、"双师型"教学团队打造、教学资源提升等五大层面形成示范点，推动高水平高职学校和专业群建设。其中，机械制造与自动化专业群由"关键装备（数控机床）制造及关键装备应用领域（汽车制造、石油机械制造）"相关的机械制造与自动化、机械设计与制造、数控技术、机电设备维修与管理和电气自动化技术等5个专业组成；材料成型与控制技术专业群聚焦"两机"（航空发动机、燃气轮机）关键零部件智能成型、质量检测、产线运维等领域，由材料成型与控制技术、模具设计与制造、焊接技术与自动化、理化测试与质检技术、机电一体化技术等5个专业组成。

建设期为2019—2023年，预算总资金为82 000万元（含2个专业群建设资金26 500万元）。其中，中央财政建设投入资金25 000万元（含机械制造与自动化专业群5 000万元、材料成型与控制技术专业群5 000万元），省级财政统筹相关政策资金25 000万元（含机械制造与自动化专业群5 000万元、材料成型与控制技术专业群5 000万元），行业企业投入资金3 000万元（含机械制造与自动化专业群1 000万元、材料成型与控制技术专业群1 000万元），学校自筹资金29 000万元（含机械制造与自动化专业群2 000万元、材料成型与控制技术专业群2 500万元）。

1 学校建设方案

1.1 建设目标

1.1.1 总目标

建成能引领高职创新发展，服务制造强国战略，具有中国特色、世界水平的高水平高职学校。

1.1.2 近期目标

到2023年，将学校整体建成国内领先、国际知名的高水平高职学校。学校主要办学指标和整体实力进入全国高水平高职院校前十名，2个特色优势专业群成为全国高水平专业群，辐射带动其他专业整体提质发展；依托国家西咸新区职教改革试验区，率先在制造业高端技术人才培养、产教融合等方面实践，形成一套全国可推广的政策、标准、制度、模式，促使学校成为引领西部职教发展、支撑陕西经济腾飞、助力制造行业振兴、服务"一带一路"、彰显"中国智造"特色的国际职教知名品牌。

1.1.3 中长期目标

到2035年，将学校建成中国特色、世界水平的高职学校。主要办学指标和整体实力进入全国前五名，专业教学标准、课程标准和顶岗实习标准处于国内外领先水平，培养一批技术技能大师，形成一批具有国际影响力的成果，向国际输出一批优质资源和标准，引领中国职教实现现代化，为世界职业教育国际化提供中国标准和中国解决方案。

1.1.4 主要指标

争创全国党建工作示范高校，打造1个全国党建工作标杆学院、1个全国党建工作样板支部；确保学校建成全省党建工作示范高校，建设2个省级党建工作标杆学院、4个省级党建工作样板支部；争创"全国职业院校文化建设50强"。

实施5项改革工程，搭建全国行业职业教育高层次育人联盟1个、全国行业"三教"改革示范基地1个、全国行业"工匠文化"育人平台1个；打造2个国家级高水平专业群、培育4个省级高水平专业群、4个校级特色专业群；建设3个达到国家级水平的专业化产教融合实训基地。

打造西部装备制造产教融合创新示范园区（简称"产教园"）；创建西部现代职业教育研究院、西部产教融合研究院、西部创新创业研究院三大平台，建设1个数字经济产教融合创新发展中心；组建2个产业学院；组建具有产品研发、工艺开发的10个研究所，建设完善4个协同创新中心。

建设1个国家级校企合作"双师型"教师培养培训基地，建设1个国家级企业实践基地、2个国家级"双师型"名师工作室，培育国家级教师技艺技能传承创新平台1个；建成1支国家级职业教育教师教学创新团队，培育1支国家级职业教育教师教学创新团队。

建成 2 个示范性职教集团;组建"中国西部职业教育校企协同育人战略联盟";合作企业覆盖学校 90% 以上专业,累计受益学生突破 20 000 人。

面向智能制造、智能材料成型、物流电商、纺织服装、现代企业管理等领域开发 5 个在行业内具有一定影响力的典型职业培训项目;与企业共同制定和开发培训标准 9 个、培训效果评价标准 1 个,开发特色培训包 30 个,建成面向全国的职业培训资源库,开发 20 个专业培训模块。

构建"陕工 E 家"、智慧服务、智慧数据、智慧技术、智能环境等五大平台;建成集 VR 互动体验、多人互动情景体验、AR 立德树人文化墙和马院思政工坊四大功能于一体的 MR 智慧思政实训基地;各类型课程数字资源总量超过 50TB,电子图书资源总量超过 60TB;网络教学资源课程占比超过 50%,专业核心课程实施线上线下混合式教学占比超过 80%。

在"一带一路"沿线国家设立"汉语+技能"培训中心;培养各类留学生 300 余人,赞比亚分院在校学生人数达到 80～100 名,接收沿线国家 200 余名学生来校短期交流学习;与职教发达国家院校合作共建 2～3 个专业,建立 8～10 个教师交流、学生交流交换、学分互认项目。

1.2 建设任务与进度

1.2.1 建设任务

(1) 实施红色引擎工程,党建引领高水平发展

按照"价值引领、全面覆盖、互联互通、长效发力"的思路,围绕 34 项建设任务(34 项任务),实施红色引擎工程(1 个工程),通过推行提质培优计划、耦合育人计划、红色匠心计划、双融保障计划等四大计划(4 大计划),达成 11 项省级以上党建引领指标(11 项指标),努力形成具有陕工特色的党建工作长效机制(1 个机制),为"双高"建设提供坚强的政治保证、思想保证和组织保证。

(2) 实施 5 项改革工程,打造西部技术技能人才培养高地

按照"找准定位、完善体系、打造'金课'、输出标准"的思路,搭建全国行业职业教育高层次育人联盟、全国行业"三教"改革示范基地、全国行业"工匠文化"育人平台等三大育人平台(3 大平台),围绕 117 项建设任务(117 项任务),通过实施"三级高水平专业群"建设工程,"高、精、尖"高层次人才培养试点工程,全面育人体系完善工程,新时期质量提升工程,教学标准升级工程等五大工程(5 大工程),达成 15 项西部人才培养高地特色指标(15 项指标),探索形成构建高层次技术技能人才培养体系和完善全面育人体系的"西部方案"和理论成果(1 批理论成果),率先在全国锤炼一批专业品质提升、"金课"建设和"三教"改革方面的优秀实践成果,形成一批以国家级教学成果奖为代表的高质量教学成果(1 批实践成果),产生一批国际、国内职教认可,机械行业与骨干企业认定,可借鉴、可推广的新标准(1 批新标准)。

(3) 加快西部装备制造产教融合创新示范园区建设,打造技术技能创新服务平台

按照"聚焦产业、实体运营、多维共建、功能复合"的原则,突出校企创新"双主

体"地位,依托 2014 年陕西省政府批准设置的陕西"现代工业和服务业职业教育改革试验区",服务产业转型升级,围绕 88 项建设任务(88 项任务),打造西部装备制造产教融合创新示范园区(1 区),通过创建西部现代职业教育研究院、西部产教融合研究院、西部创新创业研究院三大平台(3 院),建设数字经济产教融合创新发展中心(1 中心),加强产业、行业、企业、职业联动,达成 12 项西部技术技能创新服务品牌指标(12 项指标),形成"一区三院一中心"的产教融合创新示范国际品牌(1 个品牌)。

(4)服务"中国制造 2025",打造 2 个世界水平专业群

立足高端装备制造、智能制造发展对复合型技术技能人才需求,按照"瞄准高端、重构体系、强化内涵、集群发展"的建设思路,计划投资 2.65 亿元,围绕 46 项建设任务(46 项任务),与地方政府、全国行业指导委员会、行业龙头企业深度合作,重点打造机械制造与自动化、材料成型与控制技术 2 个具有世界一流水平的国家级高水平专业群(2 个高水平专业群),通过成立"学校—专业群"两级建设指导委员会,明确专业群校企"双负责人",建立四方协同的专业群建设发展机制,助推 2 个专业群在人才培养模式创新、课程教学资源建设、教材与教法改革、教师教学创新团队建设、实践教学基地建设、技术技能平台搭建、社会服务提升、国际交流与合作、可持续发展保障机制等九大方面的全面提升(9 大提升),累计获得国家级、省级荣誉 74 项(74 项荣誉),形成同行可复制、行业能应用、国际可推广的专业标准体系(1 套标准),更好地服务"中国制造 2025"国家战略和装备制造业转型升级,示范引领同类专业发展。

(5)实施教师改革 5 项计划,打造高水平双师队伍

聚焦人事改革需求、国际化发展需求、领军人才需求、高端复合人才培养需求、育训并重改革需求等五大需求变化(5 大需求变化),按照"跨界融合、多元管理、创新体系、高端培育"的原则,围绕 55 项建设任务(55 项任务),推进校内人才机制创新计划、领军人才培育计划、双师素质提升计划、双语教师培养计划、兼职教师优选计划等 5 项计划(5 项计划),达成 14 项国家级师资队伍建设成果(14 项成果),打造一支以领军人才为引领,双师教师为支撑,双语教师为特色,专任兼职相结合的结构合理、素质优良、业务精湛、国际有影响的双师队伍(1 支师资队伍)。

(6)四平台六模式四举措,提升校企合作内涵品质

按照"搭建四大平台、推行六种模式、深化四项举措"的思路,围绕 70 项建设任务(70 项任务),聚焦人才培养、混合所有制改革、产教融合实训基地建设等校企合作重点领域和关键环节,突出资源整合与集成创新有机结合、面上提升与局部超越有机结合,取得 12 项行业领先的校企合作办学成果(12 项办学成果),有效实现校企合作、产教融合全要素、多领域、高效益的新突破,不断增强学校服务产业和区域经济发展的能力。

四大平台:职教集团平台、协同育人平台、产教融合平台、人才交流平台。

六种模式:订单培养模式、现代学徒模式、协同改革模式、联合共建模式、科研攻关模式、培训服务模式。

四项举措:实施合作企业准入制度,建立双向评价制度,完善合作项目约束机制,持续推动理论实践融合创新。

(7)实施"四个强化工程",推动社会服务能力迈上新高度

按照"立足产业、开放办学、拓展功能、强化服务"的思路,围绕70项建设任务(70项任务),实施强化培训基地建设工程、强化技术攻关转化工程、强化精准对接帮扶工程、强化培训内涵提升工程等4个强化工程(4个强化工程),服务区域经济社会发展、服务中小微企业提质增效,达成10项助力区域经济效益提升的建设指标(10项指标),带动社会经济效益6亿元以上,引领职业院校服务社会能力发展。

(8)构建"一体四化"内部治理体系,提升内部治理水平

按照"系统设计、健全机制、优化运行、提升效能"的思路,围绕49项建设任务(49项任务),构建"自主管理,分权制衡;自我约束,层级治理;质量自治,多元评价"的内部治理体系(1体),系统化完善治理结构、规范化健全制度体系、精细化推进层级治理、多元化实施质量管理(4化),从实践视角梳理和总结可复制、可推广、可借鉴的做法与经验,力求在理论引领、实践创新、成果应用方面成为全国高职院校内部治理体系与治理能力现代化的典范(1个典范)。

(9)打造"互联网+职教"智慧校园,提升信息化水平

以信息化作为引领职教改革的新引擎,运用云计算、大数据、人工智能、区块链等新技术,按照"育人为本、全面渗透、融合创新、便捷智能、引领发展"的思路,围绕143项建设任务(143项任务),以"三通五平台"为建设路径,通过"人—信—物"三元互通、"数字化—网络化—智能化"三化贯通、"专业群—产业链—智慧校"三方融通(3通),构建"陕工E家"、智慧服务、智慧数据、智慧技术、智能环境等五大平台(5平台),打造线上与线下零距离,网上与网下同心圆的智慧校园,实现先进信息技术与教学、管理和服务融合发展,达成9项具有陕西特色的信息化建设指标(9项指标),打造国家职业教育教学信息化标杆学校,为职业教育信息化发展贡献"陕工方案"(1个方案)。

(10)大力推进开放办学,显著提升国际影响力

按照"境外优质资源引进来,服务优质产能走出去,国际影响力再提升"的思路,围绕68项建设任务(68项任务),加强与职业教育发达国家的交流合作,服务"一带一路"建设和国际产能合作,通过引进国际先进成熟适用的教学资源并进行本土化开发,参与制定职业教育国际标准,大力实施学生跨境教育交流,开展多种形式的海外合作办学等多种国际化合作形式("走出去、请进来"),达成12项西部领先的国际化建设标志性指标(12项指标),全面提升专业、课程、师资的国际化水平,打造陕西工院海外品牌,分享中国职教方案(1套方案)。

1.2.2 建设进度

第一阶段(2019—2020年):广泛动员、启动建设阶段。

深入学习领会《国家职业教育改革实施方案》及"双高计划"建设有关文件,成立"双高计划"建设组织领导机构,完善各项机制与制度建设,抓好顶层设计,制定建设方

案和任务书,落实任务责任,组建建设团队,明确时间节点,启动"双高计划"建设,充分调动广大师生的积极性,组织全员参与建设工作。

第二阶段(2020—2022年):整体推进、全面建设阶段。

按照教育部、财政部审定的建设方案及项目任务书,制定项目绩效评价机制,加强项目绩效管理,确保经费使用效益,严格对标"一个加强、四个打造、五个提升"内涵要求,强化党建引领,通过打造技术技能人才培养高地、技术技能创新服务平台、高水平双师队伍,不断深化产教融合,提升校企合作水平,持续增强自身能力,提升服务发展水平,在内部治理现代化、大数据信息化、高端国际化等方面提档升级。

第三阶段(2022—2023年):完成建设、总结验收阶段。

对照项目建设任务书,找差距、定措施,从细节入手,突出工作重点,展示项目建设亮点,凝练总结建设经验,明确责任,加强协作,攻坚克难,确保按照时间节点高效优质地完成各项任务。

陕西工业职业技术学院分年度建设任务与进度如表1所示。

1.3 建设成效

到2023年,学校人才培养质量显性提升,高层次人才队伍建设成效显著,科技创新能力、社会服务能力明显增强,国际影响力不断扩大,文化传承与创新能力不断提升,学校办学实力提档升级,初步把学校建成具有中国特色、国际知名的高职院校。

(1)率先发展引领力进一步凸显

内涵建设品质提档升级,办学效益及社会声誉同步提高,建成中国特色、世界水平的高水平高职学校,主要办学指标和整体实力进入全国前十名,打造由2个国际先进水平专业群引领的专业建设体系,建成一批优质专业标准和课程标准,在同类院校推广并被国际借鉴;联合制定一批全国行业标准,并被行业龙头企业海外推广;系统形成教育教学综合改革的"陕工方案",引领带动中国职业教育实现高质量发展。

(2)办学核心竞争力进一步领先

国家级教学资源库、国家级教学成果奖、教师国家级教学能力大赛获奖、学生国家级及以上技能大赛获奖等标志性成果的获取量位列全国前三名,协同创新成果、社会服务规模以及专利保有数量位列全国前十名;教学名师、行业名师、"技术领衔+教育领军"的高水平教学团队数量位列全国前十名。

(3)职教改革创新力进一步增强

校企双主体育人成效显著提升,多元化办学机制有新突破。尤其是在破除产教融合机制体制障碍上有实质性进展,持续推进职业教育集团实体化运作,形成以多元投入机制、四方联动机制、理事会运行机制、资源共享机制、合作育人机制为核心的集团化办学系列成果,在建立陕西特色的现代职业教育体系、现代学徒制试点、股份制或混合所有制改革等方面贡献陕工智慧。

(4)服务社会贡献力进一步提升

服务区域产业发展的能力显著增强,在职教功能转化和转型发展等方面形成一系

表 1 陕西工业职业技术学院分年度建设任务与进度表

序号	建设任务	分年度建设进度			
		2020 年度目标（含 2019 年度）	2021 年度目标	2022 年度目标	2023 年度目标
1 加强党的建设	1-1 实施"提质培优"计划，提升基层党建组织力	建设全省党建工作示范高校；建成 1 个全省高校党建工作样板支部；打造智慧党建平台	力争入围全国党建工作示范高校；建设 1 个高校党建"四有"党员教育教学基地	建成陕西省党建工作示范高校；建设 1 个省级"双带头人"教师党支部书记工作室	完善"红色工院""党建"1+5"制度体系；打造 3 个党建工作特色品牌活动
	1-2 实施"耦合育人"计划，提升立德树人凝聚力	实施思政工作质量提升计划，推行"五历"教育，启动典型职业院校特色德育示范建设工作	争创全国"三全育人"综合改革试点；健全育人体系；制定典型职业院校特色德育建设规划	建成 MR 智慧思政实训基地；建成 1 个典型职业院校特色德育体系,1 个精品德育资源库,2 个典型德育案例,2 节德育示范课	建成"六位一体"的学生思想政治教育温馨港；辅导员职业能力大赛力争国家级奖项有所突破；完成典型职业院校特色德育建设相关工作验收
	1-3 实施"红色匠心"计划，提升校园文化感召力	创新"六位一体"的"红色匠心"文化育人模式；建设"红色导航"融媒体平台；培育校园文化成果奖	升级学校 VI 系统；打造在全国同类院校有影响力的大学生社团 5 个；表彰全国职业院校文化建设 50 强	力争取得全国大学生艺术展演一等奖 1 个；塑造体现现代工业元素的文化精品项目或活动 5 个	培育有影响力的校园文化建设成果 5 项；打造特色文化教育平台；培育国家级校园文化成果
	1-4 实施"双融双促"计划，提升党建引领内驱力	建立学生入党"五好"考察机制	改进党总支、党支部量化考核办法	打造一支过硬的党务干部队伍	实现党建工作和教育教学工作同步

续表

序号	建设任务	分年度建设进度			
		2020年度目标（含2019年度）	2021年度目标	2022年度目标	2023年度目标
2 打造技术技能人才培养高地	2-1 实施"三级高水平专业群"建设工程，优化专业结构，提升专业品质	制定三级高水平专业群建设管理相关制度；调研并制定专业群人才培养方案、教学资源建设规划，创新团队建设规划，产教融合实训基地规划	完善三级专业群建设管理相关制度；依据专业群建设规划持续建设	继续完善三级专业群管理相关制度；依据专业群建设规划持续建设	健全三级专业群建设体系管理运行相配套制度1套；形成验收报告1套；修订人才培养方案8套
	2-2 实施高层次人才培养试点工程，输出"高精尖"技术技能人才	形成全国行业职业教育高层次人才培养联盟及管理制度；挂牌成立国际认证工程师培育预备部1个；制定国际工程师本土化培养体系标准1套	牵头组建全国行业人联盟；高层次认证工程师国际认证标准及高端装备人才需求调研报告1份	优化国际培养标准下的高端人才培养本土化专业课程标准1套；优化完善国际工程师人才培养标准体系1套	将国际化高端人才培养标准、课程标准沿线国家输出；培养具备国际认证工程师职业资格学生10人以上
	2-3 实施全面育人体系完善工程，培养德智体美劳全面发展的人才	制定全面育人平台共建及提升能力改革方案	搭建全国行业"工匠文化"育人平台；实施"工匠工匠"育人方案；塑"育人方案"；课程教学名师3人，优秀教师团队2个	举办创新创业团队建设优秀案例创新创业精品展演，打造美育文化活动项目10个；制定"劳动教育强化"项目实施方案	获得创新创业大赛国家级奖2项，孵化完成10项重点创新创业项目；形成劳动教育活动工作机制；建成思政示范课20门"创新创业"
	2-4 实施工匠型人才质量提升工程，打造全	制定新型质量工程实施方案及管理制度；制定学业导师制度管理文件1套；师带	制定全国行业"三教"改革示范基地建设方案；立项建设"金课"20门	建立全国行业"三教"改革示范基地；立项建设陕工特色的教改"金课"30门	完成学业导师相关工作制度文件1套；建成"金课"池1个；完成整理"能力+"课程

续表

序号	建设任务	分年度建设进度			
		2020年度目标（含2019年度）	2021年度目标	2022年度目标	2023年度目标
2	打造技术技能人才培养高地	国行业"三教"改革示范基地	选制度文件1个；立项"金课"池1个，制定"金课"建设计划			体系标准10套
		2-5 实施教学标准升级工程，开发国际国内通用标准体系	撰写行业企业技术技能人才标准调研报告1份；修订10个专业教学标准，修订10个专业课程教学标准50门，开发完成2套岗位职业标准，专业仪器设备标准、专业实习装备规范	修订20个专业教学标准，修订20个专业课程教学标准250门，开发完成4套岗位职业标准，专业仪器设备顶岗实习标准、专业仪器设备装备规范	修订20个专业教学标准，修订20个专业课程教学标准200门，开发完成4套岗位职业标准，专业仪器设备顶岗实习标准、专业仪器设备装备规范	编写高职院校教学标准体系专著1部；完成500个课程教学标准升级工作验收任务；建立联合开展育人机制；完成各项教学标准认定工作
3	打造西部技术技能创新服务平台	3-1 创建西部现代职业教育研究院，打造西部职业教育新品牌	成立西部现代职业教育联盟，创建西部现代职业教育研究院，组建五大研究室	形成并编著研究专著1~2部；建立西部现代职业教育研究院专题网站；推进西部现代职业教育研究院文化建设工程	承担省部级及以上党和政府委托的重大任务5次；举办国际化高水平职业教育论坛1次；开展职业教育专项理论研究7项	形成西部现代职教联盟运行机制；打造一流的高水平高职教研平台；形成一批高职业教育理论研究成果
		3-2 创建西部产教融合研究院，增强西部产教融合新动能	创建西部产教融合研究院并制定系列管理办法；组建智能制造、智能成型等2个产业学院，制定支持技术研发中心、协同创新中心、创新发展的系列激励措施；立项建设2个研究所（技术研发中心）	建设2个协同创新中心；建立1个技术推广服务中心并建立系列激励措施；建立2个科技创新团队	完成2个协同创新中心建设；建设4个研究所（技术研发中心）；建立2个专家工作室并建立系列激励措施；校企共建3个"师傅+教师"一体化教学点	开展协同创新中心的绩效考核；建设2个研究所并开展绩效考核；对2个专家工作室开展绩效考核；开展产学研学院绩效考核

续表

序号	建设任务	分年度建设进度			
		2020年度目标（含2019年度）	2021年度目标	2022年度目标	2023年度目标
3	打造西部技术技能创新服务平台	3-3 创建西部创新创业研究院并提升西部"双创"教育新高度	创建西部创新创业研究院；实施系列管理办法；提升西部学院"空间"计划；搭建"双创"科技投资颁与资源共享平台	立项建设4个创客空间；完成"双创"研究院专利申报25个，科技成果转化4项，培养创新创业导师30人	立项建设3个创客空间；举办高水平青年教师创新创业培训1次	立项建设2个创客空间；举办高水平的青年教师创新创业培训1次；建设完成国家级标准化众创空间1个
		3-4 建设数字经济产教融合创新发展中心，打造国家级数字媒体融合创新应用示范基地	建设国家示范性虚拟仿真实训基地1个；建设"新一代信息技术"创新应用综合体1个，数字化智能科技馆1个，虚拟现实自主学习资源体系1个，虚拟现实教学资源包10个，虚拟现实资源课程10门	建设智慧化教室100间，智能物联体验中心1个；"新一代信息技术"创新应用综合信息技术1个，数字经济化智能科技馆1个，智慧化智能科技馆1个，智能协同创新中心1个，智能专业群展馆1个，智造工坊1个	建设智慧学习空间300个，学术报告厅1个，"互联网+"数字经济实训中心1个，虚拟现实协同创新中心1个，校园智慧卡大数据平台1个	建成现代化数字经济展示中心；建成数字经济实训展示中心1个；建成"AI-VR-AR-MR"展示中心1个，程开发中心1个；智慧校园综合管理平台1个；智慧校园大数据云中心1个；建成智慧校园混合式服务中心
4	打造高水平专业群	4-1 机械制造与自动化专业群建设	具体详见表3			
		4-2 材料成型与控制技术专业群建设	具体详见表6			

续表

分年度建设进度

序号	建设任务	2020年度目标（含2019年度）	2021年度目标	2022年度目标	2023年度目标
5	5-1 实施人才机制创新计划，创新教师管理机制	创新人事管理改革模式；建立健全全校自主聘任兼职教师办法；形成"流动岗"教师轮岗机制；建立人才分类评价机制	深化人事管理改革；建立分类评价机制；制定教师评价标准；完善绩效工资分配制度	制定人才招聘制度；完善教师评价标准	在机械制造与自动化高水平专业群进行人事改革；在材料成型与控制技术高水平专业群开展改革试点
	5-2 实施领军人才培育计划，培育高水平专业带头人	形成领军人才管理机制；打造1个教学创新团队；培育二、三级教授3人	建设领军人才团队；遴选专业（群）带头人15人；培育二、三级教授1人；培养技能大师1人；成立3个技能大师工作室；建成1个国家级"双师型"名师工作室	持续建设领军人才团队；加强高水平人才培养；提升领军人才行业影响力	持续建设领军人才团队；柔性引进"万人计划"教学名师1人；加强高水平人才培养；提升领军人才行业影响力
	5-3 实施双师素质提升计划，选优培强"工匠型"双师团队	制定"工匠型"双师标准；出台《陕西工业职业技术学院"双师型"教师认定及管理办法》；建设双师培养基地；开展青年教师工程实践；建成一支国家级职业教育教学创新团队	建设2家校企合作的双师培养培训基地；开展双师国内外培训；开展青年教师企业工程实践；培育一支国家级职业教育教学创新团队	建设3家校企合作的双师培养培训基地；开展青年教师企业工程实践	建设3家校企合作的双师培养培训基地（其中，1个国家级企业实践基地）；引进或培养"万人计划"名师1人
	5-4 实施双语教师培养计划，搭建	建立高水平教师发展中心；建立高水平双语教师团队，搭建	引进国外职教培训标准；认定双语教师30人；邀请国内外	引进国外职教培训标准；认定双语教师30人；教师出国（境）	认定双语教师40人；搭建教师国际化水平培养平台；教

续表

序号	建设任务	2020年度目标（含2019年度）	2021年度目标	2022年度目标	2023年度目标
5	打造高水平双师队伍				
	提升教师国际化水平	教师国际化水平培养平台	知名学者或高水平人才举办讲座2场；举办信息化课程改革沙龙2场次	学习交流125人；邀请高水平人才举办讲座2场	师出国（境）学习交流125人；举办短期专业培训1场；举办信息化课程改革沙龙2场次
	5-5 实施兼职教师优选计划，构筑高水平兼职教师团队	出台《陕西工业职业技术学院高水平兼职教师引进办法》；出台《陕西工业职业技术学院高层次人才管理办法》；打造校外兼职教师队伍；建立高水平兼职教师团队	引进大国工匠1人；柔性引进院士1人；引进行业技术技能大师2人；完善兼职教师库	引进大国工匠1人；引进特聘教授10人左右；完善兼职教师库	打造高水平兼职教师队伍；柔性引进院士1人；引进大国工匠1人；引进行业技术技能大师2人；完善兼职教师库
6	提升校企合作新水平				
	6-1 搭建四大平台，催生校企合作新动力	完善2个集团的章程；完成"陕西省集团化办学公共服务平台"建设任务；建成西部交流服务平台；协同相关部门建设西部产教融合研究院	完成《陕西省集团化办学质量年度报告》撰写任务；完善西部交流服务平台；建成西部产教融合研究院服务智库	完成《陕西省集团化办学质量年度报告》撰写任务；完善西部交流服务平台；召开人才供需交流会	集团成员各增至100家；完成《陕西省集团化办学质量年度报告》撰写任务；持续完善西部交流服务平台
	6-2 推行6种模式，激发校企合作新活力	开展现代学徒制培养专业增至5个；开展混合所有制试点工作	开展现代学徒制培养专业增至8个；完善混合所有制试点工作；征集企业职工培训、技能比武等项目20项以上	开展现代学徒制培养专业增至10个；总结凝练混合所有制试点工作成果；为教师企业实践锻炼提供40家以上企业	形成3个订单培养品牌；完成现代学徒制培养试点验收；推广混合所有制办学成果。

续表

序号	建设任务	分年度建设进度			
		2020年度目标（含2019年度）	2021年度目标	2022年度目标	2023年度目标
6	6-3 深化四项举措，构建校企合作新机制提升校企合作水平	制定《陕西工业职业技术学院校企合作育人企业遴选标准》《陕西工业职业技术学院校企合作项目绩效评价标准》，调研制定《陕西工业职业技术学院校企合作奖励办法》	遴选优质校企合作育人企业60家；运行完善《校企合作评价标准》；开展校企合作项目绩效评价研究，申报课题10项以上	遴选优质校企合作育人企业80家；开展课题10项以上；形成校企合作标准1套	出版校企合作专著1部；在10所职业院校推广校企合作成果
7	7-1 强化培训基地建设工程，服务区域经济社会发展	建设省级高技能人才培训基地；为企业提供10 000人日高端技术技能培训	建立2所社区学院；为企业提供10 000人日高端技术技能培训	建设示范性职工培训和继续教育基地；为企业提供10 000人日高端技术技能培训	参与建设企业大学；为企业提供10 000人日高端技术技能培训
	7-2 强化技术成果转化工程，服务中小微企业提质增效	为企业解决技术难题40项；提供技术服务；举办"双创论坛"和企业科技创新活动；发布产业分析、岗位分析和政策分析成果	为企业解决技术难题40项；实现技术创新及转化30项；举办"双创论坛"和企业科技创新活动	为企业解决技术难题40项；实现技术创新及转化30项；发布产业分析、岗位分析和政策分析成果	解决企业技术难题40项；实现技术创新及转化40项；举办"双创论坛"和企业科技创新活动；发布产业分析、岗位分析和政策分析成果
	7-3 强化精准对接帮扶工程，服务国家"乡村振兴"战略	资助5 000名贫困学生；与6所中职学校开展"3+2"五年制中高职教育；搭建地方产品销售电商服务平台1个；举办农民工专场招聘会2次	资助5 000名贫困学生；开展农村实用技术培训和职业技术技能培训12次	资助5 000名贫困学生；搭建地方产品销售电商服务平台1个；举办农民工专场招聘会2次	资助5 000名贫困学生；搭建地方产品销售电商服务平台1个；举办农民工专场招聘会2次

续表

序号	建设任务	分年度建设进度			
		2020年度目标（含2019年度）	2021年度目标	2022年度目标	2023年度目标
7	7-4 强化培训内涵提升工程，服务学习型社会建设（提升服务发展水平）	制定企业员工培训标准2个、培训效果评价标准1个；开发特色培训包7个；开发典型职业培训项目1个；开发专业培训模块3个	制定继续教育培训管理运行办法1个；开发专业培训模块5个；开发典型职业培训项目1个	制定继续教育培训管理运行办法1个；开发特色培训包7个；开发专业培训模块6个；开发典型职业培训项目1个；开展各类社会培训40 000人日	制定企业员工培训标准3个；修订培训效果评价标准1个；开展各类社会培训40 000人日；建成面向全国的职业培训资源库
8	8-1 优化治理结构，健全权力运行机制（提升学校治理水平）	修订党委领导下的院长负责制度、"三重一大"制度，持续完善现代大学制度	修订完善部门职责；修订党委和院长办公会议事规则、流程；健全权力运作机制，提高管理效率	依据理事会制度，制定理事会架构下的会议制度和议事规则；强化民主监督，修订教代会制度	优化调整学院机构设置；修订完善部门职责，健全运作机制，提高管理效率。
	8-2 强化制度约束，完善内部管理体系	修订涵盖教学管理、学生管理、人事管理、财务管理、后勤、国资等各项规章制度，制定出台干部管理、绩效考核等规章制度15个	全面启动"存、废、改、并、立"制度梳理工作；及时修订科研、后勤、国资等各项规章制度	出台规章制度制定工作流程规章制度	编印《陕西工业职业技术学院制度汇编》
	8-3 细化层级治理，增强目主发展活力	构建两级学术自治框架，设立教学工作、科学研究、专业委员会；开展"放管服"管理机制调研，制定校院两级管理体制实施方案	修订二级学院党政联席会制度；建立"学校—二级学院"两级管理运行机制	制定二级教代会制度；制定二级学院"放管服"改革试点2个	二级学院"放管服"管理机制运行良好，形成可复制经验；二级学院"党政教"共治治理体系逐步健全

续表

序号		建设任务	分年度建设进度			
			2020年度目标（含2019年度）	2021年度目标	2022年度目标	2023年度目标
8	提升学校治理水平	8-4 深化质量管理，提升质量保证能力	与政府、行业联合签订学校发展战略协议；发布学校人才培养质量年报；强化"双高计划"建设资金及建设保障监督体系	建立第三方评价机制；启动第二轮内部质量诊断与改进工作；发布学校人才培养质量年报；建立专业群人才培养年度报告制度	第三方发布评估报告，发布2个专业群人才培养质量年报；编制校情分析报告	形成第三方常态化评价机制；发布2个专业群人才培养质量年报
9	提升信息化水平	9-1 打造"陕工E家"平台，加速创新智慧服务供给模式	实施"一表通"工程采集中心建设；完成消息融合中心一期建设；完成MR智慧思政实训基地一期建设；完成AI工院小智"建设；完成移动校园平台升级	完成"陕工E家"平台调研报告，实施方案；完成人力资源信息管理系统调研报告，实施方案；完成全融合网站群，消息融合中心20个，"工院小智"知识库，"一表通"工程中心，MR智慧思政实训基地建设	完成财务信息交换共享平台一期建设；完成一卡通升级建设；完成教务系统升级改造，人力资源信息管理系统一期建设，OA系统升级、事务中心平台升级	打造国家职业教育教学信息化标杆学校；完成"一表通"工程建成完成数据填报；完成"陕工E家"平台，"X→1"信息交换共享平台，财务极简式服务集群体系，人力资源信息管理系统建设
		9-2 打造"智慧服务"平台，加速提升数字化管理效能水平	启动混合式综合服务大厅平台调研；启动智慧校园研究所组建调研；启动认证融合一期建设；启动电子印章平台一期建设；完成电子印章平台调研	启动校企合作立体化信息平台；完成混合式综合服务大厅平台一期工程；完成管理服务流程和微服务开发任务50项；完成电子印章平台建设	完成混合式综合服务大厅平台二期移动端上线；10项综合服务上线；完成校企合作一体化信息平台建设；完成融合认证管理平台建设	完成"智慧服务"平台建设；完成混合式综合服务大厅平台上线下应用建设；服务流程和微服务开发项目50项
		9-3 打造"智慧数据"平台，加速培育数字新业态	完成大数据治理平台一期建设；完成数据中心仓库调研报告，制定大数据管理、应用等	完成大数据治理平台二期建设；完成数据中心仓库一期建设；完成历史数据、实时数据、主题域建设；建设数据标	完成10类API接口开发；完成数据中心仓库5类数据集、5类主题域建设；建设数据标	完成"智慧数据"平台建设；完成数据中心仓库新建；培育BIM、AI辅助服务等新业态专业；完成数据中心仓

续表

序号	建设任务	分年度建设进度			
		2020年度目标（含2019年度）	2021年度目标	2022年度目标	2023年度目标
9	提升信息化水平	经济新兴专业相关管理制度5项	"一表通"数据、服务大厅数据等标准化流程处理	完成5G校园专网建设；完成数据资产目录各1套	库建设；完成大数据治理平台和分析平台建设
	9-4 打造"智慧技术"平台，加速形成信息化基础设施体系	完成教育网城市节点接入；完成WI-FI6无线网络调研；完成信息安全等保护测评工作；完成IPV6+IPV4双栈应用，升级校园网IPV6带宽至500Mbps	完成WI-FI6无线网络一期建设；完成云业务管理中心建设；完成私有云平台建设；出口带宽不低于5Gbps；完成SDN网络改造	完成5G专网建设；完成资产清查系统建设；完成网络出口带宽达10Gbps；完成WI-FI6无线网全覆盖	完成"智慧技术平台"建设；完成5G西部装备制造产教融合创新示范园区建设；完成校园网核心主干网络带宽达到100Gbps
	9-5 打造"智能环境"平台，促进项目在主泛在个性化学习	完成智慧学习空间建设调研；完成数字学习平台建设；完成虚拟体验馆、在线数字化机械博物馆调研；制定《陕西工业职业技术学院教师信息化能力标准》《陕西工业职业技术学院学生信息化素养评价指标体系》	开设学生信息化素养提升公选课2门；完成智慧学习空间一期建设45个；完成4个虚拟体验馆建设、在线数字化机械博物馆建设	完成智慧学习空间二期建设55个；完成课程资源总量达50TB，电子图书资源总量达到60TB	完成智慧学习空间建设100个；实现智慧网络教学资源课程占比超过50%
10	提升国际化水平	10-1 引进内化国际先进经验，打造国际化人才培养标准	启动澳大利亚TAFE教育模式试点；举办国际微型资格证书培训班	引进墨尔本理工学院1个专业标准2~3门课程；签署引进国际通用资格证书协议；实施2~3个国际微型资格证书的开发工作	成立中澳国际学院；完成3个国际微型资格证书的开发；在校内推广应用2~3个德国国际通用的资格证书	开展澳大利亚、德国的资格证书培训工作；对引进的澳大利亚专业、课程标准进行修订完善

续表

序号	建设任务	分年度建设进度			
		2020年度目标（含2019年度）	2021年度目标	2022年度目标	2023年度目标
10	10-2 大力拓展交流合作项目，打造全球化合作格局	聘请5~8名世界知名专家担任客座教授；与职教发达国家建立2~3个教师和学生交流项目	举办1场国际学术会议；落实与德国拉腾市的职教合作项目	客座教授人数达到20人；持续优化与职教发达国家合作项目；与职教发达国家合作共建专业达到8~10个	邀请国（境）外20~30名职教专家参加年度国际学术会议；与职教发达国家合作共建专业达到3个
	10-3 实施学生跨境教育交流，打造国际化人才培养新路径	出台学生出国（境）交流学习管理办法、留学生教育规范管理办法、教师英文授课管理办法等；招收30名学历留学生、50名短期交流生	资助150名优秀学生赴国（境）外交流，招收40~50名学历留学生，60名短期交流生；启动教师给留学生的英文授课	资助180名优秀学生赴国（境）外交流，招收80~120名学历留学生，60名短期交流生；教师英文授课达2~3门	资助200名优秀学生赴国（境）外交流，招收100~120名学历留学生，60名短期交流生；英文授课达5门
	10-4 开发推广先进教学标准，打造陕西工院国际品牌	出台专业、课程国际化开发管理办法；向"一带一路"沿线国家开发推广2~3个专业教学标准，5~8门课程标准	开发2门英文在线课程；为国（境）外培训20~30名职教师资；启动国外汉语+技能培训中心项目	开发3~5门英文在线课程；为国（境）外培训30~40名职教师资；推进国外汉语+技能"培训中心建设	开发3~5门英文在线课程；为国（境）外培训50~60名职教师资；正式运行"汉语+技能"培训中心
	10-5 深化校企协同模式，打造海外办学新机制	为中国有色矿业集团赞比亚职业技术学院培养1~2名本土员工；依据赞比亚岗位标准开发跨境电子商务专业教学标准；启动材料成型专业群"走出去"缅甸项目	向中国一赞比亚集团驻赞企业培训50~60名本土员工；在缅甸为中资企业培训20~30名本土员工；开发材料成型专业群1个专业标准；筹备成立中缅职业技术学院	争取在非洲或东盟国家成立1个跨境电商培训中心；培训20~30名熟悉中国装备技术标准的本土员工；挂牌成立中缅职业技术学院	在缅甸为中资企业培训20~30名熟悉中国装备技术的本土员工；挂牌成立职业技术学院

列可借鉴、推广的机制、范式和制度;建成3个具有辐射引领作用的高水平专业化产教融合实训基地,新增国家级重点项目10项以上;年解决企业技术难题超过40项,完成科技创新成果转化10项,技术服务收益达到8 000万元,其中,大型骨干企业技术成果占比20%以上,中小微企业专利服务占比30%以上,实现技术创新及成果转化增加40%以上,有效带动区域合作企业增加经济效益6亿元;通过创建西部现代职业教育研究院、西部产教融合研究院、西部创新创业研究院三大平台,打造西部装备制造产教融合创新示范园区,实现工学深度结合、校企深度合作、产教深度融合。

(5) 内部质量保证力进一步提高

信息化内部质量保证体系良好运行,基于数据平台的自主诊断改进形成常态;多元共治运行机制、章程统领的制度体系、校院两级管理体制更加完善,政府、企业、学校、教师、学生治理权力运行模式科学高效;跨界协同治理瓶颈问题得到有效解决,促使办学行为更加规范、办学活力显著增强,以自我管理和自我约束为主要内容的治理能力现代化达到全国领先水平。

(6) 人才强省支撑力进一步彰显

人才供需实现由行业企业为主导的需求驱动转变为由学校为主导的供给驱动,高端技术技能人才培养体系更加完善,复合型人才培养质量显著提升。培育出300个掌握关键技术的行业关键岗位"技术精英",助力陕西制造产业走向全球中高端;实现60%在校生取得职业技能等级证书,每年向陕西省各行业企业输送6 000名高素质技术技能人才,扩大各行业人才储备,加速优化陕西省人力资源结构。

(7) 国际竞争影响力进一步扩大

参与职业教育国际标准制定,形成具有国际视野、符合国际规格的本土化人才培养方案;构建起全方位、多层次、宽领域对外开放格局,合作交流实现向强调质量、追求实效、深入协同的根本转变,在"一带一路"沿线国家的影响力持续提升,伴随企业"走出去"服务能力显著增强;新建中赞职业技术学院商学院,筹建中缅职业技术学院,国际留学生占比达到1%以上,国际交换生占比达到2%以上,师资累计国际访学交流占比达到10%以上,成为中国职教国际交流合作的靓丽名片。

(8) 立德树人自信力进一步固化

党建引领学校高质量发展的作用充分显现,基层党组织建设全面加强,"三全育人"的思政工作格局更加完善,"一院一品"培育带动技能教育与素质教育、职业精神养成融合互促,学生就业核心竞争力与可持续发展能力显著增强,力争取得国家级校园文化建设成果奖一等奖1项以上,全国大学生艺术展演一等奖1项以上,建成"全国文明校园",形成新时代具有中国特色的"陕工文化"新品牌。

1.4　经费预算

首期建设周期为2019—2023年,预算总资金为82 000万元。其中,中央财政建设投入资金25 000万元,省级统筹相关政策资金25 000万元,行业企业投入资金3 000万元,学校自筹资金29 000万元,资金预算分配情况如表2所示。

表 2　陕西工业职业技术学院"双高计划"建设经费预算表

建设内容	资金小计/万元	中央财政投入资金/万元	地方财政投入资金/万元	行业企业支持资金/万元	学校自筹资金/万元
打造技术技能人才培养高地	16 570	6 700	6 700	—	3 170
打造技术技能创新服务平台	16 950	2 000	2 000	—	12 950
打造高水平专业群	26 500	10 000	10 000	2 000	4 500
打造高水平双师队伍	4 220	1 260	1 260	—	1 700
提升校企合作水平	2 745	515	515	1 000	715
提升服务发展水平	5 605	1 710	1 710	—	2 185
提升学校治理水平	2 425	750	750	—	925
提升信息化水平	4 910	1 425	1 425	—	2 060
提升国际化水平	2 075	640	640	—	795
合　计	82 000	25 000	25 000	3 000	29 000

2　机械制造与自动化专业群建设方案

2.1　建设目标

2.1.1　总体目标

按照"三步走"指导思想,以 2019—2035 年为时间跨度,将机械制造与自动化专业群建成"国内顶尖、世界一流"高水平专业群。

2.1.2　近期目标

紧密对接西部装备制造产业,瞄准陕西高档数控机床、汽车、石油机械装备制造等支柱产业,以提高人才培养质量为核心,以满足西部装备制造产业转型升级、产品研发、新技术应用所需的技术服务能力为重点,以"立德树人"为根本,通过实施"七打造、两创新"建设任务,到 2023 年,将机械制造与自动化专业群建成"引领西部、国内一流、国际水平"的高水平专业群,为西部经济发展提供高水平装备制造复合型人才。

2.1.3　中期目标

紧密对接全国高端机床制造产业,以打造国内一流的机械制造与自动化专业群为目标,不断凝练专业群人才培养特色,不断完善专业群建设标准与规范,为全国兄弟院校提供可借鉴的经验,引领全国装备制造类专业群的建设与发展,为全国职业教育发展提供陕西范式。到 2030 年,将机械制造与自动化专业群建成"行业认可、享誉全国、国际知名"高水平专业群。

2.1.4　远期目标

紧密对接国际高端机床制造产业,以打造世界一流的机械制造与自动化专业群为目标,不断完善专业群建设国际标准与规范,建立健全与世界一流职业教育对话机制,不断输出专业群建设国际标准,实现国际学分互认、留学生人才联合培养、师资队伍共享共用,为世界职业教育贡献中国方案。到2035年,将机械制造与自动化专业群建成"国内顶尖、世界一流"高水平专业群。

2.2 建设任务与进度

专业群建设周期为2019—2023年,分4个阶段进行。第一阶段(2019.01—2020.12),按计划投资4 230万元;第二阶段(2021.01—2021.12),按计划投资3 590万元;第三阶段(2022.01—2022.12),按计划投资2 840万元;第四阶段(2023.01—2023.12),按计划投资2 340万元。专业群建设任务如表3所示。

表3 机械制造与自动化专业群建设任务表

序号	建设任务
	紧贴数控机床制造产业,创新专业群人才培养模式
1	持续深入进行企业调研,分析归纳,发放相关企业调研表200份以上,形成调研报告5份;筹划本科层次职业教育试点,建设期内培养本科层次技术技能人才300人以上;形成专业群人才培养方案并开始实施;制定专业群系列标准和管理规范;出版《机械制造与自动化专业群人才培养模式研究》专著
2	探索分类教育有效实施的途径与手段,形成调研报告1份;制定分类教育管理制度1套;制定弹性学制和灵活多元教学模式,创新教学组织和考核评价机制
3	积极探索1+X证书制度,结合专业实际申报试点;"双高计划"建设期间,学生获得1+X职业技能等级证书人数占比大于40%
4	企业调研,联合制定现代学徒制人才培养标准1份;联合企业共同实施现代学徒制人才培养,培养现代学徒累计不少于480人
5	对接中、省文件精神,深入调研,积极开展"学分银行"研究工作;撰写"学分银行"研究报告1份
	加大课程教学资源建设,打造国家级高水平专业群资源平台
1	累计建成40门校级在线开放课程,培育10门省级在线开放课程,形成10门"金课";培育国家级高水平开放课程不少于2门
2	搭建专业群教学资源平台,新增资源10 000条以上;整合专业群优质教学资源,确保资源库资源年更新率达到10%以上;建设先进制造技术数字化博物馆
	深化教材与教法改革,打造引领西部院校共同发展的课程集群
1	开展企业调研,形成调研报告4份;不断完善专业群课程体系及人才培养方案;更新16门核心课程教学标准;形成完善的专业群课程教学标准1套
2	学习调研,制定课程思政改革方案;在20门专业群课程中实施课程思政试点;总结凝练,形成课程思政试点成熟经验,为兄弟院校提供范式

续表

序号	建设任务
3	组建校企合作教材编写小组,重塑教学内容,共同建成活页式、手册式新型教材10部;编写双语教材4部;培育国家级高水平优秀教材3部;培育省级以上优秀教材3部
4	在课程教学中积极探索实施教学模式改革,教师参加各类教学研究项目50项;教师参加各类教学比赛不少于50人次;各类教学能力比赛获奖10项以上
\multicolumn{2}{c}{组建高水平产教融合双师队伍,打造国家级专业群教学创新团队}
1	柔性引进高水平大学知名教授8人;培养专业群带头人3人,3名带头人达到国家级领军水平
2	传承实施专业双带头人机制,选拔群内专业带头人5人,聘请企业专业带头人5人;培养国家级教学名师1人、省级教学名师2人;建成国家级教学团队,承担省级以上研究课题不少于6项
3	选拔培养40名校内骨干教师,聘请10名企业骨干教师;招聘引进博士8人,引进企业高水平技术人才12人
4	开展行业企业调研,形成调研报告1份,选择行业内技术技能人才;制定技能大师选拔办法、培养方案和考核标准等文件1套;改建技能大师工作室1个,新建技能大师工作室4个
5	制定产业特聘教授选聘及管理办法1套;选聘10名科技企业家担任专业群产业特聘教授;发展100人以上的兼职教师,制定专业群兼职教师考核办法1套
\multicolumn{2}{c}{建设三秦工匠培养工坊,打造国家级高水平实训教学基地}
1	建设数字化仿真中心;开展2门课程理实一体化教学方法改革;开发2门产教融合新型课程,编写活页式教材2部;形成产教融合、校企协同运行机制1套
2	开展2门实训课程教学方法改革及教学内容更新;升级改造机加工基础训练中心
3	持续建设精密加工技术中心;开展3门课程理实一体化教学方法改革;开发2门产教融合新型课程,编写活页式教材2部
4	召开专家论证会,形成数字化检测中心建设方案;开展1门课程理实一体化教学方法改革;开发2门产教融合新型课程,编写活页式教材2部
5	进行企业调研;建设装配与系统集成中心建设方案;开展2门课程理实一体化教学方法改革;开发2门产教融合新型课程,编写活页式教材2部
6	建设机电设备维修服务中心;开展2门课程理实一体化教学方法改革;开发2门产教融合新型课程,编写活页式教材2部
7	新增高水平职业教育校外实训基地不少于40家;每年1 500名学生在校外实训基地顶岗实习6个月以上;形成校外实习基地建设及学生顶岗实习管理典范
\multicolumn{2}{c}{校企共建产业学院,打造先进制造技术技能创新平台}
1	深化产教融合,建设数控机床智能制造产业学院;探索校企协同长效运行机制;校企融合共同推进"知识学习—技能训练—创新培养"学、作、创一体化课堂教学模式创新

续表

序号	建设任务
2	校企联合实施企业实际任务,逐步提升校内师资高端数控机床精密制造技术研发能力;教师参与项目研发10项
3	面向装备制造中小微企业,开展技术研发、技术服务;校企共建创新创业孵化器1个
4	承办省级以上技能大赛8次以上;师生在各类技能大赛上获奖10项以上;每年参与技能大赛训练的学生不少于500人
\multicolumn{2}{c}{以创新平台为依托,打造西部先进制造技术服务中心}
1	建设期内新增国家专利10项以上;实现技术服务收益300万元以上;承担企业技术研发项目50项以上;技术创新及成果转化10项以上
2	年均承担社会培训项目5项以上;社会培训人数达到2 000人日以上;技术技能等级证书考核培训4 000人日以上;每年科技扶贫10次以上
\multicolumn{2}{c}{以赞比亚分院为依托,打造职业教育国际化办学示范基地}
1	选派教师8人次赴美国、加拿大、爱尔兰、新西兰等国家进行交流;参加海外学术交流2次以上;聘请4名海外专家学者来校担任客座教授;引进国外优质教材4部,优质教学标准4份
2	赴赞比亚为驻赞中资企业本土员工技能培训150人次以上;为陕西工业职业技术学院赞比亚分院培养本土教师4人;编制群内专业海外人才培养方案1部;新增海外人才培养方案、教学标准等2部以上;为海外办学开发2门专业课程
3	培养20名具有双语教学能力的专业教师;完善教学与日常管理机制1份;专业群在校留学生人数达到100人以上;开发职业教育英汉双语教材4部以上
\multicolumn{2}{c}{创新四项机制,形成高水平专业群建设标准与规范}
1	制定形成"共建共享共用"实训基地建设办法1套;制定产业学院理事会组建与运行制度等;创新校企协同育人机制,制定产业特聘教授选聘等标准
2	制定专业群以及群内专业人才培养方案修订管理制度;制定专业群职业岗位标准;制定专业群核心课程教学标准和教学内容动态更新与管理办法

2.3 建设成效

到2023年,机械制造与自动化专业群服务经济社会发展的能力和水平跃升,高水平师资团队建设成效显著,全面育人能力和人才培养质量成效显赫,支撑高档数控机床制造行业智能化转型升级的技术研发能力显著增强,引领全国装备制造类专业群创新发展的能力显著加强,专业群的整体实力和水平达到国内领先水平,初步建成全国一流、国际知名的高水平专业群。专业群建设项目具体建设成效如表4所示。

2.4 经费预算

专业群建设项目具体经费预算如表5所示。

表4 机械制造与自动化专业群建设标志性成果

序号	名称	省级	国家级
1	《机械制造与自动化专业群人才培养模式研究》专著	—	—
2	教学成果奖	2项	1项
3	国际标准(机械制造与自动化专业教学标准、人才培养方案等)	—	1套
4	培育高水平开放课程	10门	2门
5	培育国家级高水平优秀教材	—	3部
6	国家级教学创新团队	—	1个
7	教学名师	2人	1人
8	柔性引进高层次人才	5人	—
9	培养国家级领军人才	—	2人
10	国家级高水平实训教学基地(三秦工匠培养工坊)	—	1个
11	西部先进制造技术服务中心	1个	—
12	新增专利	—	10项
13	海外分院	—	1个
14	创新产教融合校企协同运行长效机制		
15	创新结构化高水平师资团队建设管理机制		
16	创新专业群与产业发展同步调整机制		
17	创建高水平专业群人才培养系列标准与规范		

表5 机械制造与自动化专业群建设分年度资金预算表

序号	项目	分年度预算/万元				分项目预算合计/万元
		2019—2020年	2021年	2022年	2023年	
1	人才培养模式创新	35	55	65	45	200
2	课程教学资源建设	185	275	440	200	1 100
3	教材与教法改革	55	105	125	120	405
4	教师教学创新团队	374	494	780	774	2 422
5	实践教学基地	3 065	1 990	760	565	6 380
6	技术技能平台	165	205	160	120	650
7	社会服务	53	135	150	150	488
8	国际交流与合作	270	305	330	340	1 245
9	可持续发展保障机制	28	26	30	26	110
	分年度预算合计	4 230	3590	2 840	2 340	—
	总计	13 000				

3 材料成型与控制技术专业群建设方案

3.1 建设目标

3.1.1 总体目标

对接四项需求,推动四项改革,开展9项任务,落实30个计划,建成四新生态。到2023年,将材料成型与控制技术专业群建成全国一流、国际知名的中国特色高水平专业群,为国家职业教育改革提供陕工模式。到2035年,固化形成一整套专业群建设的模式,专业群达到国际先进水平,引领中国职业教育实现现代化,为中国产业走向全球产业中高端提供高素质材料成型技术技能人才支撑。

3.1.2 具体目标

构建育人机制,创新培养模式,打造"两机"(航空航天发动机、燃气轮机)产业技术技能人才培养高地。在1+X证书制度试点、现代学徒制改革、本科学历等高层次人才培养试点方面取得突破性进展和首创性成果。

更新教学内容,扩建教学资源库,打造智能成型类专业优质资源共享平台。校企共建18门项目化课程并建成在线开放课程,培育省级在线开放课程3门,开发基于1+X证书的社会培训包,建设双语课程5门,建成国家智能成型类专业优质资源共享平台。

校企深度合作,改革教材教法,营造"以学生为中心"的课堂教学新生态。开发活页式、工作手册式实训教材40部,立体化教材18部,双语教材5部,培育规划教材3部,参与省级以上教师教学比赛并获奖2项。

按"四有"标准,提升教育教学创新能力,打造国家级教师教学创新团队。柔性引进院士1人、技能大师3人,引进专业带头人1人,培育专业群双带头人6人、骨干教师10人,建立60人以上的兼职教师库。培育国家级教师团队1个、省级以上教学名师1人。

围绕西部产业特色,加强硬件及内涵建设,打造国家级产教融合实训基地。对接"两机专项"打造"5G+智能成型"实训基地,与宁夏共享集团等企业合作共建20余家校外实训基地。

对接"两机"高端产业,建设智能成型产业学院,打造技术技能创新服务平台。建成智能成型产业学院,累计申报省级以上科研项目4项,取得省、市级科技奖1项,完成技术创新及成果转化10项,解决企业生产实际问题20项,指导学生技能大赛累计获得省级奖项6项。

立足材料成型高端产业,提升社会服务能力,打造西部智能成型产业服务品牌。

服务"一带一路"倡议,提升国际交流合作水平,打造材料成型专业群国际职教品牌。建立陕西工业职业技术学院海外分院和"秦俑工苑",依托国家教学资源库开展海外办学和海外远程教育培训。

创新"四项机制",构建行企校命运共同体,积极探索适应产业发展的专业群动态调整机制,形成材料成型专业群可持续发展格局。

3.2 建设任务与进度

第一阶段(2019.11—2020.12),成立材料成型专业群建设领导小组等机构,启动建设任务,做好顶层设计,预计投资 4 200 万元;第二阶段(2021.01—2021.12),持续推进专业群相关建设工作,按计划投资 2 950 万元;第三阶段(2022.01—2022.12),按计划投资 3 200 万元;第四阶段(2023.01—2023.07),按计划投资 3 150 万元。专业群建设任务如表 6 所示。

表 6 材料成型与控制技术专业群建设任务表

序号	建设任务
	构建育人机制,创新培养模式,打造"两机"产业技术技能人才培养高地
1	深入企业调研,形成专业群调研报告 1 份;形成系统的行业认可的专业教学标准、课程标准、实训条件建设标准、顶岗实习标准各 1 套
2	与宁夏共享集团等公司合作开发"5G + 智能成型"实训基地建设规划 1 份;完善人才培养模式,发放相关企业调研表 100 份;开发绿色成型技术、智能成型技术相关行业标准 1 项
3	与宁夏共享集团等 4 家企业达成校企合作协议;开发专业群《职业岗位标准》和《职业能力标准》各 1 套;开发在线学习包 2 套;出版《材料成型与控制技术专业群人才培养模式研究》专著 1 部
4	完善 1 + X 证书制度试点专业人才培养方案;"学用研"人才培养模式推广院校累计达到 10 家以上
5	对接 1 + X 证书制度评价标准,开发人才培养方案和课程标准 2 套,培养培训师 2 人;组建学徒制班 6 班次,完成 300 名企业学徒制学生教学任务
6	申报并组织高职本科试点专业教学;制定 1 套四年制本科人才培养方案和课程标准;形成高职本科人才需求调研报告 1 份
	更新教学内容,扩建教学资源库,打造智能成型类专业优质资源共享平台
1	每年度举办课程思政教学大赛 1 次;形成立德树人"双创"教育运行方案并组织实施
2	制定实践教学 5S 管理标准 1 套并组织运行与考核;培训专兼职实验员 10 人次
3	制定学生宿舍 5S 管理制度 1 套并组织运行与考核,每年度组织师生培训 1 次
4	完成创新创业基础课程教学工作,组织创新课程教学比赛 4 次,优选 40 个项目案例;获取 SYB 培训结课证书不少于 180 份
5	与中国船舶集团等企业深入合作,达成课程共建协议;开发 18 门项目化课程并建成在线开放课程;新开培训课程 8 门;新建双语课程 4 门
6	联合中船舰客教育科技等企业参与制定特殊焊接技术职业技能等级相关培训课程标准和内容,承担 1 + X 证书制度培训任务
7	制订资源库升级计划,建设视频、动画等资源 10 000 条;建设虚拟仿真系统 10 套
8	联合宁夏共享合作建设"5G + 智能成型"实景学习数据端口;制定校企资源共建共享机制

续表

序号	建设任务
	校企深度合作,改革教材教法,营造"以学生为中心"的课堂教学新生态
1	培育规划教材3部,编写并推广18部立体化教材,40部活页式、工作手册式教材的应用,被10所以上职业院校应用或借鉴
2	形成依托"5G+智能成型"实训基地的线上线下混合式教学模式并推广;编制教学案例1份。组织教学比赛并获省级及以上奖项2项
3	建立多方参与的教学评价体系;形成多维度的学生考核体系
	按照"四有"标准,提升教育教学创新能力,打造国家级教师教学创新团队
1	柔性引进院士1人、技能大师3人、特聘教授2人;引进博士8人;选拔培养校内专业群带头人3人,聘请企业专业群带头人3人
2	完成1名省级以上教学名师、10名骨干教师、5名双语教师的培育工作;双师教师占比达到90%以上
3	制订教学名师、骨干教师、双语教师、双师教师培养计划各1份
4	参加不同形式培训,国内培训不低于80人次,赴国外学习交流不低于20人次
5	在企业设置教师实践流动站4个;组织教师到企业或实训基地实践锻炼每年不少于1个月
6	制定校企人才互通互用合作协议10份以上,完成40名企业工程技术人员、高技能人才聘任工作,在合作企业担任兼职技术人员的教师达到10名
	围绕西部产业特色,加强硬件及内涵建设,打造国家级产教融合实训基地
1	完成智能精密成型实训中心等6个实训中心建设工作
2	与企业洽谈,确定产品生产合作意向5个以上
3	制定实验员管理制度、实验耗材管理制度、实验设备管理制度、实训教学评价标准等1套
4	校企合作共同开发实践教学项目20项;修订制定实践课程教学标准40项
5	配套开发1+X证书制度实践培训资源包2套、社会培训资源包2套
6	新增校外实训基地20家,完成学生顶岗实习教学任务达到70 000人日,完成教师实践培训达到1 600人日
	对接"两机"高端产业,建设智能成型产业学院,打造技术技能创新服务平台
1	聘请知名专家加入智库;智库专家审定项目20项以上、项目研讨会3次以上
2	筹建专家工作室、技能大师工作室,形成工作室相关管理制度1套;专家工作室指导申报省级以上科研项目4项以上;建成技能大师工作室3个
3	完成精密铸造技术研发中心等2个研发中心建设;形成论证报告及建设方案1套
4	面向新材料新技术开展前瞻性项目完成技术创新及成果转化10项;为中小微企业解决技术难题20项;申报国家发明专利5项
5	完成智能成型创客工坊建设;参加"互联网+"大赛不少于40项

续表

序号	建设任务
	立足材料成型高端产业,提升社会服务能力,打造西部智能成型产业服务品牌
1	每年完成企业员工培训 1 000 人日、退役军人等社会人员学历教育或培训 1 000 人日
2	材料成型职教集团新增成员单位 8 家以上,邀请行业专家面向集团成员开展专题报告 8 场以上
3	对偏远地区职业院校选派教师 16 人次开展对口支援,年培训职业学校师资 500 人日
4	为西部地区兄弟院校师生提供生产实践等人才培养服务 500 人日;完成学生实验、实训以及技术服务 8 项
	服务"一带一路"倡议,提升国际交流合作水平,打造材料成型专业群国际职教品牌
1	成立"一带一路"发展中国家材料成型专业群陕工海外分院,形成建设方案 1 套
2	开展国际学员的远程教育,培训 45 名本土员工;招收"一带一路"沿线国家留学生;开发留学生人才培养方案 1 套
3	改扩建专业群教学资源库,开发双语资源,搭建双语课程
4	柔性引进行业领军人才 1 人担任客座教授
	创新"四项机制",构建行企校命运共同体,保障材料成型专业群可持续发展
1	组建专业群管理小组和建设小组,制定《专业群建设动态监测调整管理办法》
2	制定《专业群教学诊断与改进管理办法》,形成可借鉴可推广的范式
3	制定专业群《教师培养管理实施办法》等管理制度,形成教师培养与激励机制
4	建立健全《校企合作管理办法》《企业兼职教师管理办法》《订单培养实施办法》等管理运行机制

3.3 建设成效

到 2023 年,材料成型专业群高层次应用型人才培养模式初步形成,以学生为中心的课堂生态建设初见成效,教师教学创新团队建设成效显著,行企校协同育人能力和人才培养质量显著提高,支撑装备制造材料成型相关产业转型升级、提质增效和绿色发展的技术研发能力显著增强,服务经济社会发展的能力和水平明显提高,专业群国际办学初具规模,形成一批可复制可推广的专业群建设机制、标准和模式,专业群发展内生动力显著增强,专业群继续保持全国装备制造类专业群领先水平,初步建成中国特色、国际知名的高水平专业群。专业群建设主要标志性成果如表 7 所示。

3.4 经费预算

专业群建设分年度预算如表 8 所示。

表7 材料成型与控制技术专业群建设主要标志性成果

序号	名 称	省级	国家级
1	教学成果奖	1项	—
2	教学名师	1人	—
3	教师团队	—	1个
4	"三教"改革示范基地	—	1个
5	产教融合实训基地	—	1个
6	技术技能培训基地	—	1个
7	后备人才培训基地	—	1门
8	精品在线开放课程	3门	—
9	"十三五"规划教材	—	3部
10	教师教学比赛获奖	2项	—
11	职业院校学生技能大赛获奖	6项	—
12	申报国家发明专利	—	5项
13	专业群教学资源平台	—	—
14	《材料成型与控制技术专业群人才培养模式研究》(专著)	—	—
15	《材料成型与控制技术专业群建设系列标准与规范》(专著)	—	—
16	《材料成型与控制技术专业群专业人才培养方案与教学标准》(专著)	—	—

表8 材料成型与控制技术专业群建设分年度资金预算表

序号	项 目	分年度预算/万元				分项目预算合计/万元
		2019—2020年	2021年	2022年	2023年	
1	人才培养模式创新	160	130	155	155	600
2	课程教学资源建设	140	115	430	165	850
3	教材与教法改革	60	60	200	80	400
4	教师教学创新团队	380	250	330	270	1 230
5	实践教学基地	2 950	2 065	1 310	1 975	8 300
6	技术技能平台	360	160	650	380	1 550
7	社会服务	20	40	45	45	150
8	国际交流与合作	110	110	60	60	340
9	可持续发展保障机制	20	20	20	20	80
	分年度预算	4 200	2 950	3 200	3 150	—
	总 计	13 500				

(学会特聘研究员、陕西工业职业技术学院教务处副处长李龙龙提供材料)

杨凌职业技术学院"双高计划"建设方案

概　述

2019年,杨凌职业技术学院被教育部、财政部确定为中国特色高水平高职学校建设计划B档建设单位,农业生物技术、水利工程2个专业群被确定为中国特色高水平专业群建设项目。根据《国家职业教育改革实施方案》和《教育部 财政部关于实施中国特色高水平高职学校和专业建设计划的意见》等文件精神,结合学校实际,编制了《杨凌职业技术学院中国特色高水平高职学校及专业建设方案》(以下简称《方案》)。

《方案》以习近平新时代中国特色社会主义思想为指导,全面贯彻党的教育方针,坚持立德树人根本任务,坚守"经国本、尚科学、解民生"的办学理念,"德技并修、全面可持续发展"的育人理念。依托国家杨凌农业高新技术产业示范区"区校一体"平台,实施"六新"发展方略,按照"一加强、四打造、五提升"总体建设任务,具体建设任务和举措,设置了2019—2023年度分年度建设任务。确定了建设目标,到2023年,初步建成适应干旱半干旱地区农业发展需求,具有中国特色、世界水平的高职学校。到2035年,建校100周年,全面建成具有中国特色、世界一流的高职学校。学校综合办学实力、人才培养质量和整体办学水平进入世界一流职业教育前列,成为中国特色高水平高职学校的典范。农业生物技术和水利工程2个专业群建成特色鲜明、国内领先、国际一流的专业群,带动形成特色鲜明的三级专业群建设体系;形成一批引领全国农业职业教育改革创新、高质量发展的标准体系和制度体系;为干旱半干旱地区农业复合型高素质技术技能人才培养"中国模式"提供"杨凌方案"。

学校的建设方案中共10大建设任务、49项子任务、具体任务149项,农业生物技术专业群建设内容共9大块、30个子任务、264个具体任务,水利工程专业群9大任务、37个子任务、135个具体任务。

项目计划总投资6.8亿元,其中,学校自筹资金4.04亿元,中央财政支持资金1.25亿元,地方统筹相关政策资金1.25亿元,争取行业企业融资0.26亿元。

1　学校建设方案

1.1　建设目标

(1)中期目标(2023年)

到2023年,初步建成适应干旱半干旱地区农业发展需求,具有中国特色、世界水平的高职学校,成为干旱半干旱地区农业技术技能人才培养高地;形成一批引领全国农业职业教育改革创新、高质量发展的标准体系和制度体系;为干旱半干旱地区农业复合型高素质技术技能人才培养"中国模式"提供"杨凌方案"。

（2）远期目标（2035 年）

到 2035 年,建校 100 周年,全面建成具有中国特色、世界一流的高职学校。学校综合办学实力、人才培养质量和整体办学水平进入世界一流职业教育前列,产出一批高水平技术创新成果;在国际农业职业教育领域具有重要影响力,成为世界干旱半干旱地区农业职业教育的标杆,高水平专业群对世界干旱半干旱地区农业现代化、"一带一路"国家建设起到重要的支撑引领作用。成为中国特色高水平高职学校的典范。

1.2　建设任务与进度

以实施塑造立德树人新架构、构建"区校融合"新形态、构筑产教融合新高地、打造专业发展新格局、拓展国际合作新路径、培育改革发展新动能"六新"发展方略为统揽;以提高复合型技术技能人才培养质量为核心,强化产业升级的人才有效供给;以重点建设农业生物技术、水利工程专业群为引领,示范带动全校专业群实现整体提升;以推动技术创新为抓手,提升人才培养质量和服务发展水平;以打造高水平"双师型"教师队伍为保障,强化学校高水平发展的人才支持;紧盯干旱半干旱地区现代农业产业高端需求和农业产业转型升级,引领干旱半干旱地区现代农业职业教育改革创新发展。杨凌职业技术学院分年度建设任务与进度如表 1 所示。

1.3　建设成效

到 2023 年,学校主要办学指标达到国内一流、国际水平,办学实力和国际竞争力显著增强,示范引领高等职业教育改革创新和高质量发展。

"党建＋X"工作格局全面形成,党的建设得到持续加强,"三全育人"思政工作格局全面建立,为人才培养和学校高质量发展提供坚强的组织保证。

农业职业教育人才培养模式和教育教学水平达到国际水平、全国一流,毕业生的实践创新创业能力显著增强,具有国际视野、通晓国际规则、情系"三农"的高素质技术技能人才得到社会及行业高度认同。

2 个专业群达到中国特色高水平,4 个专业群达到国内领先,其他专业群达到行业和区域领先。2 个高水平专业群专业教学标准体系国内通用、国际认可,示范引领作用显著增强。

技术应用创新水平和能力显著提高,成为我国干旱半干旱地区农业生产技术应用推广的重要力量,与企业开展科技攻关、产品研发、技术创新合作深化,农业实用技术成果推广应用能力显著增强。

11 个二级学院按照"一院一策""一企一策"确定的产、学、研、创"校企合作命运共同体"合作模式初步形成。

形成大师引领、骨干支撑、专兼结合、结构合理的高水平"四有"教师队伍和专业化技术创新与社会服务团队。

表 1 杨凌职业技术学院分年度建设任务与进度表

序号	建设任务	分年度建设进度			
		2020 年度目标（含 2019 年度）	2021 年度目标	2022 年度目标	2023 年度目标
1 加强党的建设	1-1 政治建设领航，坚定社会主义办学方向	完善"不忘初心、牢记使命"制度架构，推进"两学一做"教育常态化制度化	发挥党委领导核心作用；持续开展作风建设；实施干部教育培训计划	学校治理体系改革取得重大进展；干部队伍进一步优化；持续开展作风建设	加强干部队伍建设和干部教育、管理；党委统领下院长负责制制度完善
	1-2 思政工作铸魂，落实立德树人根本任务	制定"三全育人"工作实施方案；实施思政课教师教学能力提升计划；推进文明校园创建常态化	实施"十大育人"工程；建设具有学校特色的思政教育优秀案例；实施学生综合素质提升计划	构建大思政工作格局，建立思政实践教学基地；建成具有学院特色的思政精品课和思政教育优秀案例	建成高素质、高水平思政课教师队伍，推进文明校园创建常态化
	1-3 舆论导向守正，年年把握意识形态主动权	探索一次生成、多元发布的融媒体工作机制，出台意识形态工作责任制考核办法	建立全方位、多层次、多声部的宣传格局，推进陕西高校"一体两翼"网络思政工作	建立学校舆情常态监测和预警机制；组建党委3支网络评论员队伍	健全学校舆情常态监测和预警机制，构建形成多方联动的舆情应对格局
	1-4 创新形式提质，激发基层党建工作活力	"双带头人"支部达到100%；探索"党建+X"工作机制，开展支部"星级创建"活动，推动分院党建品牌建设	持续加强党组织队伍建设，探索以高水平专业群为单元设立"功能型党总支"	持续推进"党建+X"；培育一批省级以上"党建工作标杆院系"和"党建工作样板支部"	"党建+X"工作格局形成；总结凝练具有各具特色的分院党建品牌
	1-5 反腐倡廉强体，营造风清气正的校园政治生态	强化党委主体责任，纪委监督责任的落实；出台"放管服"改革放权后监管制度	修订纪检工作规则和相关制度；强化对"两个维护""两个责任"落实	开展多种形式的专题教育；强化履行全面从严治党主体责任	修订干部廉洁从政，廉洁从业，教师廉洁从教的若干规定；强化"一岗双责"等情况的监督

续表

分年度建设进度

序号	建设任务	2020年度目标（含2019年度）	2021年度目标	2022年度目标	2023年度目标
2	2-1 着眼立德树人全面发展，完善"四位一体"人才培养方案	完善课程体系和学分认定、转换办法；创新"经典晨读"和"全员劳动"制度，创新"第二课堂"活动载体和工作机制	创新专业群人才培养模式；完善劳动教育和劳动课相关制度；实施学校"学生综合素质提升行动计划（2019—2021）"三年行动计划	推进"公共模块+专业共享模块+职业岗位模块+拓展模块"专业群课程教学模式改革，促进学生全面发展	创新形成"德技并修"的育人架构，形成"厚基础、强能力、重创新、爱劳动"的高素质技术技能人才培养品牌
	2-2 聚焦复合型专业技术技能人才培养，创新专业群人才培养模式	各专业群探索能够体现专业（群）育人特色、体现产教融合、校企合作培养高素质复合型人才的专业群人才培养模式	形成能够体现专业（群）育人特色、校企合作培养高素质复合型人才的专业群人才培养模式	农业生物技术、水利工程2个专业群人才培养模式改革成果向国内相关院校推广	2个国家高水平专业群人才培养模式达到国际领先水平；4个优势特色专业群培养模式达到国内领先水平
	2-3 实施工匠精神传承计划，构建学生职业素质发展培育体系	制定工匠精神教育实施方案；实施技能大师引路工程，遴选13门专业课开展工匠精神融合改革	探索专业群校园文化与企业文化相融通的工作机制，邀请百名大国工匠开展系列专题讲座等活动	建立工匠精神培育常态机制，持续开展百名大国工匠、能工巧匠、杰出校友进校园系列专题活动	形成校园文化与企业文化相融通的工作机制，将"工匠精神"融入人才培养全过程，成为弘扬职师生品质核心
	2-4 实施1+X书证衔接融通计划，深化复合型人才培训模式改革	实施1+X书证衔接融通计划，面向社会开展职业技能等级证书培训	将职业技能等级证书内容标准要求融入人才培养方案，报考学生的获证率达到50%	报考学生获证率达到55%以上，面向社会开展职业技能等级证书培训2 500人以上	报考学生获证率达到65%以上，面向社会开展职业技能等级证书培训3 000人以上

续表

序号	建设任务	分年度建设进度			
		2020年度目标（含2019年度）	2021年度目标	2022年度目标	2023年度目标
2	2-5 实施大师、工匠引领工程，开发开展技术技能人才	设立10个技能大师工作室，选拔500名学生重点培养，绝技、带高徒	新增5个技能大师工作室，推动技术技能创新成果加速传承和推广	提升技能大师工作室在技术研修、创新、教学改革等方面的平台功效，培养600名技术技能拔尖人才	形成大师工作室创新创业成果带动卓越人才选拔培养的良好有机制和技能创新团队
	2-6 推进教材改革，开发内容先进的新形态立体化教材	建立模块化、组合型、进阶式课程体系；开发手册式、活页式教材12部，活页式说明书式；成立教材建设委员会	开发工作手册式、说明书式、活页式教材20部，双语教材3部，培训教材2部	开发工作手册式、说明书式、活页式教材30部，双语教材4部；健全教材建设委员会工作机制	开发工作手册式、说明书式、活页式教材40部，技能大赛培训教材3部，双语教材4部
	2-7 推进教学模式和教学方法改革，提升课堂教学质量	推进教学模式、方法、考核评价体系改革，全面开展线上线下混合教学建设及应用	持续推进教学模式和教学方法改革，完善教学评价体系	加大现代信息技术应用，提高学生自主学习能力，完成教学方法与模式方面的教改项目5项	深化教学模式和教学方法改革，培育省级以上教学成果奖8项
	2-8 推进教学管理创新，提升技术技能人才培养效能	设立"学分银行"管理中心，探索学分制、弹性学制，实施分类教学	探索学分积累、认定、转换等制度和标准体系，将体现能力和资格的学习成果转化相应学分	实施学分认定和转换制度，探索向社会学习者职业技能等级证书学分认定积累制度	建立一套完善的学分标准体系，因材施教，分类教学，形成身定制的人才培养方案
	2-9 建立教学诊断改进常态化机制，提升人才培养质量保证能力	初步实现诊断与改进工作常态化；落实两级质量年报制度	科学规范两级质量年报质量；两级督导体系常态化运行	大力营造"质量第一、教学中心"新质量观；初步实现两级督导网络化	"质量第一、教学中心"新质量观落地生根；两级督导网络常态化运行

续表

序号	建设任务	分年度建设进度			
		2020年度目标（含2019年度）	2021年度目标	2022年度目标	2023年度目标
3 打造区校产教融合创新平台	3-1 创新区校产教融合机制，实施"1371"区校融合发展方略	出台区校、校校融合发展实施意见，与示范区、西北农林科技大学和现代农业企业深度合作	建立"区校、产教、科教"融合平台和沟通协调机制，人才资源共享互补机制、技术协同创新机制	创新"共生共荣、共建共享、互利共赢"的区校融合机制	形成具有学院特点的"四化"产教融合模式
	3-2 提升陕西省部共建杨凌现代农业职教改革试验区功能，共建1个职教创新园区	成立学校职教创新园建设机构，启动职教创新园区建设工作	完成职教创新园整体建设规划和核心区建设项目方案设计及论证工作	全面启动职教创新园主体工程建设工作	建成职教创新园，年承担2 000人次、15 000学时的教学实训，300人次教师和1 500人次的社会培训任务
	3-3 围绕杨凌产业示范区功能提升，实施3项产教融合计划	组建30个"博士+高职生"和5个"教授+科研成果+推广"工作室；围绕3项产教融合计划开展调研工作	全面启动实施3项产教融合计划；开展农业生产标准的制定调研工作；健全两类项目的工作室工作	推进3项产教融合计划项目实施工作；制定农业生产标准、绿色农产品标准等6项标准	完成3项产教融合计划任务，助力杨凌示范区产业转型和农业实用技术升级
	3-4 围绕提升技术服务能力，打造与企业协同创新中心，完成实用新技术2项，解决企业难题6项	编制协同创新中心建设方案，完成实用新技术专利2项，推广实用新技术2项，解决企业难题2项	建设智慧农业等协同创新中心3个；推广实用新技术6项，解决企业难题2项	建设杨凌渭河水质检测中心等协同创新中心2个；推广实用新技术10项，解决企业难题10项	全面建成协同创新中心6个；完成实用技术专利10项，推广实用技术12项，解决企业难题

续表

序号	建设任务	分年度建设进度			
		2020年度目标（含2019年度）	2021年度目标	2022年度目标	2023年度目标
3	业深度合作的6个技术技能协同创新中心打造	题4项；组织创新创业项目300个	创新创业项目300个	题10项；组织创新创业项目300个	解决企业难题10项；组织创新创业项目300个
	3-5 围绕学校专业群布局，打造7个专业化产教融合基地	启动7个产教融合实训基地建设工作，重点建成现代农业等3个产教融合基地	重点建成生物制药等3个产教融合实训基地；各类基地年承担学生实习实训4 500人日，教师实践锻炼150人日，培训企业员工（职业农民）1 000人日	重点建成机电一体化产教融合实训基地；年承担校内外农业职业院校学生实习实训9 000人日，教师实践锻炼300人日，培训企业员工（职业农民）2 200人日	全面建成7个产教融合实训基地；年承担校内外农业职业院校学生实习实训10 000人日，教师实践锻炼350人日，培训企业员工（职业农民）2 500人日
	3-6 服务毕业生能力提升，共建1个就业创业创新服务基地	与示范区大学生创业创业园合作，建立就业创业综合基地，接纳创业训练学生300人，创新创业项目20项	完善毕业生就业创业创新服务基地服务功能；接纳创业训练学生300人；在基地就业创业毕业生达到100人；孵化创新项目20项	优化毕业生就业创业创新服务基地服务功能；接纳创业创新训练学生300人；在基地就业创业毕业生达到100人；孵化创新项目20项	毕业生就业创业创新服务基地全面建成；年承担学生创业训练学生300人；在基地就业创业毕业生达到100人；孵化创新项目20项
	3-7 集聚教科研资源和技术优势，打造校内技术技能创新服务平台	建立学校平台管理机构，技术研发、技术研发与科研改关项目20%以上	重点建设农产品质量检测中心等4个校内技术技能创新服务中心；教师参与创新比例达到30%以上，承担科研改关项目4项，年培训各类技术人员达到1 000人次	重点建设药品分析检验中心等6个校内技术技能创新服务中心；教师参与创新比例达到40%以上，承担科研改关项目10项，年培训各类技术人员达到2 000人次	全面提升校内技术技能创新服务能力；教师参与创新比例达到50%以上，承担科研改关项目16项，年培训各类技术人员达到3 000人次

续表

分年度建设进度

序号	建设任务	2020年度目标（含2019年度）	2021年度目标	2022年度目标	2023年度目标
4 打造高水平专业群	4-1 农业生物技术	优化专业群人才培养模式；研制20门核心课程标准；制定"三大实践教学基地、1个虚拟仿真中心和两大协同创新中心"建设方案；组建3支师资队伍	研制2个核心专业教学标准、体系；建成实践教学体系；开发活页式、手册式教材10部；推广实用技术3~5项；开展各类技术培训达到5万人日以上	建成4门国家级水平、5门省级水平精品在线开放课程；制定完善实践教学体系运行机制，并拓展教学功能；新增省级以上技术研发立项5项	"双主体、五融合、模块化"人才培养模式特色鲜明；20门核心课程标准达到国内领先水平；3支"国内一流"的师资队伍基本建成，2个境外培训基地基本建成
	4-2 水利工程	成立中水学院；组建技能大师和支部项目团队，落实师徒培养模式；新建或升级5个校内实训中心、筹建网院中心一基地	启动海外分院中心水经馆和职业技能认证中心建设工作，完成两院两中心基地建设任务；做好对口支援青海、新疆两校建设工作	完成教学资源、教材、水经馆、海外分院、宝鸡峡灌区老挝海外分院建设任务；完成建设水利工程标准库和《水利工程标准和设计手册》等任务	提升并推广中水学院的办学经验；培育国家级教学名师2名；新建或完善灌区实训基地；完善两院两中心功能，不断为企业进行科研创新
5 打造高水平双师队伍	5-1 围绕三级梯队布局，打造三级专业教学创新团队	制定学校教师教学创新团队建设方案；建设方案；教学创新团队建设标准	组织开展校级专业教师教学创新团队评选认定；培育省级教学创新团队水平专业教师教学创新团队2~3个	新培育国家级专业教师教学创新团队1~2个、省级水平专业教师教学创新团队2~3个	培育国家级水平专业教师教学创新团队1~2个
	5-2 聚焦三梯队建设，实施5项引培计划	制定各类人才引培工作实施方案、引进高层次人才2人，引进专业类专家2人、引进专业人才10人，培育10人；兼职教师达到600人	引进高层次人才4人，培育国家"万人计划""水平教学名家"专家1人、引进带头人1人，引进专业人才10人，培育20人；新增省部级等名师10人；兼职教师达到650人	引进高层次人才4人，培育国家"万人计划""水平教学名家"专家2人、引进带头人1人，引进专业人才10人；培育10人；兼职教师达到700人以上	引培农业类专家2人；80%以上骨干教师担任（兼任）企业技术职务；兼职教师承担专业课程教学时占专业课时总数达到40%以上

续表

序号	建设任务	2020年度目标（含2019年度）	2021年度目标	2022年度目标	2023年度目标
5	5-3 瞄准创新型人才队伍能力素质，实施5项提升计划 打造高水平双师师队伍	制定教师5项提升实施方案；开展师德和教学能力培训700人次；组织教师参加各类教学比赛，获奖项10项	实施5项提升计划，开展师德和教学能力培训700人次；组织教师参加各类教学比赛，获省级以上奖项13项	实施5项提升计划，开展师德和教学能力培训700人次；组织教师参加各类教学比赛，获省级以上奖项13项	实施5项提升计划，开展师德和教学能力培训700人次；组织教师参加各类教学比赛，获省级以上奖项14项
	5-4 坚持改革创新驱动，健全人才引培保障条件	修订完善师德师风建设，人才引进、实践锻炼，双师教师认定、激励评价等制度；建立3个教师德教育基地	提升教师发展中心建设水平；新建教师德教育基地2个、双师教师培养培训基地30个；健全教师顶岗实践、企业轮岗工作机制	健全人才引进、培养培训工作机制；健全教师发展中心工作机制；进一步强化教师培养培训基地建设	形成健全的人才引培制度体系和灵活的工作机制；建成完备的教师培养培训平台；形成健全的教师培养培训工作体系
6	6-1 创建产业（企业）学院，打造校企合作命运共同体	制定产业（企业）学院建设总体规划；建成北控水务学院等3"走出去"产业（企业）学院；校企联合订单培养学生100人	建成现代牧业学院等3个产业（企业）学院，"为走出去"企业培养人才100名，校企联合订单培养学生300人	建成阜区节水学院、三木园林学院等4个产业（企业）学院；开展社会培训2000人次；校企联合订单培养学生300人	建成苏宁商学院、乐华旅游学院等2个企业学院；开展社会培训2000人次；校企联合订单培养学生300人
	6-2 创新校企命运共同体运行机制，全面落实"五共同"育人任务	构建"五共同"育人体系和机制；专业教师到企业实践锻炼时间超过1年以上的占比达到40%	创新构建校企命运共同体工作运行机制；专业教师到企业实践锻炼时间超过1年以上的占比达到45%	深化校企命运共同体工作运行机制；专业教师到企业实践锻炼时间超过1年以上的占比达到50%	企业承担专业课教学任务达到40%以上，专业教师到企业实践锻炼时间超过1年以上的占比达到60%

续表

序号	建设任务	分年度建设进度			
		2020 年度目标（含 2019 年度）	2021 年度目标	2022 年度目标	2023 年度目标
6	6-3 推进现代学徒制，创新现代学徒制管理模式	制定学校全面实施现代学徒制规划；农产品质量检测等 4 个专业开展现代学徒制人才培养	电子商务等 4 个专业开展现代学徒制专业人才培养；就业率达到 100%，用人单位满意率达到 95% 以上	艺术设计等 3 个专业开展现代学徒制专业人才培养；就业率达到 100%，用人单位满意率达到 96% 以上	总结现代学徒制专业教学改革实践经验；现代学徒制资源建设机制全面形成
	6-4 提升中国杨凌现代农业职教集团综合服务能力，创建国家示范职教集团	优化混合所有制集团组织架构和双理事长管理工作机制	重点建设产教融合平台、公共实训基地；启动集团内 1+X 证书制度	引导集团内院校之间教学资源共建共享、师资队伍互聘共享，企业之间开展技术交流合作	打造集团化办学国际职业教育新品牌；中国杨凌现代农业职教集团达到国家级职教集团水平
7	7-1 聚焦旱区农业转型升级，在技术研发上取得突破	围绕旱区小麦优良品种研发，在小麦新品种选育上取得突破，审定新品种 1~2 个	围绕陕西省农业主导产业研发技术取得突破，取得专利、标准、新产品、新技术等关键成果 2~4 项	围绕陕西省果业、畜牧业、旱区高效安全用水节水、设施农业等主导产业研发，取得重大成果 2~4 项	围绕陕西省果业、畜牧业、旱区高效安全用水节水、设施农业等主导产业研发，取得重大成果 3~5 项
	7-2 聚焦旱区农业主导产业，在产业示范引领方面取得突破	建立 5 个农业高新技术示范基地，推广新技术 10 项、新品种 5 个，辐射带动陕西、甘肃、宁夏省（区）10 个县（区）农业经济发展	新增 5 个农业高新技术示范基地，推广示范农业高新技术 10 项，新品种 5 个	新增 5 个农业高新技术示范基地，推广示范农业高新技术 15 项，新品种 5 个	新增 5 个农业高新技术示范基地，总结农业高新技术示范基地建设经验，形成农业科技示范推广服务体系

续表

分年度建设进度

序号	建设任务	2020年度目标（含2019年度）	2021年度目标	2022年度目标	2023年度目标
7	7-3 聚焦干旱半干旱地区农业产业高端，在关键技术推广和科技成果转化上取得突破	组建专业化技术创新与服务团队，为行业、产业及企业解决技术难题6项；推广新技术20项；社会服务收入达到200万元	为行业、产业及企业解决技术难题10项；推广新技术25项；社会服务收入达到400万元	为行业、产业及企业解决技术难题12项；推广新技术25项；社会服务收入达到600万元	为行业、产业及企业解决技术难题12项；推广新技术30项；社会服务收入达到800万元；培育省级以上科技成果奖5项
7	7-4 聚焦新时代职业农民培养培训，在组织管理和质量提升上取得突破	成立农民（村干部）学院，培养学历教育新型职业农民（村干部）1 000人，培训农业经营主体、基层农技人员和农民等10万人日以上	培养学历教育新型职业农民（村干部）1 200人，培训农业经营主体、基层农技人员和农民等10万人日以上	培养学历教育新型职业农民（村干部）1 300人，培训农业经营主体、基层农技人员和农民等10万人日以上	总结新型职业农民学历教育实践经验，形成一体两翼"新型职业农民（村干部）育训体系
7	7-5 聚焦扶贫攻坚，在创新模式和提高成效上取得突破	建立"双百工程"和"两联一包"示范基地3个；开展科教文化"三下乡"活动，科技扶贫培训达到3万人日以上	提升扶贫示范基地水平；继续开展科教文化"三下乡"活动，科技扶贫培训达到3万人日以上	拓展扶贫示范基地功能；持续开展科教文化"三下乡"活动，科技扶贫培训达到3万人日以上	建立教育、科技、基地"三位一体"扶贫体系；形成"示范基地+科研项目+特色产业"脱贫攻坚模式
8	8-1 优化内部治理结构，完善内部治理体系	修订完善"一章八制"制度体系；健全完善民主管理、民主参与、民主监督机制	以产业（专业群）为单位成立产学研用专业建设委员会	持续坚持民主管理、民主参与、民主监督机制	学校"一章八制"制度体系健全完善

提升学校治理水平

续表

分年度建设进度

序号		建设任务	2020年度目标（含2019年度）	2021年度目标	2022年度目标	2023年度目标
8	提升学校治理水平	8-2 以"放管服"改革为切入点，释放二级学院办学活力	科学制定二级分院"放管服"改革实施方案；修订完善二级分院党政联席会议制度	开展二级分院内部审计工作，强化监督检查	修订完善二级分院党政联席会议制度；强化监督检查	开展二级分院内部审计工作，强化监督检查
		8-3 深化创新驱动发展四项制度改革，为学校发展增添内生动力	实施岗位、职称"双聘"制度；修订相关制度和办法，修订二级单位考核办法；建立分院质量年报制度	引入社会第三方评价机制，探索构建二级分院考核评价机制	完善职称评审、绩效分配、考核评价、聘任管理等工作制度；完善社会第三方评价机制	探索形成能上能下的聘任考核制度体系和工作机制；形成优绩优酬的绩效分配制度
9	提升信息化水平	9-1 提档校园信息化基础设施，打造新一代智能新平台	实现无线网络全覆盖；完成5个以上信息系统等级保护二级测评	数据中心存储量达到300TB；实现无线高速上网及移动业务接入	完成校园门户网站IPv6接入；完成一卡通系统改造升级	形成智慧校园体系，在省内职业院校达到领先水平
		9-2 推进信息标准化建设，打造数据新生态	建成学校云数据中心；建成数据共享平台；制定学校数据标准	建成学校统一数据库管理平台；消除信息孤岛	建成"一表通"系统，师生数据"最多填一次"	建成教学管理大数据分析预警系统；建成学生管理大数据分析预警系统
		9-3 完善校园网上办事大厅功能，打造智慧服务新生态	建成服务师生"一站式网上办事大厅"平台；建成服务师生"校园百事通咨询系统"	新增30项服务教学的业务流程；新增30项服务学生的业务流程	新增50项服务后勤、财务管理、科研管理的业务流程	累计完成200项"最多跑一次"服务流程

续表

分年度建设进度

序号	建设任务	2020年度目标（含2019年度）	2021年度目标	2022年度目标	2023年度目标
9	慧管理新模式				
	9-4 运用"信息技术+"升级传统专业，开发数字经济新兴专业	对现有专业改造升级，将信息技术融入教学全过程	开设1~2个"信息技术+"特征的新型专业	优化"信息技术+"专业人才培养体系和质量监控等	"信息技术+"新型专业常态化运行
	9-5 建设杨凌农业职业教育信息中心，拓展职业教育服务供给新路径	建设农业职业教育信息中心，整合2个专业资源库，5门精品在线开放课程资源进中心	构建具有生产技术经验交流和在线诊断的互动社区	社区发布农业预警等信息1 000条，开展在线诊断服务200项	社区发布农业预警等信息1 000条，开展在线诊断服务200项
	9-6 提升教师智能教学水平，打造智慧教学新环境	建成130个智慧智能教室；教师教学信息化水平达到100%；完成所有线上线下混合课程建设	增建智慧智能教室70个；校学生学习空间开通率达到60%；建成课程制作中心	增建智慧智能教室70个；在校学生学习空间开通率达到80%	完成智慧智能教室300个总体任务；课程线上线下混合教学持续进行
	9-7 实施师生信息化能力培育计划，打造信息素养新高地	制定教师信息技术能力标准；建立学生信息素养评价指标体系	开展专业（群）带头人、骨干教师信息技术培训500人次；开展学生信息素养测评	开展信息化应用能力比武2次；开展专业（群）带头人、骨干教师信息技术培训500人次	形成教师"人人能开发、个个会应用"信息化教学局面；实现学生"人人、处处、时时"个性学习生态

续表

序号	建设任务	分年度建设进度			
		2020年度目标（含2019年度）	2021年度目标	2022年度目标	2023年度目标
10 提升国际化水平	10-1 引融国际标准，建立高水平专业群国际教育标准体系	引进2~3套国外教育教学资源，2个专业教学标准和10门课程标准	引进专业课程国际优质教育教学资源1~2套；开发相关专业群的教学实践	完善2个高水平专业群相关2个专业教学标准和10门课程标准	完善形成具有中国特色、国际普遍认可的农业职业教育标准体系
	10-2 培养国际化人才，打造"杨凌职教"国际品牌	设立海外办学机构和上合组织成员国国家职业农民技术技能培训中心，为"走出去"企业开展订单班培养300人，面向上合组织国家培训500人日	推进境外学院建设工作；培养留学生70人，企业订单班培养300人；面向上合组织国家培训500人日	培养留学生80人，为"走出去"企业订单班培养300人；面向上合组织国家培训500人日	"杨凌职教"国际品牌初步形成。为"走出去"企业订单班培养300人；面向上合组织国家培训500人日
	10-3 实施职教输出和人文交流，提升学院国际影响力	选拔25名学生赴海外开展交流；选派25名教师及管理人员赴国外研讨交流	选拔25名学生赴海外开展交流；选派25名教师及管理人员赴国外研讨交流	推动教学资源输出名学生赴海外开展交流；选派25名教师及管理人员赴国外研讨交流	探索职教育对外输出新路径；选派25名教师及管理人员赴国外研讨交流

农业科技推广和社会服务能力显著提升,形成中国特色的"农科教、产学研"产教融合新模式和农业职业院校社会服务新体系,在我国旱区和丝绸之路沿线相关区域的辐射带动效应显著增强。

国际合作交流路径进一步拓展,国际化办学实现新突破。学校国际声誉显著提升,国外就业创业毕业生人数比例明显增加,在"丝绸之路"沿线国家职业教育合作与发展中发挥引领作用。

学校内部治理体系更加完善,办学机制更加灵活,治理能力全面提升,文化软实力显著提升。

校企命运共同体机制全面建立,校企协同育人成效显著增强。

智慧、智能化校园环境全面形成,信息化水平达到国内领先水平,信息技术在教学与管理中的应用全面升级。

毕业生对母校教书育人满意度、课程教学满意度、管理和服务工作满意度均在95%以上。

1.4 经费预算

(1)资金来源

项目建设总投资6.8亿元,其中,学校自筹资金4.04亿元,中央财政支持资金1.25亿元,地方统筹相关政策资金1.25亿元,争取行业企业融资0.26亿元。

(2)支出预算安排

项目建设总预算投资6.8亿元,"全面加强党的建设"预算500万元由学校另行自筹安排。具体支出预算安排如表2所示。

表2 杨凌职业技术学院"双高计划"建设支出预算明细表

建设任务	总预算/万元	按资金来源分配支出预算			
		中央财政支持资金/万元	地方统筹相关政策资金/万元	行业企业投入资金/万元	学校自筹资金/万元
合 计	68 000	12 500	12 500	2 600	40 400
打造技术技能人才培养高地	4 970	550	550	—	3 870
打造技术技能创新服务平台	18 610	1 200	1 200	500	15 710
打造高水平专业群	20 000	7 000	7 000	1 200	4 800
打造高水平双师队伍	6 150	1 600	1 600	—	2 950
提升校企协同育人水平	2 920	500	500	200	1 720
提升服务"乡村振兴"水平	3 100	450	450	200	2 000
提升治理水平	150	—	—	—	150
提升信息化水平	10 700	1 050	1 050	500	8 100
提升国际化水平	1 400	150	150	—	1 100

2 农业生物技术专业群建设方案

2.1 建设目标

（1）总体目标

面向干旱半干旱地区农业产业发展与转型升级，瞄准现代农业绿色化、精准化、智能化等产业高端，聚焦科学生产、绿色安全、智慧高效的农业技术发展需求，深化产教融合，创新人才培养模式，强化技术研发引领，打造技术技能人才培养高地，建成国内一流、有国际影响力的高水平农业生物技术专业群。

（2）阶段目标

到2023年，建立适应现代农业产业高端的技术技能人才培养体系和教学标准体系，人才培养模式特色更加鲜明，教学标准建成国内一流，模块化课程体系更加完善，信息化优质教学资源丰富多样。实施1+X证书制度；弹性学制和分类培养制度更加完善，培养质量显著提升；技术研发、社会服务、国际交流与合作处于国内领先水平。

到2035年，建成服务乡村振兴、"一带一路"及面向世界的现代农业技术技能人才培养高地，技术技能创新和国际交流合作的平台。专业群培养水平、服务能力、国际影响力达到世界一流。培养模式、标准体系和系列制度在干旱半干旱地区推广应用，对世界农业现代化发挥重要的引领作用。

2.2 建设任务与进度

生物技术专业群紧扣中国杨凌农业高新技术产业示范区的国家使命，面向干旱半干旱地区农业产业发展与转型升级，围绕陕西"稳粮、优果、兴牧、扩菜"农业发展战略，瞄准现代农业绿色化、精准化、智能化等产业高端，聚焦科学生产、绿色安全、智慧高效的农业技术发展需求，对接产业（链），构建专业群。专业群以"从田间到餐桌"的绿色化、标准化生产过程为主线，对接产前生产条件评价、产中生产过程控制、产后产品质量检测与营销等产业链关键环节，组建以农业生物技术、园艺技术专业为核心，以绿色食品生产与检验、食品（农产品）营养与检测专业为支撑的农业生物技术专业群。具体建设任务与进度如表3所示。

2.3 建设成效

到2023年，专业群的人才培养、技术研发、服务能力、国际影响力达到国内领先、世界知名水平，形成有效支撑专业群高质量发展的标准、模式和制度体系，引领干旱半干旱地区农业高职院校改革发展。

建立"对接产业、动态调整"的专业群建设机制，形成特色鲜明的人才培养模式和教学模式，建成4个国内一流、国际水平的专业标准，学生规模达到1800人，就业率达到98%以上。

建成1个国家级教学资源库，10门国际一流水平的课程标准，4门国家级水平、5门省级水平的精品在线开放课程，8部活页式教材，10部手册式教材，5部项目化教材，培

表3 农业生物技术专业群分年度建设任务与进度表

序号	建设任务	分年度建设任务			
		2019—2020年度	2021年度	2022年度	2023年度
1	人才培养模式创新	完成专业群调研报告;完成年度人才培养质量报告;制定人才培养模式实施方案;构建"底层共享、中层分立、高层互选"模块化课程体系;编制开发专业群4个国内一流的专业教学标准;制定职业工种技能标准;开展职业技能证书与学历证书相融通的培训	完善专业群课程体系;校企共同组织开展实习实训、课堂教学、考核评价等,初步形成"双主体"育人机制;建立学分积累分析评价及转换制度;形成4个专业教学标准;完善农业行业特有职业工种技能标准,学生职业技能证书培训和获取率达到90%	修订"四位一体"的人才培养方案,优化专业群课程体系;实施学分积累分析评价及转换制度;推广4个专业教学标准;学生职业技能证书培训和获取率达到90%;开发新的职业标准和职业技能鉴定方案1个	总结人才培养模式及育人机制,形成案例,申报教学成果奖并予以推广;对接"X"证书服务平台,学生职业技能证书培训和获取率达到90%;开发新的职业标准和职业技能鉴定方案1个
2	课程教学资源建设	确定课程标准建设实施方案;启动2门课程的课程标准建设;更新国家级教学资源库教学资源;精品在线开放课程立项;启动线上线下混合课程建设	启动10门课程的课程标准建设;更新、补充国家级教学资源库资源数量和质量;建设4门国家标准的精品在线开放课程;建设5门省级标准的精品在线开放课程;30%专业群课程建成线上线下混合课程	持续完善专业群课程体系和内容建设并予以推广;持续更新国家级教学资源库;继续建设4门国家标准的精品在线开放课程;继续建设5门省级标准的精品在线开放课程;70%专业群课程建成线上线下混合课程	形成完善的课程体系;建成20门课程的课程标准,10门达到国际认可、国内一流水平;精品在线开放课程建设完成;专业群课程建成线上线下混合课程;资源库和精品在线开放课程推广应用
3	教材与教法改革	确定特色教材的建设名录、建设体例、建设任务;开展教师教学能力和信息化技术培训;开展教学方法改革研究	开发活页式教材4部,开发手册式教材5部,网络教材完成文本初稿;30%课程实施线上线下混合教学、翻转式等理实一体化教学模式;确立1门课程进行课堂教学改革;申请1项教改项目	新开发4部活页式教材、5部手册式教材,网络教材完成图片和视频资源;更新完善已完成的教材内容;70%课程实施线上线下混合教学、翻转式教学模式;培育5个课堂教学改革案例;培育1门教学改革示范课	修订、完善各种特色教材,并推广应用。专业群所有课程实施线上线下混合教学;培育10个课堂教学改革案例;形成2~3种课堂教学模式;课堂教学改革成果向其他专业推广应用

续表

序号	建设任务	分年度建设任务			
		2019—2020 年度	2021 年度	2022 年度	2023 年度
4	教师教学创新团队	组建教学创新、技术创新、社会服务 3 支团队；建立激励机制；建成名师工作室和带头人工作室；开展教学名师培养、海外培训等工作；培养农业生产一线专家 20 人	完成教师名师培养、优化师资，完成教师海外培训；聘请产业导师 5 人；完善激励机制；培养农业生产一线专家 30 人	加强骨干教师的培养，聘任兼职教师，优化师资结构，派教师到基地锻炼；完成海外培训等工作；聘请产业导师 5 人；培养农业生产一线专家 40 人	建成国家级一流的教学创新团队、国家一流的技术创新团队和社会服务团队。培养农业生产一线专家 50 人
5	实践教学基地	制定现代农业产教融合实训基地、农产品加工与质量检测产教融合实训基地、现代农业创新创业实践教学基地、现代农业虚拟仿真实训中心的实施方案，完成设施设备招标和设备安装调试工作	制定基地运行管理制度；开发技能训练项目及实训教材；建立创新创业导师团队，培育师生共创项目；完成 8 个模块的虚拟仿真实训教学项目的开发制作工作	开发技能训练项目，开发实训教材，开展学生实训；完善省级技能大赛集训基地培训体系；开展创新创业培训，培育师生共创项目；完成 8 个虚拟仿真实训教学项目交互平台建设和 10 个项目开发工作	修订、完善基地管理制度、实训室管理规范、实训教材，并推广应用；开展创新创业培训，培育师生共创项目；完成 10 个模块的虚拟仿真实训教学项目交互平台建设
6	技术技能平台	与企业签订合作协议；组建技术创新团队；制定智慧农业技术技能协同创新中心和农产品加工与质量检测协同创新中心实施方案，并完成论证	制定运行管理制度；校企合作开展教科研项目；开发技术标准；开展技术服务和技术培训，并发表论文和申请专利	校企合作开展教科研项目和技术创新项目；开发技术标准；开展技术服务和技术培训，并发表论文和申请专利；实现产业化项目 1～2 项；孵化现代智慧农业技能大赛项目 1 项	完成协同创新中心建设和运行工作。校企合作开展教科研项目和技术创新项目；开展技术服务和技术培训，并发表论文和申请专利；实现产业化项目 2～4 项；孵化现代智慧农业技能大赛项目 1 项

续表

序号	建设任务	分年度建设任务			
		2019—2020年度	2021年度	2022年度	2023年度
7	社会服务	加强职业农民学历教育；制定产业学院建设规划；建立教授工作室3个；成立苹果产业学院；搭建服务"三农"特色课堂，促进产业转型升级；新增产学研示范基地2个；建优培训基地，培训农产品质量检测中心人员500人日；培养检测技术骨干200人；科普宣传10场次1000人次	加强职业农民学历教育；制定产业学院建设规划；建立教授工作室3个；搭建服务"三农"特色课堂，促进产业转型升级；服务企业达到20家；新增产学研示范基地2个；建优培训基地，培训农产品质量检测中心人员500人日；培养检测技术骨干200人；科普宣传10场次1000人次	加强职业农民学历教育；制定产业学院建设规划；建立教授工作室2个；搭建服务"三农"特色课堂，促进产业转型升级；服务企业达到25家；新增产学研示范基地3个；建优培训基地，培训农产品质量检测中心人员500人日；培养检测技术骨干150人；科普宣传10场次1000人次	加强职业农民学历教育；制定产业学院建设规划；建立教授工作室2个；搭建服务"三农"特色课堂，促进产业转型升级；服务企业达到30家；新增产学研示范基地3个；建优培训基地，培训农产品质量检测中心人员500人日；培养检测技术骨干150人；科普宣传10场次1000人次
8	国际交流与合作	细化教学资源、国际培训基地、留学生培养、现代农业国际班建设实施方案	开发4个国际专业教学标准；筹建2个境外培训基地，开展培训规模达到200人日；制定实训基地运行机制，开展培训100人次；开办国际班1个，为"走出去"企业培训50人	完善4个国际专业教学标准；引进5门课程；完成11门课程国际化建设；境外基地年度内培训规模达到400人日，上合组织农业技术实训基地年度内培训100人次；开办2个国际班，为"走出去"企业培训200人	完善4个国际专业教学标准；诊改11门课程；境外基地培训规模达到400人日，上合组织农业技术实训基地培训100人次；开办2个国际班，为"走出去"企业培训250人
9	可持续发展保障机制	组建专业群建设与改革指导委员会，制定管理制度、章程；成立专业群建设领导小组和工作小组，制定精细化管理办法；建立专业群建设质量保证体系	完善专业群课程体系建设；召开专业建设研讨会；完善精细化管理办法、项目化管理制度、考核与奖惩激励制度；引入第三方评价机制，形成完备的质量管理平台	完善专业群课程体系、项目管理办法、质量保证体系；定期开展检查，强化项目管理；制定人才培养质量评价指标体系	完善委员会管理制度、工作章程，形成可持续发展机制；建成一批具有共享性的精品课程；形成专业群建设项目化管理运行办法和质量评估报告，成果得到应用推广

育 10 个课堂教学改革案例、1 门教学改革示范课。

建成数量充足、结构合理的 3 支国内一流师资队伍,培育 1 名高水平专业群带头人、1 名国家级水平的教学名师,生师比达到 15∶1,专兼职教师比例达到 1∶1,获得 3 项省级以上教学成果,教师获省级以上各类教学大赛奖项每年不少于 3 项,教师指导学生创新创业项目获省级以上奖项每年不少于 3 项。

建成 3 大实践教学基地、1 个虚拟仿真中心和 2 大协同创新中心,形成校企命运共同体。年承担技术研发项目 20 项以上,解决企业生产技术问题 20 个以上,获得专利 15 项以上。每年学生开展专业实训 20 000 人日以上,教师在校外实践基地锻炼 1 轮以上,企业指导师生实践覆盖率达到 100%。

做强职业农民培育学院,每年培训 20 000 人日。做优示范基地,每年推广 10 项农业新技术,实现企业、农民增收 2 000 万元;举办各类农业技术培训 300 场次,培训人员达 20 000 人日以上,咨询服务 20 000 人次。

开发 4 个国际农业类专业教学标准和 5 门国际优质课程标准,实现本地化。建设境外 2 个培训基地,办好杨凌示范区上合组织农业技术实训基地(杨凌职业技术学院基地)。年培养当地农业技术人才 1 000 人日,留学生规模达到 100 人以上;为"走出去"企业培训员工 500 人日。

2.4 经费预算

(1)资金来源

农业生物技术专业群总投入 0.9 亿元,其中,学校自筹资金 0.15 亿元,中央财政支持资金 0.35 亿元,地方统筹相关政策资金 0.35 亿元,争取行业企业融资 0.05 亿元。

(2)支出预算安排

具体支出预算安排情况如表 4 所示。

表 4 农业生物技术专业群建设支出预算明细表

建设任务	按资金来源分配支出预算				
	总预算/万元	中央财政支持资金/万元	地方统筹相关政策资金/万元	行业企业投入资金/万元	学校自筹资金/万元
合 计	9 000	3 500	3 500	500	1 500
人才培养模式创新	350	100	100		150
课程教学资源建设	1 000	500	300		200
教材与教法改革	450	200	150		100
教师教学创新团队	800	400	200		200
实践教学基地	4 540	2 000	1 950		590
技术技能平台	660		550		110
社会服务	600	100		500	
国际交流与合作	500	200	200		100
可持续发展保障机制	100		50		50

3 水利工程专业群建设方案

3.1 建设目标

(1)总体目标

水利工程专业群立足杨凌示范区,聚焦西北干旱半干旱地区农业水利的社会需求,通过人才培养模式改革、课程体系构建、师资队伍建设、实训基地建设、社会服务、国际合作等九大板块任务建设,促进水利工程专业群办学水平、社会服务达到国内领先、国际知名水平,成为国内同类专业群改革创新发展的标杆引领,成为干旱半干旱地区现代农业节水灌溉技术的重要技术支撑。

(2)阶段目标

到2023年,水利工程和水利水电建筑工程专业人才培养质量、服务能力、国际影响国内领先。水利工程专业教学团队达到国家级教学创新团队标准,形成2个专业的平台课和核心课教学标准,探索形成中水学院(下设3个企业学院、境外水利分院)办学模式、产教融合机制,行业影响力显著增强,示范带动国内同类专业群良性发展。

到2035年,专业群办学水平国际领先。形成成熟的产教融合的理事会制度、专业群发展制度和境外办学方案。形成成熟的旱区农业水利职业岗位标准体系、专业群教学标准体系、职业技能等级证书标准体系。为干旱半干旱地区国家贡献中国智慧。

3.2 建设任务与进度

水利工程专业群立足国家杨凌农业高新技术产业示范区,服务旱区现代农业灌溉,面向我国近50%国土的干旱半干旱地区,辐射世界30%以上的干旱半干旱地区,对接农业灌溉的水源治理工程、渠首取水枢纽工程、输水渠系工程、田间用水节水工程建设与管理一线,针对技术技能"员级"岗位群(水质检验员、测量员、制图员、施工员、质检员、监理员、水管员等),培养"懂设计、会施工、能管理"高素质技术技能人才。依照从水源治理→取水→输水到田间灌溉的用水逻辑,遵循领域相近、岗位相通、分工协作、共建共享、协调发展的原则,选取水环境监测与治理(水源)、水利水电建筑工程(取水)、水利工程(输水用水)、建设工程监理(水利工程监理方向)(以下称"水利工程监理专业",简称为"监理")4个专业,组建水利工程专业群。专业群建设任务与进度如表5所示。

3.3 建设成效

通过建设,水利工程专业群办学水平、社会服务达到国内领先、国际知名水平,成为国内同类专业改革创新发展的标杆引领,成为干旱半干旱地区现代农业节水灌溉技术的重要支撑。

创新专业群"五对接、六融合、多方向、组合式"人才培养模式,构建"同基础、共平台、多方向"模块化课程体系。毕业生在世界500强企业就业率达到20%以上,学生获国家级能力大赛奖20项以上。

表5 水利工程专业群分年度建设任务与进度表

序号	建设任务	分年度建设任务			
		2019—2020年度	2021年度	2022年度	2023年度
1	人才培养模式创新	成立校企行政四方合作理事会,下设中水学院,形成相关制度与章程;启动海外分院筹建和海外节水实训基地建设;开展专业群人才培养模式研究并在水利工程专业试点;修订水利工程专业人才培养方案、标准和课程体系;校企合作,形成1~2个领域职业技能调研报告;在泾惠渠管理局开展学徒制培养工作	讨论企业学院课程体系建设,建成旱区节水学院并试点运行;在水利水电建筑工程专业开展人才培养模式试点;构建水利水电建筑工程专业人才培养方案、标准和课程体系;筹建职业技能等级证书培训认证中心;在甘肃景泰灌区管理局开展学徒制培养工作	建成海外分院并开展工作;形成企业学院运行管理体系;在中水学院推行"五对接、六融合、多方向、组合式"人才培养模式;构建水环境监测与治理、水利工程监理2个专业人才培养方案、标准和课程体系;形成1~2个领域职业技能等级证书培训材料并试点;在黄河西峰水保站开展学徒制培养工作	在全国范围内30个院校推广中水学院办学模式和人才培养模式,并启动省级教学成果奖申报工作;建立人才培养全方位、全过程管理系统;审定专业群各专业标准,打造7门国内一流、国际认可的课程标准;试点推行1+X证书制度;总结完善学徒制培养工作经验并推广应用
2	课程教学资源建设	更新国家级教学资源库;完成水利工程专业教学资源库70%以上建设任务;形成精品在线开放课和数字资源包建设方案;研究双语移动学习平台架构和建设工作;形成标准库建设方案,完成国家、行业标准收集工作	更新国家级教学资源库;建成水利工程专业省级教学资源库建设并应用;建设完成8门精品在线开放课程和70%数字资源包的建设任务;完成双语移动学习平台60%的工作量;收集引进具有国际先进水平的工程建设标准	更新国家级教学资源库和省级教学资源库,提升其使用率;完成精品在线开放课程和数字资源包的建设任务;建设完成6门课程双语移动学习平台并运行;形成工程建设标准库初稿	更新国家级教学资源库和省级教学资源库,提升其使用率;更新运行精品在线开放课程和数字资源包;资源更新运行推广课程App;更新推广使用工程建设标准库
3	教材与教法改革	启动教材、教法改革、课程思政调研,并形成新的方案;完成特色教材方案编写工作和30%的编写任务;完成共享课程教学方法改革试点	完成2部教材的编写任务和其余16部教材70%的编写任务;开展平台课课程思政和"3P"课堂革命试点	完成所有教材编写出版任务,开始配套信息化资源;全面推行课程思政和教法改革	总结凝练教材教法改革、课程思政项目研究成果,形成经验材料,并推广应用

续表

序号	建设任务	分年度建设任务			
		2019—2020年度	2021年度	2022年度	2023年度
4	教师教学创新团队	形成专业带头人、骨干教师培养方案，聘请1名产业教授；成立技能大师工作站，制定技能训练计划；聘请院士开展学术交流和科研立项工作；完成"双师型"教师培养培训基地建设框架协议和教师培养方案	参加培训、交流不少于20人次，主持教育教学研究项目5项，聘请1名产业教授；开展学徒制培养教师10人、学生100人；发表30篇高水平论文，建设境外水利分院；建成"双师型"教师培养培训基地，培训教师200人日	参加培训交流30人次，开展技术指导5人，为各专业培养2名后备专业带头人，聘请1名产业教授；开展学徒制培养教师10人、学生100人；开展国内外学术交流活动2~3次，指导立项5项科研项目，发表30篇高水平论文；"双师型"教师培养培训基地达到国家级标准，培训教师500人日	培育国家级教学名师2人，水利工程专业创新教学团队达到国家级教学团队标准，聘请1名产业教授；开展学徒制培养教师10人、学生100人，并推广应用；开展国内外学术交流活动2~3次，指导立项5项科研项目，发表30篇高水平论文；培训教师500人日
5	实践教学基地	升级提档3个中心的功能；开发符合水利工程专业群核心技能培养实训项目；新建灌排实训中心；签订水利云建设框架协议并开始建设；建成BIM实训中心；签订东庄水利综合实训基地框架协议；拟定境外水利分院实训基地建设方案	启动学研中心建设，开展学生核心技能训练，建设黑河水库校外基地；完成水利云实训中心建设任务；完成东庄水利综合实训基地建设任务；制定境外实训基地的运行机制和管理办法	建成学研中心，形成校内综合实训平台；建设宝鸡峡灌区校外基地；开展水利云教学实训，建设东庄水库BIM模型并开展技术服务；完成节水灌溉产教融合实训基地建设任务；完成老挝水利分院实训基地建设任务	建设泾惠渠灌区校外基地；完成水利工程综合实训基地的阶段建设任务；依托水利云为行业企业培训员工500人日；开展BIM训练，参加相关比赛，并提供技术服务；在老挝实训基地开展本土化人才培训40人
6	技术技能平台	建立旱区农业节水灌溉共享研究院和水利云应用技术研究院；筹建渭河（杨凌）水质检测中心和学生创新创业中心	依托"两院两中心"，年度立项省级以上课题3项；完成水利云、水质检测中心和创新创业中心建设任务，并制定运行制度	依托"两院两中心"开展项目研究，立项省级以上课题2项，开展国际节水高新论坛1次，研发新技术3项，年度完成产值500万元，开展创新创业训练，获得省级金奖1项	参与形成具有自主知识产权的新技术3项，开展国际节水高新论坛1次，推广2项新技术，年度完成产值500万元，为企业解决难题5项

续表

序号	建设任务	分年度建设任务			
		2019—2020年度	2021年度	2022年度	2023年度
7	社会服务	完成《水利工程设计手册》10%的编写工作，为中小型水利企业培训员工2 000人日，提供技术攻关项目至少5项；为"走出去"水利企业培训员工500人日；推广应用少数民族订单班培养模式，对口支援玉树职业技术学校专业建设和课程建设	完成《水利工程设计手册》80%的编写工作，为中小型水利企业培训员工2 000人日，提供技术攻关项目至少5项，社会服务贡献不少于200万元；为"走出去"水利企业培训员工500人日；对口支援玉树职业技术学校专业建设和课程建设	初步完成《水利工程设计手册》的编写工作，为中小型水利企业培训员工3 000人日，提供技术攻关项目至少5项，社会服务贡献不少于500万元；为"走出去"水利企业培训员工500人日；对口支援玉树职业技术学校专业建设和课程建设	正式出版《水利工程设计手册》，为中小型水利企业培训员工3 000人日，提供技术攻关项目至少5项，社会服务贡献不少于500万元；为"走出去"水利企业培训员工500人日；在全国水利高职院校推广少数民族订单班培养模式，培育教学成果，对口支援玉树职业技术学校、新疆水利水电学校
8	国际交流与合作	完成水利分院建设方案，申请水利"一带一路"联盟；为企业境外项目开展员工培训100人日；为"一带一路"沿线国家培训水利技术官员300人日；研制国际合作与交流政策制度与计划，互派教师5名以上，培养30名留学生	成立境外水利学院并开展本土化人才培养500人日；为企业境外项目开展员工培训300人日；为"一带一路"沿线国家培训水利技术官员300人日；建立教师互访机制，互派教师10人次，培养30名留学生	开展本土化人才培养500人日；为企业境外项目开展员工培训300人日；为"一带一路"沿线国家培训水利技术官员300人日；建立教师互访机制，互派教师10人次，培养30名留学生	开展本土化人才培养500人日；为企业境外项目开展员工培训300人日；为"一带一路"沿线国家培训水利技术官员300人日；建立教师互访机制，互派教师10人次，培养30名留学生
9	可持续发展保障机制	成立专业群建设与改革智库，研究形成与农业灌溉行业供给侧改革协调联动的发展机制；组建教育教学质量监督机构，对专业群教育教学质量进行监督评估	召开水利工程专业群建设与改革智库发展年会，实施专业群动态调整；专业群完成第一轮诊断改进工作	召开水利工程专业群建设与改革智库发展年会，实施专业群动态调整；完善教育教学质量改进保障机制，持续开展诊断改进	总结专业群动态发展机制相关成果并推广应用；常态化进行自我监控和诊断改进，提升人才培养质量

形成 4 套高水平教学标准,26 门国内一流、国际认可的课程标准,18 门专业群课程打造成国家认定标准的精品在线开放课程,建成 4 个专业教学资源库、21 门模块化核心课程的数字资源学习包,7 门双语 App 学习平台,数字化标准库 1 个,开发 7 部汉英双语教材。校企合作开发 3 部活页式、4 部手册式、2 部项目化特色教材。

打造"院士领衔、大师示范、双人带头"的高水平结构化师资团队,建成教育教学、技能培养、科学研究 3 个创新团队,教育教学创新团队达到国家级水平,建成 1 个技能大师工作站,培育国家教学名师 2 人、省级教学名师 4 人、行业技能大师 20 人。

打造"实践教学、技能训练、业务培训、技术创新、科学研究"五位一体的实践教学中心(基地),新建东庄水库枢纽校外综合实训基地、水利工程综合实训中心,校内"学研中心""灌排实训中心""水利云"与"水利 BIM"实训中心。产教融合、知行合一、高位发展、德技并修的作用凸显。

建成旱区农业节水共享研究院、水利云应用技术研究院、杨凌渭河水质检测技术研究院、学生创新创业工场,学生参与率达到 30% 以上。

水利员工年培训 2 500 人日,境外年培训 1 000 人日,来华年培训技术官员 1 200 人日;完成技术攻关 20 项。

成立校企行政四方合作发展理事会,建立中水学院,下设 3 个企业学院和境外水利分院,形成各类制度 28 项。

3.4 经费预算

水利工程专业群建设总预算支出为 1.1 亿元,争取行业融资 700 万元、中央财政支持 3 500 万元、地方统筹资金 3 500 万元、学院自筹资金 3 300 万元。主要用于项目九大任务建设,具体支出预算安排情况如 6 所示。

表6 水利工程专业群建设项目支出预算明细表

建设任务	总预算/万元	按资金来源分配支出预算			
		中央财政支持资金/万元	地方统筹相关政策资金/万元	行业企业投入资金/万元	学校自筹资金/万元
合 计	11 000	3 500	3 500	700	3 300
人才培养模式创新	760	205	205	—	350
课程教学资源建设	1 530	500	500	—	530
教材与教法改革	500	135	135	120	110
教师教学创新团队	990	315	305	—	370
实践教学基地	4 410	1 565	1 565	180	1 100
技术技能平台	1 280	370	370	280	260
社会服务	630	205	205	120	100
国际交流与合作	840	200	205	—	435
可持续发展保障机制	60	5	10	—	45

(学会特聘研究员、杨凌职业技术学院发展规划处处长张宏辉提供材料)

西安航空职业技术学院"双高计划"建设方案

概 述

根据《教育部 财政部关于公布中国特色高水平高职学校和专业建设计划建设单位名单的通知》(教职成函〔2019〕14号),西安航空职业技术学院被确定为高水平学校C档立项建设单位,同时建设飞机机电设备维修、无人机应用技术两个专业群。学校深入贯彻落实《国家职业教育改革实施方案》(国发〔2019〕5号)文件精神,围绕中国特色高水平高职学校和专业建设目标,在充分调研和论证的基础上编制本方案。

本方案由学校总体方案和飞机机电设备维修专业群建设方案、无人机应用技术专业群建设方案组成。学校方案分为优势与特色、机遇与挑战、建设思路与目标、改革发展任务、预期成效、建设任务与资金预算以及保障措施7个部分。其中,改革发展任务包括"一加强、四打造、五提升"十大重点任务和一个特色任务共11项任务。第一阶段建设期为2019—2023年,预算总投资为43 000万元。其中,中央财政投入资金5 000万元,省级财政统筹相关政策资金5 000万元,行业企业支持资金1 620万元,学校自筹资金31 380万元。

中国特色高水平高职学校和专业群建设计划的启动实施,开启了新时代职业教育改革发展的新征程。西安航空职业技术学院将以习近平新时代中国特色社会主义思想为指导,全面贯彻党的十九大及全国教育大会精神,勇挑改革重担,锐意改革创新,融入"一带一路"倡议,服务军民融合战略,服务航空强国战略,促进航空产业转型升级,坚持学校改革与航空产业发展同向并行,与"中国航空城"发展同频共振。通过实施"3211"计划,全力打造杰出技术技能人才培养高地,成为航空特色世界水平职业教育"标杆校",在引领我国高职教育改革发展中贡献"西航智慧",为世界职业教育发展提供中国方案。

1 学校建设方案

1.1 建设目标

全面落实《国家职业教育改革实施方案》《教育部 财政部关于实施中国特色高水平高职学校和专业建设计划的意见》,实施"3211"计划,即坚持"三融战略",打造2个航空特色高水平专业群,打造1个技术技能创新服务平台,创建1个国家级航空职业教育改革试验区,全力打造杰出技术技能人才培养高地,成为航空特色世界水平职业教育

"标杆校"。

到 2023 年,学校和专业群办学水平、服务能力、国际影响显著提升。建成 2 个国内领先、国际有影响的专业群,1 个世界水准技术技能创新服务平台,培养大批航空类杰出技术技能人才,培育一支掌握航空新技术的世界水平师资队伍,建成一批国家级航空职业教育教学标准,形成一批有效支撑职业教育高质量发展的政策、制度和标准。将学校建成"当地离不开、业内都认同、国际可交流"的现代高职学校。

到 2035 年,学校和专业群达到国际先进水平。全面建成 2 个引领航空产业发展的世界水平专业群,成为世界航空技术创新的重要实践地,培养数以万计的支撑五代战机、大型远程宽体客机等航空技术升级的杰出技术技能人才,成为传播中华优秀文化的桥头堡,成为航空类职业教育政策、制度、标准的原创地,全面建成中国特色、世界水平的现代高职学校。

1.2 建设任务与进度

1.2.1 思想引领强基铸魂,加强党的建设

树立坚定的政治立场,履行好管党治党、办学治校的主体责任,推进全面从严治党向纵深方向发展。加强党委班子的自身建设,提高党委把方向、管大局、做决策、保落实的水平。全面推进"三全育人"综合改革试点工作,构建"十大育人"体系,将"航空报国,追求卓越"的西航精神融入人才培养全过程。加强学校马克思主义学院建设,建立课程思政研究中心,充分发挥学校官微、易班等新媒体平台的作用,强化舆论引导、舆论监控和应对,打造意识形态阵地。全面实施"对标争先"计划,建设党建标杆院系、样板党支部,加快"双带头人"建设,提升基层党建质量。

1.2.2 立德树人质量为本,打造技术技能人才培养高地

落实立德树人根本任务,将社会主义核心价值观贯穿人才培养全过程。加强航空职业素养与职业精神的融合,厚植学生敬业乐业、航空报国的职业情怀,培养学生精益求精、追求卓越的工匠精神。以文化人、以文育人,推动航空特色校园文化提质升级。在飞机机电设备维修、无人机应用技术等专业群率先开展 1 + X 证书制度试点,探索弹性学制、长学制培养方式。培养出一批产业亟需、德技并修的技术技能人才,将学校建成航空特色鲜明的杰出技术技能人才培养高地。

1.2.3 产教融合提质转型,打造技术技能创新服务平台

立足"航空基地",紧密联系航空类龙头企业,综合利用校内外各类资源,打造人才培养与技术创新平台、产教融合平台、技术技能平台。创新服务模式,发挥信息资源共享、创新团队共建、人才共育、技术共研、产业孵化共谋等服务功能,支撑中小微企业产品研发和技术升级改造,联合开展横向课题研究、科技成果转移转化与推广和培育孵化科技企业等,服务区域经济发展,助推航空产业迈向全球高端。

1.2.4 航空特色引领发展,打造世界领先高水平专业群

紧跟航空产业升级步伐,聚集飞机城航空资源优势,形成以飞机机电设备维修、无人机应用技术 2 个航空领先专业群为龙头,航空服务、航空材料等航空专业群相互支撑

的发展格局。建立对接航空高端产业发展要求的专业群动态调整机制。建设"四个一批",即一批融入航空产业新技术、新工艺、新规范的航空类国家级职业教学标准,一批面向整机总装、部附件修理岗位等的任务式教学项目,一批新型活页式、手册式教材,一批总师引领的专兼结合"双师型"教学创新团队。

1.2.5 高端集聚引智精育,打造高水平双师队伍

坚持人才强校,加强师德师风建设,传承优良军工传统,按照"四有好老师"标准,全面规范教师师德师风行为。采用全职引进和柔性引进相结合的方式,重点引进航空行业领军人才、突出贡献专家、三秦工匠、省(部)级及以上各类技术能手。充分发挥教师发展中心的作用,制定各类教师发展标准。完善"校本培训、企业锻炼、国内访学、海外研修"立体多元教师培养培训体系。建立名师培育长效机制,形成校、省、国家三级名师培育梯队。通过建立名师工作室、设立名师专项基金、开展名师风采讲堂活动、完善名师选拔及奖励制度等,全面开展名师培育工作。以高水平企业高级工程师、校内骨干教师共组教师教学创新团队,通过教学工作坊等形式开展教学研究,开发面向航空零部件制造、整机总装及维护、通用航空器作业等真实生产环境的任务式、模块化课程,团队开发、个体实施、分工协作进行项目化教学。

1.2.6 名企引领深度融合,提升校企合作水平

推动校企深度融合,形成"产教融合、校企合作、工学结合、知行合一"的共同育人机制,在人才培养、技术创新、就业创业、文化传承等方面实现优势对接,共管共治、共同发展、利益共享、责任共担,形成校企命运共同体。发挥区域航空龙头企业优势,共建4个产业学院及一批企业工作室、技能大师工作室等实践基地。校企共同开发面向航空企业真实生产环境的任务式教学项目,全面推进现代学徒制,将学校建成企业生产任务"转化地"、协同育人"对接地"、优质资源"共享地"。在集团化办学、职教改革试验方面开展工作,打造全国职教改革样板。

1.2.7 拓宽面向加强供给,提升服务发展水平

充分发挥学校现有国家航空产业基地培训学院、中德职业教育培训中心、航空维修技能人才培养基地、西安阎良企业家培训学院等培训基地的作用,开展多层次、全方位的技能培训。建设航空城图文中心及航空文化中心,开展文化育人,提供终身学习教育服务。面向脱贫攻坚主战场,实施教育扶贫,服务乡村振兴战略。

1.2.8 优化结构创新机制,提升学校治理水平

秉承开放办学和协同治理理念,坚持"三融战略",凝聚五方合力,构建"政军行企校"共建共治共享机制,完善"党委领导、校长负责、教授治学、民主管理"四位一体治理体系,提升学校统一领导、和谐善治、智慧高效、科学发展的治理能力,形成一批具有引领改革、辐射带动作用的可复制、可借鉴的政策及制度样板,着力构建富有西航特色的高水平学校治理体系。

1.2.9 两化融合泛在学习,提升信息化水平

坚持全面信息化、适度智能化,利用"云物大智移"等新技术,按照"设施齐备、网络

安全、系统融合、体验智慧、资源丰富、素养提升"的信息化建设需求,以提高管理效率、提升服务水平、突出教学应用为重点,以智慧校园建设为载体,持续完善数字化环境建设、智慧服务平台建设,实现校园管理智能化、校园设施数字化、课堂教学生动化、校园生活一体化。

1.2.10 融通中外开放办学,提升国际化水平

紧跟国际航空产业发展趋势和需求,立足航空区位和自身优势,实施"引进来、走出去、再提升"策略,在优质资源共享、标准引进与制定、留学生培养、服务培训、人文交流等方面开展国际合作。建成一批国际航空类职业教学标准,助力航空职业教育走向世界,服务"一带一路"沿线国家和发展中国家建设,打造民心相通工程,促进人文交流,共享文明成果,学校国际化办学水平和影响力显著提升。

1.2.11 政军企校聚力发力,打造军民融合"标杆校"

主动适应国家改革强军战略,贯彻落实中央军委办公厅《关于加快推进军事职业教育的若干意见》,做优做强军事人才培养培训体系,按照"政军企校合力,航空资源聚力,技术提升发力,增强部队战斗力"的思路,政军企(军工企业)校联合创建军民融合发展创新示范区,聚集各方航空资源优势,促进退役军人技术技能、职业素养传承创新,打造士官培养品牌,促进现役军人技术提升,培养高素质新型军事人才,推动形成全要素、多领域、高效益的军民融合深度发展格局,打造军民融合发展的"标杆校"。

西安航空职业技术学院分年度建设任务与进度如表1所示。

1.3 建设成效

到2023年,学校整体实力进入全国高职学校领跑梯队,办学水平、服务能力、国际影响显著提升,形成一批引领全国、支撑职业教育高质量发展的政策样板、制度样板、标准样板。建成专业群高峰凸现、技术平台一流、大师名匠汇聚、杰出人才辈出的高水平现代高职学校。

1.3.1 办学水平显著提升

建成一批全国领先、世界水平的航空特色专业群。充分发挥"中国航空城"资源优势,校企深度融合,建成飞机机电设备维修、无人机应用技术2个世界水平专业群,为中国航空产业发展提供坚强的人才支撑,为区域发展提供技术服务和人才支持。建成2个高水平专业化产教融合实训基地,培育1项国家教学成果奖,建成2个国家职业教育专业教学资源库,编写20部国家级规划、新型活页式、手册式等教材,建成2门国家级在线课程,牵头或参与制定国家职业教育标准5个。

培养一批具有工匠精神的杰出技术技能人才。对接航空产业发展趋势,优化专业结构和布局,校企协同育人,共同打造航空特色鲜明的杰出技术技能人才培养高地。通过1+X证书制度试点改革、现代学徒制度试点改革、"学分银行"制度改革、人才培养模式改革、"三教"改革等措施,培养出一批具有工匠精神的杰出技术技能人才,学生获得全国职业院校技能大赛一等奖6项,"互联网+"大赛获奖数量和等级全国领先,2/3以上毕业生到航空产业相关大型企业就业,为航空产业发展做出更大贡献。

表1 西安航空职业技术学院分年度建设任务与进度表

序号	建设任务	分年度建设进度			
		2020年度目标（含2019年度）	2021年度目标	2022年度目标	2023年度目标
1 加强党的建设	1-1 加强党委班子自身建设	发挥党委领导班子的领导作用，凝心聚力	对标一流，干事创业	增强"八大本领"	党委班子全面加强自身建设，履职尽责
	1-2 实施"三全育人"综合改革	制定《西安航空职业技术学院思想政治工作质量提升工程实施方案》，召开思政工作专题会议	改进科研环节和程序，挖掘校园文化底蕴，树立身边典型榜样	编制《西安航空职业技术学院师生网络素养指南》，推进网络思政等工作	完善一体化育人体系，形成"三全育人"格局
	1-3 打造意识形态阵地	制定加强和改进意识形态工作实施方案；加强思政工作队伍建设；开展专项研究课题建设；建立课程思政研究中心；开展意识形态专题培训；规范宣传文化管理工作	建设校内外意识形态工作实践教学基地；制定网络舆情应急预案；落实意识形态工作实施方案；开展意识形态专题培训，发布意识形态工作简报；培养学校新闻发言人；加强新媒体平台阵地建设	举办课程思政教学大赛；持续推进上一年度各项举措	持续推进课程思政、培训、新媒体等意识形态阵地建设举措
	1-4 提升基层党建质量	加强党支部标准化建设、"双带头人"及工作室建设，标杆党总支建设；校企党建结对共建	持续推进"双带头人"及工作室建设，标杆党总支建设；开展基层党建理论研究	持续推进"双带头人"及工作室建设，标杆党总支建设；实行党建工作质量年报制度	打造党建品牌；建立优秀党支部书记风采展示平台；争创省级党建工作示范校

续表

序号	建设任务	分年度建设进度			
		2020年度目标（含2019年度）	2021年度目标	2022年度目标	2023年度目标
2	2-1 实施航空职业素养提升计划	开展课程思政校赛；建设学生文化艺术社团，开展航空文化节、高雅艺术进校园等活动；制定素质教育实施方案	实施航空职业素养培养计划；劳动教育纳入人才培养标准；持续建设学生社团，开展航空文化节、高雅艺术进校园等活动	持续建设学生社团；开展高雅艺术进校园等校园文化活动	形成学生社团特色品牌；形成航空校园文化品牌
打造航空技术技能人才培养高地	2-2 实施航空杰出技术人才培养计划	制定航空杰出技术人才培养计划；形成专业群内课程架构；牵头或参与2项国家级职业教学标准制定	共建产业学院；修订课程标准；累计牵头或参与4项国家级职业教学标准制定	助力企业培育产教融合型企业；修订全部专业核心课程标准；累计牵头或参与5项国家级职业教学标准制定	形成杰出技术技能人才培养高地
	2-3 实施"创新人才"培养计划	进行"学分银行"调研并制定制度；承办技能大赛，获得国赛一等奖2项；融入专业的"双创"课程建设，聘任校外"双创"导师不少于40人；获得"双创"大赛国家级奖3项	形成长学制人才培养试点；承办技能大赛，累计获得国赛一等奖4项；持续推进"双创"课程、导师、大赛，累计获得"双创"大赛国家级奖5项	形成长学制、"学分银行"等运行体系；持续推进"双创"课程、导师、大赛，累计获得"双创"大赛国家级奖6项	承办技能大赛，累计获得国赛一等奖6项；持续推进"双创"示范基地、课程、导师、大赛，累计获得"双创"大赛国家级奖7项
	2-4 开展1+X证书制度试点	完成5项1+X证书制度认证站点申报；完成300人培训	新增5项1+X证书制度认证站点申报；累计完成1000人培训	新增1~2项航空领域"X"证书认证；累计完成2500人培训	新增1~2项航空领域"X"证书认证；累计完成5000人培训

续表

序号		建设任务	分年度建设进度			
			2020年度目标（含2019年度）	2021年度目标	2022年度目标	2023年度目标
3	打造技术技能创新服务平台	3-1 打造人才培养与技术创新平台	制定航空高端制造等4个中心建设方案；完成航空工程实训大楼室外配套及装饰装修项目	开展技改服务；项目中期检查等；线上学习服务	制定标准，制作资源；开展技改服务和线上学习服务	开展技改服务和线上学习服务
		3-2 打造产教融合平台	成立航空军民工程技术中心；成立军民融合研究发展中心；"双创"培训100人次；共建军民融合"双创"基地；横向课题到款累计达到250万元	完善工程技术中心管理制度；为企业军技术转化提供2项决策咨询；"双创"培训累计达到260人次；共建航空产业发展大数据中心；横向课题款累计达到500万元	为企业军民技术转化提供3项决策咨询；"双创"培训累计达到420人次；横向课题款累计达到750万元	为企业军民技术转化提供3项决策咨询；"双创"培训累计达到680人次；横向课题到款累计达到1 000万元；建成国家级航空产业军民融合发展示范基地
		3-3 打造技术技能平台	技术改造2项；组建2个科技创新团队；4项科技成果转移转化	技术改造2项；累计6项科技成果转移转化	技术改造2项；累计8项科技成果转移转化	技术改造2项；累计10项科技成果转移转化；解化1个无人机企业，3个军民融合企业
4	打造高水平专业群	4-1 飞机机电设备维修专业群	就业率≥95%；开发3个岗位模块课程标准及讲义；出版活页式教材2部、教材1部；组建高水平教师团队和申请陕西省科技创新团队；力争培育省部级科技进步奖1项	就业率≥96%；开发累计6个岗位模块课程标准及课程资源4个；累计出版活页式教材3部、教材1部；建成生产性实训基地	就业率≥96%；开发累计9个岗位模块课程标准及课程资源8个；累计出版活页式教材8部、教材7部；建成产教融合实训基地；力争培育省部级科技进步奖累计2项	学生达到2 000人，就业率≥96%；开发累计10个岗位模块课程标准及课程资源10个；累计出版活页式教材9部、手册式教材2部、教材10部

续表

序号	建设任务	分年度建设进度			
		2020年度目标（含2019年度）	2021年度目标	2022年度目标	2023年度目标
4 打造高水平专业群	4-2 无人机应用技术专业群	就业率≥95%；出版手册式教材1部，活页式教材2部，教材3部；建立1+M+N轮训制度；国家级技能大赛获奖累计2项	就业率≥96%；累计出版手册式教材4部，教材5部；国家级技能大赛获奖累计3项	就业率≥96%；累计出版手册式教材5部，教材9部；力争获得国家级教学成果奖1项	学生达到2 000人，就业率≥96%；累计出版手册式教材6部，新型活页式教材4部；国家级技能大赛获奖累计4项
5 打造高水平双师队伍	5-1 加强师德师风建设	完善并实施师德师风培训、考核制度，评选5名校级师德先进，省级教书育人楷模等1人	评选5名校级，1名省级师德先进	评选5名校级，1名省级师德先进	评选5名校级师德先进，争创1名国家级师德先进；校级师德先进达到20人，省级师德先进达到3人
	5-2 引聘并举聚集人才	引进40名人才；新建2个大师工作室；建立600人兼职教师数据库	引进38名人才；新建1个院士工作站，2个大师工作室；建立800人兼职教师数据库	引进35名人才；新建1个院士工作站，2个大师工作室；建立1 000人兼职教师数据库	引进32名人才；建立千人兼职教师数据库
	5-3 总师培养分类培养	建导师团，制定各类教师标准，分类培养方案，组织培训；教师企业实践，轮训；认定2个国家级"双师型"教师培训基地；双师教师比例达到82%	教师分类培训，企业实践和轮训；新建2个"双师型"教师培训基地；双师教师比例达到85%	持续开展教师分类培训，企业实践和轮训；双师教师比例达到88%	持续开展教师分类培训，企业实践和轮训；累计争创3个国家级"双师型"教师培养培训基地；双师教师比例达到90%
	5-4 打造教师教学创新团队	创新教师教学改革研究机制；开展模块化教学改革研究，培训	开展模块化教学改革研究，实践，评选4个校级教师教学创新团队	评选4个校级，推荐2个省级，建成1个国家级教师教学创新团队	累计建设1～2个国家级教师教学创新团队

续表

序号	建设任务		分年度建设进度			
			2020年度目标（含2019年度）	2021年度目标	2022年度目标	2023年度目标
5	打造高水平双师队伍	5-5 培育名师提升水平	举办名师风采大讲堂，选拔2名校级教学名师，入选1名省级、1名国家级教学名师；遴选培养16名青年英才	选拔2名校级教学名师；遴选培养8名青年英才	选拔2名校级教学名师，入选1名省级教学名师；遴选培养8名青年英才	共培养8名校级、入选2名省级、1~2名国家级名师；遴选8名青年英才
		5-6 业绩导向优绩优酬	完善绩效考核机制，教科研成果奖励、岗位聘任管理激励制度	持续推进业绩考核，激励制度，竞聘上岗；推进教科研成果奖励激励制度改革	完善业绩考核，激励制度等	持续推进，不断完善
6	提升校企合作水平	6-1 打造校企命运共同体	调研，探索校企合作长效机制	建立校企合作长效机制	完善校企合作长效机制	持续推进校企合作长效机制
		6-2 深化校企协同育人	建成4个现代学徒制专业，5个教师企业实践基地，30个大学生就业与实习基地，1个产业学院；建设9个实践教学基地	现代学徒制专业增至6个；累计建成15个企业订制班，15个教师企业实践基地，70个大学生就业与实习基地，3个产业学院；累计建设实践教学基地15个，其中1个为高水平专业化产教融合实训基地	现代学徒制专业增至8个；累计建成30个企业订制班,25个教师企业实践基地,110个大学生就业与实习基地,4个产业学院；累计建设18个实践教学基地	现代学徒制专业增至9个；累计建成40个企业订制班,160个教师企业实践基地,30个大学生就业与实习基地2个高水平专业化产教融合实训基地
		6-3 打造职教改革样板	完善职教集团制度；完成30项技改服务项目	累计完成70项技改服务项目；协助2家企业建设培育产教融合型企业	累计完成120项技改服务项目；累计协助5家企业建设培育产教融合型企业	累计完成150项技改服务项目；累计协助8家企业建设培育产教融合型企业；争创国家级示范性航空职业教育集团和国家级航空职业教育改革试验区

续表

序号	建设任务	分年度建设进度			
		2020年度目标（含2019年度）	2021年度目标	2022年度目标	2023年度目标
7 提升服务发展水平	7-1 多渠道开展技术技能培训	开展1+X证书培训及各类鉴定2 000人次，开展各类培训70 000人日；社会服务产值达到800万元	建设航空职业技能培训鉴定中心；累计开展1+X证书培训及各类鉴定4 000人次、各类培训11.0万人日；社会服务产值累计达到3 000万元	累计开展1+X证书培训及各类鉴定6 000人次，开展各类培训15.4万人日；社会服务产值累计达到6 200万元	累计开展1+X证书培训及各类鉴定10 000人次、开展各类培训20.4万人日；社会服务产值累计达到1亿元
	7-2 开展航空文化育人服务	制定航空城图文中心建设方案；纸质和电子等图文资源达到14万册；新建航空科技园沙盘	建设航空城图文中心；纸质、电子图文资源达到28万册；建新媒体矩阵，服务10万人线下看航空	纸质和电子等图文资源累计达到42万册；服务40万人线上线下看航空	纸质和电子等图文资源累计达到56万册；服务50万人线上线下看航空
	7-3 脱贫攻坚服务乡村振兴	开展新型农民技能培训、农业植保等服务；援建无人机飞行实训基地；实施免学费等特殊入学政策	持续推进	持续推进	持续推进
8 提升学校治理水平	8-1 实施内部治理体系优化计划	完善、修订规章制度；建立对学术委员会权力落实情况的评价考核及监督机制；发布学校高等职业教育质量年报等；建立专业群发展质量评价指标并进行评价	持续推进制度建设；发布学校质量年报，编制专项质量年报5个；推进"双高计划"建设专业群教学诊断与改进工作；建立行业企业评价机制	持续推进内部治理体系优化；编制专项质量年报6个；建立课堂教学质量评价档案	编制专项质量年报7个；持续优化校院两级教学质量保障运行机制

续表

序号		建设任务	分年度建设进度			
			2020 年度目标（含 2019 年度）	2021 年度目标	2022 年度目标	2023 年度目标
8	提升学校治理水平	8-2 实施五方共治构建计划	优化理事会议事规则和运行机制；探索多元主体治理模式机制	聚集五方力量，建立联盟实体化运作常态机制；积极探索多方合作模式和机制	持续推进	形成五方联动共建共治共享体制机制
		8-3 实施制度改革创新计划	坚持目标导向，制定"双高计划"实施方案、资金管理办法、专业群指导意见等实施	制定、完善《西安航空职业技术学院推进军事职业教育的实施意见》《西安航空职业技术学院"三教"改革实施方案》等推进并实施	制定、完善《西安航空职业技术学院学生分层分类培养办法》等并实施	形成一批政策及制度范本
		8-4 实施监督评价体系优化计划	强化教代会制度建设；组建教育教学指导咨询委员会；建立第三方评价组织	持续推进	持续推进	形成多元主体参与的人才培养质量监督和评价体系
9	提升信息化水平	9-1 完善信息化资源建设	制定智慧校园建设方案；建设 4 间智慧教室，争创 1 门国家级在线课程；新立项第一主持国家级资源库 1 个	累计建设 10 间智慧教室；建设在线课程 20 门，建设资源库	搭建校园 5G 网络；累计建设 20 间智慧教室；建设在线课程 20 门，争创 1 门国家级在线课程；建设资源库	完成智慧校园设施建设；建设 30 间智慧教室；累计建设在线课程 10 门，累计认定 2 门国家级在线课程；持续建设资源库
		9-2 提升智能化治理水平	建立信息业务流程；开展教师信息化培训，获得教学能力大赛国家级奖项 1 项	完善教学管理等系统；持续开展教师信息化培训，获得教学能力大赛国家级奖项 2 项	建立校情综合数据分析系统及舆情分析系统；获得教学能力大赛国家级奖项 3 项	实现"一网通办"全过程信息化管理；获得教学能力大赛国家级奖项 4 项

续表

序号		建设任务	分年度建设进度			
			2020年度目标（含2019年度）	2021年度目标	2022年度目标	2023年度目标
9	提升信息化水平	9-3 打造泛在学习空间	推进专业教学资源库等项目平台建设；开展微课，MOOC，线上线下混合式，翻转课堂等课堂教学模式改革	持续推进教学平台建设；开发人机交互式"智能教学助手"和"智能学伴"	持续推进教学平台建设；探索机器人辅教教学改革	开设5G+AR课堂直播；开展MR多人协同实训教学项目建设
10	提升国际化水平	10-1 引进优质资源	组织60人次学生参加国际大赛或交流；参加国际技能竞赛2项，承办国际技能大赛1项；引进国际优质航空类教学资源10项；承办国际性会议或赛事1项	累计组织100人次学生参加国际大赛或交流活动；邀请1名国际专家进行学术交流活动；参加国际技能竞赛2项；引进教学资源10项；累计承办国际性会议或赛事3项	累计组织150人次学生参加国际大赛或交流活动；召开国际大赛或国际研讨会1次；承办国际技能大赛1项；引进教学资源15项；累计承办国际性会议或赛事4项	累计组织200人次学生参加国际大赛或交流活动；召开国际研讨会1次；参加国际技能大赛1项，承办国际技能大赛1项；引进教学资源15项；承办国际性会议或赛事5项
		10-2 输出中国方案	援建海外职业技术学院1个；选派教师2人次出境外开展技术援助，培训境外员工300人次	输出专业建设标准及人才培养方案1套；培养海外职业教育教师2人，建成鲁班工坊、孔子课堂等境外办学项目1个；选派教师2人次出境外开展技术援助，培训境外员工500人次；合作培养外籍学生30人	输出专业建设标准及人才培养方案2套；培养海外职业教育教师2人，建成鲁班工坊、孔子课堂等境外办学项目1个；选派教师4人，选派教师2人次出境外开展技术援助，培训境外员工600人次；合作培养外籍学生50人	输出专业建设标准及人才培养方案2套；培训海外职业教育教师4人，选派教师2人次出境外开展技术援助，培训境外员工600人次；合作培养外籍学生60人
		10-3 成立国际教育学院	制定主要面向"一带一路"国家生工作方案	确定2个招生专业人才培养方案；培养留学生50人	完善国际教育学院制度；累计培养留学生150人	累计培养留学生300人

续表

序号	建设任务	分年度建设进度			
		2020年度目标（含2019年度）	2021年度目标	2022年度目标	2023年度目标
10	提升国际化水平	10-4 打造民心相通工程	开发以航空为主题的文化交流项目；建1门在线课程英文版网页源；完善学校英文版网页	打造品牌项目；探索在线人文资源交流机制；通过微信公众号等资源扩大国际影响力；选派50人次参与中外学生交流项目	建设2门在线开放课程；提升中外学生交流品牌项目	建设具有航空特色的中外人文交流平台，扩大平台国内外影响力；形成在线人文交流课堂的持续更新机制；探索面向海外民众的教育和技术服务
11	打造"标杆校"[军民融合]	11-1 打造定向士官教育创新品牌	定向士官培养1 100人；建立定向士官专业培养质量标准评价体系；启动士官楼建设	定向士官培养1 200人；完善士官培养质量标准评价体系；完成士官楼主体建设	定向士官培养1 400人；士官楼投入使用	定向士官培养1 500人；建立多军种士官人才培养体系
		11-2 建立现（退）役军人培训创新领域	建立健全退役军人教育培训联盟组织机构，完善管理运行制度；健全现役军人培训基地，开展军人相关职业培训	开发手册式、活页式新型培训教材3部；开发3个培训课程模块；完善现役军人培训基地运行机制，对接部队培训需求，开发培训模块2个	累计开发新型培训教材6部；累计开发6个培训课程模块；对接部队培训需求，累计开发培训模块4个	累计开发新型培训教材10部；累计开发10个培训课程模块；开发技能培训模块6个；建成军民融合发展创新示范区
		11-3 开拓军技服务培训创新领域	促进军转民技术在本地区研发和孵化；为军民融合企业提供配套服务；培训军工企业员工1 000人日	持续推进综合服务与配套服务；联办军民融合企业技术创新应用大赛；为军工企业等累计开展员工培训3 000人日	联办军民融合发展高技术成果展；累计培训军工企业员工6 000人日	完善军工自转、院企联转、企参军机制体制；为军工企业等累计开展员工培训8 000人日
		11-4 形成服务校地维稳防恐创新机制	完善军政助理选拔制度；配备军政素质助理	组建士官学员维稳反恐应急小队；构建系统化育人机制	承担地方战备执勤、维护社会治安职能	形成服务校地维稳反恐长效机制

打造一支国内一流、世界知名的高水平师资队伍。充分利用阎良航空高端人才集聚的人力资源优势,引进一批具有行业话语权和影响力的高水平领军人才、技术技能大师及能工巧匠,培养4名航空行业有权威、国际有影响的专业群带头人,一批能够解决航空关键技术难题的骨干教师及技术能手,"双师型"教师占专业课教师比例达到90%以上,支撑航空产业转型升级。培育1个国家级教师教学创新团队,1名国家级教学名师,创建2个院士工作站、6个大师工作室,建设3个国家级"双师型"教师培养培训基地,全国职业院校教师教学能力大赛获奖4项。

1.3.2 服务能力显著提升

培育一批产出高效、世界水准的航空技术技能创新服务平台。深入实施创新驱动战略,以突破航空关键技术为核心,促进教育链、人才链、产业链与创新链有机衔接,发挥人才培养与技术创新平台、产教融合平台、技术技能平台的作用,在军民融合、"双创"人才培养、技术转化等方面提供高质量服务,助推航空产业迈向全球高端。力争培育2项省部级科技进步奖,省级以上教科研项目数稳居全国前茅,为企业技改服务150项,开展1+X培训和其他鉴定认定1万人次,各种培训量达到20.4万人日,横向课题和社会服务产值达到1.1亿元。争创国家级航空职业教育改革试验区,力争建成国家示范性职业教育集团,协助8家企业建设培育产教融合型企业,建成4个产业学院,9个专业开展现代学徒制。

1.3.3 国际影响显著提升

实现更深层次、更高水平的国际交流与合作。实施"引进来、走出去、再提升"策略,形成完善的国际合作交流长效机制和绩效评估机制。引进国外FAR航空行业标准,吸纳国际优质资源50项,丰富教育资源,提升人才培养质量。开发一批航空类课程标准和教学资源向"一带一路"沿线国家输出,为菲律宾等沿线国家提供实验实训室建设方案,援建1个海外职业技术学院,开展国外技术援助、培训2 000人,助力航空职业教育发展。与俄罗斯喀山航空航天大学等学校合作,开展鲁班工坊等合作办学项目2项,留学生占在校生数的3%,选派120名教师到国外研修访学,组织200名学生参加国际大赛或交流活动,大幅提升学校的国际知名度和影响力。

1.3.4 打造3个样板

形成一批科学、规范的政策、制度、标准样板。围绕航空产业,紧密对接区域服务,完善学校制度体系。借鉴航空企业扁平化管理模式,构建突出职业教育改革要素、对接航空产业集群发展的专业群教学组织机构。出台《西安航空职业技术学院"双高计划"改革实施方案》《西安航空职业技术学院校企人员双向流动兼职兼薪工作方案》《西安航空职业技术学院面向社会人员开展学历教育试行办法》等政策;制定《西安航空职业技术学院深化产教融合管理办法》《西安航空职业技术学院实施1+X证书制度试点工作方案》《西安航空职业技术学院学生分层分类培养办法》等专项制度;制定《飞机装配技术》《直升机维护》《无人机操控》等融入航空新技术、新工艺、新规范的课程和"X"证书标准,保障"双高计划"顺利实施。形成一批可复制、可借鉴的政策、制度、标准,引领中国航空职业教育高质量发展。具体建设标志性成果如表2所示。

表2 西安航空职业技术学院"双高计划"建设标志性成果

序号	内 容	数 量
1	牵头或参与国家级职业教学标准制定工作	≥5项
2	获得全国职业院校技能大赛国赛一等奖	≥6项
3	获得"双创"大赛国家级奖	≥7项
4	1+X证书制度认证站点	≥10个
5	开展"双创"培训	≥680人次
6	横向课题到款额	≥1 000万元
7	科技成果转移转化	≥10项
8	开展技术攻关	≥8项
9	科技创新团队	≥2个
10	培育孵化科技企业	≥4家
11	编写国家级规划教材及活页式、手册式、电子教材等	≥20部
12	国家级教学成果奖	≥1项
13	力争获得省部级科技进步奖	≥2项
14	"双师型"教师占专业课教师比例	≥90%
15	国家级"双师型"教师培养培训基地	≥3个
16	国家级教师教学创新团队	≥1个
17	国家级教学名师	≥1人
18	院士工作站	≥2个
19	大师工作室	≥6个
20	教师研修和访学	≥120人
21	总师素质专业群带头人	≥4人
22	现代学徒制专业	≥9个
23	产业学院	≥4个
24	为企业进行技改服务	≥150项
25	实践教学基地	≥18个
26	高水平专业化产教融合实训基地	≥2个
27	协助企业建设培育产教融合型企业	≥8家
28	争创国家级示范性航空职业教育集团	1个
29	争创国家级航空职业教育改革试验区	1个
30	开展1+X证书培训与鉴定	≥1万人次
31	社会服务产值	≥1亿元
32	各类培训量	≥20.4万人日
33	服务线下线上看航空	≥50万人

续表

序号	内容	数量
34	国家级在线开放课程	≥2门
35	国家级职业教育专业教学资源库	≥2个
36	全国职业院校教师教学能力大赛获奖数量	≥4项
37	选派学生参加国际大赛或交流活动	≥200人
38	参加国际技能竞赛	≥5项
39	承办国际会议或赛事	≥5项
40	引进国际优质航空类教学资源	≥50项
41	输出专业建设标准	≥5套
42	培训境外员工	≥2 000人
43	申报"鲁班工坊"等境外办学项目	≥2个
44	援建海外职业技术学院	1个
45	培养海外职业教育教师	≥8人
46	选派教师开展境外技术援助	≥8人
47	培养外籍学生	≥140人
48	持续开展定向士官培养,稳定士官在校生规模	≥1 500人

1.4 经费预算

高水平学校建设具体经费预算安排如表3所示。

表3 西安航空职业技术学院"双高计划"建设经费预算表

建设内容		小 计		中央财政投入资金		地方财政投入资金		行业企业支持资金		学校自筹资金	
		金额/万元	比例/%	金额/万元	比例/%	金额/万元	比例/%	金额/万元	比例/%	金额/万元	比例/%
合 计		43 000		5 000	11.63	5 000	11.63	1 620	3.77	31 380	72.98
打造技术技能人才培养高地	1-1 实施航空职业素养提升计划	180	11.61	—		—		—		180	
	1-2 实施航空杰出技术人才培养计划	40	2.58	—		—		—		40	
	1-3 实施"创新人才"培养计划	1 300	83.87	100		200				1 000	
	1-4 开展1+X证书制度试点	30	1.94	—		—		—		30	
	小计	1 550	3.60	100	2.00	200	4.00	—	—	1 250	3.98

续表

建设内容		小计		中央财政投入资金		地方财政投入资金		行业企业支持资金		学校自筹资金	
		金额/万元	比例/%	金额/万元	比例/%	金额/万元	比例/%	金额/万元	比例/%	金额/万元	比例/%
打造技术技能创新服务平台	2-1 打造人才培养与技术创新平台	1 610	66.80	—		—		—		1 610	
	2-2 打造产教融合平台	600	24.90	75		60		40		425	
	2-3 打造技术技能平台	200	8.30	40		40		20		100	
	小计	2 410	5.60	115	2.30	100	2.00	60	3.70	2 135	6.80
打造高水平专业群	3-1 飞机机电设备维修专业群	9 800	55.15	1 575		2 000		1 000		5 225	
	3-2 无人机应用技术专业群	7 970	44.85	1910		1 920		240		3 900	
	小计	17 770	41.33	3485	69.70	3 920	78.40	1 240	76.54	9 125	29.08
打造高水平双师队伍	4-1 加强师德师风建设	3	0.21	—		—		—		3	
	4-2 引聘并举聚集人才	160	11.11	20		20				120	
	4-3 总师引领分类培养	700	48.61	—		—		—		700	
	4-4 打造教师教学创新团队	12	0.83	—		—		—		12	
	4-5 培育名师提升水平	560	38.89	—		—		—		560	
	4-6 业绩导向优绩优酬	5	0.35	—		—		—		5	
	小计	1 440	3.35	20	0.40	20	0.40	—	—	1 400	4.46
提升校企合作水平	5-1 打造校企命运共同体	50	1.20	10		—		5		35	
	5-2 深化校企协同育人	4 040	96.65	715		420		250		2655	
	5-3 打造职教改革样板	90	2.15	15		0		5		70	
	小计	4 180	9.72	740	14.80	420	8.40	260	16.05	2 760	8.80
提升服务发展水平	6-1 多渠道开展技术技能培训	200	5.99	30		30		20		120	
	6-2 开展航空文化育人服务	2 940	88.02	50		50		20		2 820	
	6-3 脱贫攻坚服务乡村振兴	200	5.99	20		20		10		150	
	小计	3 340	7.77	100	2.00	100	2.00	50	3.09	3 090	9.85

续表

建设内容		小计		中央财政投入资金		地方财政投入资金		行业企业支持资金		学校自筹资金	
		金额/万元	比例/%	金额/万元	比例/%	金额/万元	比例/%	金额/万元	比例/%	金额/万元	比例/%
提升学校治理水平	7-1 实施内部治理体系优化计划	40	26.67	—		—		—		40	
	7-2 实施五方共治构建计划	20	13.33	—		—		—		20	
	7-3 实施制度改革创新计划	10	6.67	—		—		—		10	
	7-4 实施监督评价体系优化计划	80	53.33	—		—		—		80	
	小计	150	0.35	—		—		—	0.00	150	0.48
提升信息化水平	8-1 完善信息化资源建设	3 155	66.99	200		100		—		2 855	
	8-2 提升智能化治理水平	1 480	31.42	200		100		—		1 180	
	8-3 打造泛在学习空间	75	1.59	—		—		—		75	
	小计	4 710	10.95	400	8.00	200	4.00	—	0.00	4 110	13.10
提升国际化水平	9-1 引进优质资源	50	13.89	—		0		—		50	
	9-2 输出中国方案	200	55.56	40		40		—		120	
	9-3 成立国际教育学院	60	16.67	—		—		—		60	
	9-4 打造民心相通工程	50	13.89	—		—		—		50	
	小计	360	0.84	40	0.80	40	0.80	—		280	0.89
打造军民融合"标杆校"	10-1 打造定向士官教育新品牌	6 900	97.32	—		—		—		6 900	
	10-2 建立现(退)役军人培训新体系	80	1.13	—		—		—		80	
	10-3 开拓技术服务培养培训新领域	100	1.41	—		—		10		90	
	10-4 形成服务校地维稳防恐新机制	10	0.14	—		—		—		10	
	小计	7 090	16.49	—		—		10	0.62	7 080	22.56

2 飞机机电设备维修专业群建设方案

2.1 建设目标

以习近平新时代中国特色社会主义思想为指导,全面落实《国家职业教育改革发展实施方案》,坚持"一机两翼架构、同步航空发展、动态调整提升、争创世界一流"的专业群改革理念,遵循"师资团队先行、社会服务引领、校企协同育人、行业标准制定、国际标准指引"多头共进的发展思路。创新人才培养模式,提升人才培养质量,聚焦工匠精神传承,聚力校企协同创新,通过实施"3145"计划,实现专业群从"对接产业、服务产业"向"提升产业、引领产业"转变。"3"即围绕校企融合、校地融合、军民融合"三融战略",深化教师、教材、教法"三教"改革,推行学历证书、职业资格证书、素质教育证书"三证"制度,实现全员、全方位、全过程"三全育人"。"1"即引进1名行业领军人物;建设1个"院士工作站";打造1个国家级教学创新团队。"4"即遵循共同投资、共同办学、共同管理、共担风险"四个共同";实施共享设备、共享师资、共享资源、共享成果"四个共享";实现社会、企业、家长和学生"四个满意"。"5"即培育5名教学名师;校企共建5个实训基地;实现社会服务产值5 000万元。

到2023年,为国家航空产业培养5 000余名杰出技术技能人才,成为引领中小微企业技术发展、带动航空维修、航空制造技术技能人才培养,输出中国标准和中国方案的国内一流、世界有影响的高水平专业群。

到2035年,为国家培养数以万计支撑五代战机、大型远程宽体客机等航空技术升级的杰出技术技能人才,成为世界航空技术的创新重要实践基地,引领世界航空职业教育发展。

2.2 建设任务与进度

2.2.1 人才培养模式创新

围绕立德树人根本任务,重点推进思政内容融入专业群核心课程,全面开展"三全育人"工作;建立校企合作联盟,打造人才培养高地;与行业领先企业深度合作,成立航空维修产业学院;全方位实施校企联合培养,"双主体"育人的现代学徒制、订单班等人才培养模式改革;实践人才培养分层教学改革;主动应对高职扩招,探索建立资源共享、机会开放的个性化学习和弹性学制,建立专业群"学分银行"管理体系;探索长学制培养高端技术技能人才;开展1+X证书制度试点工作。

2.2.2 课程教学资源建设

依托航空职业教育改革试验区,校企共同构建"共享课程+方向课程+岗位模块课程"专业群内课程框架并予以实施,如图1所示。

专业群内全部专业课程建设成在线开放课程。联合行业企业共同建设专业群共享课程7门,重点打造11门在线开放课程,申报国家级在线开放课程1门。

边建边用国家职业教育飞行器维修技术专业教学资源库;建设国家职业教育飞行

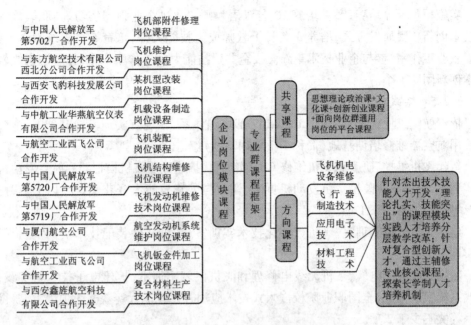

图1 飞机机电设备维修专业群课程框架图

器制造技术专业教学资源库；依托国家资源库在校级平台重组15门个性课程，满足在校生、社会学习者、企业从业人员的学习需求。

开发飞机钣金工、飞机装配钳工、航空发动机装配修理钳工、飞机附件装配修理钳工、发动机附件装配修理工等10个岗位模块化职业技能培训标准及数字化和信息化资源；制定模块学习成绩认定标准。

2.2.3 教材与教法改革

紧跟行业技术发展，鼓励教师参加信息化教学能力大赛，充分利用信息化资源，开展信息化教学改革，提升教师信息化教学水平；融入行业企业新标准、新技术，制定适应专业群核心岗位能力培养的教学标准，校企"双元"开发新型活页式教材9部、工作手册式教材2部并配套开发信息化资源。按照国家级规划教材标准公开出版教材10部。

不断优化课程资源供给，将飞机维修、制造新技术、新工艺、新知识、新标准转化为教学内容，提高课程改革对技术进步的应对速度。以学习者为中心，创新课堂教学模式，提高学生学习的自主性和积极性；改革原有课程学习成绩评定方法，构建"突出岗位、分类实施、过程考核、结果导向"的考核评价体系。

2.2.4 教师教学创新团队

实施专业带头人、党支部书记"双带头人"制；加强骨干教师党性培养和党员教师教学能力培养，实施"师德师风＋业务"双培养；引进1名飞机维修或飞机制造行业领军人物；通过国外访学、国内进修等方式，培养4名专业带头人；新入职教师要求具备3年企业工作经历，在职教师实行5年6个月轮训制度；组建"教授＋高工＋总师"的高水平专业建设指导团队和"名师＋工匠＋教练"的教学实施团队；建立400人以上的兼职教师库。

实施精英人才培养计划,培养 10 名双语教师。通过企业顶岗实习、挂职锻炼等企业技术创新项目研发方式,培养 3 名骨干教师成为技能大师,培育 5 名省级教学名师;建立企业工作室,参与企业技术革新。校企共建技能大师工作室 4 个,打造国家级教师教学创新团队 1 个。

2.2.5 实践教学基地

依据航空工业标准和民航 CCAR-147 部培训体系,在现有实训基地基础上,整合扩建民用航空器维修培训基地(简称 147 培训基地)。

新建飞机维护、研磨和飞机维修 CBT 实训室,扩建民用飞机模拟器和航空发动机维修实训室,全国职业院校飞机发动机拆装、调试与维修技能大赛获奖 3 项以上,获得国赛二等奖以上不少于 1 项。

建立飞机钣铆实训室、飞机数字化技术实训室、飞机部件装配技术实训室、装配检测实训室等。

新建智能电子电气、飞机无线电修理和飞机仪表实训室,扩建电子技术与实践、嵌入式系统实验室等,全国职业院校嵌入式技术应用开发技能大赛获奖 3 项以上,获得国赛一等奖不少于 2 项。

政校企三方联动,以共建共享、服务"双创"为宗旨,建立航空工程材料成型产教融合实训基地。

校企互惠共建教师企业实践基地 15 个、大学生就业与实习基地 50 个,使其成为教师、学生职业技能的练兵场,企业人才需求的供给站。

2.2.6 技术技能平台

以航空维修工程技术中心和飞机制造工程技术中心为支撑,搭建航空维修与制造创新服务平台,如图 2 所示。

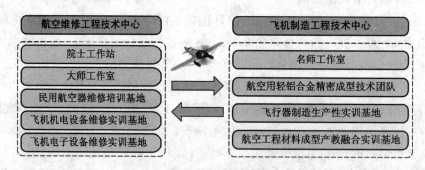

图 2 航空维修与制造创新服务平台

通过院士工作站,联合本科院校开展航空发动机静止部件、转动部件的深度维修,建立航空关键重要件激光熔覆的粉末制备、修复工艺标准;依托"万人计划"教学名师工作室,充分发挥航空用轻合金精密成型技术团队的科研优势,对航空领域抗腐蚀涂层材料、抗高温氧化材料、钛合金叶片及复杂机匣的制造工艺开展研究;开展技术攻关 4 项,横向科研课题到款额 400 万元,力争培育省部级科技进步奖 2 项,专利成果 30 项,科技成果转移转化 3 项,成果推广 10 项,在核心期刊上发表科研论文 40 篇以上,培育孵化科技型企业 1 家,协助 4 家企业建设培育产教融合型企业。

2.2.7 社会服务

依托航空维修与制造创新服务平台资源,充分解决中小微企业科研设备短缺、科研力量薄弱等问题,为 11 家企业提供智力支持技术方案,实现技术服务产值 4 000 万元;依托学校国家级公共开放性实训基地等资源,实现社会服务产值 1 000 万元,建成 1 个国家级"双师型"教师培养培训基地;依托现(退)役军人培训基地,为现役军人提供飞机维护、无损检测等技术升级培训;每年为现(退)役军人、军工企业员工提供各类培训 3 000 人日。

2.2.8 国际交流与合作

选派 40 名教师赴境外参加师资培训与交流,选派至少 10 名学生到海外深造交流;招收、培训国外留学生 100 人;援建 1 个航空学院,建立 1 个鲁班工坊,为相应国家开发 2 个航空职业技术教育标准,向泰国、缅甸等国家输出职业教育的中国方案;参加国际技能大赛或交流活动 4 项,力争承办国际技能大赛 1 项,制定国际赛项评分标准 1 个。

2.2.9 可持续发展保障机制

以向巧院士工作站、优秀校友、行业专家和三秦工匠组成的技能大师工作室为智囊团,制定专业群发展规划;专业群实施项目化管理、多元考评机制,制定可量化的绩效考核办法,落实项目建设奖惩机制;建管控机制促质量提升。飞机机电设备维修专业群建设任务与进度如表 4 所示。

2.3 建设成效

人才培养质量显著提升,人力资源助推产业发展,成为引领区域发展的"快车"。建成 1 个院士工作站、1 个民用航空器维修培训基地;培育孵化科技型企业 1 家,协助 4 家企业建设培育省级以上产教融合型企业。实现技术服务产值 4 000 万元,社会培训 70 000 人日。建成 1 个航空维修产业学院。培养 5 000 余名杰出技术技能人才,毕业生就业率达到 96% 以上,全国技能大赛获奖 6 项以上,其中一等奖 2 项以上。

社会服务能力显著提升,校企共融实现多方互赢,成为指导行业进步的"专车"。打造国家级教学创新团队 1 个、国家级"双师型"教师培养培训基地 1 个,建成航空维修工程技术中心和飞机制造工程技术中心,完成科研服务立项 20 项,提供咨询 20 次;授权专利 30 项、科技成果转移转化 3 项,推广 10 项;技术攻关 4 项,横向科研课题到款额 400 万元,社会服务产值 1 000 万元。力争培育省部级科技进步奖 2 项;建成国家级在线开放课程 1 门,校企"双元"开发活页式教材 9 部、工作手册式教材 2 部。

国际交流水平显著提升,智力平台支撑世界一流,成为推动国际共赢的"便车"。输出航空职业技术教育标准 2 个;在"一带一路"沿线国家援建航空学院 1 个、鲁班工坊 1 个,培训海外员工不少于 1 000 人次;培养留学生不少于 100 人;参加国际技能竞赛或交流活动 4 项,力争制定国际赛项评分标准 1 个。飞机机电设备维修专业群建设标志性成果如表 5 所示。

表 4 飞机机电设备维修专业群分年度建设任务与进度表

序号	建设任务		分年度建设任务			
			2019—2020 年度	2021 年度	2022 年度	2023 年度
1	人才培养模式创新	1-1 思政先行，落实立德树人根本任务	推进思政内容融入5门专业核心课	推进思政内容融入5门专业核心课	推进思政内容融入5门专业核心课	推进思政内容融入5门专业核心课
		1-2 校企协同，深化人才培养模式改革	组建现代学徒制班，订单班，士官及定制班，人数大于300人；实践分层教学	成立1个产业学院；组建现代学徒制班，订单班，士官及定制班，人数大于400人；实践分层教学	组建现代学徒制班，订单班，士官及定制班，人数大于400人；实践分层教学	组建现代学徒制班，订单班，士官及定制班，人数大于300人；实践分层教学
		1-3 探索"学分银行"，推行弹性培养模式	建立"学分银行"管理体系	积极开展1+X证书制度试点	探索长学制人才培养模式	满足个性化灵活学习方式，制定多种形式的学分认定和转换制度
2	课程教学资源建设	2-1 明确岗位需求，改革课程框架	构建框架，制定所有共享课程和方向课程标准	新增3个企业，梳理3个岗位工作要求；对接岗位要求，确定3个岗位模块课程标准	新增3个企业，梳理3个岗位工作要求	新增1个企业，梳理1个岗位工作要求
		2-2 建设数字资源，促进信息化教学	建设2门共享课资源	4门方向资源库课程建设开放课程；开发4个岗位模块课程的职业资格培训资源	2门方向课程建成省级在线开放课程；开发4个岗位模块课程的职业资格培训标准及信息化资源	专业群其他课程建设在线资源，开展教学模式改革
		2-3 建设资源库，发挥数字资源优势	完成3门资源库课程建设工作并开展应用	利用国家级资源库、在校级平台搭建5门个性化课程	持续更新资源库课程资源并推广应用	持续更新资源库课程资源并推广应用
		2-4 开发培训标准，丰富教学资源	联合西北民航局，开发2个相关岗位培训标准	联合3家企业，开发3个相关岗位培训标准	联合3家企业，开发3个相关岗位培训标准	建设2个岗位培训资源

续表

序号		建设任务	分年度建设任务			
			2019—2020年度	2021年度	2022年度	2023年度
3	教材与教法改革	3-1 教师信息化教学能力提升	不少于10名教师参加信息化培训	不少于20名教师开展信息化教学改革	全国职业院校教师教学能力大赛获奖1项	不少于10名教师开展信息化教学改革
		3-2 校企"双元"开发多样化教材	校企"双元"开发完成新型活页式教材2部;出版教材1部	编写1部工作手册式教材并配套开发信息化资源	校企"双元"完成活页式教材4部;出版教材4部	编写1部工作手册式教材并配套开发信息化资源
		3-3 适应职教发展,改革教学方法	梳理行业、产业新变化,转化为教学案例2个	开展项目化、任务、情景式教学方法改革	梳理行业、产业新变化,转化为教学案例4个	开展项目化、任务、情景式教学方法改革
		3-4 改革考核评价体系	2门课程试点开展考核评价体系改革,形成试点材料	5门课程开展考核评价体系改革,形成课程改革材料	5门课程开展考核评价体系改革,形成课程改革材料	2门课程开展考核评价体系改革,形成课程改革材料
4	教师教学创新团队	4-1 强师德师风,铸过硬队伍	培养4名专业带头人、省级教书育人楷模或省级师德先进1人、校级师德先进2人	培养省级教书育人楷模或师德先进1人、校级师德先进2人	培养校级师德先进2人	骨干教师党性培养和党员教师教学能力培养
		4-2 以师德引领,建优秀团队	新人职教师参加企业顶岗;10人以上参加企业轮训;兼职教师库新增100人	引进1名飞机维修或制造专业领军人才	新入职教师企业顶岗;15人以上参加企业轮训	新入职教师企业顶岗;10人以上参加企业轮训
		4-3 施英才计划,提教师能力	培养1名技能大师、1名省级教学名师、培养2名双语教师	培养1名技能大师、1名省级教学名师、培养3名双语教师	培养1名技能大师、2名省级教学名师,人选省级教学名师1人;培养3名双语教师	培育1名省级教学名师、2名双语教师
		4-4 谋科学规划,建创新团队	校企共建大师工作室1个	建立企业工作室1个;校企共建大师工作室1个	建大师工作室1个;建成1个国家级职业教育教师创新团队	校企共建大师工作室1个

续表

序号	建设任务	分年度建设任务			
		2019—2020 年度	2021 年度	2022 年度	2023 年度
5 实践教学基地	5-1 扩建民用航空器维修培训基地	制定飞机维修与制造基本技能训练方案;技能培训、鉴定认证达到7 000人次	扩建民用航空器维修培训基地;技能培训、鉴定达到7 000人次	提供师资培训不少于2 000人日;技能培训、鉴定达到8 000人次	提供师资培训不少于2 000人日;技能培训、鉴定达到8 000人次
	5-2 扩建飞机机电设备维修实训基地	扩建航空发动机实训室;完成相关维修人员培训800人日;全国技能大赛获奖1项	新建飞机维护实训室;完成相关维修人员培训1 000人日	新建飞机维修CBT实训室;完成相关维修人员培训1 100人日	完成相关维修人员培训1 100人日
	5-3 新建飞行器制造技术生产性实训基地	新建飞机钣铆实训室;新建飞机数字化技术实训室	新建飞机部件装配技术实训室;为航空企业完成合格产品,产值达到30万元	新建飞机装配检测实训室;为航空企业完成合格产品,产值达到30万元	为航空企业完成合格产品,产值达到40万元
	5-4 扩建飞机电子设备维修实训基地	新建飞机无线电修理实训室;新建飞机仪表实训室	全国技能大赛获得二等奖以上1项	新建智能电子电气实训室	全国技能大赛获得二等奖以上1项
	5-5 共建航空工程材料成型产教融合实训基地	制定航空工程材料成型产教融合实训基地建设方案	完成飞机复合材料加工制造产值50万元	完成飞机复合材料加工制造产值100万元;提供师资培训不少于200人日	完成飞机复合材料加工制造产值150万元;提供师资培训不少于300人日
	5-6 互惠共建校外实训基地	与4家企业互惠共建教师企业实践基地;互惠共建大学生就业与实习基地11个	校企双方共同建立校外实训基地运行与管理机制	与4家企业互惠共建教师企业实践基地;互惠共建大学生就业与实习基地13个	互惠共建大学生就业与实习基地13个

续表

序号	建设任务		分年度建设任务			
			2019—2020 年度	2021 年度	2022 年度	2023 年度
6	技术技能平台	6-1 数字驱动,力拓航空维修	横向课题到款额达到 25 万元	建成院士工作站;科研立项 6 项;完成技术攻关 1 项	科研立项 10 项	科研立项 4 项;横向课题到款额达到 25 万元
		6-2 问题导向,精耕高端制造	成立"万人计划"名师工作室;申请陕西省科技创新团队	完成专利 10 项;完成 2 项授权专利的宣传,推广实施	完成 4 项专利的宣传,推广实施;横向课题到款额达到 50 万元	完成 4 项授权专利的宣传,推广实施
		6-3 强肉联外,提升科研水平	横向课题到款额达到 25 万元;力争获得省部级科技进步奖 1 项	协助 1 家企业培育产教融合型企业	协助 1 家企业培育产教融合型企业	协助 2 家企业培育产教融合型企业;培育孵化科技型企业 1 家
7	社会服务	7-1 为中小微企业提供智力支持	调研区域中小微企业技术需求,拟定智力支持方案	实现对中小微企业技术服务产值 1 000 万元	为企业提供技改服务 15 项	实现对中小微企业技术服务产值 1 500 万元
		7-2 为各层次人员提供社会培训	为师资及企业员工培训 3 000 人日	为下岗职工、农民工再就业培训 12 000 人日	通过航空馆开放资源,承接爱国主义及科普教育 5 万人次	实现社会服务产值 400 万元;建立国家级"双师型"教师培养培训基地
		7-3 为现(退)役军人提供技术培训	为现役军人技术升级培训 500 人日	为退役军人、军工企业员工再就业培训 2 000 人日	为现役军人技术升级培训 1 000 人日	为退役军人、军工企业员工再就业培训 3 000 人日

续表

序号	建设任务	分年度建设任务			
		2019—2020 年度	2021 年度	2022 年度	2023 年度
8 国际交流与合作	8-1 坚持人才先行，提升国际影响	选派不少于 10 名教师赴境外培训与交流	选派不少于 3 名学生赴海外深造	召开国际研讨会	选派不少于 10 名教师赴境外培训与交流
	8-2 服务"一带一路"，输出中国方案	制定航空制造与维修职业培训标准	境外建立鲁班工坊 1 个	培养留学生不少于 40 人	完善职业培训标准并实施模块化选取，为后续方案的输出奠定基础
	8-3 助力国际技能大赛，制定完善竞赛标准	参加国际技能大赛或交流活动的学生不少于 15 人	开展国际大赛集训工作	参加国际技能大赛 1 项	参加国际技能大赛或交流活动的学生不少于 15 人
9 可持续发展保障机制	9-1 依决策机制，谋持续发展	建成专业群建设团队	组建院士引领的专业群指导与决策咨询机构	组建大师工作室及专业群建设团队指导与教学	专业群建设团队发挥示范引领作用，指导其他方面持续发展
	9-2 定运行机制，保项目建设	明确项目建设目标、任务、进度和要求	构建质量保证体系，建立专业群动态调整、项目管理运行和项目监督检查机制	实施项目日化管理，量化绩效考核	持续推进项目进度，完善项目建设成效
	9-3 建管控机制，促质量提升	诊改驱动，完善人才培养标准和监控体系	完善经费绩效考核及自我评估体系	建立预算年报制和执行预警制	形成项目绩效报告

表5　飞机机电设备维修专业群建设标志性成果

序号	内容	目标值
1	现代学徒制学生	≥200人
2	订单班培养学生	≥400人
3	士官生人数	≥800人
4	企业定制班个	≥10个
5	"X"证书	≥2个
6	建设完成国家级飞行器维修技术专业教学资源库	1个
7	国家在线开放课程	≥1门
8	省级在线开放课程	≥3门
9	模块化职业技能培训标准	≥15套
10	全国职业院校教师教学能力大赛获奖	≥2项
11	校企"双元"开发新型活页式教材	≥9部
12	工作手册式教材	≥2部
13	出版教材	≥10部
14	入选国家"万人计划"教学名师	1人
15	入选国家级职业教育教师教学创新团队	1个
16	入选省级教学名师	≥1人
17	入选省级教书育人楷模或师德标兵	≥2人
18	获得全国职业院校技能大赛一等奖	≥2项
19	全国职业院校技能大赛获奖	≥6项
20	航空产品制造产值	≥100万元
21	飞机复合材料加工制造产值	≥300万元
22	横向科研课题到款额	≥400万元
23	培育省部级科技进步奖	≥2项
24	科技成果转移转化	≥3项
25	技术攻关	≥4项
26	培育孵化科技型企业	≥1家
27	协助企业建设培育产教融合型企业	≥4家
28	国家级"双师型"教师培养培训基地	1个
29	技术服务产值	≥4 000万元
30	社会服务产值	≥1 000万元
31	航空维修、制造高水平的职业教育中外合作办学项目	≥2个

续表

序号	内容	目标值
32	援建航空学院	1个
33	建立鲁班工坊	1个
34	为相应国家开发航空职业技术教育标准	≥2套
35	力争承办国际技能大赛	≥1项
36	制定国际赛项评分标准	≥1个
37	专业群建设咨询委员会	1个

2.4 经费预算

飞机机电设备维修专业群建设项目具体经费预算安排如表6所示。

表6 飞机机电设备维修专业群建设经费预算表

建设内容		合计		中央财政投入资金		地方财政投入资金		行业企业支持资金		学校自筹资金	
		金额/万元	比例/%	金额/万元	比例/%	金额/万元	比例/%	金额/万元	比例/%	金额/万元	比例/%
合计		9 800	100	1 575	16.07	2 000	20.41	1 000	10.20	5 225	53.32
人才培养模式创新	1-1 思政先行,落实立德树人根本任务	20	28.57	4		6		—		10	
	1-2 校企协同,深化人才培养模式改革	30	42.86	2		4		20		4	
	1-3 探索"学分银行",推行弹性培养模式	20	28.57	2		2		10		6	
	小计	70	0.71	8	0.51	12	0.60	30	3.00	20	0.38
课程教学资源建设	2-1 明确岗位需求,改革课程框架	60	7.50	10		10		—		40	
	2-2 建设数字资源,促进信息化教学	600	75.00	100		140		—		360	
	2-3 建设资源库,发挥数字资源优势	80	10.00	10		20		—		50	
	2-4 开发培训标准,丰富教学资源	60	7.50	15		15		—		30	
	小计	800	8.16	135	8.57	185	9.25	—	—	480	9.19

续表

建设内容		合计		中央财政投入资金		地方财政投入资金		行业企业支持资金		学校自筹资金	
		金额/万元	比例/%	金额/万元	比例/%	金额/万元	比例/%	金额/万元	比例/%	金额/万元	比例/%
教材与教法改革	3-1 教师信息化教学能力提升	60	20.00	10		10		—		40	
	3-2 校企"双元"开发多样化教材	150	50.00	30		40		—		80	
	3-3 适应职教发展,改革教学方法	60	20.00	10		10		—		40	
	3-4 改革考核评价体系	30	10.00	5		5		—		20	
	小计	300	3.06	55	3.49	65	3.25	—	0.00	180	3.44
教师教学创新团队	4-1 强师德师风,铸过硬队伍	60	10.71	10		20		—		30	
	4-2 以名师引领,建优秀团队	120	21.43	20		30		—		70	
	4-3 施英才计划,提教师能力	100	17.86	10		30		—		60	
	4-4 谋科学规划,建创新团队	280	50.00	200		—		—		80	
	小计	560	5.71	240	15.24	80	4.00	—	0.00	240	4.59
实践教学基地	5-1 扩建民用航空器维修培训基地	2 000	28.94	300		500		—		1 200	
	5-2 扩建飞机机电设备维修实训基地	1 800	26.05	300		300		300		900	
	5-3 新建飞行器制造技术生产性实训基地	1 100	15.92	100		100		300		600	
	5-4 扩建飞机电子设备维修实训基地	1 650	23.88	200		400		250		800	
	5-5 共建航空工程材料成型产教融合实训基地	300	4.34	40		60		100		100	
	5-6 互惠共建校外实训基地	60	0.87	5		5		20		30	
	小计	6 910	70.51	945	60.00	1 365	68.25	970	97.00	3 630	69.47

续表

建设内容		合计		中央财政投入资金		地方财政投入资金		行业企业支持资金		学校自筹资金	
		金额/万元	比例/%	金额/万元	比例/%	金额/万元	比例/%	金额/万元	比例/%	金额/万元	比例/%
技术技能平台	6-1 数字驱动,力拓航空维修	120	37.50	20		30		—		70	
	6-2 问题导向,精耕高端制造	100	31.25	20		30		—		50	
	6-3 强内联外,提升科研水平	100	31.25	20		30		—		50	
	小计	320	3.27	60	3.81	90	4.50	—	—	170	3.25
社会服务	7-1 为中小微企业提供智力支持	60	42.86	10		10		—		40	
	7-2 为各层次人员提供社会培训	40	28.57	5		10		—		25	
	7-3 为现(退)役军人提供技术培训	40	28.57	5		10		—		25	
	小计	140	1.43	20	1.27	30	1.50	—	—	90	1.72
国际交流与合作	8-1 坚持人才先行,提升国际影响	300	50.00	50		70		—		180	
	8-2 服务"一带一路",输出中国方案	200	33.33	30		50		—		120	
	8-3 助力国际大赛,制定竞赛标准	100	16.67	15		25		—		60	
	小计	600	6.12	95	6.03	145	7.25	—	—	360	6.89
可持续发展保障机制	9-1 依决策机制,谋持续发展	10	10.00	2		3		—		5	
	9-2 定运行机制,保项目建设	50	50.00	10		15		—		25	
	9-3 建管控机制,促质量提升	40	40.00	5		10		—		25	
	小计	100	1.02	17	1.08	28	1.40	—	—	55	1.05

3 无人机应用技术专业群建设方案

3.1 建设目标

以习近平新时代中国特色社会主义思想为指导,全面落实《国家职业教育改革发展实施方案》,深化"三融战略",瞄准长航时、大载重、集群控制等军用无人机技术,面向工业级无人机,引领消费级无人机发展方向,按照"精准对接、因材施教、分层培养"的人才培养理念,创新人才培养模式,聚焦师资队伍、教学资源与条件、"三教改革"等人才培养关键环节,培养德智体美劳全面发展的杰出技术技能人才;按照"产教融合、技术领先、智能管理"的建设原则,建设无人机应用服务中心、无人机飞行试验中心和通用航空工程技术中心,打造技术技能创新服务平台,提升服务能力,助力产业升级和区域经济发展;按照"博采众长、打造样本、铸就品牌"的发展思路,引进优质教育资源,服务"一带一路"倡议,提升国际影响力,助推世界通用航空产业发展。

到2023年,培养一大批无人机产业急需的杰出技术技能人才,培育一支高水平国际化专业教学创新团队,建设国内一流的无人机应用协同创新平台,建设一批国家级无人机领域教学标准,建成一批适应高水平专业群发展的教学运行制度,建成一批国家级职业教育精品在线课程,建设一批具有国际影响的优质教学资源,专业群人才培养质量、技术创新水平、社会服务能力和国际影响力显著提升,无人机专业群国内"头雁"效应初步凸显。

到2035年,建成"国内一流、世界水平"的专业群,成为无人机先进技术与服务的推广高地,打造具有国际话语权的专业群带头人,培养一批具有国际视野、通晓国际规则的无人机骨干教师,建成一批对接国际无人机领域新技术、新规范、新工艺的课程体系,在"一带一路"沿线国家广泛开展无人机类职业教育,成为无人机应用领域技术技能人才的培养高地,成为无人机职教领域的国际品牌。

3.2 建设任务与进度

3.2.1 人才培养模式创新

(1)落实"立德树人",促进学生全面发展

实施"三全育人",践行"西航精神"。以"大国工匠进校园"等项目和活动引导学生筑牢良好的人生观、价值观和世界观。

(2)深化"三融战略",服务产业、国防、区域发展需求

深化产教融合,推进现代学徒制;深化军民融合,完善定向士官分段式培养模式,培训民兵、退役军人;深化校地融合,实施岗位轮训制度。

(3)实施"分层培养",促进学生多元发展

实施分层培养,探索"学分银行"、1+X证书制度试点,依岗选课;就业率达到97%,职业技能证书获取率达到90%以上。

3.2.2 专业群课程体系建设

落实立德树人根本任务,开展1+X证书制度试点,深化课岗对接,加强课证融通,

打造航空特色鲜明的人才培养高地。

按照"底层共享、中层融通、高层互选"的原则,形成集群推进、交叉互融、课岗对接、课证融通的专业群课程构架。

3.2.3 课程教学资源建设

对接无人机产业岗位核心能力需求,形成"通用化基础课程+模块化专业课程+平台化拓展课程"的专业群课程架构,如图3所示。

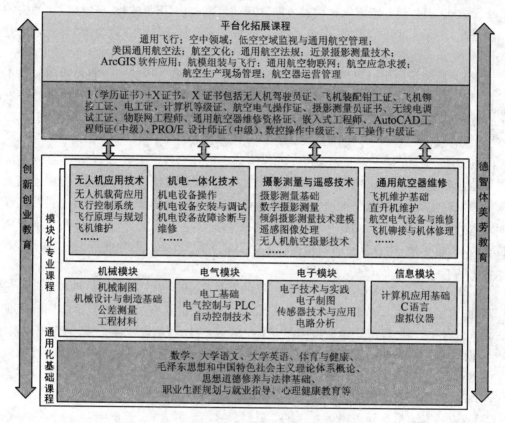

图3 专业群课程架构图

紧跟技术、工艺发展最前沿,校企共建在线开放课程、专业群共享课程资源包、职业教育专业教学资源库。

与天津现代职业技术学院等无人机类高水平专业群建设单位强强联合,协同推进线上教学资源和教材建设。

3.2.4 教材与教法改革

(1)校企"双元"开发多样化教材

从岗位出发,以能力为本,对接行业新标准、职业资格标准,校企"双元"开发新型活页式教材、工作手册式教材、信息化教材。

(2)创新教学模式,创设多元评价方式

1)开展"线上+线下"混合式一体化教学改革,推广体验式、探究式、开放式课堂教学方法,形成以学习者为中心的教育模式。

2)创设"虚拟+现实"交互式学习情境,实现教学从静态到动态、从时间到空间、从抽象到具体、从接受到参与的改变。

3)建立基于信息化技术"线上+线下、过程+结果、自评+互评、能力+素质、校内+校外、定性+定量"的发展性多元化考核评价体系。

3.2.5 教师教学创新团队

(1)内培外引,实施"名师引领"计划

引育行业权威的专业群带头人,培养省级教学名师、校内专业带头人,建立院士工作站、大师名师工作室和国家级师资培训基地。

(2)德技并修,培养"双师型"骨干教师

实施"英才计划",推行骨干教师导师制培养模式,通过高水平导师的传、帮、带,提高教育教学水平与职业素养。

(3)遴优选聘,校企"双元"协同育人

实施校企"双带头人"机制,加强对兼职教师教学方法与技巧的培训,建立100人以上的兼职教师动态库。

3.2.6 实践教学基地

(1)优化教学条件,建设高水平实训基地

按照"产教融合、技术领先、智能管理"的原则,建设三大技术中心,开展人才培养、职业培训、科技服务与生产运营,如图4所示。

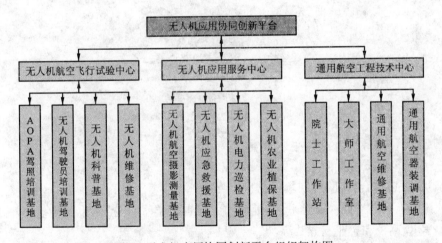

图4 无人机应用协同创新平台组织架构图

(2)拓展基地功能,开展技能竞赛活动

充分利用先进实训设备及教学资源,积极承办国家级、行业协会、省级技能竞赛活动。

3.2.7 技术技能平台

(1) 深化产教融合,搭建协同创新平台

建设产教融合基地(图5),打造"五位一体"的无人机应用协同创新平台。孵化科技企业,支持企业入选产教融合型企业。

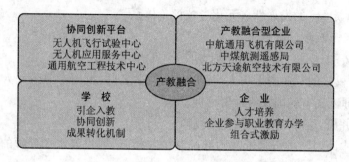

图5 产教融合,校企深入合作

(2) 开展科技服务,助力企业技术革新

开展横向课题研究,促进科技及创新成果转化,助力无人机企业技术革新和转型升级,如图6所示。

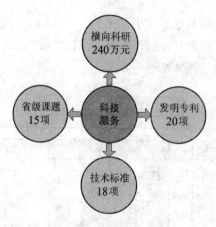

图6 科技服务内容图

(3) 发挥多方合力,助力创新创业

依托无人机高端技术技能平台,带动和引导更多学生投身"大众创业、万众创新",实现大学生、高校和企业三方共赢。

3.2.8 社会服务

(1) 开展职业教育培训,服务社会需求

积极响应高职扩招计划,为现(退)役军人、新型职业农民等群体提供学历教育、继续教育、社区教育和终身教育服务。

(2) 拓展社会服务功能,助力脱贫攻坚

开展巡查巡检、应急救援等社会服务。面向脱贫攻坚主战场,校地共建无人机农业植保基地,通过植保作业,服务乡村振兴战略。

(3)新建无人机科普基地,开拓青年兴趣

丰富通航社团活动,推广航空文化。让学生接触前沿无人机科技理念,建立学生对科技的关注度。

3.2.9 国际交流与合作

(1)引进优质教育资源,广泛开展国际交流

以中国国际通用航空大会为契机,开展中外合作办学项目;教师、学生积极参加国际交流活动,提升专业群的国际影响力。

(2)输出中国职教标准,打造"中国样本"

对"一带一路"沿线国家实施海外学历教育和培训,输出航空类专业教学标准、课程标准和职业标准,打造无人机职教领域的"中国样本"。

3.2.10 可持续发展保障机制

(1)政军行企校协同推进的组织保障

成立专家咨询委员会和专业群教学组织机构,对建设项目进行指导与审议,对建设成效进行评估,为专业群建设提供组织保障。

(2)责任分明的项目实施保障

建立项目管理、目标责任制度;构建项目质控点,实现项目管理过程信息化、可视化;建立绩效考评机制。

(3)多方筹措、严格监管的经费保障

完善经费管理机制,多渠道筹措经费,优化经费配置,提高资金使用效益,健全经费绩效评价机制,为项目建设提供经费保障。

(4)政策优良的改革发展环境

地方将发展职业教育作为"追赶超越"的重要内容,积极营造锐意改革、敢于担当、合理容错的优越改革发展环境。

无人机应用技术专业群建设任务与进度如表7所示。

3.3 建设成效

到2024年,实现"五个一"发展建设目标。培养一批人才:培养一大批产业急需的具有工匠精神的杰出技术技能人才。打造一支队伍:打造一支专兼结合、德技并修、结构合理的高水平国际化专业教学创新团队。建成一个平台:建成国内一流、技术领先,集人才培养、社会培训、技术服务、技能竞赛、科技创新于一体的无人机应用协同创新平台。形成一批成果:形成一批对我国无人机产业发展具有影响力的应用性成果项,促进创新成果与核心技术产业化。铸就一个品牌:引进优质资源,输出中国标准,铸就中国无人机职教领域国际品牌。专业群建设预期建设成果如表8所示。

表 7 无人机应用技术专业群分年度建设任务与进度表

序号	建设任务	分年度建设任务			
		2019—2020 年度	2021 年度	2022 年度	2023 年度
1	1-1 落实"立德树人",促进学生全面发展	将思政教育与创新创业教育贯穿人才培养全过程,开设创新创业课程1门;丰富各类项目和活动,实施"三全育人"	创新思政教育与创新创业教育课堂模式;持续开展"大国工匠堂""创业大课堂""创新创业进校园"等活动	持续创新育人方式,丰富网络思政课堂,创新创业课程;开展"劳动模范进校园""创业明星进校园"等活动	将思政教育与创新创业教育贯穿人才培养全过程;持续开展"大国工匠堂""劳动模范进校园"等活动
	1-2 深化"产教融合",培养产业急需人才	成立无人机产业学院,成立产业学院理事会;组建2020级现代学徒制班1个	制定、完善产业学院相关制度;组建2021级现代学徒制班1个	健全产业学院运行及质量管理机制;组建2022级现代学徒制班1个	推广产业学院成果,扩大招生规模,形成绩效报告;组建2023级现代学徒制班1个
	1-3 深化"军民融合",服务国防军队建设	为民兵、预备役开展职业培训、鉴定或向士官培养、培训量达到100人日	为民兵、预备役开展职业培训、鉴定或向士官培养、培训量达到150人日	为民兵、预备役开展职业培训、鉴定或向士官培养、培训量达到200人日	为民兵、预备役开展职业培训、鉴定或向士官培养、培训量达到300人日
	1-4 深化"校地融合",服务区域经济发展	调研航空企业区企业需求,建立"1(学生)+M(企业)+N(岗位)"岗位轮训制度;组建企业订制班2个	遴选5家企业,实施岗位轮训;组建企业订制班2个	遴选10家企业,持续开展岗位轮训;组建企业订制班2个	遴选10家企业,持续开展岗位轮训;组建企业订制班2个
	1-5 实施"分层培养",促进学生多元化发展	制定学生分层培养教学与考核管理办法;制定"学分银行"、1+X证书和教育教学改革试点、1+X证书改革方案;申报1+X证书制度试点1个	形成学分制改革实施细则,依岗选课;探索分层培养机制,申报1+X证书试点1个,在2个专业中试点1+X证书改革	实施分层培养,促进学生多元化发展;建立"主修+辅修"专业选修制,依岗选课	深化改革试点工作,全面推行"学分银行"制度和1+X证书制度,学生职业技能等级证书获取率达到90%

续表

序号	建设任务	分年度建设任务			
		2019—2020 年度	2021 年度	2022 年度	2023 年度
2	课程教学资源建设	2-1 对接岗位标准，形成专业群课程架构	组建专业群岗位与课程建设团队；开展调研，分析岗位能力需求	构建"通用化基础课程+模块化专业课程+平台化拓展课程"的课程体系框架	对接产业最新发展需求，完善专业群内课程体系	优化专业群内课程体系，完善专业动态调整机制
		2-2 提升信息化水平，建设共享型教学资源	校企共同制定核心课建设方案；建设1门校级精品在线开放课程；建设1门省级以上精品在线开放课程；牵头或参与国家教学标准开发1项	建设4门校级精品在线开放课程；建设1门省级精品在线开放课程；完成1门国家级课程库课程建设	建设6门校级精品在线开放课程；申报1门国家级精品在线开放课程；牵头或参与国家教学标准开发1项	建设4门校级精品在线开放课程；建设1门省级精品在线开放课程
3	教材与教法改革	3-1 面向企业真实生产环境，校企"双元"建设规划教材	校企共建1部手册式教材；校企共建2部教材2部	校企共建3部手册式教材；校企出版教材2部	校企共建1部手册式教材；出版教材4部	校企共建1部手册式教材；出版2部活页式教材
		3-2 创新虚实结合教学模式，构建多元评价体系	制定混合式教学模式改革方案；构建发展性多元评价体系；推动2门左右课程进行混合式教学改革实践；申报省级教学成果奖2项	完善混合式教学模式改革方案和评价体系；推动10门左右课程进行混合式教学改革实践，力争获得国家级教学成果奖1项，申报省级教学成果奖1项	推动10门左右课程进行混合式教学改革实践	全面实施混合式教学模式和评价体系改革；申报省级教学成果奖2项

续表

序号	建设任务		分年度建设任务			
			2019—2020年度	2021年度	2022年度	2023年度
4	教师教学创新团队	4-1 内培外引,实施"名师引领"	培育省级教学名师1人;筹建院士工作站;柔性引进教授或高级工程师1人;建立教师企业实践基地2个	聘请1名技能大师,建立大师工作室;柔性引进教授或高级工程师1人;建立教师企业实践基地2个	建立院士工作站,指导专业群建设,开展课题研究和技术服务;培育省级师德师风标兵1人;引进行业企业高级工程师2名;建立教师企业实践基地2个	建设国家级"双师型"师资培训基地;培养总师素质专业群带头人1人;聘请1名技能大师,开展技术服务、学术讲座等活动;建立教师企业实践基地2个
		4-2 德技并修,培养"双师型"骨干教师	培养10名"双师型"骨干教师,3名双语教师;教师比例达到80%;教学能力比赛获得国家级奖项2项	培养8名"双师型"骨干教师,2名双语教师;"双师型"教师比例达到85%;教学能力比赛获得省级奖项1项	培养7名"双师型"骨干教师,3名双语教师;"双师型"教师比例达到90%;教学能力比赛获得国家级奖项1项、省级奖项1项	培养10名"双师型"骨干教师,2名双语教师;"双师型"教师比例达到95%;教学能力比赛获得省级奖项1项
		4-3 遴优选精,校企"双元"协同育人	实施校外企双带头人机制,1名校外专业群带头人;选聘企业兼职教师20人	选聘企业兼职教师25人	选聘企业兼职教师30人	选聘企业兼职教师30人
5	实践教学基地	5-1 无人机飞行试验中心——无人机飞行训练基地	调研论证,完成航模制作实训室(1+X)、无人机飞行训练实训室(1+X)升级方案,机械仿真实训室扩建方案	完成航模制作实训室、无人机飞行训练实训室(1+X)升级工作及无人机机械仿真实训室招标,采购(1+X)实训室投入试运行并制定完善各实训室相关管理制度	开展实训项目教学与社会服务	持续开展实训项目教学与社会服务;建立校外实践教学基地1个

续表

序号	建设任务	分年度建设任务			
		2019—2020年度	2021年度	2022年度	2023年度
5 实践教学基地	5-2 无人机应用服务中心——遥感测绘基地	调研论证，完成数据采集实训室升级方案；完成无人机航测实践教学基地建方案；建立校外实践教学基地1个	完成数据采集实训室（数据采编辑）数据采购实训室升级方案建设工作，完成无人机航测实践教学采购、建设工作	开展实训项目教学与社会服务；完善相关管理制度及教学软硬件建设	持续开展实训项目教学与社会服务
	5-3 无人机应用服务中心——农业植保基地	调研论证，完成植保飞行培训室升级改造方案初稿	完成植保飞行培训室升级方案论证，立动；建立校外实践教学基地1个	完成植保飞行培训室招标，建设工作；建立校外实践教学基地1个	进入试运行阶段，完善相关管理制度；开展实训项目教学与社会服务
	5-4 无人机应用服务中心——载荷应用中心	调研论证，完成无人机应急抢险培训室建设方案初稿	完成无人机应急抢险培训室建设方案论证，启动无人机应急抢险培训室招标工作	完成无人机应急抢险培训室招标，建设工作；完成无人机CAD/CAM制造与CAD/CAM应用服务基地建设工作	进入试运行阶段，完善相关管理制度；开展实训项目教学与社会服务
	5-5 通用航空工程技术中心——通用航空装调实训基地	完成无人机装调实训室建设；完成PLC实训室1,2的建设工作；调研论证、收集资料，制定航空液压气动实训室建设方案；完成智能机器人与深度学习实训室建设	完成航空液压气动实训室建设工作；调研论证、收集资料，制定机电装调与控制实训室、智能设计与仿真实训室建设方案；升级CAD/CAM实验实训（I）、(II)，智能机器人与深度学习实训基地1个	完成机电装调与控制实训室采购招标，建设工作并完成实训和智能设计与仿真实训室采购招标，建设工作；保证已有实验实训室的项目教学与社会服务	所有实验实训室均已进入正常运行状态；持续开展实训项目教学与社会服务

续表

序号	建设任务	分年度建设任务			
		2019—2020年度	2021年度	2022年度	2023年度
5	5-6 通用航空工程技术中心——通用航空保障实训基地	完成通用航空器维修实训室建设方案修订工作;完成通用航空器维修实训室招标、建设工作;建校外实践教学基地1个	完成通用航空器维修实训室试运行并制定相关管理制度;开展实训项目师资培训	开展实训项目教学与社会服务;完善相关管理制度及教学软硬件建设	持续开展实训项目教学与社会服务
6	6-1 深化产教融合,搭建协同创新平台	搭建无人机应用协同创新平台,开展技术技能服务	健全管理机制,高效运作;建立无人机飞行训练基地;孵化科技型企业1个	建立航空测量与遥感产教融合基地;协助1家企业培育建设省级产教融合型企业	协助1家企业培育建设省级产教融合型企业
	6-2 开展科技服务、助力企业技术革新	横向课题到款额达到50万元;与企业合作开展技术攻关1项;完成企业技改项目10项	横向课题到款额达到75万元;科技成果转移转化1项;完成企业技改项目15项	横向课题到款额达到100万元;科技成果转移转化1项;完成企业技改项目15项	横向课题到款额达到75万元;科技成果转移转化1项;完成企业技改项目10项
	6-3 教科研项目	完成厅局级以上教科研项目7项;发表论文10篇;申报专利5项;申报省科学技术奖励1项;服务企业产值达到500万元	完成厅局级以上教科研项目3项;发表论文15篇;申报专利5项;服务企业产值达到700万元	完成厅局级以上教科研项目3项;发表论文15篇;申报专利5项;服务企业产值达到800万元	完成厅局级以上教科研项目2项;发表论文10篇;申报专利5项;服务企业产值达到1 000万元
	6-4 技能竞赛	举办省赛1项;获得省级奖项3项;举办国家级技能大赛2项;举办省级"互联网+"大赛1项	举办国家级技能大赛1项;建立大学生就业与实习基地10个	举办校赛1项;举办省赛1项;获得省级奖项5项;举办国家级"互联网+"大赛、挑战杯大赛2项	获得国家级技能大赛奖项1项;举办省级"互联网+"大赛、挑战杯大赛2项;建立大

续表

序号	建设任务	分年度建设任务			
		2019—2020 年度	2021 年度	2022 年度	2023 年度
6	技术技能平台	赛、挑战杯大赛等 2 项；建立大学生就业与实习基地 8 个；参加金砖国家等国际党赛 1 项		战杯大赛 1 项；建立大学生就业与实习基地 12 个；参加金砖国家等国际党赛 1 项	学生就业与实习基地 10 个
7	7-1 开展职业培训，服务社会需求	开展各类培训项目 6 项；开展"双创"培训 50 人次；为学生、企业员工、现（退）役军人开展职业培训、鉴定，培训量达到 3 000 人日；开展 1+X 证书培训，培训量达到 300 人次	开展各类培训项目 4 项；开展"双创"培训 40 人次；为学生、企业员工、现（退）役军人开展培训，完成培训量达到 2 000 人日；开展 1+X 证书培训，培训量达到 400 人次	开展各类培训项目 5 项；开展"双创"培训 60 人次；为学生、企业员工、现（退）役军人开展职业培训，完成培训量达到 4 000 人日；开展 1+X 证书培训，培训量达到 400 人次	开展各类培训项目 5 项；开展"双创"培训 50 人次；为学生、企业员工、现（退）役军人开展职业培训，完成培训量达到 3 000 人日；开展 1+X 证书培训，培训量达到 300 人次
	7-2 拓展服务功能	制定无人机应用服务中心服务方案；积极开展社团活动，公益性服务达到 4 000 人日；开展无人机作业 20 次	开展巡检巡查、应急救援、遥感测绘等社会服务；积极开展社团活动，公益性服务达到 4 000 人日；开展无人机植保等服务项目作业 15 次	成立专业群教学组织机构；开展无人机植保等服务项目作业 20 次	推进师资队伍建设，产教融合等项目实施
8	8-1 引进优质教育资源，广泛开展国际交流合作	开展中外合作办学项目或鲁班工坊前期调研；选派 5 名教师赴境外研修	引入国外优质教学资源 2 项；选派 8 名教师赴境外研修；选派 3 名学生赴境外交流；邀请 1 名国际专家来校进行学术交流	1 个专业开展中外合作办学项目或鲁班工坊；引入国外优质教学资源 3 项；选派 12 名教师赴境外研修；派出 3 名学生赴境外交流，接收 30 名留学生	中外合作办学项目或鲁班工坊培养 30 人；选派 5 名国外优质教师赴境外研修；派出 2 名学生赴境外交流，接收 30 名留学生

续表

序号	建设任务		2019—2020年度	2021年度	2022年度	2023年度
8	国际合作交流	8-2 输出中国职教标准，打造无人机中国样本	积极开展中外人文交流活动	输出专业建设标准及方案1套	开展境外员工培训300人日；输出专业建设标准及方案1套	开展境外员工培训200人日
9	可持续发展保障机制	9-1 组织机构	成立由院士、大师和行业专家等组成的专家咨询委员会；成立专业群教学组织机构	推进人才培养、国际合作等项目实施	检查项目推进情况，对项目建设进行监督和督促落实	评估项目建设成效，持续推进项目进展
		9-2 机制保障	构建质量保证体系，建立专业群动态调整机制、项目监督运行机制、项目监督检查机制；制定"双高计划"建设项目专项经费管理办法	完善经费绩效考核及自我评估机制；开展项目建设动态监控	开展项目建设动态监控，提升项目建设效率、效果和效益	持续推进项目进展，总结项目建设成效，形成项目绩效报告
		9-3 绩效评价	起草规划无人机专业群绩效评价办法	持续推进无人机专业群过程动态数据采集	启动专业群人才培养模式教学与标准及制度汇编等的编制工作	完成《无人机应用技术高水平专业群人才培养模式探索与实践》（专著）；完成《无人机应用技术高水平专业群建设教学标准与规范》（专著）；完成《无人机应用技术高水平专业群建设制度汇编》（制度集）

表8　无人机应用技术专业群建设预期建设成果

序号	内容	目标值
1	全国职业院校技能大赛获奖	≥3项
2	省级及以上"互联网+"大赛、挑战杯大赛获奖	≥5项
3	省级及以上教育教学成果奖	≥3项
4	省级及以上教学能力比赛获奖	≥5项
5	毕业生初次就业率	≥96%
6	1+X证书制度试点专业	≥2个
7	职业教育国家教学标准	≥2套
8	申报省级及以上精品在线开放课程	≥3门
9	校企"双元"开发活页式、手册式教材	≥10部
10	出版教材	10部
11	省级教学名师	≥2人
12	技能大师工作室	2个
13	专业群骨干教师	35人
14	国家级高水平专业化产教融合实训基地	≥1个
15	新建校内实验实训基地	≥20个
16	专利	≥20项
17	企业横向课题到款经费	≥300万元
18	省高校或省级科学技术奖励	≥1项
19	厅局级以上教科研项目	≥15项
20	助力企业入选省级以上产教融合型企业	≥2家
21	开展企业员工、现(退)役军人职业培训	≥2 000人日
22	开展社会服务项目	≥10 000人日
23	国家级职业院校培训名优团队	≥1个
24	国家级职业院校培训名师	≥2人
25	中外合作办学项目或鲁班工坊	≥1个
26	留学生	≥50人
27	输出教学标准	≥3套

3.4　经费预算

无人机应用技术专业群建设经费预算如表9所示。

表9 无人机应用技术专业群建设经费预算表

建设内容		小计		中央财政投资		地方财政投资		行业企业支持资金		学校自筹资金	
		金额/万元	比例/%	金额/万元	比例/%	金额/万元	比例/%	金额/万元	比例/%	金额/万元	比例/%
合 计		7 970		1 910	23.96	1 920	24.09	240	3.01	3 900	48.93
人才培养模式创新	1-1 落实"立德树人",促进学生全面发展	40	12.70	20		10		0		10	
	1-2 深化"产教融合",培养产业急需人才	210	66.67	—		15		70		125	
	1-3 深化"军民融合",服务国防军队建设	20	6.35	—		10		—		10	
	1-4 深化"校地融合",服务区域经济发展	30	9.52	—		—		15		15	
	1-5 实施"分层培养",促进学生多元化发展	15	4.76	10		5		—		—	
	小计	315	3.95	30	1.57	40	2.08	85	35.42	160	4.10
课程教学资源建设	2-1 对接岗位标准,形成专业群课程架构	25	3.47	—		5		—		20	
	2-2 提升信息化水平,建设共享型教学资源	695	96.53	250		170		5		270	
	小计	720	9.03	250	13.09	175	9.11	5	2.08	290	7.44
教材与教法改革	3-1 面向企业真实生产环境,校企"双元"建设规划教材	100	44.44	50		—		—		50	
	3-2 创新虚实结合教学模式,构建多元评价体系	125	55.56	55		50		—		20	
	小计	225	2.82	105	5.50	50	2.60	—		70	1.79
教师教学创新团队	4-1 内培外引,实施"名师引领"	205	21.58	75		130		—		—	
	4-2 德技并修,培养"双师型"骨干教师	675	71.05	230		135		—		310	
	4-3 遴优选聘,校企"双元"协同育人	70	7.37	0		0		—		70	
	小计	950	11.92	305	15.97	265	13.80	—	0.00	380	9.74

续表

建设内容		小计		中央财政投资		地方财政投资		行业企业支持资金		学校自筹资金	
		金额/万元	比例/%	金额/万元	比例/%	金额/万元	比例/%	金额/万元	比例/%	金额/万元	比例/%
实践教学基地	5-1 无人机飞行试验中心——无人机飞行训练基地	586	16.05	226		200		80		80	
	5-2 无人机应用服务中心——遥感测绘基地	550	15.06	200		170		—		180	
	5-3 无人机应用服务中心——农业植保基地	90	2.46	10		20		—		60	
	5-4 无人机应用服务中心——载荷应用中心	570	15.61	170		80		—		320	
	5-5 通用航空工程技术中心——通用航空装调实训基地	1496	40.96	534		520		—		442	
	5-6 通用航空工程技术中心——通用航空保障实训基地	360	9.86	60		60		—		240	
	小计	3 652	45.82	1 200	62.83	1 050	54.69	80	33.33	1 322	33.90
技术技能平台	6-1 深化产教融合,搭建协同创新平台	415	32.47	—		30		70		315	
	6-2 开展科技服务,助力企业技术革新	235	18.39	—		40		—		195	
	6-3 教科研项目	30	2.35	—		10		—		20	
	6-4 技能竞赛	598	46.79	—		—		—		598	
	小计	1 278	16.04	—		80	4.17	70	29.17	1 128	28.92
社会服务	7-1 开展职业教育培训,服务社会需求	180	66.67	—		70		—		110	
	7-2 拓展服务功能	90	33.33	—		30		—		60	
	小计	270	3.39	—		100	5.21	—		170	4.36

续表

建设内容		小 计		中央财政投资		地方财政投资		行业企业支持资金		学校自筹资金	
		金额/万元	比例/%	金额/万元	比例/%	金额/万元	比例/%	金额/万元	比例/%	金额/万元	比例/%
国际合作交流	8-1 引进优质教育资源,广泛开展国际交流	370	80.43	—		120		—		250	
	8-2 输出中国职教标准,打造无人机中国样本	90	19.57	20		—		—		70	
	小计	460	5.77	20	1.05	120	6.25	—		320	8.21
可持续发展保障机制	9-1 组织机构	20	20.00	—		5		—		15	
	9-2 机制保障	50	50.00	—		20		—		30	
	9-3 绩效评价	30	30.00	—		15		—		15	
	小计	100	1.25	—	—	40	2.08	—		60	1.54

(学会特聘研究员、西安航空职业技术学院通用航空学院院长龚小涛提供材料)

陕西铁路工程职业技术学院"双高计划"建设方案

概 述

在教育部公布的中国特色高水平高职学校和专业建设计划建设单位名单中,陕西铁路工程职业技术学院入选高水平高职学校 C 档立项建设单位。建设方案总体规划为"12358",即"确立 1 个目标,重点建设 2 个专业群,打造 3 个示范高地,创建 5 种模式,树立 8 个标杆"。

(1)确立"1 个目标"

到 2035 年,建成"引领改革、支撑发展、中国特色、世界水平"的"支撑高铁建设,铸就筑路先锋"高水平高职学校。

(2)重点建设"2 个专业群"

——高速铁道工程技术专业群。建成我国高铁建设类专业群的"排头兵"、中外闻名的高铁施工与维护人才培养培训基地、西北地区工匠精神教育基地和高铁科普教育基地。

——城市轨道交通工程技术专业群。建成我国城轨建设类专业人才培养高地,教学资源建设的"领头雁",产教融合实训基地建设的"样板间"。

(3)打造"3 个示范高地"

——铁路特色的复合型技术技能人才培养示范高地。形成 2 套专业建设 4 类标准、2 个国家级教学资源库并向国际输出。毕业生在中国铁路、中国中铁、中国铁建的就业率超过 80%,满意度超过 95%,入选全国 50 强院校。

——对接产业技术升级的产教融合协同创新示范高地。建成 8 个产业学院、15 个研究中心,技术服务合同额 6 000 万元,产生经济效益 6 亿元,社会培训 15 万人日。

——"一带一路"国家铁路技术技能人才培训示范高地。面向"一带一路"国家开展培训 2 万人日;开发国际教学标准和双语教学资源并推广到 10 个以上国家。

(4)创建"5 种模式"

——"四方联动、六位一体"校企集团化合作办学模式。政行企校四方联动,共建基地、共享资源、合作教学、协同创新、联合招生、合作就业六位一体。

——专业群复合型技术技能人才培养模式。创建"双主体三融合四对接"和"项目载体、信息贯穿、能力递进"人才培养模式。

——"大师+名师+双师"教师教学创新团队建设模式。构建"三平台、四提升、五机制"的师资队伍建设模式,建成"大师引领、名师领军、优师跟进、双师支撑"的国家级教师教学创新团队。

——"产教四融、协同创新"科技服务模式。"产业技术与专业教学、企业发展与专业实践、产业发展与技术研发、人力资源与人才培养"四融合。

——"精神引领、六维六化"素质教育模式。以工匠精神为内核,形成"培养标准立素质、培养团队传素质、课程矩阵习素质、实践平台强素质、文化生态固素质、评价系统评素质"的素质教育模式。

(5) 树立"8 个标杆"

——高职党建工作新标杆。建设"学习型、专家型、创新型"领导班子;推动思政理论课改革创新;打造中、省级样板院系及样板支部。

——学生素质教育新标杆。实施"价值引领、精神铸魂、文化浸润、项目实践、行为养成"五项计划,建设"两馆三广场、一廊一基地",形成育人品牌。

——技能人才培养新标杆。创新人才培养模式,重构课程体系。实施分层分类培养、学分制、弹性学制、1+X 证书制度改革,探索本科职业教育。

——应用技术服务新标杆。成立职业教育与产业发展研究院,搭建"产业学院—创新服务平台—技术应用研究中心"组织架构,形成 2 个创新服务平台,成立铁路培训学院,实施教育扶贫。

——校企合作育人新标杆。构建校企"四级对接"、现代学徒制联动、职教集团运行和实训基地共建 4 个机制,形成校企命运共同体。

——院校治理水平新标杆。优化办学环境,建设依法治校示范校,形成以"一章八制"为核心的现代大学治理结构,完善内部质量保证体系;以群建院,增强办学活力。

——智慧校园建设新标杆。实施信息技术"五个融入",建成云计算中心、IPV6 网络、大数据平台、智慧教室和云课堂;构建一站式网上服务大厅,打造智慧校园。

——国际合作办学新标杆。成立高铁建设应用技术人才培养国际联盟,与俄罗斯萨马拉国立交通大学共建萨马拉交通学院,在菲律宾、肯尼亚建设海外鲁班工坊,教师赴德国、英国等学习研修,面向东南亚、非洲等,开发"留学陕铁"项目。

项目建设首期为 2019—2023 年,预算总资金 5 亿元,其中,中央财政投入 5 000 万元,省级财政投入 5 000 万元,行业企业投入 6 000 万元,学校自筹资金 34 000 万元。

1 学校建设方案

1.1 建设目标

以建设"支撑高铁建设,铸就筑路先锋"的中国特色高水平高职学校为总体目标,重点建设 2 个高水平专业群(高速铁道工程技术、城市轨道交通工程技术);打造 3 个示范高地(铁路特色的复合型技术技能人才培养、对接产业技术升级的产教融合协同创新、"一带一路"沿线国家铁路技术技能人才培训);创建 5 种模式(校企集团化合作办学、专业群复合型技术技能人才培养、教师教学创新团队建设、科技服务、素质教育);树立 8 个新标杆(高职党建工作、学生素质教育、技能人才培养、应用技术服务、校企合作育人、学校治理水平、智慧校园建设、国际合作办学)。经过几个周期建设,学校综合实力、人才培养质量和办学水平达到国际一流,成为铁路工程类专业职业教育标杆院校。

1.1.1　中期目标

到 2023 年,进入国内一流高职"领跑梯队",基本具备国际一流院校水平。

高速铁道工程技术、城市轨道交通工程技术 2 个专业群实现国内一流、国际知名。建成国家级教师教学创新团队、专业教学资源库等一系列国家级成果;形成现代学徒制、1 + X 证书制度试点、"学分银行"建设、分层分类培养等一批广泛推广的典型经验案例;铁路工程类专业职业教育教学标准走向世界,形成一批教学改革和技术创新成果;建成复合型技术技能人才培养的示范高地、服务铁路产业发展和技术升级的重要基地。

——学校内部质量保证体系完善,诊改机制常态化运行,内部管理体制改革成效显著,办学活力增强,治理能力提升,形成科学完善的现代职业学校内部治理体系。

——"三进"工作扎实推进,形成可供全国推广的"三全"育人工作方案,形成现代学徒制、"学分银行"建设、1 + X 证书制度试点及分层分类培养制度体系;复合型技术技能人才培养成效显著,学生获得省级以上技能大赛奖 100 项以上,毕业生在中国中铁、中国铁建及各大铁路局等大型央企就业超过 80%,企业和毕业生满意度均超过 95%。

——聚焦高铁高端产业和城轨产业高端,形成高水平专业群人才培养体系,2 个专业群达到国内一流、国际知名水平,形成 2 套国内可推广、国际可借鉴的专业教学标准等 4 类标准,主持或参与国家教学标准 2 个,建成国家级专业教学资源库 2 个,获得省级以上教学成果奖 10 项。

——建成国内一流的教师发展中心,培养教学水平高、技术能力强的"双师型"教师,建成国家水平教师技艺技能传承创新平台、"双师型"教师培养培训基地 2 个,建成国家级教师教学创新团队;培育国家"万人计划"教学名师或全国优秀教师、黄炎培杰出教师 1 人,省级、行业教学名师 5 人,教师获得全国教师教学能力大赛奖 5 项以上。

——构建产教深度融合、校企协同发展机制,陕西铁路建筑职教集团实体化运作,共建 8 个产业学院、铁路培训学院,形成校企命运共同体;建成示范性职业教育集团,力争建成国家级产教融合实训基地、全国示范性虚拟仿真实训基地。

——服务铁路产业发展和技术升级,建成学校职业教育与产业发展研究院,打造轨道交通工程技术创新平台和区域经济发展综合服务平台,建立技术应用研究中心 15 个;省级以上教科研课题 24 项;技术服务合同额超过 6 000 万元,产生经济效益 6 亿元以上;开展社会培训 15 万人日。

——成立高铁建设应用技术人才培养国际联盟,办好中外合作办学机构——萨马拉交通学院,建成 2 个海外鲁班工坊,国(境)外人员培训 2 万人日,向"一带一路"沿线国家输出职业教育中国标准和优质教学资源。进入国际影响力 50 强院校。

1.1.2　远期目标

到 2035 年,整体办学实力达到国际一流,建成中国特色、世界水平的"支撑高铁建设,铸就筑路先锋"高水平高职学校,实现与世界一流院校"比肩并跑"。

重点建设的2个专业群达到世界一流水平，汇聚一批职教拔尖人才、行业领军人才和活跃在国际职教舞台的优秀人才，铁路工程类专业职业教育教学标准处于国际领先水平，为世界铁路人才培养提供"中国方案"。成为中外闻名的铁路行业复合型技术技能人才培养培训中心、中国西北铁路高职留学首选地。

1.2 建设任务与进度

建设任务对标"双高计划"建设，全面落实"一加强、四打造、五提升"等10项改革任务，具体举措如下：

——实施党建领航、"三全育人"综合改革、思政课综合改革创新、"互联网+智慧党建"信息平台和校园文化品牌建设等五大举措，加强党的建设。

——通过深化创新铁路工匠精神培养体系、专业群人才培养模式、分层分类培养、职业技能培训、劳动美育教育、创新创业教育，打造复合型技术技能人才培养高地。

——搭建"产业学院—创新服务平台—技术应用研究中心"组织架构，成立职业教育与产业发展研究院，建立服务轨道交通工程技术创新平台的高铁智慧建造、城轨智慧建造和铁路智能运维三大协同创新中心，打造技术技能创新服务平台。

——以新一代信息技术升级传统专业，将云计算、大数据、物联网等深度融入专业发展，面向高铁高端产业、城轨产业高端，服务铁路工程施工、铁路装备制造和铁路运营维护领域，构建"五类三级"建设体系，打造高水平专业群。

——实施大师名师领航、教师能力提升、人事制度改革等3项计划，搭建教师发展综合服务平台，培养行业有权威、国际有影响的专业领军人才，分级打造师德高尚、技艺精湛、育人水平高超的"名师+大师+双师"教学创新团队。

——以机制创新为主线，构建校企"四级对接"、现代学徒联动、职教集团运行和实训基地共建4个机制，推进集团化办学、现代学徒制培养、实训基地建设，提升校企合作水平。

——成立铁路建设培训学院，实施教育精准扶贫计划，扩大继续教育办学规模，打造人才培养、技术服务、社会培训、教育扶贫、继续教育等五大服务品牌，推进服务水平提档升级。

——推进学校治理体系和治理能力现代化，优化办学环境，推进多元协同办学；优化制度体系，健全各类委员会；优化二级管理，推进管理重心下移；优化诊改运行机制，为全国职业院校提供可借鉴的范式。

——充分结合移动互联网、人工智能、虚拟现实、区块链等信息技术，全面促进信息技术与基础环境、日常管理、资源建设、课堂教学、师生发展等5个方面的融合，建成智慧校园。

——成立高铁建设人才培养国际联盟，建好萨马拉交通学院，建设海外鲁班工坊，拓展国际交流"朋友圈"，形成"盟、校、坊、圈"合作办学格局，提升国际化水平。

学校"双高计划"建设任务书一级任务共10项，二级任务共43项，三级任务共786项，其中，2020年(含2019年)213项、2021年194项、2022年190项、2023年189项，建设任务与进度如表1所示。

表 1　陕西铁路工程职业技术学院分年度建设任务与进度表

序号	建设任务	分年度建设进度			
		2020 年度目标（含 2019 年度）	2021 年度目标	2022 年度目标	2023 年度目标
1	加强党的建设				
	1-1 实施"党建领航"，统领学校科学发展，建成"学习型、专家型、创新型"领导班子，落实"三项机制"，推进学校党风廉政建设，发挥党委"把方向、谋大局，保落实"作用	落实年度党建工作任务；制定"学习型、专家型、创新型"领导班子实施方案；创建全国高校党建工作示范高校（标杆院系、样板党支部）；建陕西高校党建工作示范高校（标杆院系、样板党支部）2个；落实校领导"八个一"；完善"三项机制""实施办法"；一对一"帮扶1 000 人	落实年度党建工作任务；推进"学习型、专家型、创新型"领导班子建设；标杆院系、样板党支部验收；创建陕西高校党建工作示范高校（标杆院系、样板党支部）2个；落实校领导"八个一"；"一对一"帮扶 500 人	落实年度党建工作任务；建成"学习型、专家型、创新型"领导班子，获评陕西高校先进校级党委；创建陕西高校党建工作示范高校（标杆院系、样板党支部）1个；修订党委会、校长办公会议事规则；落实校领导"八个一"；"一对一"帮扶 500 人	落实年度党建工作任务；领导班子年度考核优秀；落实校领导"八个一"；"一对一"帮扶 500 人
	1-2 实施"共识、融入、协同、评价"4 个改革，系统推进课程思政工作，建好"三微两网"两平台，推进"三全育人"综合改革	落实"三全育人"综合改革，建立工作指标体系，课程思政教学改革，师德师风考核评价体系，开展课程思政教学比赛 2 000 次；力争人选全国职业院校微10 强	实施"三全育人"综合改革；开展课程思政教学比赛；形成课程思政教学改革、师德师风考核评价体系；开展宣传教育 1 000 次；人选全国职业院校微官微 10 强	教育部"三全育人"综合改革试点高校；开展课程思政教学比赛；省级以上课程思政教学奖获奖 2 项；开展宣传教育 1 000 次；人选全国职业院校微官微 10 强	推广"三全育人"综合改革经验；开展课程思政教学比赛；省级以上课程思政教学比赛获奖 2 项；开展宣传教育 1 000 次；获得省级以上荣誉 2 项；人选全国职业院校微官微 10 强
	1-3 政企校共建马克思主义学院和红色文化等 3 个研究中心，立项思政课题 3 项；思政课在线开放课程建设 1 门；2 个红色教育	成立马克思主义学院和红色文化 3 个研究中心，立项思政教育省级课题 3 项；思政课在线内外应用广泛，打造思政"金课"；3 个红色教育	立项思政教育省级课题 2 项；优秀思政德育案例 1 个；编著高职院校文化建设与文化育人丛书；2 个红色教	立项思政教育省级课题 2 项；思政课在线开放课程校内外应用广泛，打造思政"金课"；3 个红色教育	立项思政教育省级课题 2 项；精品德育案例 1 个；建设 3 个红色教育基地；陕西高校思政

续表

序号	建设任务	分年度建设进度			
		2020年度目标（含2019年度）	2021年度目标	2022年度目标	2023年度目标
1	加强党的建设	育基地；陕西高校思政课大练兵等获奖3项	基地；陕西高校思政课大练兵等获奖1项	陕西高校思政课大练兵等获奖1项	课大练兵等获奖1项
	1-4 开展"对标争先"活动，建成"互联网+智慧党建"信息平台，实施"双带头人"计划，全面推进基层组织建设	实施"对标争先"活动，出台支部、党员量化积分办法；开展党建量化考核工作；落实教师党支部书记"双带头人"制度；打造2个党建品牌项目；完成"互联网+智慧党建"信息平台框架搭建	实施"对标争先"活动，开展星级支部评选，量化考核；设立"教师党支部书记工作室"；完成"互联网+智慧党建"信息平台建设；打造1个党建品牌项目	实施"对标争先"活动，开展星级支部评选，量化考核工作；建成1个"党支部书记工作室"；打造1个党建品牌项目	实施"对标争先"活动，开展星级支部评选，形成经验并积极推广；开展书记述职及党建量化考核并形成成果；打造1个党建品牌项目
	1-5 通过开设级环境文化，打造教育团队，建实践平台，打造具有鲜明铁路特色的校园文化品牌	建立研究、宣讲、讲解、传承4支队伍；开展校园文化系列活动；获得省级文化成果奖项1项，争创全国高职院校文化建设50强	立项铁路劳动优秀事迹展览等项目；开展校园文化系列活动；评选校级文化成果奖	开展校园文化系列活动；获得省级校园文化成果奖1项，争创文明校园；建成全国高校百强社团1个	开展校园文化系列活动；评选级校园特色文化成果
2	打造技术技能人才培养高地				
	2-1 创新铁路精神和劳模精神融入人才培养体系，深化立德树人，培养具有工匠精神、人文素养技能人才	将工匠精神、巴山精神人人才培养方案；建设"巴山精神"文化广场；举办校园科技节等；评选青春榜样；省级以上技能大赛获奖30项	建设铁路文化广场；举办校园科技节等；评选青春榜样；省级以上技能大赛获奖25项	建设"巴山精神"教育基地，构建新时代铁路工匠精神教育平台，争创文明校园；举办校园科技节等；评选青春榜样；省级以上技能大赛获奖20项	举办校园科技节等；评选青春榜样；省级以上技能大赛获奖25项；形成育人成果并推广

续表

序号	建设任务	分年度建设进度			
		2020年度目标（含2019年度）	2021年度目标	2022年度目标	2023年度目标
2 打造技术技能人才培养高地	2-2 创新高铁专业群"双主体三融合四对接"，城轨专业群"项目载体，信息贯穿，能力递进"人才培养模式，推行多学期、分段式教学组织模式，深化"三教"改革	创新人才培养模式，重构课程体系，办好"工地课堂"，探索教学组织模式，共享师资、课程和实训条件，编写新型教材6部，机制；编写新型教材2部，省级及以上优秀教材和规划教材2部，项目化教学课程达到50门，模块化课程改革教学改革40门；开展信息化课堂教学改革	在专业群推广人才培养模式，课程体系；完善共享机制，编写新型教材13部，人选省级及以上优秀教材和规划教材1部；项目化教学课程达到100门，模块化课程改革教学改革50门；开展信息化课堂教学改革	完善共享机制；编写新型教材15部，人选省级及以上优秀教材和规划教材3部，编写新型教材3部；项目化教学课程达到150门，模块化课程改革达到50门；信息化教学课程比例达到90%	人才培养模式、模块化课程体系在全院推广；主持或参与编写国家专业教学标准2套，编写新型教材3部，国家新型教学改革课程达到200门，信息化课堂教学课程比例达到95%
	2-3 创新高职分类培养，深化"学分银行"，"学分制"，学分制和弹性学习制改革，探索学生学习成果转换，试办本科职业教育	按照生源类型分类制定培养方案，分类编班教学；试点弹性学制管理办法及人才培养；"学分银行"试点；开展学生学习成果认定，申报设置职业本科专业	完善学分认定、学分替代等管理办法，实现学分互认，积累学分；开展职业技能等级证书学分的认定；开展职业本科专业人才培养试点	探索利用国家"学分银行"管理平台，实现学分互认，积累学分；开展职业技能等级证书等学分的认定；开展职业本科专业人才培养试点	形成完善的分类培养、弹性学制和学分替代管理制度体系，形成完善的学分互认办法；利用国家"学分银行"平台，拓展学生的学习渠道
	2-4 扩展1+X证书制度试点范围，完善制度体系，开发培训资源，探索"书证融通"	完成4个1+X证书首批试点；制定1+X证书试点制度；将证书标准融入教学内容；1+X证书取证800人；新增9个1+X证书试点	做好13个1+X证书试点，证书标准融入教学中；开发资源包和培训包；1+X证书取证1000人	做好1+X证书认证；制定"书证融通"相关制度；开发资源包和培训包；1+X证书取证1500人	1+X证书与人才培养紧密结合，实现"书证融通"；开发资源包和培训包；1+X证书取证1700人；形成制度体系

续表

分年度建设进度

序号	建设任务	2020 年度目标（含 2019 年度）	2021 年度目标	2022 年度目标	2023 年度目标
2	打造高水平技术技能人才培养高地	2-5 劳动教育、美育教育人人才培养方案，开展高雅艺术进校园，实现"五育并举"，促进学生全面健康成长	开设"公益劳动""工匠精神"专题教育课程；开设美育选修课 10 门，开展校园文化艺术节、"三下乡"系列活动 40 次，劳动教育和美育教育 30 次	开足开齐劳动教育课程；开展校园文化艺术节、青年志愿服务、"三下乡"等系列活动 40 次，劳动教育和美育教育 15 次	完善劳动教育和美育教育课程标准，开展校园文化艺术节、青年志愿服务、"三下乡"等系列活动 50 次，举办劳动教育和美育相关活动 20 次	形成劳动教育和美育教育体系，开展青年志愿服务、"三下乡"等系列活动 60 次，举办校园文化艺术节等活动，劳动教育和美育相关活动 25 次
		2-6 构建"四融人三推进"教育模式，创新创业教育融人专业培养，第二课堂和技术服务，开发教材、开展竞赛、举办大赛，实施"意识—知识—能力" 3 个层次推进，提升创新创业能力	开设创新创业课程，专业课程融人创新元素；开展创新创业培训 2 次；校企共建创新创业孵化基地；新创业教育在线开放课程；建成陕西省校外创新创业实践基地 2 个，立项陕西高校创新创业教育研究与培训基地；省级以上创新创业大赛获奖 10 项	制定休学创业实施办法；开展创新创业教育培训 2 次；依托创新创业孵化基地，开发创新创业项目 10 项；编写教材 1 部；创新创业教育在线开放课程投人使用；省级以上创新创业大赛获奖 8 项	开展创新创业教育培训 2 次；依托创新创业孵化基地，开发创新创业项目 10 项；创新创业教育在线开放课程资源更新 10%；省级以上创新创业大赛获奖 10 项	总结形成完善的创新创业教育模式并推广；开展创新创业培训 2 次；创新创业教育在线开放课程资源更新 10%；省级以上创新创业大赛获奖 12 项
3	打造技术技能创新服务平台	3-1 校企共建 8 个产业学院，开展深层次合作，实施 4 个融合，打造产学研一体化、互动双赢的产教融合共同体	制定产业学院运行管理制度；校企共建 4 个产业学院；提供实习岗位 2 000 个；校企开展应用性技术研发，校企联合开展应用性人才培养	优化产业学院运行管理制度；校企共建 4 个产业学院；提供实习岗位 5 000 个；校企开展应用性技术研发，校企联合开展应用性人才培养	完善产业学院运行管理制机制；提供实习岗位 5 000 个；开展应用性技术研发，校企联合开展应用性人才培养	提供实习岗位 5 000 个；开展应用性技术研发，校企联合开展应用性人才培养，总结产学合作成效，形成工作经验并推广

续表

序号	建设任务	分年度建设进度			
		2020年度目标（含2019年度）	2021年度目标	2022年度目标	2023年度目标
3	3-2 校企共建3个协同创新中心，打造轨道交通工程技术创新平台，组建科技创新团队，开展技术应用研究，助力行业技术升级	校企共建3个协同创新中心、11个技术应用研究中心；组建科技创新团队，承担纵、横向课题45项，立项省级以上教科研课题8项；专利授权40项；获得市厅级以上科技类成果10项	联合开展课题研究，技术服务；人才培养；承担纵、横向课题30项，立项省级以上教科研课题8项；专利授权30项；获得市厅级以上科技类成果10项	联合开展课题研究，技术服务；人才培养；承担纵、横向课题30项，立项省级以上教科研课题8项；专利授权40项；获得市厅级以上科技类成果10项	联合开展课题研究，技术服务；人才培养；承担纵、横向课题25项，立项省级以上教科研课题8项；专利授权40项；获得市厅级以上科技类成果15项
	3-3 升级技能大师工作室，成立4个技术应用研究中心，共建校企技术应用研究中心2个；开展员工技能培训，技术咨询服务	升级技能大师工作室，政校企共建4个技术应用研究中心，构建区域经济发展综合服务平台	形成技术应用研究中心运行机制；合作开展技术服务项目4项；通过师傅带徒、实习等，促进学生成长	合作开展技术服务项目8项；通过师傅带徒、学生实习等形式，传授专业技能，促进学生成长	建成区域经济发展综合服务平台，开展技术服务项目12项；总结区域经济发展综合服务平台工作成效，形成工作经验并推广
	3-4 校企共建职业教育与产业发展研究院，发布学校既有专业对应产业发展趋势、分析产业技术发展趋势，打造产教融合发展高水平智库	校企共建职业教育与产业发展研究院；发布学校既有专业对应产业发展趋势白皮书；撰写学校人才培养质量分析报告；为社会服务和技术服务提供先导研究	开展职业教育课题研究；发布学校既有专业对应产业发展趋势白皮书；撰写学校人才培养质量分析报告；为社会服务和技术服务提供先导研究	发布学校既有专业对应产业发展势态白皮书；撰写学校人才培养质量分析报告；为社会服务和技术服务提供先导研究	发布学校既有专业对应产业发展势态白皮书；撰写学校人才培养质量分析报告；为社会服务和技术服务提供先导研究
4	打造高水平专业群				
	4-1 高速铁道工程技术	见专业群一建设任务与进度	见专业群一建设任务与进度	见专业群一建设任务与进度	见专业群一建设任务与进度
	4-2 城市轨道交通工程技术	见专业群二建设任务与进度	见专业群二建设任务与进度	见专业群二建设任务与进度	见专业群二建设任务与进度

续表

序号	建设任务	分年度建设进度			
		2020年度目标（含2019年度）	2021年度目标	2022年度目标	2023年度目标
5 打造高水平双师队伍	5-1 引进行业领军人才、技能大师4人，培育省级、行业教学名师5人，推进专业群建设	聘请行业领军人才、技能大师4人；中、省职业教育类指委和教指委任职5人；省级、行业教学名师2人，国家"万人计划"名师或全国优秀教师、黄炎培杰出教师1人	聘请行业领军人才、技能大师4人；发挥全国、全省各类职业教育学会及教指委委员的示范带动作用	聘请行业领军人才、技能大师4人；入选省级或行业教学名师2人，力争入选国家"万人计划"教学名师或全国优秀教师、黄炎培杰出教师1人	聘请行业领军人才、技能大师3人；发挥全国、全省各类职业教育学会及教指委委员的引领带动作用；力争人选行业教学名师1人
	5-2 专业教师企业轮训，强化双语教学能力，提升教师技术服务和教学改革能力，打造高水平教学创新团队	立项国家级教师教学创新团队；培养骨干教师25人；获得省级以上教学成果奖4项；全培训双语教师100人次；全国教师教学能力比赛获奖2项；发表核心期刊论文、出版著作120篇（部）	培养骨干教师25人；获得省级以上教学成果奖3项；全培训双语教师100人次；全国教师教学能力比赛获奖1项；发表核心期刊论文、出版著作60篇（部）	国家级教师教学创新团队通过验收；培养骨干教师25人；培训双语教师100人次；全国教师教学能力比赛获奖1项；发表核心期刊论文、出版著作60篇（部）	培养骨干教师25人；获得省级以上教学成果奖3项；培训双语教师100人次；全国教师教学能力比赛获奖1项；发表核心期刊论文、出版著作60篇（部）
	5-3 实施人事制度改革和教师分类管理，开展双师素质教师认定，兼职教师总数达到500人	优化绩效分配制度、教师考核管理办法，建立师德考核负面清单制度；健全辅导员分类评价机制；实行职称分类评定；认定双师素质教师50人；聘任兼职教师总数320人	探索开展专业课教师技术技能和教学能力分级考核，落实和辅导员分类制度，认定双师素质教师25人；完成教师发展诊改1轮次；兼职教师总数达到370人	完善教师绩效考核管理办法和人才分类评价机制；认定双师素质教师25人；完成教师发展诊改1轮次；聘任兼职教师总数达到430人	形成完善的教师绩效考核管理办法和人才分类评价机制；高级职称教师比例超过30%；认定双师素质教师25人；完成教师发展诊改1轮次；兼职教师总数达到500人

续表

序号		建设任务	分年度建设进度			
			2020年度目标（含2019年度）	2021年度目标	2022年度目标	2023年度目标
5	打造高水平双师队伍	5-4 建设"双师型"教师培养培训基地2个，教师技艺技能传承创新平台1个，技能大师工作室6个，搭建师资综合提升平台	校企共建"双师型"教师培养培训基地2个；建立技能大师工作室3个，组建技能大师领衔的教师团队2个，技能领衔教师团队4项；开展技能培训活动4项，充分发挥教师发展中心功能	建立技能大师工作室2个，组建技能大师领衔的教师团队4个，开展技能培训等活动8项，改造升级技能教师活动中心，建设现代化教师发展中心、沙龙	完善"双师型"教师培养培训基地管理制度，接收教师实践锻炼50人次，建立技能大师工作室1个，组建技能大师领衔的教师团队2个，建设教师技艺技能传承创新平台1个	"双师型"教师培养培训基地接收教师实践锻炼80人次；技能大师领衔的教学团队开展活动12项；教师发展中心举办活动30次；争创国家级教师技艺技能传承创新平台
6	提升校企合作水平	6-1 优化"学校对接集团公司，二级学院对接分公司，教研室对接项目部，教师对接技术人员"的"四级对接"运行机制，打造校企命运共同体	完善校企合作"四级对接"运行机制；新增校企合作企业10个，稳定校企合作企业达到300家；接收学生每年3 500人次；合作企业录用顶岗实习生比例90%；毕业生铁路行业企业就业比例76%	新增合作企业10个，稳定校企合作企业达到310家；合作企业接收学生实习3 800人次；合作企业录用顶岗实习学生比例92%；毕业生铁路行业企业就业比例77%	新增合作企业10个，稳定校企合作企业达到320家；合作企业接收学生实习4 000人次；合作企业录用顶岗实习学生比例94%；毕业生铁路行业企业就业比例79%	新增合作企业10个；稳定校企合作企业达到330家；合作企业接收学生实习4 200人次；合作企业录用顶岗实习学生比例95%；毕业生铁路行业企业就业比例80%
		6-2 完善现代学徒制管理制度，建立校企互聘共用师资队伍，现代学徒制培养学生1 200人	现代学徒制试点通过教育部验收；完善现代学徒制管理制度；修订现代学徒制人才培养方案；现代学徒制培养学生达到300人	修订现代学徒制人才培养方案；现代学徒制培养学生达到600人；企业承担专业课时比例50%	修订现代学徒制人才培养方案；现代学徒制培养学生达到900人；企业承担专业课时比例50%	修订现代学徒制人才培养方案；校企现代学徒制培养学生达到1 200人；推广现代学徒制工作经验，树立先进典型

续表

序号	建设任务	分年度建设进度			
		2020年度目标（含2019年度）	2021年度目标	2022年度目标	2023年度目标
6 提升校企合作水平	6-3 建立健全职教集团管理机制，构建数据化、标准化集团信息共享平台，建成示范性职业教育集团	完善职教集团运行相关制度，召开集团成员会议2次；搭建职教集团信息共享平台；进行集团内企业技术服务项目10项；开展人员培训和科技能大赛	召开集团成员会议1次；优化职教集团信息共享平台，优化"互联网+"管理模式；进行集团内企业技术服务等项目10项；开展人员培训和科技能大赛	召开集团成员会议1次；进行集团内企业技术服务等项目15项；面向集团成员开展人员培训和科技能大赛	召开集团成员会议1次；进行集团内企业技术服务等项目15项；开展人员培训和科技能大赛；建成示范性职业教育集团
	6-4 新建、改扩建实训基地（室）28个，形成覆盖6个专业群的集群化、高共享、生产性实训基地（室）	新建、改扩建实训基地（室）5个；企业（准）捐赠科研仪器设备值400万元；校内工位数达到8 000个；新建校外实习岗位5 000个，提供实习岗位5 000个	新建、改扩建实训基地（室）累计10个；企业（准）捐赠值达到900万元；校内工位数达到10 000个；新建校外实训基地25个，提供实习岗位数6 000个	新建、改扩建实训基地（室）累计25个；企业（准）捐赠值达到1 400万元；校内工位数达到12 000个；新建校外实训基地35个，提供实习岗位数7 000个	新建、改扩建实训基地（室）累计28个；企业（准）捐赠值达到2 000万元；校内工位数达到15 000个；新建校外实训基地35个，提供实习岗位数8 000个
7 提升开发服务水平	7-1 创新培养体系和培养模式，为铁路建设和运营管理企业培养人才8 000人	为中国中铁、中国铁建、中国铁路集团公司等企业培养复合型技术技能人才2 000人；用人单位满意度达到85%	为中国中铁、中国铁建、中国铁路集团公司等企业培养复合型技术技能人才2 000人；用人单位满意度达到90%	为中国中铁、中国铁建、中国铁路集团公司等企业培养复合型技术技能人才2 000人；用人单位满意度达到95%	为中国中铁、中国铁建、中国铁路集团公司等企业培养复合型技术技能人才2 000人；用人单位满意度达到97%
	7-2 针对高铁、城轨交通等领域，开展技术服务项目90项，技术服务合同额6 000万元	组建关键技术攻关团队；开展技术服务30项，合同额1 600万元；产生的经济效益达到1.5亿元	开展技术服务20项，合同额累计3 000万元；产生的经济效益累计3亿元	开展技术服务20项，合同额累计4 400万元；产生的经济效益累计4.5亿元	开展技术服务20项，合同额累计6 000万元；产生的经济效益累计6亿元

续表

分年度建设进度

序号	建设任务	2020 年度目标（含 2019 年度）	2021 年度目标	2022 年度目标	2023 年度目标
7	7-3 开发精品培训项目 30 个，教师培训项目 10 个，开展社会培训 15 万人日	开发企业培训项目 7 项；开发职业院校教师能力培训项目 4 项；开展社会培训 5 万人日	开发企业培训项目累计 14 项；开发职业院校教师能力培训项目达到 7 项；开展社会培训达到 8.5 万人日	开发企业培训项目累计 22 项；开发职业院校教师能力培训项目达到 9 项；开展社会培训达到 12 万人日	开发企业培训项目累计 30 项；开发职业院校教师能力培训项目达到 10 项；开展社会培训达到 15 万人日
	7-4 开展"3+2"联合办学，招收贫困生 5 万人日，开展公益性培训 5 万人日，扶贫受益 3 000 人日，职业技能培训 10 000 人次	制定招收贫困生实施方案，与中职学校开展"3+2"联合办学；开展公益性培训 1 万人日，扶贫受益 3 000 人次；开展职业技能培训 2 000 人次	与中职学校开展"3+2"联合办学，招收贫困生；开展公益性培训累计 2 万人日，扶贫受益累计 6 000 人次；开展职业技能培训累计 4 000 人次	与中职学校开展"3+2"联合办学，招收贫困生；开展公益性培训累计 3.5 万人日，扶贫受益累计 8 000 人次；开展职业技能培训累计 7 000 人次	与中职学校开展"3+2"联合办学，招收贫困生；开展公益性培训累计 5 万人日，扶贫受益累计 10 000 人次；开展职业技能培训累计 10 000 人次
	7-5 函授在校生规模达到 3 000 人，成立民间技艺大师工作室 3 个，在线教育网络平台用户 1 500 人	函授在校生规模达到 2 000 人；建立职业教育服务社区机制，成立民间技艺大师工作室 1 个，开展活动 2 次；汇集优质资源，建设网络学习平台	函授在校生规模达到 2 200 人；建立职业教育服务社区机制，成立民间技艺大师工作室累计 2 个，开展活动累计 2 次；在线学习用户达到 500 人	函授在校生规模达到 2 500 人；建立职业教育服务社区机制，成立民间技艺大师工作室累计 3 个，开展活动 3 次；在线学习用户达到 1 000 人	函授在校生规模达到 3 000 人；建立职业教育服务社区机制，民间技艺大师工作室开展活动 3 次；在线学习用户达到 1 500 人
8	提升学校治理水平 8-1 完善"五位一体"办学理事会运行机制，召开办学理事会会议，推进多元协同办学	签订政行企校共建协议；优化"五位一体"办学理事会议事规则和运行机制，召开 2 次"五位一体"办学理事会会议	完善相关机制；形成协议授权、权责清单的管理模式；召开 1 次"五位一体"办学理事会会议	形成成熟的"五位一体"办学理事会运行机制；优化协议授权、权责清单的管理模式；召开 1 次"五位一体"办学理事会成立仪式；召开办学理事会会议	全面总结多元协同办学经验并推广；完善协议授权、权责清单的管理模式；召开 1 次"五位一体"办学理事会会议

续表

序号	建设任务	分年度建设进度			
		2020年度目标（含2019年度）	2021年度目标	2022年度目标	2023年度目标
8 提升学校治理水平	8-2 完善内部治理体系及学术委员会、专业建设指导委员会、教材建设委员会，完善教材管理、绩效考核考评价机制，夯实学科发展基础	完善以学校章程为核心的内部治理体系、专业建设指导委员会、专业建设委员会、教材建设与管理制度；健全以学术委员会为主干的学术管理体系，教职工绩效考核评价管理机制	落实内部治理体系；发挥学术委员会、专业建设指导委员会职能及教材选用委员会职能，加强教材编写和选用工作管理，深化绩效人事制度改革，制定绩效工资制度	落实内部治理体系；发挥学术委员会、专业建设指导委员会职能及教材选用委员会职能，加强教材编写和选用工作管理；落实绩效工资制度	落实内部治理体系；发挥学术委员会、专业建设指导委员会职能及教材选用委员会职能，加强教材编写和选用工作管理；落实绩效工资制度
	8-3 以群建院，优化二级管理，成立专业群建设指导委员会，组建专业群课程团队，实施跨专业教学组织模式	设置二级学院，下放职责权限，制定二级学院自主管理制度；成立专业群建设指导委员会；组建专业群课程团队；探索跨专业教学组织模式，推进协同教学	健全二级学院管理制度；完善专业群建设指导委员会运行机制；发展跨专业教学组织；设立模块、路径与课程，推进协同教学；优化整合专业群教学资源	加强专业群建设指导委员会的指导，推进专业群建设；落实专业群管理运行机制，完善专业群教学同教学运行机制；优化整合专业群教学资源	形成"职责明确、决策科学、管理规范、有效监督"的二级管理运行机制，完善专业群运行机制和专业群协同教学机制；形成完善的专业群教学资源
	8-4 以内部质量保证体系为保障，加强内部质量监控平台应用，构建内控评价机制，开展第三方评价，持续推进诊改工作	健全内部质量保证体系；开发大数据分析与质量监控平台；实施常态化诊改，开展第三方评价，获得全国50强院校荣誉称号1项；构建内部控制管理机制	持续推进诊改工作；加强大数据分析与质量监控平台数据应用；实施常态化诊改，开展第三方评价，获得全国50强院校荣誉称号1项；优化完善内部控制管理机制	持续推进诊改工作；加强大数据分析与质量监控平台应用；实施常态化诊改，开展第三方评价，获得全国50强院校荣誉称号1项；优化完善内部控制管理机制，实施内控管理	形成完善的内部质量保证体系及诊改制度并推广；加强大数据应用；实施常态评价，开展第三方评价，获得全国50强院校荣誉称号1项；实施院校内控管理

续表

序号	建设任务	分年度建设进度			
		2020年度目标（含2019年度）	2021年度目标	2022年度目标	2023年度目标
9 提升信息化水平	9-1 建设云计算中心，建设智慧教室60间，构建实等级保护制度，落实网络安全保障体系，建设陕西省教育网络安全与信息化基础环境	完善高性能云计算中心硬件建设；建设智慧教室15间；建立安全可控的网络安全保障体系；获得陕西省教育信息化先进集体2次	建成冷通道模块化数据机房、高性能云计算中心，建立数据采集体系，实现教学运行实时、动态采集；建设智慧教室45间；实现实时监控和管理	实现扁平化网络接入，获得陕西省教育网络安全与信息化先进集体；构建网络安全运维管理，安全态势分析系统，构建网络安全环境	实现实时性采集和动态化监控；全面建成安全可控的网络安全保障体系；扩容校园升级无线网络，完成IPV6互联网硬件建设
	9-2 建成校园移动App应用和统一信息门户，建设信息服务平台和学校大数据分析与质量监控平台，开发信息服务平台和学校智能机器人财务智能机器人项目	新增教育教学管理系统7个；建成一站式办事大厅，60个网上办理日常业务；开发校园移动App应用和统一信息门户；开发信息服务平台和学校大数据平台；推行财务智能机器人试点	新增教育教学管理系统2个，网上办理日常业务15个；加强信息服务平台应用和校大数据平台管理及应用；实施财务智能机器人业务办理覆盖面达到80%	新增教育教学管理系统2个，网上办理日常业务15个；建成校园移动App应用和统一信息门户；建设信息服务平台和学校大数据平台管理及应用；实现业务系统数据融合	新增教育教学管理系统2个，网上办理日常业务10个；实现数据深层次融合；实现实时信息采集、数据画像、数据管理、数据分析、数据监测预警
	9-3 建成国家级专业教学资源库2个，省级3个，省级以上在线开放课程15门，开发仿真教学实训平台10个	建成国家级资源库1个，省级1个；引进通识课40门；建成省级以上精品在线开放课程60门，开发仿真教学实训平台5个；加强信息资源建设与应用	建成国家级资源库1个，省级1个；开发仿真教学实训平台2个；引进通识课20门；建成省级以上精品在线开放课程或精品在线开放职业教育课程2门	建成省级资源库1个；开发仿真教学实训平台1个；引进通识课30门，总数达到90门；建成省级以上精品在线开放课程或精品在线开放职业教育课程4门	形成灵活开放的终身教育体系；引进通识课110门，总数达到20门；建成省级以上精品在线开放课程或精品在线开放职业教育精品在线开放课程4门
	9-4 95%的课程应用移动教学助手，90%以上专业课实施混合式教学和考核方式改革，优化资源建设与应用	70%的专业课实施混合式教学和考核方式改革；优化资源建设与应用	80%的专业课实施混合式教学；75%的专业课实施考核方式改革	85%的专业课实施混合式教学和考核方式改革	90%的专业课实施混合式教学和考核方式改革；推进

续表

序号	建设任务	分年度建设进度			
		2020年度目标（含2019年度）	2021年度目标	2022年度目标	2023年度目标
9	提升信息化水平	9-5 开展信息技术能力培训，信息技术与课堂教学融合，提升师生信息化应用能力	上专业课程实施考核方式改革，顶岗实习实施线上管理，建设在线开放课程120门	专业课程实施考核方式改革；推进顶岗实习全方位管理；建设在线开放课程30门；80%的课程应用移动教学助手（App）开展信息化教学	顶岗实习全方位管理；建设在线开放课程30门；85%的课程应用移动教学助手（App）开展信息化教学	顶岗实习全方位管理；建设在线开放课程30门；90%的课程应用移动教学助手（App）开展信息化教学	顶岗实习全方位管理；建设在线开放课程30门；95%的课程应用移动教学助手（App）开展信息化教学
		构建技术保障团队，开展技能培训和技术交流；面向师生开展信息技术培训5次；开设信息技术课程，提高学生信息技术应用能力	开展师生信息技术培训5次；建立健全考核机制；开设信息技术课程，提高学生信息技术应用能力	开展师生信息技术培训5次；建立健全考核机制；开设信息技术课程，提高教师信息化素养；开设信息技术课程，提高学生信息技术应用能力	开展师生信息技术培训5次；建立健全考核机制；开设信息技术课程，提高教师信息化素养，提高学生信息技术应用能力
10	提升开放国际化水平	10-1 成立高铁建设应用技术人才培养国际化联盟，培养国际化师资，开展海外培训，技术服务项目6项	确定联盟发起单位，成员单位；起草联盟规章章程，制定运作与发展规章制度；与联盟内单位探索联合开展师资培养、课题研究、教学资源建设、涉外培训拓展等	成立高铁建设应用技术人才培养国际化联盟；培养国际化师资20人，开展国际课题研究2项；开发国际化铁路人才培养方案，开发专业课程教学资源10门；开发海外培训、技术服务项目2项	召开论坛；培养国际化师资20人，开展课题研究2项，开发学生国际竞赛项目；开发国际化铁路人才培养方案，开发专业课程教学资源10门；开发海外培训、技术服务项目2项	召开研讨会；培养国际化师资20人，开展课题研究4项，开展学生国际竞赛项目；开发国际化铁路人才培养方案，开发专业课程教学资源10门；开发海外培训、技术服务项目2项
		10-2 与俄罗斯马拉国立交通大学共建马拉交通学院，联合培养4个专业和开发课程40门	联合俄罗斯马拉国立交通大学组建马拉交通学院；联合制定4个专业人才培养方案，专业和课程教学	完善马拉交通学院运行机制；引进国际优质课程资源5门，中外联合开发课程10门；联合办学招生150	完善马拉交通学院运行机制；引进国际优质课程资源5门，中外联合开发课程10门；联合办学招生150	完善马拉交通学院运行机制；引进国际优质课程资源4门，中外联合开发课程10门；联合办学招生150

续表

序号	建设任务	分年度建设进度			
		2020年度目标（含2019年度）	2021年度目标	2022年度目标	2023年度目标
10	10-3 面向肯尼亚、菲律宾等国家建设海外"鲁班工坊"，开发国际化专业教学标准及培训包，输出铁路职业教育中国标准	启动肯尼亚、菲律宾"鲁班工坊"建设；教师赴国（境）外开展培训8 000人日	推进"鲁班工坊"建设；教师赴国（境）外开展培训1 000人日；开发双语教材培训资源包5个，开发国际化专业教学标准1个；开设双语教学专业课程4门；培养国际铁路人才60人	建成肯尼亚、菲律宾"鲁班工坊"；教师赴国（境）外开展培训5 000人日；开发双语教材培训资源包6个，开发国际化专业教学标准2个；开设双语教学专业课程3门；培养国际铁路人才70人	"鲁班工坊"外开展培训6 000人日；开发双语教材培训资源包5个，开发国际化教学标准2个；在"一带一路"沿线国家推广国际化专业教学标准；培养国际铁路人才70人
	10-4 拓展国际合作项目渠道，开发"留学中国"项目，促进校企互访、教师互聘、学生互学、学习交流	参与学术交流，与国（境）外签订合作协议5项；国内外教师互访40人次，选派学生50人次赴国（境）外研修交流；开发学历提升项目1项；培养研修生20人	与国（境）外签订合作协议3项；国内外教师互访20人次，选派学生30人次赴国（境）外研修交流，学历提升项目1项；培养留学生、研修生20人	与国（境）外签订合作协议3项；国内外教师互访50人次，选派学生90人次赴国（境）外研修交流；开发学生赴境外研修项目、学历提升项目1项；培养留学生、研修生40人	与国（境）外签订合作协议3项；国内外教师互访50人次，选派学生90人次赴国（境）外研修交流；开发学生赴境外研修项目、学历提升项目1项；培养留学生、研修生40人
	提升国际化水平				

（续表）
序号	建设任务	2020年度目标（含2019年度）	2021年度目标	2022年度目标	2023年度目标
	门，建立合作办学交流机制	标准；引进国际优质课程资源6门；中外联合开发课程10门；联合办学招生350人；师生互访5人次	互兼互聘教师5人次，师生互访5人次	互兼互聘教师10人次，师生互访15人次；开展国际化铁路人才培养课题研究1项	互兼互聘教师10人次；师生互访15人次；开展国际化铁路人才培养课题研究1项

1.3 建设成效

通过实施中国特色高水平高职学校建设,学校核心竞争力和整体办学实力得到进一步增强,专业群建设水平达到国内一流、国际知名,优秀人才进一步汇聚,校企合作产教融合进一步深化,社会服务能力明显增强,国际影响显著提升,培养出一批产业急需、技艺高超的复合型技术技能人才,领跑中国铁路职业教育,服务世界铁路发展。

1.3.1 开创学校治理新局面

党的全面领导坚强有力,建成"学习型、专家型、创新型"领导班子;政行企校协同共建,办学理事会作用明显,形成以学校章程为核心的现代职业学校治理体系;建立"放管服"落地落实机制,二级学院成为充满活力办学主体;形成常态化教学工作诊改运行机制;智慧校园全面建成,铁路文化特色鲜明。

1.3.2 构筑人才培养新高地

创新形成专业群协同育人的复合型技术技能人才培养模式,形成现代学徒制、1+X制度、分类培养、学分制和弹性学制、"学分银行"的制度体系;立德树人业绩突出,"三全育人"改革成效显著,人才培养质量、就业核心竞争力位居全国高职前列,毕业生就业率96%以上,用人单位满意度95%以上,教书育人满意度、课程教学满意度、管理和服务工作满意度98%以上。

1.3.3 树立专业群建设新品牌

对接铁路产业的专业布局更加优化,办学特色进一步凸显。高速铁道工程技术、城市轨道交通工程技术2个专业群达到国内一流、国际知名水平,建成2个国家级专业教学资源库,形成国内都认可、国际可借鉴的专业教学标准、课程标准、顶岗实习标准及实训条件建设标准2套。

1.3.4 构建产教融合新格局

形成校企"四级对接"、现代学徒制联动、职教集团运行和实训基地共建等4个机制;建成产业学院8个和技术应用研究中心15个,形成轨道交通工程技术创新平台和区域经济发展综合服务平台;陕西铁路建筑职教集团实体化运行,成为国家示范性职业教育集团。深度对接产业链,建成高水平产教融合实训基地28个,示范性产教融合实训基地1个,技术服务合同额6 000万元以上,社会培训15万人日以上,现代学徒制培养推广到12个专业。

1.3.5 打造双师队伍新标杆

教师发展中心达到国内高职领先水平,专业群"名师+大师+双师"教学创新团队建设成效彰显,形成范式;培育国家"万人计划"教学名师或全国优秀教师、黄炎培杰出教师1人;建立国家水平教师技艺技能传承创新平台、"双师型"教师培养培训基地2个;教师获得全国教师教学能力大赛奖5项;建成国家级教学创新团队1个;重点建设的2个专业群高级职称比例达到60%,"双师型"教师比例达到90%。

1.3.6 提升国际合作新水平

成立高铁建设应用技术人才培养国际联盟;在菲律宾、肯尼亚两国建成海外"鲁班工坊",培训当地员工2万人日。陕西铁路工程职业技术学院萨马拉交通学院培养国际人才800人以上。开发铁路工程类专业职业教育国际标准和双语教学资源,在10个以上"一带一路"沿线国家推广应用,成为职业院校国际化办学、国际交流的旗帜和典范。标志性成果如表2所示。

表2 陕西铁路工程职业技术学院"双高计划"建设标志性成果

序号	建设任务	主要预期成果	目标值
1	加强党的建设	培育创建全国高校党建工作示范高校(标杆院系、样板党支部)	1个
		培育创建陕西高校党建工作示范高校(标杆院系、样板党支部)	4个
		全国职业院校官微年度10强	1次
		文化研究中心(红色文化、铁路文化、传统文化)	3个
		省级以上校园文化成果奖	2项
2	打造技术技能人才培养高地	主持或参与国家专业教学标准	2套
		主持或参与1+X证书考核评价标准	1套
		1+X证书制度试点	≥13个
		省级以上优秀教材和规划教材	6部
		学生获得省级以上技能大赛奖	≥100项
		学生获得省级以上创新创业大赛奖	≥40项
		省级创新创业实践教育基地	2个
		开发活页式、工作手册式等新型教材	37部
		项目化、模块化教学改革课程	250门
		新时代铁路工匠精神教育平台	1个
		就业率	96%
3	打造技术技能创新服务平台	产业学院	8个
		协同创新中心(高铁智慧建造、城轨智慧建造、铁路智能运维)	3个
		技术应用研究中心	15个
		职业教育与产业发展研究院	1个
		承担纵、横向课题(其中,省级及以上课题)	130项(24项)
		专利授权	150项
		技术技能创新平台运行管理机制	1套
4	打造高水平专业群	中国特色高水平专业群	2个
		行业领先专业群	2个
5	打造高水平双师队伍	国家级教师教学创新团队	1个
		国家水平教师技艺技能传承创新平台	1个
		国家水平"双师型"教师培养培训基地	2个

续表

序号	建设任务	主要预期成果	目标值
5	打造高水平双师队伍	全国教师教学能力比赛获奖	5 项
		国家"万人计划"教学名师或全国优秀教师、黄炎培杰出教师	1 人
		新增省级、行业教学名师	5 人
		省级以上教学成果奖	10 项
		市厅级以上科技类成果	45 项
		技能大师工作室	6 个
		核心期刊论文、出版著作	300 篇(部)
		企业兼职教师	500 人
		兼职教师中行业领军人才	15 人
		全国职业院校"双师型"教师队伍建设典型案例	1 个
6	提升校企合作水平	示范性职业教育集团	1 个
		合作企业接收实习学生	19 000 人次
		"四级对接"校企合作运行机制	1 套
		现代学徒制系列管理制度	1 套
		现代学徒制培养学生	1 200 人
		新建、改扩建产教融合实训基地(室)	28 个
		校外实训基地	370 个
		教科研仪器设备总值	2.2 亿元
		企业(准)捐赠教学科研仪器设备值	2 000 万元
7	提升服务发展水平	技术服务合同额	6 000 万元
		纵向教科研经费到款额	100 万元
		社会培训	15 万人日
		公益性培训	5 万人日
		民间技艺大师工作室	3 个
8	提升学校治理水平	学校"一章八制"	1 套
		入选全国 50 强院校	2 次
		内部控制管理机制	1 套
		绩效考核评价管理机制	1 套
		内部质量保证体系诊改运行机制	1 套
		二级管理运行机制	1 套
9	提升信息化水平	国家级专业教学资源库	2 个
		省级专业教学资源库	3 个

续表

序号	建设任务	主要预期成果	目标值
9	提升信息化水平	省级以上精品在线开放课程和职业教育在线精品课程	15 门
		陕西省教育网络安全与信息化先进集体	3 次
		互联网出口带宽	24GB
		高性能云计算中心	1 个
		大数据分析与质量监控平台	1 个
		教育教学管理信息化系统总数	55 个
		智慧教室	60 间
10	提升国际化水平	高铁建设应用技术人才培养国际联盟	1 个
		海外鲁班工坊	2 个
		开发国际化专业教学标准	5 套
		开发双语教材、培训包	20 个
		引进国际优质课程资源	20 门
		面向"一带一路"沿线国家开展技术技能培训	2 万人日
		培养中俄合作办学学生	800 人
		培养留学生、研修生	120 人

1.4 经费预算

建设首期为 2019—2023 年，预算总资金为 50 000 万元，其中，中央财政投入专项资金 5 000 万元，省级财政投入资金 5 000 万元，行业企业支持资金 6 000 万元，学校自筹资金 34 000 万元。经费使用严格按照财经相关制度执行，经费预算如表 3 所示。

表 3 陕西铁路工程职业技术学院"双高计划"建设经费预算表

建设内容		小计/万元	中央财政投入资金/万元	地方财政投入资金/万元	行业企业支持资金/万元	学校自筹资金/万元
合 计		5 0000	5 000	5 000	6 000	34 000
打造技术技能人才培养高地	2-1 创新铁路工匠精神培养体系	355	100	65	10	180
	2-2 创新专业群人才培养模式	336	—	88	15	233
	2-3 学分制和弹性学制改革	740	—	79	15	646
	2-4 推行 1+X 证书制度试点	660	—	105	10	545
	2-5 创新劳动教育、美育教育	270	100	45	—	125
	2-6 深化创新创业教育	312	100	35	—	177
	小计	2 673	300	417	50	1 906

续表

建设内容		小计/万元	中央财政投入资金/万元	地方财政投入资金/万元	行业企业支持资金/万元	学校自筹资金/万元
打造技术技能创新服务平台	3-1 校企共建产业学院	500	—	—	220	280
	3-2 轨道交通工程技术创新平台	10 300	—	250	680	9 370
	3-3 区域经济发展综合服务平台	400	—	88	40	272
	3-4 职业教育与产业发展研究院	100	—	12	15	73
	小计	11 300	—	350	955	9 995
打造高水平专业群	4-1 高速铁道工程技术	13 000	2 000	1 400	2 000	7 600
	4-2 城市轨道交通工程技术	11 000	2 000	1 200	2 000	5 800
	小计	24 000	4 000	2 600	4 000	13 400
打造高水平双师队伍	5-1 培养专业领军人才	210	100	—	—	110
	5-2 打造高水平教学创新团队	878	295	—	—	583
	5-3 人事制度改革	527	90	—	—	437
	5-4 师资综合提升平台建设	670	170	—	—	500
	小计	2 285	655	—	—	1 630
提升校企合作水平	6-1 "四级对接"校企合作运行机制	115	—	—	75	40
	6-2 现代学徒制人才培养	300	—	—	45	255
	6-3 职教集团建设	75	—	—	50	25
	6-4 实训基地建设	4 310	—	—	492	3 818
	小计	4 800	—	—	662	4 138
提升服务发展水平	7-1 树立人才培养品牌	190	—	15	35	140
	7-2 树立技术服务品牌	85	—	—	68	17
	7-3 树立社会培训品牌	455	—	—	210	245
	7-4 树立教育扶贫品牌	150	—	—	—	150
	7-5 树立继续教育品牌	370	—	—	20	350
	小计	1 250	—	15	333	902
提升学校治理水平	8-1 多元协同办学	100	—	10	—	90
	8-2 优化制度体系	100	—	10	—	90
	8-3 推行二级管理	100	—	20	—	80
	8-4 内部质量保证体系诊断与改进	130	40	30	—	60
	小计	430	40	70	—	320

续表

建设内容		小计/万元	中央财政投入资金/万元	地方财政投入资金/万元	行业企业支持资金/万元	学校自筹资金/万元
提升信息化水平	9-1 信息化基础环境建设	830	200	190	—	440
	9-2 信息化管理系统建设	650	260	184	—	206
	9-3 信息化教学资源建设	560	—	183	—	377
	9-4 课程信息化教学改革	324	—	31	—	293
	9-5 师生信息素养提升	32	—	—	—	32
	小计	2 396	460	588	—	1 348
提升国际化水平	10-1 高铁建设人才培养国际联盟	150	50	20	—	80
	10-2 萨马拉交通学院	300	150	60	—	90
	10-3 海外鲁班工坊	100	—	90	—	10
	10-4 国际交流培训	316	—	135	—	181
	小计	866	200	305	—	361

2 高速铁道工程技术专业群建设方案

服务高铁智慧建造，培养一线筑路先锋。依据"智慧建造+综合维修+动态监控"的组群思路，组建以高速铁道工程技术专业为核心，土木工程检测技术、工程测量技术和建设项目信息化管理专业为支撑的专业群。

2.1 建设目标

经过周期性建设，专业群综合实力、人才培养质量和应用技术服务能力达到国际一流水平，打造高铁特色产业发展智库，毕业生成为铁路工程局的首选、铁路局的必选，高铁BIM技术应用水平达到国内领先、世界一流。

2.1.1 中期目标

到2023年，专业群达到国内领先、国际知名水平，打造高铁施工与维护复合型技术技能人才培养培训高地和高铁智慧建造应用技术技能创新服务高地。

(1)标准体系引领同类专业发展

成立高铁职业教育与产业发展研究中心，服务中国中铁、中国铁建、中国铁路(以下简称"三铁")企业，聚焦高铁智慧建造和综合维修创新需求，开发《专业教学标准》等标准。创新"双主体、三融合、四对接"人才培养模式，构建"大师引领、六化联动"职业素养培养体系，形成本科层次职业教育试点、分类培养、现代学徒制培养、1+X证书制度试点、"学分银行"建设等5类经验，成为高铁建设类专业复合型技术技能人才培养范本。获得省级以上教学成果奖4项，带动30余所职业院校同类专业发展。

(2)"三教"改革树立德技并育典范

打造"名师引领+名匠示范+双师四能"教师教学创新团队,建成国家水平教师技艺技能传承创新平台和"双师型"教师培养培训基地。开发专业群教学资源库和高铁施工与维护系列活页式、工作手册式等新型教材,建成国家级专业教学资源库。专业群课程思政改革全覆盖,核心课程模块化教学改革和混合式教学改革全覆盖。

(3)实践基地成为产教融合标杆

融入"互联网+施工"、物联网、大数据、人工智能等新技术,建成"全真实体+虚拟仿真+智慧管理"综合实践基地,新(扩)建8个全真实训基地和高铁智慧建造虚拟仿真中心,开发智慧管理平台,优化七维度综合实践教学体系。打造产教融合实训基地、标准化培训实训基地和专创融合实践平台,学生省级以上技能大赛和双创大赛获奖30项。

(4)创新平台服务高铁行业发展

打造由4个技术应用研究中心组成的高铁智慧建造协同创新服务平台,成立高铁行业大师工作室2个,组建创新团队10个,促进关键应用技术转化。技术服务合同额超过3000万元,开展社会培训7万人日。

(5)国际合作助力高铁走向世界

联合俄罗斯萨马拉国立交通大学培养国际化技术技能人才,合作办学培养学生240人。设立鲁班工坊,开展海外本土化人才培训1.2万人日。输出专业教学标准、人才培养方案、课程标准和教学资源,形成国际化人才培养培训典范。

2.1.2 远期目标

到2035年,专业群达到中国特色、世界一流水平,培养一批国内知名、国际水准的职教名师和技术领军人才。成为中外闻名的高铁施工与维护人才培养培训基地,引领高铁类专业职业教育改革,支撑高铁行业发展。

2.2 建设任务与进度

高速铁道工程技术专业群以习近平新时代中国特色社会主义思想为指导,助力中国高铁施工与维护保持世界领先水平,对接高铁建造和运营产业精益、智慧、高效、绿色协同发展需求,紧随"三铁"企业发展,聚焦高铁智慧建造和综合维修领域复合型技术技能人才及应用技术服务需求,围绕人才培养模式创新、教学资源开发等9项任务开展建设。专业群建设方案中包含一级任务共9项,二级任务共32项,三级任务2020年(含2019年)131项、2021年122项、2022年114项、2023年112项,建设进度如表4所示。

2.3 建设成效

通过5年建设,专业群在人才培养模式创新、"三教"改革、实训基地建设、技术技能创新及国际合作交流等方面鲜明特色,实现国内外同类专业发展的3个引领,提供复合型技术技能人才培养的3个范式,树立技术服务和培训的3个品牌,塑造中国高铁国际化人才培养的3个典范,达到国内领先、国际知名水平,形成一批可复制推广的标准、模式和方案。专业群标志性成果如表5所示。

表 4 高速铁道工程技术专业群分年度建设任务与进度表

序号	建设任务	分年度建设任务			
		2019—2020年度	2021年度	2022年度	2023年度
1	1-1 创新"双主体、三融合、四对接"人才培养模式,获得省级以上教学成果奖4项	编制专业群建设方案;创新人才培养模式;培养现代学徒制100人;技能大赛参与率80%,获得省级以上奖6项;获得教学成果奖3项(省级2项)	优化人才培养模式;新增现代学徒制60人;技能大赛参与率85%,获得省级以上奖4项;获得教学成果奖3项(省级1项)	推进专业群建设;撰写《高铁路人才培养模式及方案研究》;培养现代学徒制70人;技能大赛参与率90%,获得省级以上奖5项	总结专业群建设经验并推广;出版专著1部;技能大赛现代学徒制70人;技能大赛参与率90%,获得省级以上奖5项;获得教学成果奖4项(省级1项)
	1-2 建成新时代铁路工匠精神教育平台,立项职业素养类课题2项,学生获得省级以上"双创"奖项10项	健全职业素养培养体系;完成"一厂一馆一基地一中心"设计方案;建成"双创"平台;建设市级以上平台1项;获得省级以上"双创"奖项4项	建成铁路文化广场,组织活动3次;编写《最美奋斗者·铁路》《新时代·铁路辅导员》;省级课题研究题1项;获得省级以上"双创"奖项2项	申报省级辅导员项目或职业素养研究课题1项;扩建《铁成路》校园文化成事馆,摄制校园文化成果,省级以上"双创"奖项2项	开展职业素养教育研究;获得省级以上"双创"奖项2项;总结职业素养培养成果,推广经验
	1-3 构建专业群模块化课程体系,主持或参与国家教学标准1个,人才培养方案课程标准15所院校推广	构建模块化课程体系,专业核心模块参与2019级、2020级制定20个模块化方案;主持或参与完成国家专业教学标准1个	优化课程设置;修订2021级人才培养方案,更新课程标准	优化课程设置,修订课程标准;修订2022级人才培养方案,总结模块化课程体系建设成果,在6所院校中推广	汇编专业群课程标准1套;修订2023级各专业人才培养方案;发挥示范效应,在9所院校中推广
	1-4 开展本科层次职教试点及分类培养,做	制定分类培养方案;申报建筑信息模型(BIM)1+X试点	制定职业本科试点方案;新增职业技能等级证书试点	开展职业本科试点,职业技能等级证书试点服务10个	扩大职业本科试点范围;职业技能等级证书试点服务

续表

序号	建设任务	分年度建设任务			
		2019—2020 年度	2021 年度	2022 年度	2023 年度
1	**人才培养模式**				
	好 1+X 证书制度试点；探索"学分银行"	点，服务 5 个专业；立项省级重点课题 1 项；制定学习成果认定、转换标准	1 个，服务 8 个专业；1+X 省级课题结题 1 项；实施学习成果认定与转换	专业；实施学习成果认定与转换正式	13 个专业；总结人才培养 5 类经验推广范式
	1-5 联合"三铁"企业开发《专业教学标准》等系列标准，在 20 所院校推广	成立编写组，开展调研，制定编写方案，启动《专业教学标准》等系列标准编写	论证编写标准；完善专业群标准；撰写《高速铁道工程技术专业建设系列标准与规范》	召开论证会，审定标准；出版《高速铁道工程技术专业群建设系列标准与规范》；在 8 所院校推广	优化专业群标准体系；标准在 12 所同类院校推广
2	**课程教学资源建设**				
	2-1 联合组建专业群资源库共建共享联盟，制定《专业群资源库建设盟章程》系列制度	组建共建共享联盟，建设资源库相关标准；制定《专业群教学资源库联盟章程》《专业群教学资源库建设联盟校定期沟通协调制度》等制度	开展联盟交流培训活动 1 次；制定《专业群教学资源应用推广管理办法》《资源库运行管理和更新维护机制》等制度	优化补充联盟成员；修订和完善资源库系列制度	巩固专业群资源库共建共享联盟；形成专业群共建共享机制
	2-2 搭建资源网站，开发国家级、省级专业教学资源库各 1 个	搭建资源库框架，建立资源网站；颗粒化资源新增 6 000 条；用户达到 4.5 万人；1 个专业资源库通过省级验收开立项为国家级专项资源库；1 个省级资源库	完成 30 门标准化课程，20 个技能训练模块，1 门双语资源课程，10 个双语训练模块建设；资源新增 6 000 条；用户达到 5.3 万人；1 个资源库省级验收；1 个资源库国家验收	完成 2 门双语资源课程建设；颗粒化资源新增 2 000 条，动态资源不低于 50%；用户达到 6.2 万人	颗粒化资源新增 2 000 条，资源总量达到 2.5 万条，动态资源不低于 50%；用户达到 7 万人；资源库更新率不少于 10%
	2-3 建设 42 门在线开放课程，培育省级以上	实施在线开放课程校企双负责人制度；建成在线开放	新建在线开放课程 15 门；1 门课程达到省级以上职业教	新建开放课程 10 门；2 门课程达到省级以上职业教	新建开放课程 7 门；2 门课程达到省级以上职业教育

续表

序号	建设任务		分年度建设任务			
			2019—2020年度	2021年度	2022年度	2023年度
2	课程教学资源建设	精品在线开放课程和职业教育在线精品课程7门	精品在线开放课程10门;2门达到省级以上精品在线开放课程或职业教育在线精品课程水平	教育在线精品课程水平	育在线精品课程水平	在线精品课程水平
3	教材与教法改革	3-1 开发活页式、工作手册式新型教材20部,编写省级以上优秀教材和规划教材3部	完成4部教材的编写并出版,启动16部新型教材编写,制订双语教材编写计划;获评省级以上优秀教材和规划教材1部	完成8部教材编写,出版3部;获评省级规划教材1部	完成8部教材编写,出版3部;优化更新教材使用新型教材比例达到70%;获评省级以上优秀教材1部	出版教材3部;优化核心课内容;专业核心课使用新型教材比例达到85%
		3-2 开发模块化课程20门,开展模块化教学模式改革和项目化教学改革	组建模块化教学团队,制定建设标准;实施项目化教学8门,开发模块化教学改革课程20门	新增模块化教学模式改革课程12门;新增项目化教学改革课程12门	深化20门专业核心课程模块化教学模式改革;打造10门项目化教学改革示范课	总结推广教学改革经验;打造10门模块化教学改革示范课
		3-3 制定课程思政、"三全育人"实施标准,开发课程思政改革相关课程20门	制定专业课群《课程思政实施方案》;课程思政改革覆盖率达到80%;获奖2项;立项课程思政相关课题4项	课程思政改革覆盖率达到100%;课程思政教学比赛获奖2项;课程思政相关课题结题4项	打造20门课程思政改革示范课,课程思政教学比赛获奖2项;汇编课程思政优秀案例	教师参加课程思政教学改革比赛获奖2项;总结推广课程思政改革经验
		3-4 建成18间智慧教室,混合式教学全覆盖	制定智慧教室建设方案;建成10间智慧教室;开展线上线下混合式教学模式改革试点	建成8间智慧教室;信息化教学改革课程占课总数达到85%	形成课堂教学质量评价报告;信息化教学改革课程达到90%;总结经验,打造一批精品课堂	信息化教学改革课程占课总数达到95%;推出一批信息化教学改革示范课程

续表

序号	建设任务		分年度建设任务			
			2019—2020年度	2021年度	2022年度	2023年度
4	教师教学创新团队	4-1 建立考核评价，分层分类培养制度，建成"双师型"教师培养培训基地7个，实施"三项计划"	制定师资队伍分层分类培养、考核评价制度；建成国家水平"双师型"教师培养培训基地；制定"三项计划"实施方案	打造校企命运共同体，校际协作共同体；优化师资队伍考核评价体系；实施师资队伍分层分类培养制度	开展教师能力提升活动4次，形成师资队伍建设长效机制	开展教师能力提升活动4次；总结经验并进行推广
		4-2 建立领军人才、技能大师和名师工作室7个，国家级技能大师工作室1个，聘请领军人才4人，培养省级和行业名师2人	专业群校内带头人晋升为二级教授；引入国家级技能大师工作室，建成名师工作室1个；培养省级或行业领军人才名师1人；承担省级以上课题1项，申报教学成果奖1项	建成领军人才工作室1个；名师技能大师工作室2个；聘请行业领军人才1人；申报教学成果奖以上课题1项，省级以上课题1项，立项1项	聘请行业领军人才2人；培育万人计划名师、全国优秀教师或黄炎培杰出教师1人；培养省级或行业名师1人；立项省级技能题1项；建成教师技艺技能传承创新平台1个	建成名师工作室1个；聘请行业领军人才1人；申报教学成果奖1项，省级以上课题1项，立项1项；争创国家级教师技艺技能传承创新平台
		4-3 培养骨干教师32人，"双师型"教师占比90%，国内外教师互访、研修65人次，获得国家级教学成果奖项比赛奖项3项	培养骨干教师10人，教师获奖10人次（省级奖项2项）；入选1+X专家委员会或培训师3人；发表核心论文15篇；教师互访、研修10人次	培养骨干教师6人，获奖10人次（省级奖项1项），力争国家核心期刊论文，出版著作18篇（部）；国内外教师互访、研修10人次	培养骨干教师8人，获奖10人次（教学能力比赛省级奖项1项，国家级奖项1项）；发表核心期刊论文20篇，出版著作（部）；国内外教师互访、交流25人次	培养骨干教师8人，获奖10人次（省级奖项2项），发表核心论文22篇，著作（部）；教师互访次；高级职称比例达到60%，持有职业资格证书教师比例达到60%

续表

序号	建设任务		分年度建设任务			
			2019—2020年度	2021年度	2022年度	2023年度
4	教师教学创新团队	4-4 组建海外培训班,选派教师赴海外项目部挂职锻炼,打造双语教学团队	制定双语教学培养方案和教学能力标准;选拔15名教师开展培训;教师承担专业课双语教学项目	选拔15名教师开展培训;教师承担专业课双语教学任务和国外培训项目	开展教师外语培训;选派教师赴海外项目部挂职锻炼;教师承担专业课双语教学任务和国外培训项目	开展教师外语培训;选派教师赴海外项目部挂职锻炼;教师承担专业课双语教学任务和国外培训项目;形成双语教学团队
5	实践教学基地	5-1 新(扩)建产教融合实训基地8个,新增校外实训基地和创新创业基地42个	制定基地建设标准;制定4个建设方案,4个升级实训基地建设方案;新增校外实训基地14个;企业(准)捐赠仪器设备价值300万元	完成2个新建,4个升级实训基地一期建设;新增校外实训基地和创新创业基地10个;企业(准)捐赠仪器设备价值200万元以上	完成4个新建,4个升级实训基地建设;新增校外实训基地和创新创业基地10个;企业(准)捐赠仪器设备价值200万元以上	新增校内工位数100个,总数达到6 200个;企业(准)捐赠仪器设备价值300万元;新增校外实训基地和创新创业基地8个
		5-2 开发由高铁结构认知平台、BIM仿真分析平台、大数据分析平台、高铁工程空中对接平台等组成的高铁智慧建造虚拟仿真中心	制定高铁智慧建造虚拟仿真中心建设规划,开展建设方案论证;完成5个教学平台设计;完成高铁BIM虚拟仿真教学平台一期建设	完成结构认知平台、施工仿真教学平台、大数据分析平台、BIM虚拟仿真教学平台、高铁工程空中对接平台建设;高铁工程空中对接平台接入1个真实工程项目,开发虚拟仿真实训项目,接入部数据	完成4个教学平台建设任务;高铁工程空中对接平台接入1个真实工程项目,开发虚拟仿真实训项目、任务书等;新接入1个真实工程项目数据	完善高铁工地空中对接平台,接入2个真实工程项目数据;高铁工地智慧教学,建成高铁智慧建造虚拟仿真基地中心;新增校外实训基地1个
		5-3 开发实践教学智慧管理平台,开发实习项目100项,建成省级校外创新创业教育基地	制定智慧管理平台建设方案;优化七维度综合实践教学体系;开发实习实训项目40项;建成省级创新创业教育基地	完成实践教学智慧管理平台建设,新开发实习实训项目30项	完成实践教学智慧管理平台数据对接,更新实践教学资源,新开发生产实习实训项目30项	实训基地智慧管理平台常态化运行;建成行业领先的实训基地智慧管理平台;实训项目更新率超过10%

续表

序号		建设任务	分年度建设任务			
			2019—2020 年度	2021 年度	2022 年度	2023 年度
6	技术技能平台	6-1 成立中铁高铁产业学院,组建由 4 个研究中心组成的高铁智慧建造协同创新中心	完成 2 个新建技术应用研究中心建设筹备;完成 BIM 技术应用研究、高性能混凝土工程创新中心升级方案论证及筹备工作	成立中铁高铁产业学院;建成高铁施工与维护、高铁精密测量、BIM 技术应用研究中心和高性能混凝土工程创新中心	完善高铁施工与维护、高铁精密测量、BIM 技术应用研究中心和高性能混凝土工程创新中心	中铁高铁产业学院取得良好效益;形成高铁智慧建造协同创新中心
		6-2 组建 10 个科技创新团队,承担省级以上教科研课题 8 项,获得市厅级专利 10 项;获得市厅级以上科技类成果奖 20 项,成果转化 5 项	组建 10 个科技创新团队;承担省级以上课题研究 2 项,参与企业课题研究 2 项;授权专利 10 项,获得市厅级以上科技类成果奖 6 项	省级以上课题结题 2 项;参与企业课题研究 3 项;参与制定工法 1 项;授权专利 10 项;获得市厅级以上科技类成果奖 4 项,转化 1 项	承担省级以上课题研究 2 项;参与企业课题研究 2 项;参与制定工法 2 项;授权专利 10 项;获得市厅级以上科技类成果奖 5 项,成果转化 2 项	省级以上课题结题 2 项,立项 3 项;参与企业研究 2 项;参与制定工法 2 项;授权专利 10 项;获得市厅级以上科技类成果奖 5 项,转化 2 项
		6-3 开展前瞻性应用技术研究,实现技术成果转化,助力铁路企业打造铁路工程建设优质品牌	启动"复杂山区大跨度桥梁施工技术"课题研究,启动"高铁隧道湿喷混凝土的回弹率控制技术"课题研究	持续开展前期课题研究,启动"高寒地区混凝土养护技术"课题研究	撰写研究报告,研究成果应用于实践;持续开展课题研究;启动"超前注浆加固用高性能材料配置与应用"课题研究	撰写研究报告,研究成果应用于实践;撰写"超前注浆加固用高性能材料配置与应用"阶段性研究报告
7	社会服务	7-1 技术服务大于 50 项,合同额 3 000 万元	开展技术服务 16 项;新签技术服务合同额 900 万元	开展技术服务 10 项;新签技术服务合同额 600 万元	开展技术服务 12 项;新签技术服务合同额 700 万元	开展技术服务 12 项;新签技术服务合同额 800 万元
		7-2 开发教师培训项目 5 项,培训 4 200 人日,成为铁路培训资质培训示范基地	开发教师培训项目 1 项,培训 1 000 人日	开发教师培训项目 2 项,培训 1 000 人日;支援 3 所职业院校发展;职业教育培训名师或团队 1 个	开发教师培训项目 1 项,培训 1 100 人日;支援 3 所职业院校发展	开发教师培训项目 1 项,培训 1 100 人日;支援 3 所职业院校发展;成为师资培训示范基地

续表

序号		建设任务	分年度建设任务			
			2019—2020 年度	2021 年度	2022 年度	2023 年度
7	社会服务	7-3 开发培训项目 12 项,培训 7 万人日,公益性培训 2 万人日,承办行业企业和省级以上技能大赛 24 次	开发精品培训项目 4 项;开展社会培训 1.7 万人日,其中,公益性培训 0.4 万人日;承办行业企业和省级以上技能大赛 8 次	开发精品培训项目 4 项;开展社会培训 1.7 万人日,其中,公益性培训 0.4 万人日;承办行业企业和省级以上技能大赛 4 次	开发精品培训项目 2 项;开展社会培训 1.8 万人日,其中,公益性培训 0.6 万人日;承办行业企业和省级以上技能大赛 6 次	开发精品培训项目 2 项;开展社会培训 1.8 万人日,其中,公益性培训 0.6 万人日;承办行业企业和省级以上技能大赛 6 次
		7-4 开展高铁科普知识普及、职业启蒙教育 5 000 人次以上	完成实施方案;开展中小学高铁科普教育和职业启蒙教育 500 人次	开展中小学高铁科普教育和职业启蒙教育 1 000 人次,满意度高于 90%	开展中小学高铁科普教育和职业启蒙教育 1 500 人次,满意度高于 95%	开展中小学高铁科普教育和职业启蒙教育 2 000 人次,满意度高于 95%
8	国际交流与合作	8-1 引进国外优质教学标准 2 个,引进国(境)外优质课程资源 8 门,中俄合作办学培养生 240 人,接收留学生、研修生 50 人	筹备高铁建设应用技术人才培养国际联盟;主持相关课题 1 项;中外合作办学招生 90 人;引进国(境)外优质课程资源 2 门;制定培养方案、研修生、留学生 8 人	成立高铁建设应用技术人才培养国际联盟;相关课题结题 1 项,立项 1 项;中外合作办学招生 50 人;引进国外优质教学标准 1 个,课程资源 2 门;接收留学生、研修生 8 人	举办职业教育国际研讨会;中外合作办学招生 50 人;引进国外优质教学标准 1 个,课程资源 2 门;接收留学生、研修生 17 人	举办职业教育国际研讨会;国际化相关课题结题 1 项,立项 2 项;中外合作办学招生 50 人;引进国(境)外优质课程资源 2 门;接收留学生、研修生 17 人
		8-2 成立海外鲁班工坊,开发双语教材 3 部,双语培训包 10 个,开展技术技能培训 5 000 人日,培训 1.2 万人日	完成海外鲁班工坊筹备工作;开发双语教材 1 部,双语培训包 2 个;开展技术技能培训 5 000 人日	推进海外鲁班工坊建设;开发双语教材 1 部,双语培训包 2 个;开展技术技能培训 3 000 人日	建成海外鲁班工坊并实体化运行;开发双语教材 1 部,双语培训包 3 个;开展技术技能培训 3 000 人日	海外鲁班工坊运行良好;开发双语教材 1 部,双语培训包 3 个;开展技术技能培训 3 500 人日

续表

序号		建设任务	分年度建设任务			
			2019—2020年度	2021年度	2022年度	2023年度
8	国际交流与合作	8-3 开发涉外培训和技术服务3项,8门课程标准和教学资源被国(境)外采用	开展国际互访交流2次;制定国际化铁路技术技能人才培养方案和专业课程标准	开发涉外培训和技术服务项目1项;优化国际化铁路技术技能人才培养方案和课程标准	开发涉外培训和技术服务项目1项;开发的1个专业教学标准被国(境)外机构采用	开发涉外项目1项;专业教学标准、人才培养方案、8门课程标准被国(境)外院校和机构采用
9	可持续发展保障机制	9-1 成立专业群建设指导委员会,构建政行企校"产学研用"协同发展机制	成立专业群建设指导委员会;制定专业群建设指导委员会制度;制定专业群"产学研用"协同制度	完善专业群建设指导委员会制度;开展技术创新、人才培养等;完善"产学研用"协同发展机制	共同开展技术创新、人才培养活动等;形成"产学研用"协同发展机制	开展技术创新、人才培养等;汇编《高铁专业群建设制度集》1套
		9-2 构建专业群建设管理保障机制,建立资源调整和协同发展机制	设立专业群建设管理办公室;制定《建设任务考评办法》等管理制度;初建资源共享、动态调整和协同发展机制	细化年度建设任务,明确时间节点;实施专业群资源共享,动态调整和协同发展机制	细化年度建设任务,明确时间节点;召开专业群建设研讨会,推进专业群年度绩效考核	全面完成建设任务;形成专业群建设管理保障机制
		9-3 开展专业群建设任务和人才培养质量监控	制定专业群建设和管理办法;完成年度建设质量报告	开展专业群质量监控,完成年度人才培养质量报告	开展专业群质量监控,完成年度人才培养质量报告	完成年度质量报告;形态化自主保证人才培养质量常态机制1套

表5 高速铁道工程技术专业群建设标志性成果

序号	建设任务	主要预期成果	目标值
1	人才培养模式创新	《高速铁道工程技术专业群人才培养模式及专业人才培养方案研究》专著	1部
		《高速铁道工程技术专业群建设系列标准与规范》专著	1部
		省级以上教学成果奖	4项
		学生省级以上技能大赛和创新创业大赛获奖	30项
2	课程教学资源建设	专业群教学资源库	1个
		国家级专业教学资源库	1个
		省级专业教学资源库	1个
		省级以上水平精品在线开放课程和职业教育在线精品课程	7门
3	教材与教法改革	专业群模块化教学模式改革实施方案及课程标准	1套
		活页式、工作手册式等新型教材	20部
		省级以上优秀教材和规划教材	3部
4	教师教学创新团队	国家水平"双师型"教师培养培训基地	1个
		专业群领军人才、技能大师和名师工作室	7个
		全国教师教学能力比赛获奖	3项
		"万人计划"教学名师或全国优秀教师、黄炎培杰出教师	1人
		省级和行业教学名师	2人
		发表核心期刊论文、出版著作	75篇(部)
		国内外教师互访、研修交流	65人次
		高级职称教师比例	60%
		"双师型"教师占专业课教师比例	90%
5	实践教学基地	新建、改扩建产教融合实训基地(室)	8个
		省级创新创业实践教育基地	1个
		企业(准)捐赠教学科研仪器设备值	1 000万元
		生均教学科研仪器设备值	2万元
6	技术技能平台	中铁高铁产业学院	1个
		高铁职业教育与产业发展研究中心	1个
		专业群领军人才、技能大师和名师工作室	7个
		技术应用研究中心	4个
		省级以上教科研课题	8项
		市厅级以上科技类成果	20项
		专利授权	40项
		科技成果转化数量	5项

续表

序号	建设任务	主要预期成果	目标值
7	社会服务	技术服务合同额	3 000 万元
		行业企业培训	7 万人日
		职业院校教师能力师资培训	4 200 人日
		中小学高铁科普教育和职业启蒙教育	5 000 人次
		承担行业企业、省级以上技能大赛	24 次
8	国际交流与合作	高铁建设应用技术人才培养国际联盟	1 个
		海外鲁班工坊	1 个
		双语教材	3 部
		专项技能双语培训包	10 个
		面向"一带一路"沿线国家推广专业教学标准	1 套
		面向"一带一路"沿线国家开展技术技能培训	1.2 万人日
9	可持续发展保障机制	专业群建设指导委员会	1 个
		专业群建设、运行管理制度	1 套

2.4 经费预算

高速铁道工程技术专业群建设首期为2019—2023年,预算总资金为13 000万元,其中,中央财政专项资金2 000万元,省级财政投入资金1 400万元,行业企业支持资金2 000万元,学校自筹资金7 600万元。经费使用严格按照财经相关制度执行,专业群建设经费预算如表6所示。

表6 高速铁道工程技术专业群建设经费预算表

建设内容		小计/万元	中央财政投入资金/万元	地方财政投入资金/万元	行业企业支持资金/万元	学校自筹资金/万元
合 计		13 000	2 000	14 000	2 000	7 600
人才培养模式创新	1-1 创新人才培养模式	195	105	20	25	45
	1-2 建设新时代铁路工匠精神教育平台	550	—	70	120	360
	1-3 构建模块化课程体系	40	20	—	—	20
	1-4 开展分类培养和本科层次职业教育试点,探索1+X证书制度试点和"学分银行"	455	165	150	25	115
	1-5 构建专业群标准体系	30	20	—	—	10
	小计	1 270	310	240	170	550

续表

建设内容		小计/万元	中央财政投入资金/万元	地方财政投入资金/万元	行业企业支持资金/万元	学校自筹资金/万元
课程教学资源建设	2-1 组建资源共建共享联盟,形成共建共享机制	30	—	10	—	20
	2-2 融入企业新技术,行企校联合建好专业群教学资源库	1 765	260	450	160	895
	2-3 建设精品在线开放课程	176	—	80	50	46
	小计	1 971	260	540	210	961
教材与教法改革	3-1 开发系列立体化教材	115	—	20	45	50
	3-2 实施模块化教学改革	155	85	20	15	35
	3-3 实施课程思政改革	30	20	—	—	10
	3-4 建设智慧学习空间	360	—	50	—	310
	小计	660	105	90	60	405
教师教学创新团队	4-1 完善师资队伍建设机制	20	—	—	—	20
	4-2 打造专业群领军人才队伍	258	150	30	30	48
	4-3 建成教师教学创新团队	862	320	50	80	412
	4-4 培育双语教学团队	255	120	40	—	95
	小计	1 395	590	120	110	575
实践教学基地	5-1 建成集群化全真实训基地	3 180	—	210	550	2 420
	5-2 建成高铁智慧建造虚拟仿真中心	1 860	—	60	240	1 560
	5-3 开发实践教学智慧管理平台	330	70	20	—	240
	小计	5 370	70	290	790	4 220
技术技能平台	6-1 搭建技术技能创新平台	390	—	40	190	160
	6-2 开展关键技术应用研究	790	280	50	190	270
	6-3 开展前瞻性研究	240	125	—	75	40
	小计	1 420	405	90	455	470
社会服务	7-1 开展企业技术服务	50	—	—	30	20
	7-2 提升高铁智慧建造师资培训水平	40	20	—	10	10
	7-3 打造高铁工地流动课堂	50	—	—	40	10
	7-4 开展高铁科普教育和职业启蒙教育	24	—	—	—	24
	小计	164	20	—	80	64

续表

建设内容		小计/万元	中央财政投入资金/万元	地方财政投入资金/万元	行业企业支持资金/万元	学校自筹资金/万元
国际交流与合作	8-1 培养国际化技术技能人才	440	180	30	47	183
	8-2 培训国外本土化人才	195	60	—	40	95
	8-3 推广高铁专业人才培养标准	75	—	—	25	50
	小计	710	240	30	112	328
可持续发展保障机制	9-1 创建产学研用协同发展机制	16	—	—	10	6
	9-2 构建专业群管理保障机制	16	—	—	—	16
	9-3 优化专业群内部质量保证体系	8	—	—	3	5
	小计	40	—	—	13	27

3 城市轨道交通工程技术专业群建设方案

3.1 建设目标

服务城市轨道交通工程智慧建造，聚焦城市轨道交通工程"自动化掘进，装配化施工，动态化监测，信息化管理"等关键技术，构建政行企校四方联动协同育人长效机制，共建铁建盾构学院，打造校企命运共同体，建成国家级教师教学创新团队、国家级地隧专业教学资源库、国家级生产性实训基地、国家水平"双师型"教师培养培训基地，开展复合型技术技能人才培养，不断提升产业服务能力，建成"国内引领、国际知名"的中国特色高水平城市轨道交通工程专业群。

3.1.1 中期目标

到2023年，成为中国城市轨道交通复合型人才培养培训的"领航标"、城市轨道交通行业企业转型升级的"助推器"、专业群"走出去"的"领头雁"，为国内职业院校转型发展提供模式、标准、方案、制度，并向"一带一路"沿线国家输出，引领中国职教高质量发展。

1）创新"项目载体、信息贯穿、能力递进"的专业群人才培养模式，施行1+X证书制度与"学分银行"制度，开展分类教育和职业本科试点，研制国际化专业教学标准，塑造复合型技术技能人才培养新架构，形成"国内可复制、国外可输出"的人才培养模式、标准、方案、制度。

2）开发高水平专业群双语教学资源库，建设标准化课程20门（其中，双语课程5门），资源总量达到3万条，用户达到10万人，形成具有国际水平的资源库与课程标准，服务中国和"一带一路"沿线国家人才培养培训。

3）开发活页式、工作手册式等新型教材17部，省级以上优秀教材和规划教材2部，双语教材5部;开展模块化教学改革,形成"线上+线下"混合式教学标准和典型学习方案,构建职场化、沉浸式教学新生态。

4)建成"大师+名师+双师"的高水平结构化国家级教师教学创新团队,团队专业教学与实践、教育教学研究、技术技能服务、外语教学培训、信息技术应用等核心能力全面提升,为专业群建设改革与可持续发展注入持久原动力。

5)建成国家级生产性实训基地、国家水平"双师型"教师培养培训基地和智慧建造协同创新中心,形成"标段式、全流程"技能训练模式,提供科研服务创新、应用推广转化、技术工艺改造、大数据远程监控等一站式服务,打造支撑产教融合发展的高水平智库。

6)建成具有国际竞争力的城轨工程人才培养培训示范基地,开展国际化人才培养培训,输出教学标准、课程标准及教学资源,成为国内海外企业的协同者、中国标准的输出者、国际标准的建设者。

3.1.2 远期目标

到2035年,建成国内一流、世界水平的城市轨道交通工程技术专业群,树立"城轨工程、智慧建造"世界品牌。

3.2 建设任务与进度

城市轨道交通工程专业群建设方案中一级任务共9项,二级任务共35项,三级任务2020年(含2019年)138项、2021年136项、2022年132项、2023年125项,建设任务与建设进度如表7所示。

3.3 建设成效

城市轨道交通工程技术专业群建设实现突破性进展,整体水平实现质的跃升,综合实力和国际影响力显著增强,在城市轨道交通工程建设产业的人才供给和服务方面发挥不可替代的支撑作用。建成我国城市轨道交通工程建设的技术技能人才培养培训与技术技能创新服务新高地,成为全国城轨产业升级急需的复合型技术技能人才培养培训、技术创新服务、职业教育"走出去"的示范基地,引领复合型技术技能人才培养,引领技术技能创新服务,引领教师教学创新团队建设,引领校企合作协同发展,引领国际化人才培养培训,专业群建设标志性成果如表8所示。

3.4 经费预算

城市轨道交通工程技术专业群建设首期为2019—2023年,预算总资金为11 000万元,其中,中央财政专项资金2 000万元,省级财政投入资金1 200万,行业企业支持资金2 000万元,学校自筹资金5 800万元。经费使用严格依据财经相关制度执行,专业群建设项目经费预算如表9所示。

表 7　城市轨道交通工程技术专业群分年度建设任务与进度表

序号	建设任务		分年度建设任务			
			2019—2020 年度	2021 年度	2022 年度	2023 年度
1	人才培养模式	1-1 研制专业教学等4类标准,推广现代学徒制教育,探索试办职业本科教育	成立专业群建设指导委员会;开展省级以上教学改革研究课题2项;教育部现代学徒制试点专业通过验收,现代学徒制培养150人	召开专业群建设指导委员会议;制定专业教学标准及职业本科试办方案;培养国际城轨人才30人,现代学徒制培养150人	制定4个国际化专业教学标准,试办本科工程职业本科教育;培养国际城轨人才35人;现代学徒制培养150人	形成专业教学等4类标准;开展城轨工程职业本科教育;培养国际城轨人才35人;现代学徒制培养150人
		1-2 推行1+X证书,"学分银行"制度,推进学分制改革,书证融通	开展1+X证书制度试点工作;1+X证书取证200人;落实"学分银行"制度	制定书证融通方案,1+X证书取证200人;制定书证与学分的衔接与转换方案	做好1+X证书认证;1+X证书取证200人;完善书证与学分的衔接与转换方案	形成1+X试点案例及"学分银行"应用典型案例;1+X证书取证200人
		1-3 构建课程体系,编制课程标准,研制国际化专业课程标准	研发专业群课程体系;融入课程思政与创新创业教育;制定专业群课程标准1套	试点完善专业群课程体系;完善专业群课程标准;开发国际化课程标准	专业群课程体系校内推广并不断完善;完善及推广国际化课程标准	专业群课程体系校外、国(境)外推广;形成1套完备的国际化体系
		1-4 开展工匠精神进校园活动,举办文化与素质教育活动,做强"燕技双修,匠心筑梦"专业群文化品牌	工匠精神和劳模精神融入人才培养方案;开展大国工匠进校园等活动2次,开展学生志愿者服务队活动;组建现代学徒制文化特色班4个	融通校园文化,开展青春榜样评选活动;开展大国工匠进校园等活动2次;选拔学生参加技能大赛;组建现代学徒制文化特色班4个	持续开展青春榜样评选活动;开展大国工匠进校园等活动2次;开展文化与素质教育大赛;选拔学生参加技能大赛;组建现代学徒制文化特色班5个	持续开展青春榜样评选活动;开展大国工匠进校园等活动2次;选拔参加技能大赛;组建现代学徒制文化特色班5个;打造校园文化成果奖
2	课程教学资源建设	2-1 创建政行企校多元主体建设联盟,制定典型学习方案,建立考核学分互认机制	创建政行企校多元主体建设联盟;制定4类典型学习方案1套;探索资源库课程学分互认机制	扩大联盟,持续发挥联盟作用;通过实践,修订完善典型学习方案;进一步实践探索学分互认机制	扩大联盟;通过实践,修订完善典型学习方案;进一步实践探索学分互认机制	持续发挥联盟作用;形成4类典型学习方案1套;形成4类学习者学分互认机制1套

续表

序号	建设任务	分年度建设任务				
		2019—2020 年度	2021 年度	2022 年度	2023 年度
2	课程教学资源建设	2-2 打造双语教学资源库,开发20门课程,颗粒化资源达到3万条,用户达到10万人	完成国家教学资源库建设验收;制定双语教学资源库建设标准;搭建教学资源库平台;开发5门标准化课程	颗粒化资源达到2万条;用户达到7万人;开发5门标准化课程(双语课程2门)	颗粒化资源达到2.5万条;用户8.5万人;向海外企业推广;开发5门标准化课程(双语课程2门)	颗粒化资源达到3万条;用户达到10万人;在"一带一路"沿线国家推广;开发5门标准化课程(双语1门)
		2-3 开发精品在线开放课程40门(6门达到省级)	建成5门精品在线开放课程和职业教育在线精品课程(1门达到省级)	建成12门精品在线精品课程(1门达到省级);向校外推广使用	建成13门精品在线精品课程(2门达到省级);向校外推广使用	建成10门在线精品课程(2门达到省级);向校外推广使用
3	教材与教法改革	3-1 开发活页式、工作手册式等新型教材17部,双语教材5部	制定编写大纲;完成2部教材编写;力争出版省级以上优秀教材或规划教材1部	完成5部教材编写,完成5部双语教材样章编写;出版教材3部	完成7部教材编写,3部双语教材编写;力争出版省级以上优秀教材1部	完成7部教材编写,3部双语教材编写;形成专业群核心教材体系并进行推广
		3-2 建设智慧教室,实施项目化、信息化教学模式改革,打造高职"金课"	建设智慧教室24间;完成混合式教学模式改革方案;新增8门教改课程,信息化教学覆盖专业群课程60%	建设智慧教室24间;完善混合式教学模式改革方案;新增8门教改课程,信息化教学覆盖专业群课程70%	新增8门教改课程,信息化教学覆盖专业群课程80%;形成课程教学改革典型案例	新增6门教改课程;信息化教学改革覆盖专业群课程95%;在全国同类院校进行推广
		3-3 组建模块化教学团队,实施教师分工协作的课程教学改革	划分课程模块;组建分工协作团队;编制分工协作团队;编制分工协作方案;优化模块化教学方案	优化教师分工协作的模块化教学改革方案;实施5门模块化课程教学改革	实施5门模块化课程教学改革;总结模块化教学改革经验	形成模块化教学改革成果;教师分工协作的模块化教学改革进行推广
4	教师教学创新团队	4-1 实行双带头人引培工程,培养专业带头人与行业领军人才	聘请8名校内外专业带头人;申报省级以上课题5项;教学成果奖2项;获得市厅级以上教科研奖;培养行业领军人才	行业领军人才4人,参加国内外交流研讨;主持专业课程体系开发和课程、实训基地建设;申报省级以上教科研项	参加国内外交流研讨;申报省级以上教科研课题2项;申报省级或行业专业教学名师1人;获得市厅级以上科技奖	申报省级以上教科研课题4项;参加国内外交流研讨;申报省级以上教学名师,获得市厅级以上科研奖1项,获市厅级以上科技奖

续表

序号	建设任务	分年度建设任务			
		2019—2020 年度	2021 年度	2022 年度	2023 年度
4	4-2 实行骨干教师培育工程,提升团队专业教学、教科研及信息技术应用等能力	国家级教师或行业教学名师1人;申报国家级教师教学创新团队	研课题3项,获得市厅级以上科技类成果奖3项	类成果奖2项;建成国家级教师教学创新团队	技类成果奖3项;推广国家级教师教学创新团队建设经验
	4-3 实行"双师型"教师提升工程,全面提升团队实践教学能力	参与省级以上重点专业、专业资源库,在线开放课程建设;参加省级以上各类教学比赛;发表核心期刊论文,出版著作10篇(部)	选派骨干教师出国研修交流;参与省级以上重点专业、专业资源库,在线开放课程建设;参加省级以上各类教学比赛;发表核心期刊论文,出版著作10篇(部)	选派骨干教师出国研修交流;参与省级以上重点专业、专业资源库,在线开放课程建设;参加省级以上各类教学比赛;发表核心期刊论文,出版著作10篇(部)	选派骨干教师出国研修交流;参与省级以上重点专业、专业资源库,在线开放课程建设;参加省级以上各类教学比赛;发表核心期刊论文,出版著作10篇(部)
		引进1名技能大师;建立1个大师工作室;获得省级以上技能大赛、创新创业大赛奖项;招聘教师6人;聘请20名兼职教师;"双师型"教师比例达到80%以上;建成国家水平"双师型"教师培养培训基地1个	引进1名技能大师;建立1个大师工作室;赴企业挂职锻炼6个月;指导学生获得省级以上大赛奖项;招聘创新创业大赛奖项;招聘教师6人;聘请省级以上创新创业大赛奖项;招聘教师6人;聘请30名兼职教师;"双师型"教师比例达到85%以上	赴企业挂职锻炼6个月;参与企业技术服务;指导学生获得省级以上大赛奖项;招聘具有3年以上企业经历的高技能人才或硕士以上学历教师8人;聘请30名兼职教师;"双师型"教师比例达到90%以上	赴企业挂职锻炼6个月;参与企业技术服务;指导学生获得省级以上大赛奖项;招聘具有3年以上企业经历人才或硕士以上教师8人;聘请30名兼职教师;"双师型"教师比例达到90%以上;建成"双师型"教师团队
	4-4 实行双语教师培训,建成具备双语能力的教学团队	组建双语教学团队;组织开展英语强化培训学习;国外教师互访学习10人次,参与双语教学资源库、双语教材编写工作	组织英语强化培训学习;国内外教师互访学习等5人次;教师赴国外项目部实践锻炼,承担国际培训;聘请外籍专任教师1人	组织英语强化培训学习;国内外教师互访学习等20人次;教师赴国外项目部实践锻炼,承担国际培训;聘请外籍专任教师1人	强化培训;国内外互访等20人次;教师赴国外实践锻炼,承担国际培训,聘请外籍教师1人;建成具备双语能力的教学团队

续表

序号	建设任务	分年度建设任务			
		2019—2020 年度	2021 年度	2022 年度	2023 年度
5 实践教学基地	5-1 建设城市轨道交通工程综合实训基地	制定虚拟教学工厂、维保实训车间和隧道实训工区升级方案；完成仿真操作系统开发与验收；新增教学工位数 150 个；企业(准)捐赠教学科研仪器设备价值 100 万元	完成盾构机械训练车间、盾构液压训练车间、盾构电气训练车间和隧道实训工区升级项目建设；制定实习实训基地建设标准；新增实践教学工位数 200 个	完成隧道及城机工程施工虚拟仿真系统开发与验收；完成盾构实训工区升级改造；完成城机工程虚拟实践教学工厂建设；新增实践教学工位数 300 个	申报国家平产教融合实训基地；校内实践教学工位数达到 2 000 个；企业(准)捐赠教学科研仪器设备价值 100 万元
	5-2 建设智慧建造建筑综合实训基地	完成建筑施工实训场升级改造、装配式建筑实训室建设，建筑识图实训场建设方案；完成仿真教学实训平台建设；新增教学实训工位数 150 个；企业(准)捐赠教学科研仪器设备价值 100 万元	完成建筑识图实训室建设；完成建筑工程施工仿真实训室升级改造方案；建造建筑施工实训工厂建设方案；新增实践教学工位数 200 个；企业(准)捐赠教学科研仪器设备价值 100 万元	完成仿真实训室升级改造；完成建造虚拟教学工厂建设、智慧建造建筑综合实训基地内涵建设；新增实践教学工位数 300 个；企业(准)捐赠教学科研仪器设备价值 100 万元	校内实践教学工位数达到 2 000 个；实训基地内领先水平
	5-3 建设桥梁综合实习基地	制定桥梁施工实训场建设方案；完成实训场基础硬件建设、实训场装修设计，桥梁综合实训基地仪器设备采购；新增实践教学工位数 100 个	完成实训场建设；完成虚拟教学工厂建设方案，智慧监测实训室建设方案；新增实践教学工位数 200 个；企业(准)捐赠教学科研仪器设备价值 100 万元	完成虚拟教学工厂建设，智慧检测实训室改扩建桥梁智慧监测实训室建设；新增实践教学工位数 400 个；企业(准)捐赠教学科研仪器设备价值 100 万元	校内实践教学工位数达到 2 000 个；实训基地达到国内领先水平

续表

序号	建设任务	分年度建设任务			
		2019—2020 年度	2021 年度	2022 年度	2023 年度
5	5-4 建设创新创业示范基地	建设省大学生校外创新创业实践教育基地;省级及以上技能大赛获奖 4 项;省级"互联网+"、挑战杯等创新创业大赛获奖 2 项	基地建设方案论证并实施;省级及以上技能大赛获奖 3 项;省级"互联网+"、挑战杯等创新创业大赛获奖 2 项	校内外创新创业竞赛、孵化机制建设;省级及以上技能大赛获奖 4 项;省级"互联网+"、挑战杯等创新创业大赛获奖 3 项	基地建设经验推广总结;省级及以上技能大赛获奖 4 项;为其他基地建设提供标准
	5-5 与中国中铁、中国铁建等世界 500 强企业新建 40 个"工地流动课堂"	新建 8 个"工地流动课堂",制定"工地流动课堂"管理办法;制定顶岗实习标准;提供实习岗位 800 个	新建 10 个"工地流动课堂";完善顶岗实习标准;修订管理办法;提供实习岗位 1 000 个	新建 10 个"工地流动课堂";完善管理办法;校外基地提供实习岗位 1 000 个	新建 12 个"工地流动课堂";提供实习岗位 1 200 个;形成可推广、复制的实习标准
6	6-1 建立盾构与掘进技术应用研究中心,开展重大项目技术攻关	组建研究团队,制定建设方案;开发盾构远程监控大数据监控系统;承担纵、横项课题 3 项;专利授权 2 项	建成盾构与掘进技术应用研究中心;承担纵、横项课题 3 项;专利授权 2 项	承担纵、横项课题 3 项;专利授权 3 项	承担纵、横项课题 3 项;专利授权 3 项
	6-2 建立隧道与地下空间技术应用研究中心	制定中心建设方案;承担纵、横项课题 3 项;专利授权 2 项	建成隧道施工动态监测远程监控系统;承担纵、横项课题 2 项;专利授权 2 项	承担隧道施工开展深基坑与特殊地质隧道等关键技术研究;专利授权 3 项	完成系统验收;承担纵、横项课题 2 项;参与技术攻关;专利授权 3 项
	6-3 建成装配化建造技术应用研究中心,开展技术研究,力争参与完成国家级课题 1 项	组建团队;完成工程信息化管理中心建设方案;承担纵、横项课题 2 项;专利授权 2 项	完成技术应用研究中心、工程信息化管理中心建设;完成工程造价工作室软硬件升级;承担纵、横项课题 2 项;专利授权 2 项	完成技术应用研究中心、工程信息化管理中心验收;完成装饰工作室软硬件升级;承担纵、横项课题 3 项;专利授权 2 项	承担纵、横项课题 3 项;专利授权 3 项

续表

序号	建设任务		分年度建设任务			
			2019—2020年度	2021年度	2022年度	2023年度
6	技术技能平台	6-4 建成桥梁创新技术应用研究中心，开展桥梁施工智慧监测、深水基础施工等关键技术攻关	组建研究团队；启动研究中心建设；承担纵、横项课题3项；专利授权2项	建成应用研究中心；开展高效装配式桥梁等关键技术研究；开发城轨桥梁装配化施工等关键技术研究；承担纵、横项课题2项；专利授权2项	购置桥梁结构安全监测检测设备；开展桥梁深水基础施工等关键技术研究；承担纵、横项课题3项；专利授权3项	承担纵、横项课题2项；完成研究中心内涵建设；专利授权3项
		6-5 建立城轨机工程职业教育与产业发展研究中心，产品研发及相关培训	成立研究中心；组织或参与中外职业教育教学研究及产业相关教学资源；组织研究教学标准	编制专业人才培养方案；开发专业教学产品，推广相关教学资源；组织或参与中外职业教育教学研究；组织或参与职业教育产业发展交流论坛	开发系列规划教材；组织或参与中外职业教育教学研究；参与产业发展论坛；推广专业建设4类标准；参与相关职业标准制定	开展城轨机工程中外职业教育教学研究；组织或参与中外职业教育发展交流论坛；为城轨机工程职业教育产业发展提供智力支持
		6-6 组建铁建盾构学院	组建铁建盾构学院；制定相关规章制度；成立专业群建设领导小组	修订规章制度；开展人才培养模式创新，科研服务创新，建产教融合实训基地	完善规章制度；共建产教融合实训基地；校企合作开展科研服务创新	开展人才培养培训，共建产教融合实训基地，形成产学院运行管理机制
7	社会服务	7-1 开展科技攻关，智库咨询等技术服务	开展技术服务7项；技术服务合同额500万元	开展技术服务8项；技术服务合同额600万元	开展技术服务8项；技术服务合同额600万元	开展技术服务7项；技术服务合同额800万元
		7-2 开展在岗职工技能提升、再就业培训及各种公益性培训	社会培训5 500人日；公益性培训2 500人日；开发精品工精品培训项目2项	社会培训7 500人日；公益性培训2 500人日；开发精品培训项目3项	社会培训9 500人日；公益性培训2 500人日；开发精品培训项目3项	社会培训7 500人日；公益性培训2 500人日；开发精品培训项目2项

续表

序号		建设任务	分年度建设任务			
			2019—2020年度	2021年度	2022年度	2023年度
7	社会服务	7-3 建成国家水平"双师型"教师培养培训基地	建成国家水平"双师型"教师培养培训基地;开展城轨工程智慧建造师资培训	开发职业院校教师能力培训项目1项;开展城轨工程智慧建造师资培训	开发职业院校教师能力培训项目1项;开展城轨工程智慧建造师资培训	升级职业院校教师能力培训项目;开展城轨工程智慧建造师资培训
		7-4 对口支援省内外院校,辐射带动同类院校协同发展	制定对口支援工作计划和方案;制定校外辐射带动工作计划和方案	对口支援3所省内院校;辐射带动6所省外院校	对口支援省内院校5所;辐射带动14所省外院校	总结对口支援、辐射带动工作经验;专业群引领带动经验推广
8	国际交流与合作	8-1 开展多元化国际办学,建设海外"鲁班工坊",培养国际化人才	启动海外"鲁班工坊"建设;教师互访等10人次;招收留学生、研修生6人;学生赴国(境)外研修交流15人次	建设"鲁班工坊";教师互访等5人次;招收留学生、研修生6人;学生赴国(境)外研修交流10人次;申报国际人才培养课题1项;培养国际化城轨人才30人	建成"鲁班工坊";教师互访等20人次;招收留学生、研修生9人;学生赴国(境)外研修交流20人次;申报国际人才培养课题1项;培养国际化城轨人才35人	建成"鲁班工坊";教师互访20人次;招收留学生、研修生9人;学生赴国(境)外研修交流25人次;申报国际人才培养课题2项;培养国际化城轨人才35人
		8-2 制定国际化专业标准,打造国际品牌	开发标准1套;引进国际优质课程资源2门;开发双语教材、培训包2个	完善标准;引进国际优质课程资源2门;开发双语教材、培训包3个	形成标准;引进国际优质课程资源2门;开发双语教材、培训包3个	推广标准;引进国际优质课程资源2门;开发双语教材、培训包2个
		8-3 拓展国际化合作途径,开展多样化国际技术服务与培训	开发海外工程人员技术技能培训标准;面向"一带一路"沿线国家开展技术技能培训3 000人日	开发海外培训项目或提供技术服务1项;面向"一带一路"沿线国家开展技术技能培训500人日	开发海外培训项目或提供技术服务1项;面向"一带一路"沿线国家开展技术技能培训2 000人日	开发海外培训项目或提供技术服务1项;面向"一带一路"沿线国家开展技术技能培训2 500人日

续表

序号	建设任务	分年度建设任务			
		2019—2020 年度	2021 年度	2022 年度	2023 年度
9 可持续发展保障机制	9-1 成立城轨工程学院	成立城轨工程学院;制定相关规章制度;成立专业群建设领导小组	修订规章制度;校企合作共建产教融合实训基地	完善规章制度;校企合作共建产教融合实训基地	校企合作共建产教融合实训基地;形成学院运行管理机制
	9-2 成立专业群建设指导委员会	成立专业群建设指导委员会;建立多方参与的人才培养质量评价体系	优化评价体系;跟踪建设任务进度和质量监控,开展年度评价反馈与改进	开展年度评价反馈与改进;启动人才培养模式、教学标准等专著编制	开展年度评价反馈改进;汇编成专业群人才培养模式、教学标准等专著
	9-3 建立群内专业协同发展机制	召开专业群指导委员会议;建立专业群与产业同步调整机制和群内专业协同发展机制	制定基于SWOT分析的专业群应对措施;召开专业群指导委员会议;优化人才培养方案	制定基于SWOT分析的专业群应对措施;召开专业群指导委员会议;优化人才培养方案	制定基于SWOT分析的专业群应对措施;召开专业群指导委员会议;优化人才培养方案

表8　城市轨道交通工程技术专业群建设标志性成果

序号	建设任务	主要预期成果	目标值
1	专业群人才培养体系	中国特色高水平专业群	1个
		教育部现代学徒制试点专业	1个
		专业建设4类标准（专业教学标准、课程标准、顶岗实习标准及实习实训基地建设标准）	1套
		职业教育本科层次人才培养方案	1套
		《城轨工程技术专业群人才培养模式创新研究与实践》专著	1部
2	专业群课程资源	专业群双语教学资源库	1个
		国家职业教育地下与隧道工程技术专业教学资源库	1个
		省级以上精品在线开放课程和职业教育在线精品课程	6门
3	教材与教法改革	省级以上优秀教材和规划教材	2部
		活页式、工作手册式等新型教材	17部
		"线上+线下"混合式教学标准	1套
4	教学创新团队	国家级教师教学创新团队	1个
		国家水平"双师型"教师培养培训基地	1个
		技能大师工作室	2个
		兼职教师中行业领军人才	4人
		国家"万人计划"教学名师或全国优秀教师、黄炎培杰出教师	1人
		新增省级、行业教学名师	2人
		省级以上教学成果奖	3项
		市厅级以上科技类成果奖	10项
		省级以上教科研课题	14项
5	实训条件建设	城轨综合实训基地	1个
		建筑综合实训基地	1个
		桥梁综合实训基地	1个
		省级创新创业实践教育基地	1个
		虚拟教学工厂、仿真教学实训平台	4个
		学生省级以上技能大赛获奖	15项
		学生省级以上创新创业大赛获奖	10项
6	城轨工程智慧建造协同创新服务平台	盾构与掘进技术应用研究中心	1个
		隧道与地下空间技术应用研究中心	1个
		装配化建造技术应用研究中心	1个
		桥梁创新技术应用研究中心	1个

续表

序号	建设任务	主要预期成果	目标值
6		城轨工程职业教育与产业发展研究中心	1个
		铁建盾构学院	1个
7	社会服务能力	技术服务合同额	2 500万元
		社会培训	3万人日
		公益性培训	1万人日
8	国际化人才培养培训	海外鲁班工坊	1个
		输出专业教学标准	1套
		输出双语教材、培训包	10个
		引进国际优质课程资源	8门
		面向"一带一路"沿线国家开展技术技能培训	8 000人日
		学生赴国(境)外研修交流	70人次
		培养留学生、研修生	30人

表9 城市轨道交通工程技术专业群建设经费预算表

建设内容		小计/万元	中央财政投入资金/万元	地方财政投入资金/万元	行业企业支持资金/万元	学校自筹资金/万元
合 计		11 000	2 000	1 200	2 000	5 800
人才培养模式创新	1-1 创新培养模式试办本科	200	100	50	50	—
	1-2 施行1+X及"学分银行"	350	100	50	30	170
	1-3 重构专业群课程体系	50	—	—	—	50
	1-4 校企融通做强文化品牌	200	100	—	20	80
	小计	800	300	100	100	300
课程教学资源建设	2-1 系列化制度体系建设	100	—	50	—	50
	2-2 专业群双语教学资源库	850	350	30	50	420
	2-3 开发精品在线开放课程	450	150	20	50	230
	小计	1 400	500	100	100	700
教材与教法改革	3-1 开发新形态一体化教材	120	70	—	50	—
	3-2 课堂教学模式改革	550	100	50	50	350
	3-3 探索模块化教学改革	30	30	—	—	—
	小计	700	200	50	100	350
教师教学创新团队	4-1 培养专业群双带头人	150	100	50	—	—
	4-2 培养骨干教师团队	400	100	150	—	150

续表

建设内容		小计/万元	中央财政投入资金/万元	地方财政投入资金/万元	行业企业支持资金/万元	学校自筹资金/万元
教师教学创新团队	4-3 培养"双师型"团队	300	50	50	100	100
	4-4 培育双语教师团队	450	100	50	—	300
	小计	1 300	350	300	100	550
实践教学基地	5-1 建设城轨综合实训基地	1 750	—	150	500	1 100
	5-2 建设建筑综合实训基地	1 100	—	150	400	550
	5-3 建设桥梁综合实训基地	1 000	—	100	200	700
	5-4 建设创新创业示范基地	100	—	50	50	—
	5-5 建设校外实训基地	50	—	—	50	—
	小计	4 000	—	450	1 200	2 350
技术技能中心	6-1 建设盾构技术中心	240	150	—	50	40
	6-2 建设隧道技术中心	410	—	40	70	300
	6-3 建设建造技术中心	400	—	30	80	290
	6-4 建设桥梁技术中心	400	—	30	80	290
	6-5 建立职教与产业中心	100	50	—	—	50
	6-6 组建铁建盾构学院	100	50	—	20	30
	小计	1 650	250	100	300	1 000
社会服务	7-1 开展技术服务	220	—	22	44	154
	7-2 开展再就业及公益培训	50	—	5	10	35
	7-3 开展职业院校师资培训	140	—	14	28	98
	7-4 开展对口支援	90	—	9	18	63
	小计	500	—	50	100	350
国际交流与合作	8-1 开展多元化国际办学	420	270	—	—	150
	8-2 输出专业群国际化标准	110	80	30	—	—
	8-3 开展国际技术服务	70	50	20	—	—
	小计	600	400	50	—	150
可持续发展保障机制	9-1 建立运行管理机制	15	—	—	—	15
	9-2 建立评价反馈机制	20	—	—	—	20
	9-3 建立协同发展机制	15	—	—	—	15
	小计	50	—	—	—	50

(学会特聘研究员、陕西铁路工程职业技术学院双高办常务副主任张团结提供材料)

陕西国防工业职业技术学院"双高计划"建设方案

概 述

按照教育部 财政部《关于公布中国特色高水平高职学校和专业建设计划建设单位名单的通知》(教职成函〔2019〕14号),陕西国防工业职业技术学院被列为高水平专业群(B档)立项建设单位,机电一体化技术专业群为立项建设专业群。

学校的10项建设内容:实施特色党建"三大工程",领航高质量发展方向;构筑军工特质人才培养高地,培育智能制造未来工匠;搭建校企合作协同创新平台,提升服务军民融合能力;系统推进高水平专业群建设,培养智能制造复合型人才;实施"人才强校"工程,打造高水平双师队伍;建立校企命运共同体,形成产教融合长效机制;立足应用技术创新,提升服务经济发展水平;构建多元合作办学生态,提升学校治理现代化水平;建设高标准智慧校园,推动教育现代化变革;聚焦优质资源双向融通,铸造特色国际办学品牌。这10项建设内容具体细化为28项建设任务。

建设目标:2023年,学校成为全国国防科技工业高素质技术技能人才培养的主阵地,全国航天工匠和兵器工匠培养基地,红色基因鲜明、国防科技工业紧密依靠、综合办学实力全国领先的中国特色高水平军工高职名校。

2035年,学校成为传承红色军工精神职业教育的策源地、航天和兵器装备制造技术技能人才培养的"黄埔军校"、全国爱国主义教育和社会主义核心价值观培育的集散地,形成独具特色的"中国国防科技工业高职教育模式"。

高水平专业群:涵盖机电一体化技术、机械制造与自动化、数控技术、工业机器人技术和机械产品检测检验技术等5个专业。专业群9项建设内容包括创新军工特质人才培养模式,校企共育军地两用复合型人才;构建专业群模块化课程体系,军民共建共享优质教学资源;开发军工特色新型教材,打造职业教育"金课";"引培共济,混编互聘",打造卓越教学创新团队;建设共享型实践教学基地,服务复合型人才培养;校企共建协同创新中心,打造智能制造领域创新高地;建立"三位一体"社会培训体系,助力区域经济提质增效;集聚优质资源双向融通,提供职业教育"中国方案";打造"政军行企校"命运共同体,建立专业群产教融合机制。专业群9项建设内容具体细化为24项建设任务。

专业群建设目标:2023年,专业群军工特色鲜明,综合实力位居全国前茅,成为国家高水平专业群建设发展的示范专业群。2035年,专业群整体实力达到国际先进水平,专业标准、课程标准、教学资源成为标杆,为国际职业教育发展提供中国方案。

陕西国防工业职业技术学院"双高计划"建设方案中涉及10项一级任务、28项二级任务、540项三级任务；机电一体化专业群方案中涉及9项一级任务、24项二级任务、390项三级任务。

建设周期为2019—2023年，预算总资金为3.15亿元，其中，各级财政投入资金0.7亿元，行业企业支持资金0.23亿元，学校自筹资金2.22亿元。专业群建设经费总预算为1.2亿元，其中，中央财政投入资金0.35亿元，地方统筹相关政策资金0.35亿元，行业企业支持资金0.15亿元，学校自筹资金0.35亿元。

1 学校建设方案

1.1 建设目标

1.1.1 总体目标

全国航天工匠和兵器工匠培养质量得到广泛认可，科技创新与社会服务能力显著增强，1+X证书制度全面实施，专业随着产业调整机制更为优化，军民融合、产教融合更加紧密，政军行企校多元办学示范效应凸显，国际影响力显著提升。

2023年，学校成为全国国防科技工业高素质技术技能人才培养的主阵地，全国航天工匠和兵器工匠培养基地，技术能手、大国工匠技能孕育的摇篮，红色基因鲜明、国防科技工业紧密依靠、综合办学实力全国领先的中国特色高水平军工高职名校。

2035年，学校成为传承红色军工精神职业教育的策源地、航天和兵器装备制造技术技能人才培养的"黄埔军校"、全国爱国主义教育和社会主义核心价值观培育的集散地，形成独具特色的中国国防科技工业高职教育模式。

1.1.2 具体目标

——党建引领。坚持党对教育工作的全面领导，实现校内"政治巡察"全覆盖、"双带头人"教师党支部书记全覆盖、基层党组织政治把关作用发挥全覆盖。争创省级以上高校党建标杆院系1~2个、样板党支部4~6个，"双带头人"教师党支部书记工作室1~2个。

——人才高地。培育30门左右课程思政示范课，升级改造国防军工文化教育基地，强化劳动实践教育，军企校共建8个劳动教育实践基地；培育国家级学生技能大赛奖项40项以上；推行1+X证书制度试点，着力培养红色军工传人。

——专业建设。建成航天工匠人才培养基地1个、FANUC—中国智能制造产业培训中心1个、国家级生产性实训基地1个、协同创新中心2个，教学创新团队或领军团队达到国家级水平；形成智能制造领域专业教学标准1套；获得省级及以上教学成果奖6项（国家级奖项至少1项）、全国职业院校技能大赛获奖8项、省级及以上创新创业大赛获奖13项；获得专利20项，技术技能服务25项；4部教材达到省级优秀教材水平；省级以上教学比赛获奖15项。

——师资队伍。柔性或全职引进国务院特殊津贴专家、大国工匠等高层次领军人才 4 人、博士 10 人、军工领域特殊专业技能人才 5 人、外籍教师 4 人、企业能工巧匠 20 人;培育高层次领军人才 5 人、专业带头人 5 人、骨干教师 20 人、双语教师 20 人,培养博士研究生 20 人,专业群"双师型"教师占专业课教师比例超过 90%。

——校企合作。打造具有示范标准的全国职教集团,组建军民协同发展联盟,建成 1~2 个混合所有制产业学院,探索混合所有制办学机制。

——社会服务。组建技术服务创新团队 20 支以上,为企业提供技术服务 100 项以上;制定培训项目和培训方案 20 项以上,开发培训课程 20 门以上,年均培训 12 000 人日以上,职业技能鉴定和资格认证 4 000 人次以上,面向师生和军工企业实施"双创"培训 3 万人日以上;1 个技术转移中心通过市(厅)级及以上认定,实现学校省级以上科研立项 50 项、授权专利 300 项、省级以上科学技术奖励 4 项、高水平论文 1 500 篇、科技成果转移转化 50 项、"四技"合同到款额 2 100 万元。

——内部治理。构建党委、行政、学术、民主管理"四位一体"运行机制,优化二级学院设置与定位,完善多方代表参与的理事会构架,完善多元化合作办学管理保障机制及相关管理制度,探索"智慧决策"模式。

——信息化建设。建设基于 IPV6 的现代化网络环境,建立大数据中心和网络安全防护体系;建设 8 门课程达到省级精品在线开放课程标准,建设校级精品在线开放课程 80 门;建立大数据综合应用平台,逐步丰富学校智慧管理应用。

——国际合作。建成校内经世国际学院和海外经世学堂;教师担任国外高校、企业和国际组织兼职 50 人次,出国交流访学 30 人次;学生国外实践就业及短期交流培训、海外深造和交换学习 200 人次;打造 3 项独具特色的国际人文交流项目;开展领导力国际化专项培训 11 人次,聘请专兼职高水平海外留学人才、外籍教师和企业高水平工程师等 10 人;开发双语课程标准 10 个、双语教材 10 部;引入国际标准 5 项,培养国际学生 80 人,建成海外办学品牌项目 2 个。

1.2 建设任务与进度

高水平学校建设涉及十大内容,细化为 28 项建设任务,按照"高品质定位、高标准要求、高速度建设、高质量发展"的原则,强化过程监控,确保按照时间节点完成既定建设任务,具体如表 1 所示。

1.3 建设成效

通过"双高计划"项目的实施,学校军工特质高素质技术技能人才培养质量显著提高,服务国防科技工业和经济社会发展的水平显著提升,军工特色国际办学品牌日益凸显,"中国国防科技工业职业教育模式"得到普遍认可。

1.3.1 多维度引领改革创新

高水平特色党建领航高质量大学发展,1 + X 证书制度全面实施,军工特质技术技能人才培养高地成为国防科技工业拔尖技术技能人才培养的摇篮,系统化办学治校制度、专业建设标准、人才培养标准、企业员工培训标准成为可供复制的模板,技术技能创新服务平台显著提升服务军民融合能力,机电一体化技术高水平专业群与相应产业链

表1 陕西国防工业职业技术学院分年度建设任务与进度表

序号	建设任务	2020年度目标（含2019年度）	2021年度目标	2022年度目标	2023年度目标
1	实施特色党建"三大工程"，领航高质量发展方向				
	1-1 实施"头雁引领工程"，发挥党委领导核心作用	形成以党建促"双高"工作格局，发挥党委领导核心作用；修订《党委会议事规则》《院长办公会议事规则》	完善干部选拔任用考核工作制度体系；探索建立有效的"不忘初心、牢记使命"教育制度	建成"双带头人"大师工作室1~2个	建成具有军工作风的"学习型、创业型、引领型"党委和"高素质、专业化"军工特质2支队伍
	1-2 实施"精忠铸魂工程"，筑牢军意识形态领域阵地	加强宣传，提升各级党组对建设军工特色"双高计划"的重要认识	落实"三个一"举措，用好一个军工文化教育基地，办好一次军工文化主题党日活动，开好一门军工文化课	建成高效运作的网络新媒体平台	进一步形成特色鲜明的军工校园文化
	1-3 实施"强基固本工程"，提升基层党组织战斗力	实现党组织书记抓党建述职评议工作全覆盖，双带头人教师党支部书记全覆盖；修订《党建工作考核办法》；入选省级以上高校党建"双创"创建单位，创建标杆院系1个、样板支部4个	树立典型，积累经验，各级组织推广建设经验；完成1个国家级样板党支部建设，1个省级样板党支部建设；构建党支部、党员"四位一体"党建工作体系	创新党建机制，党建方法；完成15项基层党建创新项目研究，增强党建工作活力，不断提升党建水平；全面推行党员积分量化管理	完成创建省级以上高校党建标杆院系1个、样板支部2个；实现二级组织全覆盖，政治巡察工作全覆盖；建成高水平特色党建标杆，领航高质量大学发展作用突显
2	构筑军工特质人才培养高地，培养军工特色拔尖人才				
	2-1 构建"大思政"格局，全面落实立德树人根本任务	开展教师理论学习与社会实践考察活动；探索建立基于易班的网络思政及思政新闻5分钟课前课模式；开展思政课大练兵主题活动；开展课程思政示范课评选	开展教师理论学习与社会实践考察活动；建立基于易班的网络思政及思政新闻5分钟课前课及思政教育模式；开展思政课大练兵主题活动；开展课程思政示范课评选	实施基于易班的网络思政及课前新闻5分钟课程思政教育模式；开展课程思政示范课评选；专家学者著作为兼职教师；引进马克思主义；实领导讲思政课及听思政课	实施基于易班的网络思政及课前新闻5分钟课程思政教育模式；专家学者著作为兼职教师；引进马克思主义；实领导讲思政课及听思政课制度；实施课程思政课及高质量思政教育

续表

序号	建设任务	分年度建设进度			
		2020年度目标（含2019年度）	2021年度目标	2022年度目标	2023年度
2	构筑军工特质人才培养高地，培养军工特色拔尖人才	2-2 践行"忠诚教"精神，培养"红色军工传人"	评选；成立马克思主义学者作为兼职教师；落实领导讲思政课及听思政课制度	引进马克思主义专家学者作为兼职教师；落实领导讲思政课及听思政课制度	制度；实施课程思政教育教学改革示范项目	引进马克思主义宣传队伍和志愿者服务基地
		2-3 聚焦军工行业关键岗位，打造"工匠"培养基地	制定《军工实施方案》；修订青年马工程培训方案；申请省级军工改革重点项目1个，出版军工文化读本1部；利用易班开展核心价值观学习活动；开展学生劳动实践及学习活动；军企共建2~3个思政及劳动教育实践基地	完善《军工特色方案》；拓宽青马工程培训渠道，引进军企兼职教师1~2人；建立军工文化教育基地，开展学生课外劳动实践基地1部；开展劳动实践评比活动；开展国防大讲堂等军工特色文化活动；军企共建2~3个思政及劳动教育实践基地	形成青马工程培训队伍1~2人；进军企兼职教师1~2人；完善青马班各级站建设；区域创新开展军工文化实践活动；建设青工文化教育基地2~3个；开展学生劳动实践评比；升级改造国防教育基地，开展劳动教育实践评比及沙龙；成功模"工匠讲堂，工匠讲座及沙龙"中国航天工业特色学校	形成能够在全国推广的核心价值观教育国防教职教标准；形成完善课长效的青马工程培训体系；形成国防特色育人理念和模式，对外交流与推广1~3次；出版军工文化教育类读本1部；建设思政劳动教育实践基地2~3个，开展学生劳动实践评比
			开展"三教"改革教师培训；修订教材开发制度，编写3~5部活页式、工作手册式教材；打造精品在线开放课程30门；完善技能竞赛管理办法，校级培育竞赛项目30个，学生技能竞赛获得国家级奖10~15项；教师教学能力大赛获国赛奖项1项	开展"三教"改革教师培训；编写3~5部活页式、工作手册式教材；打造精品在线开放课程30门；完善技能培育竞赛项目30个，学生技能竞赛获得国家级奖10~15项	开展"三教"改革教师培训；编写3~5部活页式、工作手册式教材；打造精品在线开放课程10门；完善技能培育竞赛项目30个，学生技能竞赛获得国家级奖10~15项；教师教学能力大赛获重要赛事国家级奖10~15项	开展"三教"改革教师培训；编写3~5部活页式、工作手册式教材；打造精品在线开放课程10门；培育技能竞赛项目30个，学生获得国家级技能奖10~15项；教师教学能力大赛获奖项累计2项

续表

序号	建设任务	分年度建设进度			
		2020年度目标（含2019年度）	2021年度目标	2022年度目标	2023年度
2	2-4 建立1+X证书制度，畅通技术技能人才成长通道	开展1+X证书制度试点培训；制定1+X年度试点项目建设方案；获批1+X证书制度试点项目5~10个；开展1+X证书制度试点培训及考核；调研学分认定转换标准和职业资格证书与课程学分转换标准，形成调研报告	开展1+X证书制度试点培训；制定1+X年度试点项目建设方案；获批1+X证书制度试点项目5~10个；开展1+X证书制度试点培训及考核；制定学分认定转换和职业资格证书课程学分转换标准	开展1+X证书制度试点培训；制定1+X年度试点项目建设方案；获批1+X证书制度试点项目5~10个；开展1+X证书制度试点培训及考核；面向3~4个专业核心课程开展学分认定转换和职业资格证书与课程学分转换	开展1+X证书制度试点培训；制定1+X年度试点项目建设方案；获批1+X证书制度试点项目5~10个；开展1+X证书制度试点培训及考核；面向4~5个专业核心课程开展学分认定与职业资格证书与课程学分转换
3	3-1 聚焦智能制造产业发展前沿，打造校企协同创新生态系统	建立校企合作研发激励机制，资源共享机制，风险共担机制和成果转化推广机制，保障校企协同创新生态系统有序运行	推进与智能制造领域领军企业开展不少于3个创新合作项目，实施前沿技术创新研发、产业成果转化行合作	推进与智能制造领域领军企业开展不少于3个创新合作项目；校企协同培育遴选3~5个合作项目推进技术成果转化等，提升成果经济效益	在推进校企协同创新生态系统有效运转基础上，凝练推广校企协同创新生态系统成果，提升服务军民融合发展水平
	3-2 军民共建"十室十站三中心"，提升服务军民融合发展能力	制定技能大师和校企合作工作站岗位职责，建立管理制度；确定10个大师工作室建设专业，投入建设艺术学院农民画大师（文化传承）工作室等6个工作室；联合腾讯云等世界知名软件公司共建软件信息应用技术中心	建设2个技能大师工作室和5个校企合作工作站；培养20名技术技能尖人才；校企联合开展军用无人机和小型卫星发射应用技术应用和小型卫星中心方案编制，共建小型卫星发射应用技术创新中心	新建1个技能大师工作室，5个校企合作工作站；培养20名技术技能尖人才；初步建成校企共建军民融合应用技术应用无人机中心；凝练军用无人机应用技术专业人才培养和推进社会服务	打造国家级技能大师工作室，提升作用和影响力；凝练总结校企合作工作站、大师工作室建设经验并推广；凝练总结军民融合创新中心共建经验和技术创新应用成果并推广

续表

序号	建设任务	分年度建设进度			
		2020年度目标（含2019年度）	2021年度目标	2022年度目标	2023年度
3	搭建校企合作协同创新平台，提升服务军民融合能力	3-3 建立创新创业孵化转化平台，服务区域传统产业转型升级	打造5支"双创"团队；建设1~3门"双创"课程，"双创"培训5 000人日以上，省级以上"双创"大赛获奖3~5项，选拔"双创"之星2~3人；省级及以上科研项目10项，授权专利80项，发表论文400篇，科技奖励1项，推进科技成果转移转化5项，"四技"合同到款300万元	新建5支"双创"团队；建设1~3门"双创"课程，"双创"培训10 000人日以上，省级以上"双创"大赛获奖3~5项，选拔"双创"之星2~3人；省级及以上科研项目10项，授权专利80项，发表论文300篇，科技奖励1项，设立技术转移分中心1个，培养技术经理人1人，转移转化科技成果15项，"四技"合同到款500万元	成立10个众创空间，新建5支"双创"团队；建设1~3门"双创"课程，"双创"培训10 000人日以上，省级以上"双创"大赛获奖3~5项，选拔"双创"之星2~3人；省级及以上科研项目15项，授权专利70项，发表论文400篇，科技奖励1项，设立技术转移分中心1个，转移转化科技成果15项，"四技"合同到款600万元	新建5支"双创"团队；建设1~3门"双创"课程，"双创"培训5 000人日以上，省级及以上"双创"大赛获奖3~5项，选拔"双创"之星2~3人；省级及以上科研项目15项，授权专利70项，发表论文400篇，科技奖励1项，设立技术转移分中心1个，"四技"合同到款700万元
4	系统推进高水平专业群建设，培养智能制造复合型人才	4-1 高水平专业群建设	成立兵器与航天学院；完善规章制度，构建模块化专业群课程体系；完成智能制造产业学院和智能工坊、智能制造工厂和1个校外实训基地；完成航天工匠学院，中小微企业技术研发平台，众创空间等建设；航天工匠人才培养基地	建成8个实训中心，1个校外实训基地；开展1+X证书工作；培养教师100人；开展技术培训6 000人日；建立国内经世国际学院，国外经世学堂；建成西门子工坊；建成小型卫星应用工程中心，完善中心管理运行制度	建成1个实训中心，2个校外实训基地；开发3个国际化专业教学标准；开展培训7 000人日；完成资源库建设，使用率大于50%；完成"智能+"创新实验中心硬件建设和制度建设；建成FANUC-中国智能制造产业培训中心	建成1个实训中心；完成企协同创新中心建设；开发国际化专业教学标准；完成全部特色教材建设；开展培训8 000人日；推广经世国际学院和泰国分校发展经验，树立中国职业教育国际化新标杆；专业群综合实力在国内名列前茅

续表

序号	建设任务	分年度建设进度			
		2020年度目标（含2019年度）	2021年度目标	2022年度目标	2023年度目标
5 实施"人才强校"工程，打造高水平双师队伍	5-1 弘扬军工精神，构建特色鲜明的教师发展服务体系	完善《师德师风建设实施意见》《师德师风先进评选办法》等；开展2场师德"国防大讲堂"等报告会，形成常态化，表彰十佳教师，教坛新秀等；完善考核办法，制定教学质量、技能大赛、科研考核，实施教学质量、技能大赛、科研考核；新（扩）建播室1个，扩建课播室1个	修订《教师职务评审工作实施办法》；举办"国防大讲堂"等报告会，形成常态化，表彰十佳教师，完善的考核办法，实施教学质量、技能大赛、科研专项考核；开展研讨、专题培训2场次	修订《教学质量考核办法》《职业技能竞赛管理办法》等；开展全国、省职业模范遴选推荐活动；形成较为完备的考核体系，实施教学质量、技能大赛、科研专项考核；开展研讨、专题培训2场次	形成完备的师德、教师考评奖励激励制度体系；得省级以上先进荣誉称号；教师获得考核体系完备，考核内容贴合工作实际，实施教学质量、技能大赛、科研专项考核；开展研讨、专题培训2场次
	5-2 实施"四引六培"计划，优化师资队伍结构	在专业群柔性引进领军人才1人，博士2人，军工领域特殊专业技能人才5人；在专业群继续聘用5名军工领域特殊专业技能人才1人；引进外籍教师1人；全职或柔性引进能工巧匠1人；探索校企"两栖"教学团队建设模式；在专业群培养领军人才3人，带头人5人，骨干教师5人，培养博士3人，双语教师5人，培训教师240人次	在专业群柔性引进领军人才1人，博士2人；在专业群继续聘用5名军工领域特殊专业技能人才；引进外籍教师1人；在专业群全职或柔性引进能工巧匠4人；在专业群培养领军人才5人，骨干教师5人，博士5人，双语教师5人，培训教师120人次	在专业群柔性引进领军人才1人，博士3人；在专业群继续聘用5名军工领域特殊专业技能人才；引进外籍教师1人；在专业群全职或柔性引进能工巧匠6人；在专业群培养领军人才5人，继续培养骨干教师5人，博士5人，双语教师5人，培训教师120人次	在专业群柔性引进领军人才1人，博士3人；在专业群继续聘用5名军工领域特殊专业技能人才；引进外籍教师1人；在专业群全职或柔性引进能工巧匠9人；在专业群继续引进培养领军人才5人，带头人5人，博士5人，双语教师5人，培训教师120人次
	5-3 实施双师素质提升计划，铸造卓越教师资团队	建设双师实践基地，完善双师实践制度；组织2期专项培训；专业群"双师型"教师培训比例达到80%	完善"双师型"教师培养机制；组织2期专项培训；专业课群"双师型"教师比例达到90%	教师企业实践1000人日；组织2期专项培训；专业群"双师型"教师课比例达到90%	教师企业实践1000人日；组织2期专项培训；专业群"双师型"教师课比例达到90%

续表

序号	建设任务	分年度建设进度			
		2020年度目标（含2019年度）	2021年度目标	2022年度目标	2023年度
6 建立校企共同体，形成产教融合长效机制	6-1 争创示范性全国职教集团，搭建校企命运共同体平台	修订职教集团相关规章制度，新建理事会联席会议制度；完善平台年会制度等；联合集团成员，建设生产型实训基地；与集团成员共建10个校外实习基地；实现40%应届毕业生到成员单位顶岗实习	修订《集团经营性项目收益分配指导意见》等制度；职教集团达到国家示范性职教集团标准；与集团成员，建设生产型实训基地，建高水平生产型实训基地；与集团成员共建10个校外实习基地；服务军民融合产业发展，实现50%应届毕业生到成员单位顶岗实习	示范性集团化办学模式指导校企合作工作成效显著，集团内开展技术研发、工艺改良、技能练兵、技术培训等多项业务；持续开展华晟等项目顶岗实习任务；新增实训基地建设任务；与集团成员共建10个校外实习基地；实现不少于60%的应届毕业生到成员单位顶岗实习	集团内建成40个校外顶岗实习基地；不少于75%的应届毕业生到成员单位顶岗实习；建成1个千万级高水平生产型实训基地；形成集团内专业共建、师资共培、课程和教材共研、生产与实训共享的多元共赢合作模式
	6-2 成立军民发展协同发展联盟，实践军民融合发展新模式	走访调研，邀请军政校多方专家教授搭建军民联盟，确定《联盟章程》和《联盟建设方案》等；召开联盟理事会建设推进会，明确年度安排任务；建成智能制造中心	成立联盟理事会军民指导委员会；制定《联盟办法》《联盟发展规划》等；搭建军民融合技术技能创新平台，国防工匠培养基地，军转民技术转化孵化平台	召开联盟峰会论坛、军民融合军工人才培养主题论坛、军工特质学子职业素养成论坛，推广联盟建设成果，受到军工行业广泛认可	完善联盟准入准出制度，不断更新换代，吸纳产业链优质企业进入联盟；联盟引领作用凸显，形成产教活力呈现勃勃生机
	6-3 打造智能制造产业学院，探索混合所有制办学机制	制定《产业学院建设实施方案》《产业学院设置暂行办法》，建成中兴创新产业学院；制定具有军工特色企业所有制机制和人才	探索性建设信息技术产业学院，研究并编制产业学院发展规划；完善产业学院校企长效合作机制和	形成多元混合的产教融合人才培养模式；开发企业标准课程，完善产业学院共同开发实训课程体系；企业新型学	优化2个产业学院实体化运作，辐射并推广产业学院办学模式；混合所有制办学模式在智能制造和人工智

续表

序号	建设任务	分年度建设进度			
		2020年度目标（含2019年度）	2021年度目标	2022年度目标	2023年度目标
6	建立校企同命运共同体，形成产教融合长效运行机制	的《陕西国防工业职业技术学院现代学徒制实施方案》《陕西国防工业职业技术学院现代学徒制实施细则》；完成智能制造产业学院和软件信息学院建设调研和方案论证	导委员会机制；在智能制造和软件技术方向探索现代学徒制企业新型学徒制人才培养模式；完善软件技术实训基地运行机制；制定实施产教融合型企业建设方案	徒制培养模式基本成型并在校内推广；校企双方开展员工互培、技能练兵、技术服务、技能鉴定、专业人才培养；助力2～4所合作企业申报产教融合型试点企业	能专业领域成为全国典型；探索建立企业新型学徒制模式与范式，辐射并推广学徒制模式，专业人才培养模式，形成具有"国防"特色的育人模式
7	7-1 打造产学研用合作高地，服务区域经济社会发展 立足技术应用创新，提升服务区域经济发展水平	校企共同制定培养标准和培养方案，培养毕业生7 000人以上，区域就业人数占总毕业生人数的50%以上；输出高素质高技能人才1 200人以上，重点专业培养卓越人才500人以上；推进与中职学校"3+2"模式合作育人；开展技术研发；组建技术服务创新团队5支以上；选派技术人员赴企业挂职30人次以上；为企业提供技术服务20项以上	校企共同制定培养标准和培养方案，培养毕业生4 000人以上，区域就业人数占总毕业生人数的50%以上；输出高素质高技能人才1 200人以上，重点专业培养卓越人才500人以上；遴选1个专业试点本科层次职业教育；开展技术研发；组建技术服务创新团队5支以上；选派技术人员赴企业挂职50人次以上；为企业提供技术服务20项以上	校企共同制定培养标准和培养方案，培养毕业生4 000人以上，区域就业人数占总毕业生人数的50%以上；输出高素质高技能人才1 200人以上，重点专业培养卓越人才500人以上；遴选1～2个专业试点本科层次职业教育；开展技术研发；组建技术服务创新团队5支以上；选派技术人员赴企业挂职50人次以上；为企业提供技术服务25项以上	校企共同制定培养标准和培养方案，培养毕业生4 000人以上，区域就业人数占总毕业生人数的50%以上；输出高素质高技能人才1 200人以上，重点专业培养卓越人才500人以上；开展技术研发；组建技术服务创新团队5支以上；选派技术人员赴企业挂职70人次以上；为企业提供技术服务35项以上

续表

序号	建设任务	分年度建设进度			
		2020 年度目标（含 2019 年度）	2021 年度目标	2022 年度目标	2023 年度
7	7-2 建立"两中心、一学院"，提高社会培训服务能力	制定培训项目和培训方案 3 项，年培训 12 000 人日以上，开发培训课程 4 门，职业技能鉴定和资格认证 4 000 人次以上；承办国防系统职工技能大赛及军工企业技术比武 1 项以上；每年培训国内职业院校师资 2 000 人日以上；针对区域基层社区干部等开展创新创业人员，基层党建等培训班 5 期，年培训 2 000 人日以上	制定培训项目和培训方案 4 项，开发培训课程 5 门，年培训 12 000 人日以上，职业技能鉴定和资格认证 4 000 人次以上；承办国防系统职工技能大赛及军工企业技术比武 1 项以上；每年培训国内职业院校师资 2 000 人日以上；针对基层社区干部等开展创新创业人员，基层党建等培训班 5 期，年培训 2 000 人日以上	制定培训项目和培训方案 6 项，开发培训课程 6 门，年培训 12 000 人日以上，职业技能鉴定和资格认证 4 000 人次以上；承办国防系统职工技能大赛及军工企业技术比武 2 项以上；每年培训国内职业院校师资 2 000 人日以上；针对各类社会人员开展创新创业、技能传授、基层党建等培训班 5 期，年培训 2 000 人日以上	制定培训项目和培训方案 6 项以上，开发培训课程 10 门以上，年培训 12 000 人日，职业技能鉴定和资格认证 4 000 人次以上；承办国防系统职工技能大赛及军工企业技术比武 2 项以上；每年培训国内职业院校师资 2 000 人日以上；针对基层社区干部等开展创新创业人员、技能传授、基层党建等培训班 5 期以上，年培训 2 000 人日以上
	7-3 多措并举，助力国家乡村振兴战略	投入扶贫项目资金 60 万元以上，招收特困学生 1 200 人以上，设立特困学生专项资金 150 万元以上；专任教师驻贫困地区开展技能培训 1 000 人日以上；举办新型职业农民、农村电商、农民画技艺传承等培训，年均培训 1 000 人日以上；农业农村电商、农民画技艺传承等培训，年均培训 1 000 人日以上；针对不同的生源类型，开发灵活多元的个性化人才培养方案 5 个以上；通过学分积累认定与转化等方式	举办新型职业农民、农村电商、农民画技艺传承等培训，年均培训 1 000 人日以上；结合扩招专项人员职业发展需求，针对不同的生源类型，开发灵活多元的个性化人才培养方案 7 个以上；通过学分积累互认、学习成果认定与转化等方式	举办新型职业农民、农村电商、农民画技艺传承等培训，年均培训 1 000 人日以上；结合扩招专项人员职业发展需求，针对不同的生源类型，开发灵活多元的个性化人才培养方案 7 个以上；通过学分积累互认、学习成果认定与转化等方式	举办新型职业农民、农村电商、农民画技艺传承等培训，年均培训 1 000 人日以上；结合发展需求，开发个性化人才培养方案 6 个以上；通过学分积累与互认、学习成果认定与转化等方式与企业

立足技术应用创新，提升服务经济发展水平

续表

序号	建设任务	分年度建设进度			
		2020年度目标（含2019年度）	2021年度目标	2022年度目标	2023年度
7	立足技术应用创新，提升服务经济发展水平	生源类型，开发个性化人才培养方案10个以上；校企联合开发8~12门定制式专业课程，校企合作建立工作站2个以上	校与企业联合开发8~12门定制式专业课程，校企合作建立工作站3个以上	式，学校与企业联合开发8~12门定制式专业课程，校企合作建立工作站3个以上	联合开发8~12门定制式专业课程，校企合作建立工作站2个以上
8	8-1 巩固"一章八制"基础，完善学校治理制度体系	制定《陕西国防工业职业技术学院规章制度管理办法》，推进制度公开化；完善"一章八制"及相关配套制度；建立各类代表会议旁听制度；重大决策设置与定位，优化二级分院设置与定位，扩大二级分院办学自主权	开展调研，不断完善学校各项制度；邀请专家对学校重大制度进行论证、评估；聘请军工科研企事业单位高级职称人员为学术委员会委员；组织各类代表旁听学校重大决策会议；制定二级分院章程、完善党政联席会议制度	对重大制度进行修订；健全学术委员会委员履职激励、约束和考核监督机制；组织各类代表旁听学校重大决策性会议，进一步完善相关主体利益表达机制，建言献策渠道；健全二级分院治理结构；探索实施"一院两制"	学校各类制度、机制健全，形成可持续发展的保障机制；编制学校制度汇编；学术委员会、教代会机制健全，学术公平、管理民主；二级分院办学主体活力增强，多种形式的跨专业群合作办学模式形成
	8-2 营造"开放共治"环境，构建多元办学的理事会功能；召开新一届理事会会议；制定多元化合作办学的发展规划，完善多元合作办学管理保障机制及相关管理制度	建立理事会专家智库；完善理事会运行制度和工作机制，准确定位理事会功能；召开新一届理事会会议；制定多元化合作办学的发展规划，完善多元合作办学管理保障机制及相关管理制度	细化理事会运作制度和工作机制，准确定位理事会功能；召开新一届理事会会议；制定多元化合作办学的发展规划，完善多元合作办学管理保障机制及相关管理制度	开展理事会成员参与学校重大事项决策、咨询等工作；召开理事会年会；完善多元化合作办学供需协调机制，对政校、校校合作办学过程中出现的偏差和错位现象进行调节，形成良性合作共同体	形成定位清晰、权责对等，运转协调、制衡高效的理事会治理结构；召开理事会年会；吸引行业、企业以资本、知识、技术、管理等要素参与办学，建设混合所有制特色二级分院

续表

序号	建设任务		分年度建设进度			
			2020年度目标（含2019年度）	2021年度目标	2022年度目标	2023年度
8	构建多元合作办学生态，提升信息化治理现代化水平	8-3 探索"智慧决策"模式，提升信息化治理水平	制定学校首席信息官制度，形成信息化发展CIO体系；制定《智慧校园发展规划》《校园大数据采集、统计与存储管理办法》《校园大数据分析与评价指导意见》等制度	实施学校首席信息官制度，建立信息化发展CIO体系；对招生、就业等进行全方位、多维度数据采集和分析，对专业、课程、教师、学生进行全方位数据画像	定期开展信息绩效评估和监督检查，形成数据管理常态化机制；完善《智慧校园发展规划》《校园大数据采集、统计与存储管理办法》《校园大数据分析与评价指导意见》等制度	数据对招生就业、决策指导作用明显，探索并形成"用数据说话、用数据管理、用数据决策、用数据创新"的智慧决策模式
9	建设高标准智慧校园，推动教育现代化变革	9-1 以5G通信技术引领，升级智慧校园基础环境	升级网络基础设施，建成云计算服务平台；建立云计算中心、完善校园网络运行环境；升级校园网行为认证等校内设备；应用系统等级保护扩；部署安全态势感知、终端响应EDR	购置4路服务器及存储设备，建立云计算应用中心；实施校园网IPV6升级；部署网站安全监测服务，数据中心下一代防火墙、虚拟化云设备，云WAF，云抗D、统一容灾备份系统	在保证校园网络稳定运行基础上，进一步完成校园网IPV6的升级工作；建立漏洞扫描、日志审计、数据库审计机制	扩容云计算中心配置和应用范围；完成IPV6改造；部署云安全资源池；部署安全感知平台和网站安全服务系统；建立网络安全体系，保障网络安全
		9-2 建立智慧教学体系，探索教育信息化新范式	完善现有国家级专业教学资源库；建设2个省级教学资源库；开发在线开放课程30门；建设2门省级精品在线开放课程达到省级精品课程标准；完善教师培训制度，教学研究制度与激励机制	加强2个省级专业教学资源库的应用，开发在线开放课程30门；建设2门课程达到省级精品在线开放课程标准	全面开展信息化课程改革，强化信息化教学手段应用和专业教学资源库应用；开发10门在线开放课程；建设2门课程达到省级精品在线开放课程标准	开发在线开放课程10门，总量达到80门；强化专业教学资源库应用；建设2门课程达到省级精品在线开放课程标准，总计达到8门

续表

序号	建设任务	分年度建设进度			
		2020年度目标（含2019年度）	2021年度目标	2022年度目标	2023年度
9	9-3 丰富智慧管理应用，推动大数据治校新变革	建立CIO体系及信息化校企合作机制；搭建统一身份认证平台，综合校数据，建立校园事务中心；开发移动校园应用；增加3个业务系统上线；北校区校园公共监控平台升级改造	建立数据质量监控平台，校园大数据分析平台一期，综合校情大数据综合大数据分析，优化校情消息平台，建立校园事务中心；开发产业学院网络平台；学生公寓、教学楼监控升级改造	升级校园事务中心和移动校园应用；建立数据中台，建成智慧运营、决策分舱，优化校情综合大数据分析；增加2个业务系统上线；升级改造实训楼、南校区校园监控	升级平安校园工程，综合管理分析平台；建成智慧管理情分析平台，大数据运营、决策分析形成常态；消防监控系统联网，形成智慧物联管控
10	10-1 成立国际学院，搭建国际化合作办学平台 聚焦优质资源双向融通，打造特色国际办学品牌	签订《合作框架协议》；签订"人文交流经世项目"共建协议；教学团队成员参加国内外学术交流，服务2批次；教师在国外高校、企业和国际组织兼职10人次，交流访学10人次（机电专业群5人次）；学生国外实践就业及短期交流培训20人次；支持20名优秀学生赴海外学历深造、交换学习；选拔支持5名优秀学生参加国际职业技能比赛；打造1项独具特色的国际人文交流项目；以各类方式聘请	完善留学生管理制度，招收留学生；教学团队参加国内外学术交流，服务2批次；教师在国外高校、企业和国际组织兼职20人次，交流访学7人次（机电专业群5人次）；学生国外实践就业及短期交流培训20人次；支持20名优秀学生赴海外学历深造、交换学习；选拔支持5名优秀学生参加国际职业技能比赛；打造1项独具特色的国际人文交流项目；以各类方式聘请	参加国内外经世国际学院，经世学堂论坛；教学团队成员参加国内外学术交流，服务1批次；教师在国外高校、企业和国际组织兼职10人次，交流访学7人次（机电专业群5人次）；学生国外实践就业及短期交流培训30人次；支持30名优秀学生赴海外学历深造、交换学习；选拔支持5名优秀学生参加国际职业技能比赛；打造1项独具特色的国际人文交流项目；以各类方式聘请	开展主题论坛和国际合作成果展；教学团队参加国内外学术交流，服务1批次；教师组织兼职10人次，交流访学6人次（机电专业群5人次）；学生国外实践就业及短期交流培训30人次；支持30名优秀学生赴海外学历深造、交换学习；选拔支持5名优秀学生参加国际职业技能比赛；以各类方式聘请人才2人；开展领导力国际化专项培训2

续表

序号	建设任务	分年度建设进度			
		2020年度目标（含2019年度）	2021年度目标	2022年度目标	2023年度
10	聚焦优质资源双向融通，打造特色国际办学品牌 10-2 共建经世学堂，打造职业教育国际化示范引领项目	文交流项目；打通国际引才渠道，聘请人才3人；开展领导力国际化专项培训2人次，双语专项培训5人次；开发双语教材2个，双语课程标准3部，校企共建课程标准2个，校企共建教材2部，数字化课程资源4个；引入国际标准2个	人才3人；开展领导力国际化专项培训2人次；开发双语教材3个，双语课程标准3部，校企共建课程标准3个，校企共建教材3部，数字化课程资源6个；引入国际标准1个	方式聘请人才2人；开展领导力专项培训2人次；开发双语教材3个，双语课程标准3部，校企共建课程标准3个，校企共建教材3部，数字化课程资源6个；引入国际标准1个	人次；开发双语课程标准2个，双语教材2部，校企共建课程标准2个，数字化课程资源4个；引入国际标准1个
		建立"一带一路"留学基金和留学生导师制等制度，完善国际学生等硬件设施建设；调研境外合作办学意向并制定国外办学方案；开发中国高职院校在智能制造领域国际化专业课程标准1套	建成海外办学项目2个，招收各类国际学生10人；开展对外培训4 000人日；建立中泰技术类人才培养创新基地1个；建立中国高职院校教师海外教师培训和课程创新探索基地1个	招收各类国际学生10人；2个国外办学项目开展对外培训3 000人日，境外办学效果得到当地广泛认可；建立第一个中高校联合命名的人文交流联合研究中心	招收各类国际学生10人；境外办学项目每年常态化开展培训3 000人日以上，项目成为高职境外办学品牌；打造第一个人文交流经世项目样板工程

精准对接,高水平"双师型"教师团队培养举措成为全国高职院校范式,校企命运共同体促进产教深度融合,现代大学治理水平显著提升,高水平智慧校园建设方案成为同类高职院校的样板,学校的国际影响力和国际声誉不断扩大。

1.3.2 全方位支撑优质发展

军民协同发展联盟的桥梁纽带作用充分发挥,陕西国防工业职教集团实体化运作,大国工匠(技能大师)工作室、校企合作工作站高质量育人,技术技能创新服务平台高效率孵化项目和转化成果,为"中国制造2025""互联网+"和"一带一路"倡议以及地方经济又好又快发展提供有效支撑,为国防科技工业升级发展、高端装备制造和信息技术快速发展、军企和小微企业优质发展提供强有力的军工特质人力资源支撑。

1.3.3 大职教铸就国防模式

"政军行企校"联合办学,"高职教育+培训"办学定位得到广泛认同,混合所有制、现代(企业新型)学徒制、集团化办学深入开展,校企双主体育人、国防职教精神育人不断深入,校企兼职兼薪有效实施。面向军工企业员工开展"高职教育+培训",面向学生开展军工特种技术技能培训,面向"四类人员"开展职业个性技能培训,面对"走出去"企业开展技能提升培训,军民融合、产教融合,国际合作更加紧密,大职教国防模式成为范式。

1.3.4 高水平彰显办学实力

内部治理结构不断优化,高水平双师团队中涌现出一批行业领军人才和技能大师,"红色军工传人"中有技术状元和能工巧匠,高水平专业群服务能力显著提升,优质教育教学资源输出海外,系列制度、规范以及相关标准成为行业乃至国际标准,学校办学水平得到广泛认可。高水平学校建设标志性成果如表2所示。

表2 陕西国防工业职业技术学院"双高计划"建设标志性成果

序号	成果名称	数量
1	全国高校样板党支部	2~3个
2	国家级教学成果奖	≥1项
3	省级教学成果奖	≥6项
4	学生获得国家级技能大赛一等奖	≥2项
5	省级及以上"双创"大赛获奖	13项
6	教师教学能力大赛国赛获奖	2项
7	省级及以上科学技术奖	3项
8	国家级水平教学创新团队或行业领军团队	1个
9	打造国家级标准众创空间	2个
10	省级水平精品在线开放课程	8门
11	国家级水平职教师资培训基地	1个
12	航天工匠人才培养基地	1个

续表

序号	成果名称	数量
13	FANUC-中国智能制造产业培训中心	1个
14	全国高水平实训基地	1个
15	参与1+X证书制度试点的学生证书获取率	≥70%
16	具有示范性标准的全国职教集团	1个
17	开展技术研发项目	≥100项
18	社会培训收入	≥500万元
19	混合所有制特色二级分院	2个
20	国际人文交流项目	3项
21	海外办学品牌项目	2个
22	海外经世学堂	1个
23	招收国际学生	≥30人

1.4 经费预算

学校建设总经费预算为3.15亿元,其中,中央财政和省级统筹相关政策资金共计投入0.7亿元,吸纳行业企业支持资金0.23亿元,学校自筹资金2.22亿元。为合理、高效、规范地使用建设资金,保证建设进度顺利进行,结合学校实际情况,制定高水平学校建设经费预算表(表3)。

2 机电一体化技术专业群建设方案

2.1 建设目标

2.1.1 总体目标

通过高水平专业群建设,在人才培养、技术创新、社会服务、军工文化传承等方面实现资源共享、优势互补、交叉融合,支撑智能制造产业、国防科技工业和航天科技产业复合型、创新型人才供给。

2023年,成为复合型、创新型技术技能人才培养高地,国家智能制造产业大国工匠和能工巧匠培养高地,国家军工技术技能创新服务高地。专业群综合实力位居全国前茅,军工特色鲜明,成为高水平发展的示范。

2035年,专业群国防特色进一步凸显,整体实力达到国际先进水平,专业标准、课程标准、教学资源成为标杆,为国际职业教育发展提供中国方案。

2.1.2 具体目标

——军工特质技术技能人才培养。依托"两学院+两工坊+一学堂",实施1+X证书制度,深化"校企七联动、工学七耦合"的军工特质人才培养模式改革。

表3 陕西国防工业职业技术学院"双高计划"建设经费预算表

建设内容		小计		中央财政投入资金		地方财政投入资金		行业企业支持资金		学校自筹资金	
		金额/万元	比例/%	金额/万元	比例/%	金额/万元	比例/%	金额/万元	比例/%	金额/万元	比例/%
合计		31 500.00	100.00	3 500.00	11.11	3 500.00	11.11	2 300.00	7.30	22 200.00	70.48
1. 构筑军工特色高质素人才培养基地,培养军工特色拔尖人才	1-1 构建"大思政"格局,全面落实立德树人根本任务	60.00	2.73							60.00	2.73
	1-2 践行"忠博武毅"精神,培养"红色军工传人"	750.00	34.09							750.00	34.09
	1-3 聚焦军工行业关键岗位,打造"工匠"培养基地	950.00	43.18							950.00	43.18
	1-4 建立1+X证书制度,畅通技术技能人才成长通道	440.00	20.00							440.00	20.00
	小计	2 200.00	6.98							2 200.00	9.91
2. 搭建校企合作协同创新平台,提升服务军民融合能力	2-1 聚焦智能制造产业发展前沿,打造校企协同创新生态系统	30.00	0.44							30.00	0.47
	2-2 军民共建"十室十站三中心",提升服务军民融合发展水平	970.00	14.26					350.00	100	620.00	9.61
	2-3 建立创新创业孵化转化平台,服务区域传统产业转型升级	5 800.00	85.29							5 800.00	89.92
	小计	6 800.00	21.59					350.00	15.22	6 450.00	29.05
3. 系统推进高水平专业群建设,培养智能制造复合型人才	3-1 高水平专业群建设	12 000.00	100.00	3 500.00	100.00	3 500.00	100.00	1 500.00	100.00	3 500.00	100.00
	小计	12 000.00	38.10	3 500.00	100.00	3 500.00	100.00	1 500.00	65.22	3 500.00	15.77

续表

建设内容		小计		中央财政投入资金		地方财政投入资金		行业企业支持资金		学校自筹资金	
		金额/万元	比例/%	金额/万元	比例/%	金额/万元	比例/%	金额/万元	比例/%	金额/万元	比例/%
4. 实施"人才强校"工程，打造高水平双师队伍	4-1 弘扬军工精神，构建特色鲜明的教师发展服务体系	500.00	24.39							500.00	24.39
	4-2 实施"四引六培"计划，优化师资队伍结构	1 400.00	68.29							1 400.00	68.29
	4-3 实施双师素质提升计划，铸造卓越师资团队	150.00	7.32							150.00	7.32
	小计	2 050.00	6.51							2 050.00	9.23
5. 建立校企命运共同体，形成产教融合效长机制	5-1 创建国家示范性职教集团，搭建校企命运共同体平台	1 130.00	33.73							1 130.00	37.67
	5-2 成立军民协同发展联盟，实践军民融合发展新模式	1 020.00	30.45							1 020.00	34.00
	5-3 打造智能制造产业学院，探索混合所有制办学机制	1 200.00	35.82					350.00	100.00	850.00	28.33
	小计	3 350.00	10.63					350.00	15.22	3 000.00	13.51
6. 立足技术应用创新，提升服务经济发展水平	6-1 打造产学研用合作高地，服务区域经济社会发展	600.00	40.00							600.00	40.00
	6-2 建立"两中心一学院"，提高社会培训服务能力	300.00	20.00							300.00	20.00
	6-3 多措并举，助力国家乡村振兴战略	600.00	40.00							600.00	40.00
	小计	1 500.00	4.76							1 500.00	6.76

续表

建设内容		小计		中央财政投入资金		地方财政投入资金		行业企业支持资金		学校自筹资金	
		金额/万元	比例/%	金额/万元	比例/%	金额/万元	比例/%	金额/万元	比例/%	金额/万元	比例/%
7.构建多元合作办学生态,提升学校治理现代化水平	7-1 巩固"一章八制"基础,完善学校治理制度体系	15.00	15.00							15.00	15.00
	7-2 营造"开放共治"环境,构建多元合作办学生态	65.00	65.00							65.00	65.00
	7-3 探索"智慧决策"模式,提升信息化治理水平	20.00	20.00							20.00	20.00
	小计	100.00	0.32							100.00	0.45
8.建设高标准智慧校园,推动教育信息化新变革	8-1 5G通信技术引领,升级智慧校园基础环境	1 010.00	33.89							1 010.00	35.07
	8-2 建立智慧教学体系,探索教育信息化新范式	1 020.00	34.23							1 020.00	35.42
	8-3 丰富智慧管理应用,推动大数据治校新变革	950.00	31.88					100.00	100.00	850.00	29.51
	小计	2 980.00	9.46					100.00	4.35	2 880.00	12.97
9.聚焦优质资源双向融通,打造特色国际办学品牌	9-1 成立"国际学院",搭建国际化合作办学平台	487.00	93.65							487.00	93.65
	9-2 共建"经世学堂",打造职业教育国际化的示范引领项目	33.00	6.35							33.00	6.35
	小计	520.00	1.65							520.00	2.34

——课程教学资源。校企协同开发38门特色课程、4 000项优质教学资源、20部工学结合优质教材。

——高水平师资队伍。引进、培育高层次人才9人、专业带头人10人,建设名师工作室4个,达到国家级教学创新团队或行业领军团队水平1个。

——生产性实训基地。构建"六平台、四层级"的实践教学体系,建成1个军工装备智能制造工厂、1个虚拟教学工厂、5个生产性技术技能实训基地。

——技术技能创新服务平台。校企共建"产业学院""工匠学院""西门子工坊""智能+"创新实验中心、军工特色众创空间和协同创新中心,助力智能制造高端拔尖人才培养。

——社会服务能力。建成全国职教师资培训基地,建立"三位一体"培训体系,开展智能制造行业培训人数达到10 000人日。

——国际交流与合作。建设经世国际学院和"经世学堂",建成"智造工坊"、国际实训基地、教师海外教学培训基地和中泰技术技能人才培养中心;出版10部双语教材,双向留学学生人数130人,培养外籍员工500人。

——专业群可持续发展机制。探索以群建院,成立智能制造学院;建成产业学院,构建"政军行企校"命运共同体,建设动态调整、自我完善的专业群可持续发展机制。

2.2 建设任务与进度

高水平专业群建设涉及九大内容,细化为24项建设任务,如表4所示。

2.3 建设成效

通过高水平专业群建设,将机电一体化技术专业群打造成为军工特色鲜明、行业认可度高、国际知名度高、科研创新层次高、人才培养质量高的职业教育改革发展"领头雁",兵器工匠和航天工匠培养的"新标杆",助力军工企业转型升级的"新动力",服务中小微企业创新发展的"新引擎",职业教育国际交流合作的"新品牌",专业群建设标志性成果如表5所示。

2.4 经费预算

建设期内,机电一体化技术专业群建设总经费预算为1.2亿元,其中,中央财政投入资金0.35亿元,地方统筹相关政策资金0.35亿元,行业企业支持0.15亿元,学校自筹资金0.35亿元,资金预算汇总如表6所示。

表 4 机电一体化技术专业群分年度建设任务与进度表

序号	建设任务	分年度建设任务			
		2019—2020 年度	2021 年度	2022 年度	2023 年度
1 创新军工特质人才培养模式，校企共育军地两用复合型人才	1-1 融入军工精神和工匠精神，创新军工特质人才培养模式	深入探索工匠精神和国防职教精神内涵；集中"行企校所"优质资源，创新人才培养模式	将工匠精神和国防职教精神融入人才培养方案，完善其核心要素育人文化；完善专业群各专业教学标准	论证并完善人才培养方案，将工匠精神和国防职教精神落实到人才培养全过程；完善实到 5 个专业教学标准	形成独具国防特色的人才培养模式和模块化课程体系，实施"三全育人"；总结专业教学标准，形成机电一体化技术专业群职业教育中国方案
	1-2 依托"两学院+两工坊"，构筑产业高端人才培养平台	遴选 100 名学生进驻智造工坊；校企共同探索企业新型学徒制人才培养，遴选 25 名学生实施军工企业新型学徒制人才培养；完善"学分银行"培养制度，招收 20 名退伍军人开展技术技能教育	遴选 100 名学生进驻智造工坊；25 名学生实施军工企业新型学徒制人才培养；完成"学分银行"培养制度改革，招收 20 名退伍军人开展技术技能教育；依托经世学堂培养技术技能人才 100 人	遴选 100 名学生进驻智造工坊；25 名学生实施军工企业新型学徒制人才培养；招收 20 名退伍军人技术技能教育；依托经世学堂培养机电一体化专业群技术技能人才 100 人	遴选 100 名学生进驻智造工坊；25 名企业新型学徒制人才培养；招收 20 名退伍军人开展技术技能教育；依托经世学堂培养机电一体化专业群技术技能人才 100 人
	1-3 推进 1+X 证书制度改革，培养军地两用复合型人才	引入第三方评价制度和专业化标准化的企业认证职业技能鉴定程序；制定职业技能鉴定办法；建设智能制造人才培训基地；申报工业机器人行业认证试点或技能鉴定站点	完成智能制造人才培训基地建设并投入使用；开展工业机器人运维 1+X 证书制度试点，培训 200 人次；开展工业机器人集成应用 1+X 证书制度试点，培训 100 人次	开展工业机器人运维 1+X 证书制度试点，培训 200 人次；开展工业机器人集成应用 1+X 证书制度试点，培训 100 人次	开展工业机器人运维 1+X 证书制度试点，培训 200 人次；开展工业机器人集成应用 1+X 证书制度试点，培训 100 人次；专业群毕业生"双证"获取率达到 100%

续表

序号	建设任务	分年度建设任务			
		2019—2020年度	2021年度	2022年度	2023年度
2	开发专业群模块化课程体系，军民共享优质教学资源	2-1 对标智能制造技术、智能生产核心技术，构建专业群模块化课程体系	在国防科技工业企业、智能制造试点示范企业调研制定标准，一专多能人才培养标准、军工高端装备制造岗位标准，形成调研报告；探索模块化课程体系建设	探索专业群课程内容、课程体系，军工课程模块化建设模式，形成"基础共享、分立、拓展互选"的模块化专业群课程体系；建立课程多元评价体系；探索课程多元化考核方式	开展评估、诊改工作，动态调整课程组织架构，完善专业群模块化课程体系；完善课程多元评价标准；完善课程多元考核方式	形成军工特色、能力本位、动态调整的机电一体化技术专业群课程组织架构
		2-2 军民共建优质教学资源，全面支撑"智造"人才泛在学习	建成优质教学资源1 000项；培育教法改革范例2个；建设面向军工特有工种1个；筹建在线培训资源包；开展在线培训2 000人日；开展关于专业教学标准、课程标准、顶岗实习教学标准、实践教学标准的调研	建成优质教学资源1 000项；培育教法改革范例2个；建设面向军工特有工种1个；开展在线培训资源包1个；开展在线培训2 000人日；资源更新率不低于10%；制定专业群专业标准、模块化专业课程标准、顶岗实习标准和实践教学标准	建成优质教学资源1 000项；培育教法改革范例3个；完善面向军工特有工种；在线培训资源包建设；开展在线培训2 000人日；资源更新率不低于10%；完善专业群专业标准、模块化专业课程标准、顶岗实习标准和实践教学标准并实证论证	建成优质教学资源1 000项；培育教法改革范例3个；持续完善面向军工特有工种；在线培训资源包建设；开展在线培训2 000人日；资源更新率不低于10%；专业群教学资源库存储量不低于1 000GB，总用户数不低于1万人，总访问量不低于200万次
		2-3 建设5C智慧学习环境，打造"智造"人才终身学习平台	开展调研，建设数字化应用与管理平台；建成现代化智慧教室1间	建成现代化智慧教室2间，常态化智慧教室10间；建成军工文化网络学习平台和宣讲网站	建成常态化智慧教室10间；建成服务军工企业职工、"三辅"人员、社会大众的终身导学平台	建成常态化智慧教室5间；建立教学运维管理控制中心

续表

分年度建设任务

序号	建设任务	2019—2020 年度	2021 年度	2022 年度	2023 年度
3	3-1 因材施教、分类培养，开发军工特色新型教材	启动《军工装备数控编程与加工》等 2 门课程工作手册式特色教材建设任务；启动开发专业课程双语教材调研任务；开发 2 部专业课程双语教材	完成《军工装备数控编程与加工》等 2 门课程工作手册式特色教材建设任务；启动《兵器关键零部件检测技术》等 2 门课程工作手册式特色教材；开发 1 部专业课程双语教材；申报 1 部省级优秀教材	完成《兵器关键零部件检测技术》等 2 门课程工作手册式特色教材建设任务；启动《军工装备多轴加工技术》等 3 门课程工作手册式特色教材；开发 1 部专业课程双语教材；申报 1 部省级优秀教材	完成《军工装备多轴加工技术》等 3 门课程工作手册式特色教材建设任务；开发《军工产品检测技术》等特色教材；申报 2 部省级优秀教材
	3-2 持续推进教法改革，打造职业教育"金课"	设计教学内容，改革教学方法，制定 16 门"金课"标准；探索翻转课堂、在线网络课堂、虚拟工厂等学习空间建设模式；制定教师相关信息化教学能力竞赛制度；建设 2 门双语课程及资源；教学能力比赛获奖 2 项	制定 13 门"金课"标准；完成 16 门"金课"建设；建设翻转课堂、在线网络课堂、虚拟工厂等学习空间；2 门课程达到国家级精品在线开放课程建设标准；建设 7 门双语课程及资源；教学能力比赛获奖 2 项	设计教学内容，改革教学方法，制定 9 门"金课"标准；完成 13 门"金课"建设；建设 1 门双语课程及资源；1 门课程达到国家级精品在线开放课程建设标准；教学能力比赛获奖 3 项	完成 9 门"金课"建设；1 门课程达到国家级精品在线开放课程建设标准；教学能力比赛获奖 5 项
4	4-1 引培行业领军人物，打造科技创新团队"引培共济、混编互聘"，打造卓越教学创新团队	引进智能制造、军工行业高层次人才各 1 人；组建 2 个在行业具有重要影响和显著军工特色的科技创新团队；培育智能制造行业科技领军人才 1 人；申报省级以上科研课题 2 项；支持企业开展技术攻关项目 3 项；教学团队成员参与国内外学术交流 2 次；获科研成果奖 1 项	培育智能制造行业科技领军人才 1 人；申报省级以上科研课题 2 项；服务地方智能制造产业技术攻关项目 1 项；支持企业开展技术研发项目 2 项；教学团队成员发项目 2 项	培育智能制造行业科技领军人才 1 人；申报省级以上科研课题 2 项；支持企业开展技术研发项目 3 项；教学团队成员参与国内外学术交流 2 次；获科研成果奖 1 项	培育智能制造行业科技领军人才 2 人；申报省级以上科研课题 1 项；服务地方智能制造产业技术攻关项目 1 项；支持企业开展技术研发项目 3 项；教学团队成员发项目 3 项

续表

序号	建设任务	分年度建设任务			
		2019—2020年度	2021年度	2022年度	2023年度
4	4-2"校企行所"混编互聘，打造卓越教学创新团队	上科研课题1项；支持企业开展技术研发项目2项；教学团队成员参与国内外学术交流1次	参与国内外学术交流1次		参与国内外学术交流2次
	"引培共济，混编互聘"，打造卓越教学创新团队	探索校企"两栖"教学团队建设模式；教学能力提升培训25人次；建设名师工作室4个；聘请企业知名专业带头人1人，培养国内知名专业带头人2人，骨干教师带头人1人；引进企业兼职教师5人；选派5名骨干教师参加国外职业技术教育培训；完成企业实践锻炼25人月	完善校企"两栖"教学团队建设；完善教师分工协作的模块化教学模式；聘请企业知名专业带头人1人，培养国内知名专业带头人1人，骨干教师5人；引进企业兼职教师25人；选派5名骨干教师参加国外职业技术教育培训；完成企业实践锻炼25人月	实施教师分工协作的模块化教学工作；聘请企业专业带头人1人，培养国内知名专业带头人1人，骨干教师5人；引进企业兼职教师25人；选派5名骨干教师参加国外职业技术教育培训；完成企业实践锻炼25人月	建成校企"两栖"教学团队；实施教师分工协作的模块化教学工作；聘请企业专业带头人1人，培养国内知名专业带头人2人，骨干教师5人；引进企业兼职教师25人；选派5名骨干教师参加国外培训；完成企业实践锻炼25人月；专任教师双师比例达到95%
5	5-1 建设"六平台，四层级"实践教学体系，服务复合型人才培养 建设高水平生产型实训基地，服务复合型人才培养	完成行业、企业调研，形成校外实训教学基地建设方案；与京东、海尔集团合作建设2个校外实训基地；初步建立校外实训基地制度；初步论证"六平台、四层级"实践教学体系	与中国重型机械研究院、汉德车桥、法士特合作建设3个校外实训基地；完善校外实训基地制度；开展工作培训、认证工作；完善"六平台、四层级"实践教学体系	完善校外实训基地制度；开展教学、科研、培训、认证工作；校企合作，开发实践教学资源；形成"六平台、四层级"实践教学体系，育人取得良好成效	开展教学、科研、培训、认证工作；校企合作，更新实践教学资源；"六平台、四层级"实践教学体系向外推广，取得良好社会反响

续表

序号	建设任务	分年度建设任务			
		2019—2020年度	2021年度	2022年度	2023年度
5	建设高水平生产型实训基地,服务复合型人才培养	5-2 建设高水平生产性实训基地,打造智能制造智能培训平台	完成PLC综合应用实训中心扩建及军工装备智能制造工厂、智能虚拟教学工厂、机器人创新实训中心、航天特种材料切削创新中心建设;制定智能工装中心、嵌入式控制系统实训中心、工业网络实训中心、智能检测实训中心、机电综合检控实训中心建设方案	完成现代电气控制实训中心扩建及智能工装实训中心、嵌入式控制系统实训中心、机电综合检控实训中心、机电综合检控实训中心、智能网络实训中心、智能检测实训中心建设;开发相关课程和实训项目并投入使用;形成实训基地环境建设方案并实施	完善工厂和基地相关制度配备各基地和中心工作人员;全面开展社会培训、师资培训、技能等级认定等工作;持续完善实践教学基地制度建设并形成制度汇编;依托企业真实生产、相关课程和实训项目并开发相关课程和实训项目并投入使用	完成多轴精密加工实训中心建设;依托企业真实生产,开发相关课程和实训项目并顺利投入使用;持续开展社会培训、师资培训、技能等级认定等工作,形成技能等级认定等工作,形成有推广性的育人模式并在同类院校中推广
6	校企共建协同创新中心,打造智能制造领域创新高地	6-1 大师领衔创建"智造工坊",构筑技术技能人才培养高地	建设大国工匠工作室1个、技能大师工作室5个,引进大国工匠、三秦工匠、西安工匠10人,建设智造工坊1个;完善大国工匠工作室、技能大师工作室等制度建设;为智能制造业和军工企业培养未来工匠100人	开展大国工匠进校园活动1次;开展技能大师科研交流1次;引进唐正刚等工匠10人,实现人才输出、技术双向输入与输出;开展技术技能培训,为智能制造业培养未来工匠100人	开展技能大师进校园活动1次,技能大师科研交流1次;开展技术技能培训,为智能制造业和军工企业培养未来工匠100人	开展大国工匠进校园活动1次,技能大师科研交流1次;开展技术技能培训,为智能制造业和军工企业培养未来工匠100人

续表

序号	建设任务	分年度建设任务			
		2019—2020 年度	2021 年度	2022 年度	2023 年度
6	6-2 "三创"融合引领众创空间建设，培优做强"双创"人才新动能	建设2个军工特色众创空间；邀请15名创业导师，2家军工背景知名企业和地方企业开展创业指导；获得省级"双创"大赛奖项5个；服务军工企业2家；建设2个协同创新中心	完成"智能+"创新实验中心建设；邀请15名创业导师，2家军工背景知名企业和地方企业开展创业指导；获得省级"双创"大赛奖项3个；孵化创新企业1家；服务军工企业2家	1个众创空间达到国家级水平；邀请15名创业导师，2家军工背景知名企业和地方企业开展创业指导；获得省级"双创"大赛奖项3个；孵化创新企业1家；服务军工企业2家	邀请15名企业知名创业导师，2家军工背景知名企业和地方领域企业开展创业指导；获得省级"双创"大赛奖项2个；孵化创新企业1家；服务军工企业2家
	6-3 多方共建工匠学院，助力国防科技工业拔尖人才培养	成立航天工匠学院和兵器工匠学院；成立航天拔尖人才培养工作站，小型航天卫星工程应用和航天工匠创新中心，完成其调研，建设方案撰写和论证	建成航天拔尖人才培养工作站，小型卫星工作中心和航天工程应用创新中心；航天工匠学院遴选第一批学生开展拔尖人才培养；兵器工匠学院遴选第一批学徒开展军工新型学徒制人才培养	建立航天拔尖人才培养工作中心长效运行机制；参与卫星装测试，发射和控制等；持续开展拔尖人才培养和军工企业新型学徒制人才培养	总结航天拔尖人才培养工作经验，明确航天科技工业拔尖人才培养，形成航天领域拔尖人才培养方案；总结创新中心发展经验并在同类院校中推广；持续开展军工拔尖和军工企业新型人才培养学徒制人才培养
	6-4 校企共建西门子工坊，促进智能控制人才前端转移	引入企业资源，完成西门子工坊论证工作；完善西门子工坊选型，建设内容，资源优化前瞻论证工作；制定数字工匠预备人才标准，智能控制方向的拔尖人才培养模式论证	制定西门子工坊方案，形成成型的可推广、可借鉴的方案；与企业深入合作，就西门子工坊开展工作方案	第一批学生进入工坊开展学习实训工作；开发一批智能控制领域实训和培训项目；制定一套工坊管理运行办法	利用西门子工坊开展学生学习与实训及社会培训

续表

序号	建设任务		分年度建设任务			
			2019—2020 年度	2021 年度	2022 年度	2023 年度
7	建立"三位一体"社会服务体系，助力区域经济提质增效	7-1 建设全国职教师资培训基地，打造"智造"教师培养高地	与陕西门子等企业共建高水平"双师型"培训团队，开发军工特有工种技术培训资源；开发规范化、标准化师资培训相关制度；为国内职业院校开展智能控制、智能制造、数字加工等培训 2 000 人日	完善模块化课程体系与军工特有工种技术培训项目资源；加入全国高职高专教育教师培训联盟；完善师资培训制度；为职业院校开展智能控制、智能制造、数字加工、工业机器人等培训 2 000 人日	更新培训课程与项目资源；为国内职业院校开展智能控制、智能制造、数字加工、工业机器人、工业网络等能力培训 2 000 人日；申报机电类专业全国职教师资培训基地，探索基地运营模式	持续更新培训课程与项目资源；建立长效机制，为国内职业院校机电类专业教师培训基地运行机制，为国内职业院校开展智能控制、智能制造、数字加工、工业机器人、工业网络等教学能力培训 2 000 人日
		7-2 建设军地技能人才培训基地，探索"智造"培训"国防"模式	为兵器、航空航天、船舶等军工企业职工开展技术培训 3 000 人日；为退役军人就业创业培训 2 000 人日；开展就业和创业培训 2 000 人日；开展职业技能鉴定 500 人次	为兵器、航空航天、船舶等军工企业职工开展技术培训 3 000 人日；为退役军人就业创业培训 2 000 人日；开展就业和创业培训 2 000 人日；开展职业技能鉴定 500 人次	为兵器、航空航天、船舶等军工企业职工开展技术培训 3 000 人日；为退役军人就业培训 2 000 人日；开展就业和创业培训 2 000 人日；开展职业技能鉴定 500 人次	为兵器、航空航天、船舶等军工企业职工开展技术培训 3 000 人日；为退役军人培训 2 000 人日；开展就业和创业培训 2 000 人日；开展职业技能鉴定 500 人次
		7-3 建设小微企业技术服务平台，服务区域"智造"产业创新	建立智能制造技术研究所，配套设立研究所组织机构、师资与设施；制定研究所章程与制度框架；开展技能培训 500 人次	完善研究所运行制度，确保研究所正常运行；开展技能培训 500 人次；社会服务到款额 100 万元	探索研究所长效运行机制，开展技能培训 500 人次；社会服务到款额 200 万元	研究所长效运行；开展技能培训 500 人次；社会服务到款额 200 万元

续表

序号	建设任务	分年度建设任务			
		2019—2020 年度	2021 年度	2022 年度	2023 年度
8 集聚优质资源双向融通，提供职业教育中国方案	8-1 探索"校企校"办学新模式，树立职业教育国际化新标杆	建立国内经世国际学院，设立学院管理机构，制定学院运行制度，建立国外经世学堂，设立学堂管理机构，制定学堂运行制度；整合专业群优质教育资源和企业海内外资源，为"走出去"企业培养技术技能人才	完善国内经世国际学院运行机制，完善国外经世学堂运利运行和运行机制；完善国内外学生学历提升，国际化师资培养、国际化人力资源服务等工作；持续为"走出去"企业培养技术技能人才	国内经世国际学院长效运行和运行机制，完善学堂经世学堂组织机构和运行机制，开展国内学生学历提升，国际化师资培养、国际化人力资源服务等工作；持续为"走出去"企业培养技术技能人才	持续为"走出去"企业培养技术技能人才；总结经世国际学院和经世学堂发展经验，在"一带一路"沿线国家和同类院校中推广，树立中国职业教育国际化新标杆
	8-2 打造"智职教"五个"职业教育中国方案	制定留学生人才培养方案；为"走出去"企业制定外籍员工培训方案；中泰合作制定高职院校海外教师教学培训和创新教育基地，中泰技术技能人才培养中心建设方案；制定国际版专业群教学平台建设方案	培养留学生 10 人；派出 10 名学生出国留学；为泰国培养本土师资 6 人、学生 40 人；为"走出去"企业培养员工 50 人；开发国际版机电一体化专业群数字化核心课程建设配套建设数字化专业群课程资源	培养留学生 10 人；派出 20 名学生出国留学；为泰国培养本土师资 6 人、学生 40 人；为"走出去"企业培养员工 50 人；持续完善智能制造领域国际化专业课程标准；完善国际版机电一体化专业群教学平台建设	培养留学生 10 人；派出 20 名学生出国留学；为泰国培养本土师资 8 人、学生 40 人；为"走出去"企业培养员工 100 人；输出智能外籍员工 100 人；输出智能制造领域国际化课程标准；出版双语教材 10 部，形成国际化应用的双语课程标准

续表

序号	建设任务	分年度建设任务			
		2019—2020年度	2021年度	2022年度	2023年度
9	9-1 成立智能制造学院，形成要素禀赋与集群协同发展的产业学院	完成智能制造学院建设方案论证，组建领导机构和职能科室，明确职责；制定智能制造学院规章制度；组建智能制造教学团队	完善智能制造学院机构和人员配备；完善规章制度；优化智能制造学院教学团队建设，提升学院教师专业化水平	形成完善的规章制度；智能制造学院长效运行	智能制造学院长效运行
	9-2 行企校共建智能制造产业学院，创新虚实结合的管理模式	成立智能制造产业学院，成立理事会；组建理事会人事架构，制定章程，明确多方权责利；完善中航重汽872厂、中航工业114厂2个校企合作工作站	申报省级校企共建产业学院课题1项；申报省级教学成果奖2项；完善嘉业航空、陕西重汽2个校企合作工作站，新建航天7107厂、西北机器厂2个校企合作工作站	形成"需求对接、技术共享、信息互通、过程共管、协同育人"的管理新模式；申报省级校企共建产业学院课题1项；新建中船408厂、航天16所2个校企合作工作站	获得省级教学成果奖2项；总结发展经验，申报省级教学成果奖1项；完善8个校企合作工作站相关内容和制度建设，形成工作站长效运行机制
	9-3 构建"政军行企校"命运共同体，促进专业群健康可持续发展	制定"政军行企校"合作方案；完成资源共享、监控反馈、预警与动态调整、诊改互惠共赢等制度建设；探索互惠共赢机制、合作办学激励机制、多元合作机制、协调机制、质量监控机制	成立军民协同发展联盟；完善三方培养质量评价体系；持续改进质量评价体系；完善互惠共赢机制、合作办学激励机制、多元合作机制、协调机制，确保理事会高效运行	军民协同发展联盟共同培养符合智能制造业和军工高端装备制造业需求的创新型复合型专业人才；开展专业质量评估效和人才培养动态调整；专业群培养效和人才培养专业评估反馈	军民协同发展联盟常态化运行；总结命运共同体发展经验，申报省级相关课题1项；形成五方互融共通的持续发展机制并逐渐推广；制度、机制汇编文本，形成专业与可持续发展保障机制

表5 机电一体化技术专业群建设标志性成果

类别	序号	成果名称	数量
专业建设	1	专业教学标准	5套
	2	专业群制度体系	1套
人才培养	3	省级以上职业院校技能大赛获奖	≥15项(国家级2项)
	4	省级以上创新创业大赛获奖	≥13项(国家级2项)
	5	军工企业新型学徒制人才培养	≥80人
	6	毕业生就业率	≥98%
	7	毕业生面向兵器航天科技企业就业率	≥30%
	8	1+X证书试点专业2023届证书获取率	≥80%
师资队伍	9	省级以上教学成果奖	≥4项
	10	省级以上教学比赛获奖	≥15项
	11	教学创新团队或行业领军团队	1个达到国家级水平
课程教材	12	省部级优秀教材	4部
	13	国家级规划教材	2部达到国家标准
	14	精品在线开放课程	2门达到国家级水平
	15	专业教学资源库	2个(国家级1个)
	16	开发双语教材	10部
实践条件	17	航天工匠人才培养基地	1个
	18	国家级生产性实训基地	1个
	19	工匠学院	2个
	20	西门子工坊	1个
	21	"智能+"创新实验中心	1个
科技服务	22	省级科技成果奖	1项
	23	社会培训收入	≥500万元
	24	职教师资培训基地	1个达到国家级水平
国际合作	25	经世国际学院	1个
	26	经世学堂	1个
	27	招收海外留学生	≥30人
	28	培养泰国本土学生	≥120人
机制体制	29	专业群建设指导委员会	1个
	30	智能制造产业学院(理事会)	1个

表6 机电一体化技术专业群建设资金预算汇总表

建设内容		小计		中央财政投入资金		地方财政投入资金		行业企业支持资金		学校自筹资金	
		金额/万元	比例/%	金额/万元	比例/%	金额/万元	比例/%	金额/万元	比例/%	金额/万元	比例/%
合 计		12 000.00	100.00	3 500.00	29.17	3 500.00	29.17	1 500.00	12.49	3 500.00	29.17
1.创新军工特质人才培养模式，校企共育军地两用复合型人才	1-1 融入军工精神和工匠精神，创新军工特质人才培养模式	20.00	20.00							20.00	20.00
	1-2 依托"两学院+两工坊一学堂"，构筑产业高端人才培养平台	50.00	50.00							50.00	50.00
	1-3 推进1+X证书制度改革，培养军地两用复合型人才	30.00	30.00							30.00	30.00
	小计	100.00	0.83							100.00	2.86
2.开发专业群模块化课程体系，军民共建优质教学资源	2-1 对标智能生产核心技术，构建专业群模块化课程体系	20.00	1.37	10.00	1.45	10.00	1.98				
	2-2 军民共建优质教学资源，全面支撑"智造"人才泛在学习	1 115.00	76.11	515.00	74.64	330.00	65.35	270.00	100.00		
	2-3 建设"5C"智慧学习环境，打造"智造"人才终生学习平台	330.00	22.52	165.00	23.91	165.00	32.67				
	小计	1 465.00	12.21	690.00	19.71	505.00	14.43	270.00	100.00	270.00	7.71
3.开发军工特色新型教材，持续推进教法改革，打造职业教育"金课"	3-1 因材施教、分类培养，开发军工特色新型教材	90.00	62.07	45.00	66.18	45.00	66.17				
	3-2 持续推进教法改革，打造职业教育"金课"	55.00	37.93	23.00	33.82	22.00	33.83			10.00	100.00
	小计	145.00	1.21	68.00	1.91	67.00	1.93			10.00	0.29

续表

建设内容		小计		中央财政投入资金		地方财政投入资金		行业企业支持资金		学校自筹资金	
		金额/万元	比例/%	金额/万元	比例/%	金额/万元	比例/%	金额/万元	比例/%	金额/万元	比例/%
4. "引培共济,混编互聘",打造卓越教学创新团队	4-1 引培行业领军人物,打造科技创新团队	340.00	34.69	170.00	32.57	170.00	37.12				
	4-2 校企行所混编互聘,打造教学创新团队	640.00	65.31	352.00	67.43	288.00	62.88				
	小计	980.00	8.17	522.00	14.91	458.00	13.09				
5. 建设高水平生产型实训基地,服务复合型人才培养	5-1 建设"六平台,四层级"实践教学体系,服务复合型人才培养	20.00	0.36	10.00	0.80	10.00	1.34				
	5-2 建设高水平生产性实训基地,打造智能制造技能培训平台	5 530.00	99.64	1 235.00	99.20	735.00	98.66	600.00	100.00	2 960.00	100.00
	小计	5 550.00	46.25	1 245.00	35.57	745.00	21.29	600.00	40.00	2 960.00	84.57
6. 校企共建协同创新中心,打造智能制造领域创新高地	6-1 大师领衔创建"智造工坊",构筑技术技能人才培养高地	145.00	8.78	73.00	19.47	72.00	10.07				
	6-2 "三创"融合引领众创空间建设,培优做强双创人才动能	180.00	10.91	90.00	24.00	90.00	12.59				
	6-3 多方共建"工匠学院",助力国防科技工业拔尖人才培养	1 300.00	78.79	200.00	53.33	540.00	75.52	400.00	100.00	160.00	100.00
	6-4 校企共建"西门子工坊",促进智控人才前端转移	25.00	1.52	12.00	3.20	13.00	1.82				
	小计	1 650.00	13.75	375.00	10.71	715.00	20.43	400.00	26.67	160.00	4.57

续表

建设内容	小计 金额/万元	小计 比例/%	中央财政投入资金 金额/万元	中央财政投入资金 比例/%	地方财政投入资金 金额/万元	地方财政投入资金 比例/%	行业企业支持资金 金额/万元	行业企业支持资金 比例/%	学校自筹资金 金额/万元	学校自筹资金 比例/%
7. 建立一位一体"三位社会服务体系，助力区域经济提质增效										
7-1 建设全国教师职教师资培训基地，打造"智造"教师培养高地	20.00	16.67	10.00	16.67	10.00	16.67				
7-2 建设军地技能人才培训基地，探索"智造"培训"国防模式"	60.00	50.00	30.00	50.00	30.00	50.00				
7-3 建设小微企业技术培训平台，服务区域"智造"产业创新	40.00	33.33	20.00	33.33	20.00	33.33				
小计	120.00	1.00	60.00	1.71	60.00	1.71				
8. 集聚优质资源双向融通，提供职业教育"中国方案"										
8-1 探索"校企校"办学新模式，树立职业教育国际化新标杆	1 420.00	77.17	210.00	45.16	710.00	81.14	500.00	100.00		
8-2 打造智造职教"五个第一"，提供职业教育"中国方案"	420.00	22.83	255.00	54.84	165.00	18.86				
小计	1 840.00	15.33	465.00	13.29	875.00	25.00	500.00	33.33		
9. 打造"政军行企校"命运共同体，建立专业群产教融合机制										
9-1 成立智能制造学院，形成产业要素禀赋与专业集群协同发展	20.00	13.33	10.00	13.33	10.00	13.33				
9-2 行企校共建产业学院，创新建实结合管理模式	110.00	73.34	55.00	73.34	55.00	73.34				
9-3 构建"政军产企校"命运共同体，促进专业群健康可持续发展	20.00	13.33	10.00	13.33	10.00	13.33				
小计	150.00	1.25	75.00	2.14	75.00	2.14				

（学会特聘研究员、陕西国防工业职业技术学院项目办主任刘向红提供材料）

陕西职业技术学院"双高计划"建设方案

概 述

陕西职业技术学院是国家骨干高职院校、国家优质校建设单位、教育部现代学徒制试点单位。在教育部公布的中国特色高水平高职学校和专业建设计划建设单位名单中,陕西职业技术学院旅游管理专业群入选高水平专业群建设单位(B档)。

学校围绕"特色化、信息化、国际化""大合作、大联盟、大培训"的理念,坚持"扎根西安、服务陕西,全国领先、世界一流,打造现代服务业特色人才培养高地"的办学定位,服务于国家战略、服务于区域经济社会发展。

学校在建设期内紧紧围绕"一个加强、四个打造、五个提升",完成十大建设任务。一是立德树人、千天向上,高水平党建引领高质量发展;二是厚德强技、知行合一,建设技术技能人才培养高地;三是集智创新、融合共享,建设技术技能创新服务平台;四是服务产业、对接岗位,建设中国特色高水平专业群;五是工匠引领、校企共培,建设高水平"双师型"教师队伍;六是创新体制、校企双元,打造高水平校企命运共同体;七是深度融合、育训结合,提升服务区域经济发展水平;八是改革创新、"一章八制",全面提升学校现代治理水平;九是开放共享、优化提升,建设高水平现代化智慧校园;十是"一带一路"、扩大交流,打造高水平国际化合作品牌。

学校借助陕西丰富的旅游、文物文化资源和国家中心城市建设优势,对接地方产业、行业支持发展智慧旅游,重点打造旅游管理中国特色高水平专业群,辐射带动学校其他专业群发展,形成国、省、校三级专业群协同发展。

学校"双高计划"建设方案中涉及10项一级任务、42项二级任务、317项三级任务;旅游管理专业群涉及9项一级任务、27项二级任务、455项三级任务。

项目建设期为2019—2023年,经费总预算为31 000万元,其中旅游管理专业群经费预算为9 000万元。

1 学校建设方案

1.1 建设目标

全面落实《国家职业教育改革实施方案》《教育部 财政部关于实施中国特色高水平高职学校和专业建设计划的意见》精神,建设一校、"1+N"专业群、四平台、一基地、一联盟,使学校成为现代服务业人才培养模式和标准的发源地、校企命运共同体模式示范地。

一校:打造全国领先、世界一流现代服务业特色的高职院校。

"1+N"专业群:建设中国特色高水平旅游管理专业群,辐射带动学校其他专业群均衡发展。

四平台:做大做强陕西职业教育(应用技术)研究院平台;与曲江文旅集团、秦始皇兵马俑博物馆等合作建立智慧文旅实践平台;与世纪鼎利集团合作建立"物联网技术应用研究平台";与陕西省会展中心建设好陕西省会展研究院平台,积极发挥引领作用。

一基地:打造服务地方经济发展和乡村振兴战略的高素质技术技能人才培养培训基地。

一联盟:做大做强"一带一路"职教联盟,服务国家发展战略,建设"一带一路"技术技能人才培养基地,服务沿线国内外地方经济建设。

到2023年,面向陕西主导产业优化专业结构布局,建设智慧文旅、物联网应用技术、人工智能技术服务、电子商务、财务管理、汽车检测与维修技术、无人机应用技术、建筑工程技术、视觉传播设计与制作、学前教育专业群,为陕西主导产业发展提供大批高素质技术技能人才资源,形成校企命运共同体、供需对接匹配度高的良性发展局面。

到2035年,学校在智慧文旅等现代服务业领域达到世界职业教育先进水平,引领职业教育现代化发展,为促进经济社会发展和提高国际竞争力培养更多世界一流高素质技术技能人才。

1.2 建设任务与进度

1.2.1 立德树人、千天向上,高水平党建引领高质量发展

(1)坚持和加强党的全面领导

落实党委领导下的院长负责制,强化"三重一大"决策机制,充分利用信息化平台推进学校决策更加公开透明,深入推进习近平新时代中国特色社会主义思想进教材、进课堂、进头脑,引导广大师生牢固树立"四个意识"、坚定"四个自信",坚决做到"两个维护"。

(2)实施"千天向上"师生共同成长工程

包括党建引领,提升思政工作成效,筑牢理想信念之魂;个人规划助力"千天向上"师生共同成长;用优质的课堂促进学生"千天成长";教职工管理服务效能和业务素质能力提升;抓好三级技能大赛,提升师生职业技能水平;建设技能工作室,提升师生职业素养和专业核心能力;开展丰富的社团活动,提升学生科学文化素养;共同参与创新创业,提升师生创新创业意识;抓学生日常行为养成教育,推行各级干部联系学生制度;进行类型教育背景下学生综合素质教育改革。打造一支有理想信念、有道德情操、有扎实学识、有仁爱之心的教职工队伍,着力培养又红又专、德智体美劳全面发展的社会主义建设者和接班人。

(3)创建"三全育人"综合改革试点高校

牵头组建陕西高校"三全育人"联盟,实施"三全育人"综合改革,形成"十大育人"体系;建立准入退出机制和实施思政课"三级导师制",着力提升思政课教师队伍建设;

落实"听看评"制度,实行教考分离,提高思政课教学质量;实施"课程思政"提升工程,成立"课程思政"研究中心,开展"课程思政"年度论坛活动,以专业为单位组织实施和考核评比。

(4)实施基层党组织建设示范工程

以"党支部对标定位、晋级争星""学习型服务型创新型党支部创建""党员承诺践诺"等为载体,实施基层党组织特色和品牌建设。创建全国、全省党建工作示范高校,标杆院系,样板支部。把党总支建在专业群上、把党支部建在专业上,实施"双带头人"队伍和"一支部一品牌"建设。建立末位淘汰制度,实施各级党组织书记抓党建述职评议考核。

(5)打造智慧党建云平台

全面建成集管理服务、宣传教育、交流互动、移动党校等多项功能模块为一体的智慧党建云平台,形成"组织建在网上、党员连在线上、服务尽在掌上"的党建工作新常态。

1.2.2 厚德强技、知行合一,建设技术技能人才培养高地

(1)实施学生全面发展能力提升工程

制定类型教育背景下学生通用能力和基本素质教育教学改革方案。开展提升综合能力的项目及活动,建设公共课资源库。重点打造和开发语言文字、数学、英语、交际与礼仪、信息技术等10门提升学生通用能力的在线开放课程。

将劳动教育纳入人才培养方案,设立必修课程,重点打造和开发劳动精神、劳模精神、工匠精神专题劳动教育课程和分模块的劳动实践内容。每学年设立劳动周,以集体劳动为主,编写劳动实践指导手册,制定劳动教育评价标准体系。多渠道拓展劳动教育内容,结合专业特点,以实习实训课为主要载体开展劳动教育,在项目化教学和企业真实生产项目的专业课程中融入劳动精神和工匠精神培养,促进学生在劳动教育与德智体美等方面融合发展。

促进专业教育与创新创业教育有机融合,将创新创业教育纳入人才培养方案,形成创新创业通识课程、专创融合课程、创新创业能力提升课程的创新创业课程体系。实施弹性学制,放宽学生修业年限,允许调整学业进程、保留学籍休学创新创业等。多渠道统筹安排资金,支持、资助学生创新创业项目。

(2)实施工匠精神传承培育工程

健全三级职业技能竞赛体制机制,校赛与省赛、国赛对接,加强技能竞赛培训、参赛、资源转换等制度建设。将技能竞赛资源转换为课程内容,逐步实施技能竞赛学分转换制度、竞赛资源转化管理实施办法,不断完善奖励、激励机制。

积极开展职业教育活动周,引进2个非遗项目,各专业群每学年组织1次职业体验观摩活动,与合作企业共同推进产业文化、企业文化、职业文化、工匠精神进校园、进课堂等活动。发挥产教融合实训基地资源共享、实践教学、社会培训、技术服务、真实生产项目等服务于一体的功能,将企业文化、领先技术融入项目教学、实习实训中,促进学生认知能力、合作能力、创新能力和职业能力提升。

（3）实施书证融通工程

育训结合，德技并修，稳步推进物流管理、智能财税、传感网应用开发等1+X证书制度试点工作。积极参与职业技能等级标准的开发与制定、师资培训。将学历证书和职业技能等级证书有机衔接，培训内容融入专业人才培养方案，优化课程设置和教学内容，实现课程资源和培训资源的融通和转换。

（4）实施分类、分层人才培养工程

依据专业群课程体系组织实施分类分层教学。通用课程领域，按照不同专业需求特点分类制定教学标准和要求进行课程教学；专业方向课程领域，学生根据学习兴趣和职业发展进行专业方向选择，结合1+X证书等实施专业领域技术技能分类培养培训；专业群拓展课程领域，根据学生学习兴趣和技术技能水平进行分层培养，因材施教。建立健全分类培养、分层培育的教学改革与管理激励机制。

1.2.3 集智创新、融合共享，建设技术技能创新服务平台

（1）加快发展陕西职业教育（应用技术）研究院平台

依托国内外知名职业教育专家、文化专家、企业精英，进行职业教育改革创新研究、中国职业教育标准体系研究；开展国别与区域研究、职业教育国际合作、国际化发展战略等热点难点问题研究。结合学校相关专业优势，针对产业、行业、企业等相关领域开展应用技术研究、技术咨询及成果转化服务。

（2）打造智慧文旅实践平台

与陕西旅游集团、曲江文旅集团、秦始皇兵马俑博物馆、西安碑林博物馆、陕旅集团白鹿原影视城、白鹿仓投资控股集团等融合大数据技术、人工智能、虚拟现实技术，共同打造智慧文旅实践平台，开展旅游综合服务、文创产品开发等业务。

（3）打造物联网技术应用研究平台

校企联合打造物联网创新服务平台，秉承"产、学、研、培"四位一体的建设理念，依托世纪鼎利在技术、人才及上下游产业链资源，联合旗下一芯智能和知新树两大软硬件子公司共同打造物联网创新服务平台。

（4）打造陕西省会展研究院平台

与陕西省会展中心、陕西省会展服务业标准化技术委员会共同发起成立陕西省会展研究院。政校企行多方共建，实行利益分享、责任共担、立足陕西、放眼全国并服务于"一带一路"沿线国家，建设会展业高水平智库平台，开展会展项目开发、项目评估、技术咨询等服务项目。

1.2.4 服务产业、对接岗位，建设中国特色高水平专业群

（1）对接产业需求构建"1+N"专业群，优化专业布局

对接陕西省产业发展需求，重点打造符合陕西省主导产业的旅游管理高水平专业群，契合陕西省产业结构优化，打造物联网应用技术、跨境电子商务、人工智能技术服务、财务管理、建筑工程技术、新能源汽车、无人机应用技术、艺术设计、学前教育等专业群，形成"1+N"的专业群发展格局，建立动态调整和末位淘汰机制，不断增强专业群发

展活力。

(2) 坚持技术赋能创新专业群建设模式

通过梳理学校现有专业,分类专业建设的目标,将专业分为服务型专业和核心专业,服务型专业面向不同核心专业构建具有专业特色的模块化课程。坚持技术赋能,全力打造智能化现代服务业专业品牌特色。

(3) 完善管理制度,健全专业群质量监控管理机制

制定《陕西职业技术学院专业群建设与管理办法》《陕西职业技术学院专业群评价指标》等,规范专业群建设。不断完善内部质量保证机制,优化专业诊改机制,研究开发专业群建设与发展评估模型,对专业设置的科学性和合理性进行评估。开展第三方人才培养质量和就业评价,建立健全专业预警和动态调整机制,依据产业需求优化专业布局。

1.2.5 工匠引领、校企共培,建设高水平"双师型"教师队伍

(1) 健全教师评价标准和机制,以双师素质为导向引进人才

规范教师招聘聘用、职称评聘、考核评价、薪酬分配等环节,引进第三方职教师资质量评价机构,不断完善教师评价标准和机制。自2020年起,除"双师型"职业技术师范专业毕业生外,基本不再从未具备3年以上行业、企业工作经历的应届毕业生中招聘教师,特殊高技能人才可适当放宽学历要求。

(2) 构建产教融合培养格局,形成"固定岗+流动岗"资源配置

积极与地方政府及行业、企业联合培养教师,充分发挥行业、企业在培养"双师型"教师中的重要作用;设置一定比例的特聘岗位,畅通高层次技术人才兼职从教渠道,规范兼职教师管理,形成"固定岗+流动岗"、双师结构与双师素质兼顾的专业教学团队。

(3) 以"大国工匠"引领人才队伍,创建高水平教学创新团队

建立专项基金,保障高水平技能人才的引聘,设立专项津贴,创新大师名匠技艺施展条件和鼓励激励机制;对接区域重点产业,培养师德高尚、技艺精湛、育人水平高超的教学名师、专业带头人、青年骨干教师等高层次人才队伍。

(4) 聚焦1+X证书制度全员培训,建立校企人员双向交流机制

全面落实教师5年一周期的全员轮训制度,对接1+X证书制度试点和职业教育改革需求,培养一批具备职业技能等级证书培训能力的教师;建立校企人员双向流动相互兼职常态运行机制;与企业共建教师发展中心,在教师和员工培训、课程开发、实践教学、技术成果转化等方面开展深度合作;联合行业、企业,建设教师企业实践基地和兼职教师资源库。

(5) 实施"双师型"导向考核评价改革,增强教师获得感

吸纳行业、企业参与教师评价考核,落实《高校教师职业道德行为十项准则》,推行师德承诺践诺制;建立健全师德行为负面清单,实行师德师风"一票否决"制;深化教师职称制度改革,破除"唯文凭、唯论文、唯帽子、唯身份、唯奖项"的顽瘴痼疾。绩效工资

向教学一线教师倾斜,提高教师在教书育人事业中的幸福感和获得感。

1.2.6 创新体制、校企"双元",打造高水平校企命运共同体

(1)完善产教融合、校企合作机制体制

从理念文化融合、体制机制融合、模式创新融合、专业对接融合、课程深化融合5个方面深化合作,构建人才共育、利益共享、责任共担、过程共管的运行机制,破解产教融合、校企合作难题。

(2)打造职教集团升级版,促进集团内政行企校紧密合作

探索学校、企业双主体在政府推动和社会支持下的紧密型职教集团建设新路径。构建核心层、紧密层、战略合作层三层次合作关系,采用理事会为议事和决策机构,管理层为执行机构,政事分开、管办分离的运行模式。完善修订集团章程、成员管理办法、执行理事会成员分工协作制度等。

(3)积极探索建设产业学院,打造校企命运共同体

同近几年与学校合作的、具有产业覆盖能力的实力派企业在合作过程中互融共通,共建产业学院。在鼎利学院的基础上,与校企合作企业核心层筛选至少4个企业共建产业学院1个;在旅游与文化学院校企合作企业核心层筛选至少4个企业共建产业学院1个。

1.2.7 深度融合、育训结合,提升服务区域经济发展水平

(1)校政融合,打造服务地方发展的特色高水平人才培训基地

建设西安市长安区乡村振兴人才培训基地,为长安乡村振兴培育培训现代职业农民,开展职业农民种植、养殖、休闲旅游、下岗职工再就业等技能培训。与长安区人力资源社会保障局开展灵活就业人员、下岗职工转岗以及退役军人等再培训。

建设服务外经贸、旅游、文物保护与修复行业发展的人才培训基地。深入与陕西省商务厅、地方商务局融合发展,巩固与安康市商务局、商洛市商务局的友好合作关系,拓展与陕西其他地方商务局的合作,扩大服务面。面向脱贫攻坚主战场,以"金钥匙人才工程"产学研一体化示范基地为载体,对口定边县、子洲县脱贫需求,开展各类免费培训教育服务。

(2)校行融合,打造服务行业特色高水平创新创业孵化基地

建设物联网、旅游文保行业创新创业孵化基地,通过产学研培"四位一体"创新技术技能服务平台建设,开展物联网人才培训孵化服务;发挥陕西省职教学会旅游类专业教学指导委员会主任单位作用,为旅游行业企业提供创新创业孵化服务,开展旅游人才培训孵化服务。对接中国电子质量协会虚拟现实专业委员会,建设虚拟现实人才培养孵化基地西安培训中心,面向虚拟现实专业教师、在校生,虚拟现实行业、企业提供师资培训、人才孵化等服务。

(3)聘育并施,打造特色高水平专家智库

围绕"1+N"专业群建设需要,构建服务陕西现代服务业发展转型升级的特色高水平专家智库。通过分期举办主题论坛,不定期举办专题讲座、企业沙龙、专题诊断等,用

"陕职智慧"服务陕西现代服务业发展转型升级。

(4)育训结合,提升终身教育服务能力

以学校专业教学资源和智库资源为基础,建设继续教育专业课程培训包,持续提升继续教育信息化水平和适应新时代发展的能力。开展属地居民、地方中小学公益性教育普及服务,开展子洲县、定边县教育脱贫专项工作,为当地教育发展提供师资培训和学历提升服务,实施免学费入学。为学校所在地西安市长安区与灞桥区政府扶贫地子洲县、定边县提供公益性培训服务9万人日。

1.2.8 改革创新、"一章八制",全面提升学校现代治理水平

(1)优化组织管理机构

按照责权利相统一原则,优化学校组织机构设置,科学核定人员岗位,调整内设机构工作职责和人员岗位职责。落实"放管服"工作要求,逐步扩大二级学院管理自主权,综合利用教学资源和人力资源,跨专业、跨机构、跨地域组织实施专业人才培养。

(2)建立学校理事会制度

在总结完善陕西城镇建设职业教育集团理事会、"一带一路"职教集团理事会、白鹿原大学城高校联盟理事会管理、运行等成功经验基础上,制定理事会章程和议事规则,广泛吸纳政府职能部门、合作企业行业协会、杰出校友、职教专家担任理事会成员,探索完善产教整合、校企合作工作机制,健全学校依法治校、科学决策、民主监督的治理体系。

(3)完善学术管理体系与组织架构

加强制度建设,规范学术行为,强化纪律约束和监督,进一步增强学术委员会统筹行使学术事务的决策、审议、评定、咨询等职权,保障学术委员会在教学、科研等学术事务中有效发挥作用;成立学校、院系两级专业建设委员会和教材建设委员会,定期组织开展专业建设改革发展研究,审议和确定专业(群)人才培养目标、人才培养模式、专业(群)设置调整的建议、意见和发展规划,落实教材选用质量和标准,指导和促进专业(群)建设和教育教学改革,保障立德树人根本任务的有效落实。

(4)完善议事决策机制

以高校"一章八制"为核心,建立和完善适应现代职业教育要求的议事决策制度和规则,提高决策的民主性、科学性,形成学校自主管理、自我约束的体制机制,推进治理能力现代化。加强党员代表大会、教职工代表大会、工会会员代表大会、共青团代表大会、学生代表大会等组织建设,完善各类代表大会会议制度,畅通师生参与民主管理、民主监督的渠道。

(5)强化和完善内控制度建设

贯彻落实巡视、巡察工作精神,落实党建主体责任,规范经济活动与组织权力有序运行,依据相关法律和学校章程,建立健全学校民主管理和民主监督制度体系。系统编制部门及人员权力清单、责任清单和负面清单,规范工作程序,严格工作标准,不断满足

和适应国家经济建设和社会发展对高职教育的新要求、新挑战。

(6)健全家长委员会制度

建立健全三级(班级、年级和学校)家长委员会,完善家长委员会章程,明确家长委员会的权利和义务,创新家长委员会组织形式和工作机制,保证教职工、学生、社会公众对学校重大事项、重要制度的知情权。

1.2.9 开放共享、优化提升,建设高水平现代化智慧校园

(1)优化提升智慧校园基础环境

实现校园5G网络全覆盖,以优质移动5G网络为载体推动教育改革创新。打造面向5G应用的智慧校园服务体系,建立基于云计算、物联网、人工智能等新技术和大数据系统的智能教学、管理、服务环境,推动"5G+智慧校园"建设。

(2)全面构建智能化教学服务体系

统一数据标准,打造数据中台。新建、升级或改造学校各类业务系统,实现系统间数据、流程、服务的有机整合。提供学校、专业、课程、教师、学生5个层面多维度、全方位的画像分析呈现。跟踪过程性问题,监控阶段性结果,发掘个体和群体两者之间的共性特征和规律,实现常态化监测、预警、诊断与改进。

(3)建设数字化资源制作中心

紧跟课程改革,打造行业、企业共同参与的数字化资源制作中心,建设优质开放共享的数字教育资源,广泛开展基于慕课、SPOC等线上线下混合式教学。搭建自主、泛在、个性化学习平台和数字教育资源共建共享平台,以AR/VR(虚拟现实)教学应用、仿真远程实训、5G远程全息投影教学等教学手段达到跨越虚实空间的学习,为师生创造良好的数字化教与学的智慧校园环境。

1.2.10 "一带一路"、扩大交流,打造高水平国际化合作品牌

(1)建立畅通互访渠道,深度交流研修护航,奠定项目实施基础

建立境内外研修培训基地1~2个,邀请境外知名院校专家为师生开展境内外研修与培训,副教授以上职称教师研修培训率达到90%,教师境内外研修达到200人次,学生境内外研修达到80人次。广泛联系境外院校,建立境外研修培训基地,开展师生境外研修与培训。

(2)搭建引才引智优质平台,学习先进职教标准,提升职教标准国际化水平

与新加坡、日本、乌克兰、德国、澳大利亚、以色列及中国台湾等地的高水平院校确立教育资源引进项目,加大学习、引进职业教育理念、标准的力度,加大引进境外高层次技术技能型人才来校任教力度,不断提升职业教育国际化水平,向着参与制定国际职业标准的方向稳步迈进。

(3)开展国际职业标准研究,加强人才保障,助力中国职业教育标准推广创新

参与制定学前教育、电子商务、动漫制作等专业国际课程标准2~4个,参与制定旅游管理、学前教育、动漫制作等专业国际标准1~3个。边学习、边消化、边提高,以点带面、以面带全,在国际职业教育领域发声发力。

(4)跟随"走出去"企业,开展教育援助,践行"一带一路"倡议

对"一带一路"沿线欠发达国家与地区人员在专业、语言、中国文化等方面进行有针对性的培训。在国内及印尼、泰国、巴基斯坦、哈萨克斯坦、尼泊尔等国家建立"一带一路"应用型技能人才培养基地1~2个,为涉外中资企业及院校培养当地职业技能人才,稳步推进来华留学生非学历、学历教育,逐步提升质量和层次,以教育援助提高学校的国际影响力。

打造境外"一带一路"应用型人才培养基地项目,以建筑工程、旅游管理、汽车维修、电子商务等学院优势专业为突破口,为涉外中资企业及境外院校提供人才培训,建立境外学历留学生培养体系,培养职业技术技能人才,加强人文交流,为国家"一带一路"倡议服务。

(5)开展中外合作办学,丰富职业教育模式,打造国际化人才培育高地

以合作办学专业为引领,将专业建设与国际相接轨,为学校各专业建设提供标准与素材,提升培养国际学生(境内与境外)的能力。探索与境外专科院校开展3+0、2+1模式合作办学,与境外本科院校开展3+1模式合作办学,将项目建设成为推动学校专业与国际接轨的高效平台,建立起培养国际化人才的规范体系,成为学校国际化发展中不可或缺的重要组成部分。

1.3 建设成效

围绕"一个加强、四个打造、五个提升"十大改革任务,形成卓越人才培养体系、技术创新实践体系、社会服务支撑体系、文化传承创新体系,建成现代服务业特色专业群,实现地方离不开、业内都认可、国际能交流。

(1)党建领航学校发展

实施"千天向上"师生共同成长工程,创建"三全育人"综合改革试点,实施基层党组织建设示范工程,打造智慧党建云平台。带动广大师生凝心聚力谋发展,引领学校落实立德树人根本任务,大力改革创新,将学校建设成为现代服务业特色技术技能型人才培养高地。

(2)人才培养筑牢高地

实施学生素质和能力提升工程,全面提升学生综合素养,实施工匠精神传承培育工程,全面提升学生职业素养,实施"三教"改革质量工程,加强教学资源建设,实施素质教育改革,全面提升学生综合能力。深化"三教"改革,适应多样化生源的教学变革,推进选课制度改革,促进学分转换及弹性学制的逐步实施,分类、分层进行人才培养,不断彰显职业教育类型特征。

(3)技术助推产业升级

携手知名企业,依托高端技术创新平台,加强专业群与产业链融合,促进科技成果转化,服务区域经济发展和产业转型升级,参与制定现代服务业规范化标准。实现对陕西乃至全国旅游文化及现代信息、财经商贸等现代服务产业的示范引领作用,推动现代服务业高质量发展。

(4) 专业建设示范引领

以区域主导产业为依据，引领专业建设，支撑学校发展，构建"1+N"专业群建设模式。通过对现有专业的梳理，建设智慧文旅、物联网应用技术、电子商务等专业群，不断优化专业结构。旅游管理专业群达到国内一流水平，带动其他专业群发展，专业群水平整体得到提升，实现面向现代服务业专业群的国内示范引领。

(5) 师资队伍德能兼备

通过提升教师队伍思想政治素质，加强师德师风建设，引聘并举打造工匠引领的高技能教师队伍，校企共培提升教师专业技术能力，创新机制完善制度保障。建成一支师德高尚、专兼结合、数量充足、结构合理，具有扎实学识、娴熟技能、国际视野的高素质、高水平双师教师队伍。

(6) 校企合作共生共长

对接高端产业和产业高端，在省内率先组建混合所有制二级学院——鼎利学院，组建产业学院。以职教集团、产业学院等形式的校企合作机制不断完善，办学活力显著增强，为促进校企合作体制机制创新提供案例与实践模型，为全国高职院校深化校企合作提供实证和指导。

(7) 基地服务形成品牌

建成特色鲜明、竞争力强、国内一流的社会服务综合体，开展现代服务产业职业技能提升及创新能力培训，乡村振兴人才培训，职业农民、退役军人、下岗职工转岗等培训；为学生、社会人员提供技能鉴定服务；深入属地、服务社区居民、中小学生开展公益性培训，地方人才培训基地和行业人才培训基地形成陕职品牌。形成资源丰富、训育并举的继续教育模式，培养质量和规模成效显著。

(8) 学校治理科学创新

完善以党委领导、校长负责、专家治学、民主管理为核心特征的中国特色现代大学制度，持续提高依法治校、依规办学的能力水平，完善学校治理结构、治理体系和管理机制，加快实现治理体系和治理能力现代化。

(9) 智慧校园成效显著

以优质移动5G网络为载体推动教育改革创新，构建校园智能综合服务体系。建设数字化资源制作中心，促进专业群的虚拟工厂或虚拟仿真实训平台建设。建成校园内部教育教学和管理一体化、校内外办学资源应用一体化的高水平现代化智慧校园。

(10) 国际交流广泛融通

充分利用"一带一路"职教联盟资源优势，建立境外师生研修培训基地，引进境外课程、专业、标准，引进专业外教，参与制定国际课程标准、专业标准，成立境外"一带一路"应用型技能人才培养基地。学习、引进境外职业教育发达地区的职业教育经验及标准，参与国际职业课程、专业标准制定，通过合作办学培养国际化的职业技术技能人才，为涉外中资企业培养当地人才，引进"一带一路"沿线国家短期培训及学历教育留学生，为学校国际化建设服务，大幅提升学校的国际知名度和影响力。

1.4 经费预算

学校"双高计划"建设经费预算如表1所示。

表1 陕西职业技术学院"双高计划"建设经费预算表

建设内容	小计 金额/万元	小计 比例/%	中央财政投入资金 金额/万元	中央财政投入资金 比例/%	地方财政投入资金 金额/万元	地方财政投入资金 比例/%	举办方投入资金 金额/万元	举办方投入资金 比例/%	行业企业支持资金 金额/万元	行业企业支持资金 比例/%	学校自筹资金 金额/万元	学校自筹资金 比例/%
合 计	31 000	100.00	3 500	11.29	3 500	11.29	—	—	5 111	16.49	18 889	60.93
打造技术技能人才培养高地	3 000	9.68	—	—	—	—	—	—	860	16.83	2 140	11.33
打造技术技能创新服务平台	2 000	6.45	—	—	—	—	—	—	590	11.54	1 410	7.46
打造高水平专业群	9 000	29.03	3 500	100	3 500	100	—	—	500	9.78	1 500	7.94
打造高水平双师队伍	5 000	16.13	—	—	—	—	—	—	675	13.21	4 325	22.90
提升校企合作水平	5 000	16.13	—	—	—	—	—	—	1 980	38.74	3 020	15.99
提升服务发展水平	1 000	3.23	—	—	—	—	—	—	85	1.66	915	4.84
提升学校治理水平	140	0.45	—	—	—	—	—	—	—	—	140	0.74
提升信息化水平	4 860	15.68	—	—	—	—	—	—	200	3.91	4 660	24.67
提升国际化水平	1 000	3.23	—	—	—	—	—	—	221	4.32	779	4.12

2 旅游管理专业群建设方案

2.1 建设目标

坚持以习近平新时代中国特色社会主义思想为指导,以立德树人为根本任务,深化校企合作、产教融合,创新人才培养模式,实施1+X证书制度试点,推进"三教"改革,优化"双师型"师资队伍结构,强化能力递进实践教学体系,完善政行企校家五方联动协同创新育人机制,培养复合型现代服务高素质技术技能人才,建成高水平人才培养高地。

建设"一院两中心(产业学院、研创中心、文博中心)",在智慧文旅、文化遗产保护、红色基因传承发扬、研学旅行、旅游增值产品开发等方面提供人才培养、技术攻关与革新、工艺流程优化等服务;建设文物修复工坊,在智慧文旅产品创新、平台旅游技术革新、文物遗产修复及保护等领域开展国际合作与交流,输出中国特色高等职业教育智慧文旅人才培养方案。

到 2023 年,校企合作建成产业学院;实践校企两翼、多元培养、能力递进、双轨运行的专业群人才培养模式;运用区块链技术构建以技能包、课程包为基础单元的扁平化课程体系;深化"三教"改革及 1+X 证书制度试点,规划编写活页式、工作手册式教材,建成高水平"双师型"教师队伍;建设生产性实训基地,搭建技术技能平台,开展社会服务;密切国际交流与合作,服务"一带一路"沿线国家的智慧文旅产业及人才培养,树立"文化+现代信息技术+旅游"的特色人才培养品牌,持续为智慧文旅产业发展提供德技并修、知行合一的人才供给。

到 2035 年,形成国际认可度高、引领示范效果好的智慧文旅人才培养模式;"三教"改革成果丰硕,特色教材、教法被广泛采用;产业学院及人才培养高地的社会贡献度显著提升,建成一支高水平的"双师型"队伍,服务"一带一路"沿线国家智慧文旅人才培养及相关企业技术攻关,与境外国家广泛开展师生互换、技术革新、工艺传承等方面的交流与合作,牵头研制智慧文旅人才培养的国际标准,培养具有国际视野的高素质技术技能复合型人才,打造智慧文旅产业的职业教育国际品牌,输出智慧文旅职业教育的中国方案。

2.2 建设任务与进度

旅游管理专业群建设任务如表 2 所示。

表 2 旅游管理专业群建设任务表

建设内容	具体内容	实施方法
1.人才培养模式	1-1 落实立德树人,实现 3 个课堂协同育人	制定专业群课程思政标准,建立专业群课程思政听评课制度,形成专业群课程思政考核评价、诊断与改进机制,举办"立德树人,复合型人才培养"高峰论坛
	1-2 构建政行企校家五方联动的专业群育人机制,建立智慧文旅技术技能人才培养高地	构建五方联动、协同育人的专业群育人机制,建立多元化学徒评价模式,与旅行社、酒店、航空及文博企业建设现代学徒制班,开展技术成果转让、孵化,形成校企"双元"现代学徒制的旅游管理专业群实践方案
	1-3 建设"学分银行",实施 1+X 证书制度试点	建设适合专业群发展的"学分银行";制定群内各专业间课程互选和学分认定制度;开展"学分银行"和 1+X 证书制度相关课题研究,实施 1+X 职业技能等级证书制度试点
	1-4 分类分层进行人才培养	制定专业群人才分类标准,实行导师制,制定专业调换制度,开展分类分层培养,制定针对不同类别和人才培养目标的人才培养方案
	1-5 组织开展旅游类专业技能联考	成立全国智慧文旅技能联考联盟,建设智慧文旅技能联考平台,组织专业群学生参加技能联考,进行最具优势岗位及岗位群、课程设置与技能相关度等排名

续表

建设内容	具体内容	实施方法
2.课程教学资源建设	2-1 对标智慧文旅融合产业链、岗位链,建设专业群课程包集群	制定完善的专业群课程地图,建成具有鲜明的"文物+博物馆+电商+大旅游"特色,以生产、经营岗位一线技能为主要知识域、技能域的可重构、共享的专业群课程包集群
	2-2 校企合作共建线上线下混合式课程	按照O2O教学标准重组课程包内容,实现课程模块化,制定专业群课程建设规范及质量评价管理办法,校企合作开展线上线下混合式课程及配套教学资源建设,经过实践—反馈—诊改,最终形成可借鉴的智慧文旅职业教育课程建设与改革成果
	2-3 校企共建多功能的开发式、高水平专业群教学资源云	搭建资源库平台,建设秦人文化遗产保护数字化博物馆、白鹿原非物质文化遗产数字资源博物馆
3.教材与教法改革	3-1 规划编写活页式、工作手册式等新型教材	精选、精编、精用"规划+活页+工作手册"式教材,规划编写1+X职业技能等级证书培训教材,依托专业群教学资源库,形成特色教材资源库
	3-2 开展教法改革,形成实时的课程教学质量反馈机制	依照新业态下岗位要求、操作规范,将真实的训练、实战、比赛、创业项目对接到课堂中,开展教法改革,开发成果导向的课程教学单元,设计多层次、立体化专业群学生考核评价体系,实施多元化课程评价方式
	3-3 建成智能化教学管理系统	依托数字化校园建设,强化信息技术在教学中的应用。校企合作建设智能化教学管理系统,充分利用工学云等平台,开展企业与课堂的实时互动、企业项目追踪
4.教师教学创新团队	4-1 加强教师队伍师德师风建设	推进实施专业带头人、党支部书记"双带头人制";出台专业群师德师风管理、考核办法;出台师德师风负面清单;完善师德师风一票否决机制
	4-2 健全团队建设管理制度,完善创新教学团队评价体系	建立教师管理、培训、考核制度,完善创新教学团队评价体系,形成科学有效的培育考核评价长效机制,创新教学团队培育考核评价体系建设,形成独特的团队文化
	4-3 建设"双师型"教师队伍,打造高水平教学创新团队	实施教师素质提升计划,引进、培育专业(群)带头人,建设"双师型"教师队伍,有效推进教学模式改革的高水平教学创新团队

续表

建设内容	具体内容	实施方法
5.实践教学基地建设	5-1 构建校企共育、能级递进的实践教学体系	制定旅游管理专业群实践教学标准,建设智慧文旅互动式实践教学基地,开展景区产品创意策划、旅游营销和旅游大数据应用开发等实践教学项目
	5-2 建设智慧文旅实训基地	建成集校内实训、社会培训、技术革新攻关功能为一体的智慧文旅综合体,培育孵化学生智慧文旅产品创新创业项目
	5-3 建成航空服务和酒店服务综合实训基地	建成文化主题酒店、酒店式公寓、白鹿五星餐饮生产性实训基地,由师生运营;建设中国传统文化传承中心、航空安全急救实训室、双通道实训室、半壁舱实训室
	5-4 建成文物修复实训基地	建设非遗文化研究与保护中心、文物保护与传承中心,申报陕西省文物修复与保护重点实验室,开展文化遗产资源开发与宣传工作,提供产业服务
	5-5 校外实训基地建设	完善专业群学生顶岗实习系统,建设融合智慧文旅、酒店服务、非遗技艺传承、文物修复和文创产品体验、旅游实践教学为一体的校外综合性实训基地
6.技术技能平台	6-1 建设智慧文旅产业学院	以企业为主导成立产业学院理事会,制定人才培养方案,调整专业培养方向和课程模式,将行(企)业标准、培养方式与途径等引入课程改革
	6-2 建设陕西白鹿原智慧文旅协同创新中心	制定智慧文旅产品研创校企合作激励措施,开展实践教学基地产教融合协同创新;对接国际课程标准,开发课证融通的课程体系,建成智慧文旅"双师型"教师培养基地
	6-3 建成陕西文博人才技能培训中心	建设陕西文博人才技能培训中心,面向国内文博行业提供文物修复与保护、文物藏品鉴定、博物馆讲解等技能的培训
7.社会服务	7-1 创新机制,搭建多方协同、共建共享的社会服务大平台	成立专业群社会服务团队,开展技术攻关、科研成果转化、技能培训等社会服务。搭建社会服务线上平台,整合线下项目,最终形成"教师、学生—专业群—团队、企业—学校"四维社会服务长效运行机制
	7-2 育训结合,为区域经济发展培养智慧文旅人才	推进国内外中高职院校交流、职业培训与认证、校外实践与志愿者服务等项目,形成高职院校育训结合的智慧文旅人才培养服务长效机制,为区域经济发展培养智慧文旅人才

续表

建设内容	具体内容	实施方法
7. 社会服务	7-3 立足新业态需求,提供技术创新、工艺与流程改进、生产效率提升及技术服务	依托"一院两中心",对学校、企业、工作室开展教学标准、职业标准、技术标准推广培训,至少帮扶1个贫困村提升乡村旅游开发与管理服务能力。 开发运用VR/AR、人工智能等技术的浸入式智慧文旅体验项目,开发"文化+旅游线路、研学实践教育"项目、景区讲解词等旅游产品,参与企业智慧文旅技术革新、工艺流程改进、管理服务能力提升
8. 国际交流与合作	8-1 引进境外人才,实现教师队伍国际化	依托"一带一路"职教联盟,提升教师开展国内外旅游企业技术服务的能力;加强境外人才引进,聘用境外高层次技术人员和专家,通过与国际教育机构、名校合作,开展师资互聘,推动专业群建设,打造国际化教学团队
	8-2 建设文物修复工坊,输出职业教育品牌	成立"一带一路"职教联盟旅游管理专业群教育教学指导委员会,联合各省旅游类专业院校共同开发旅游管理群相关专业教学标准及课程标准、文物修复技术标准,推进中亚五国合作办学,设立"一带一路"研究与培训中心
	8-3 注重以赛促教、以赛促学,加强留学生互换交流	积极参加世界技能大赛,发起"一带一路"职教联盟相关院校旅游类专业技能大赛,形成旅游类专业职业教育中国品牌,招收"一带一路"沿线国家留学生,每年开展交换生、出国游学、海外实习等项目
9. 可持续保障机制	9-1 重构"双高计划"背景下学校内部治理体系	党建引领,以学校领导为组长,成立"双高办";统筹全校资源,实现资源向旅游管理专业群建设倾斜聚集,提升资源支持专业建设的能力;构建团队管理运行体系
	9-2 制定专业群建设制度,夯实人力、物力、技术等保障	打破学校现有部门设置、职能分工,在"双高办"的统一领导下,按照以群建院的模式实施专业群建设;以产教融合、校企合作的思路,建设校企共建混合所有制二级学院,形成校企协同发展命运共同体
	9-3 构建诊断改进及动态调整保障机制	完善专业群人才培养内部质量保证监控体系,构建完善的内部质量保证体系

2.3 建设成效

到2023年,旅游管理专业群建设以立德树人为根本任务,创新体制机制多方共建产业学院;探索形成政行企校家五方联动的协同育人机制;实践校企两翼、多元培养、能力递进、双轨运行的专业群人才培养模式;运用区块链技术构建以技能包、课程包为基础单元的扁平化的课程体系;深化"三教"改革及1+X证书制度试点,开发高水平教学资源包,规划编写活页式、工作手册式教材,建成高水平的"双师型"教师队伍;建设生产性实训基地,搭建技术技能平台,开展社会服务,有效提升服务地方的能力;密切国际交流与合作,服务"一带一路"沿线国家的智慧文旅产业及人才培养,树立"文化+现代信息技术+旅游"的特色人才培养品牌,人才培养质量的地方及行业满意度达到95%以上,成为全国可示范、地方离不开并能够持续为智慧文旅产业发展提供德技并修、知行合一人才供给的人才培养高地,取得的标志性成果如表3所示。

表3 旅游管理专业群建设标志性成果

序号	项目	数量
1	混合所有制特色学院	1个
2	省级以上教学成果奖	1项
3	1+X职业技能等级证书制度试点	2~4个
4	陕西省一流专业	2个
5	全国智慧文旅类技能联考	1次
6	国家精品在线开放课程	1~2门
7	数字资源博物馆	2个
8	新型活页式、工作手册式教材等	9~11部
9	旅游管理专业群资源云	1个
10	名师工作室、大师工作室	2~4个
11	共享性、综合性实践教学基地	3个
12	陕西智慧文旅产业学院	1个
13	智慧文旅校企协同创新中心、文博人才技能培训中心	2个
14	省级以上技能大赛奖项	6项
15	文物修复工坊	1个

2.4 经费预算

旅游管理专业群建设经费预算如表4所示。

表4 旅游管理专业群建设经费预算表

建设内容	小计		中央财政投入资金		地方财政投入资金		举办方投入资金		行业企业支持资金		学校自筹资金	
	金额/万元	比例/%	金额/万元	比例/%	金额/万元	比例/%	金额/万元	比例/%	金额/万元	比例/%	金额/万元	比例/%
合 计	9 000	100	3 500	38.89	3 500	38.89	—	—	500	5.56	1 500	16.67
人才培养模式创新	640	7.11	308	8.80	308	8.80	—	—	—	—	24	1.60
课程教学资源建设	820	9.11	410	11.71	410	11.71	—	—	—	—	—	—
教材与教法改革	251	2.79	125	3.57	125	3.57	—	—	—	—	1	0.07
教师教学创新团队	942	10.47	471	13.46	471	13.46	—	—	—	—	—	—
实践教学基地	5 022	55.80	1 638	46.80	1 638	46.80	—	—	385	77.00	1 361	90.73
技术技能平台	450	5.00	135	3.86	135	3.86	—	—	90	18.00	90	6.00
社会服务	375	4.17	168	4.80	168	4.80	—	—	20	4.00	19	1.27
国际交流与合作	350	3.89	175	5.00	175	5.00	—	—	—	—	—	—
可持续发展保障机制	150	1.67	70	2.00	70	2.00	—	—	5	1.00	5	0.33

（学会特聘研究员、陕西职业技术学院旅游与文化学院副院长郭家鹏提供材料）

陕西能源职业技术学院"双高计划"建设方案

概　述

2019年12月，陕西能源职业技术学院被教育部、财政部确定为中国特色高水平专业群建设单位(C档)。根据《国家职业教育改革实施方案》《教育部 财政部关于实施中国特色高水平高职学校和专业建设计划的意见》等文件精神，结合学校实际，陕西能源职业技术学院编制了学校建设方案和煤矿开采技术高水平专业群建设方案。

建设方案以习近平新时代中国特色社会主义思想为指导，全面落实党的教育方针，以立德树人为根本，以提升质量为核心，以高水平专业群建设为引领，围绕"一加强、四打造、五提升"等10项工作任务，设置了2019—2023年度分年度建设任务，确定了建设目标，实施"十大计划"全面推进学校建设、改革和发展。

建设方案预算经费总额为2.75亿元(包括中央财政支持资金0.2亿元，统筹相关政策资金1亿元，学校自筹资金1.2亿元，行业企业支持资金0.35亿元)。其中，学校建设经费预算为1.40亿元，专业群建设经费预算为1.35亿元。

建设方案中涉及10项一级任务，48项二级任务，729项三级任务(2020年190项、2021年193项、2022年182项、2023年164项)；煤矿开采技术专业群涉及9项一级任务，38项二级任务，327项三级任务(2020年90项、2021年79项、2022年79项、2023年79项)。

1　学校建设方案

1.1　建设目标

1.1.1　总体目标

到2023年，把煤矿开采技术专业群建成国内领先高水平专业群，把学校建成能源化工、康养医护类高素质技术技能人才培养培训高地、技术技能积累的重要资源集聚地、校企合作体制机制创新的试验基地、校企合作发展与合作育人的示范基地，成为引领区域和行业职业教育改革，支撑陕西乃至西部地区能源化工和医疗卫生产业发展，办学特色、专业特色、育人特色鲜明，具有国际交流能力的高水平高职学校。

到2035年，学校整体实力达到国内先进水平，煤矿开采技术专业群达到国际先进水平，建立国际认可的高质量专业标准、课程标准2套，成为引领煤矿开采技术类职业教育现代化的重要力量，为促进区域经济社会发展和提高能源化工产业的国际竞争力提供优质人才资源支撑。

1.1.2 具体目标

实施加强党的建设计划：创建全国党建工作标杆院系1个，创建全国样板支部2个，争取获得暑期社会实践国家级奖项1项，创建"全国'五四'红旗团委"1个。

实施人才高地打造计划：建成国家精品在线课程（含专业群）4门，建设6个专业（群）教学资源库，承办全国职业院校技能大赛1次，学生各类技能大赛、竞赛获得国家级奖项18项以上。

实施技能平台打造计划：建成教育部认定的应用技术协同创新中心1个、产教融合创新实践基地2个、技能大师工作室15个、博士工作室15个。

实施专业集群打造计划：重点建设煤矿开采技术高水平专业群，大力培育现代康养服务高水平专业群。对接产业发展，建设智能制造、智能建筑、现代物流、现代医药技术等4个特色专业群。

实施师资队伍打造计划：培育国家水平教师教学创新团队1个，培育国家级"双师型"教师企业实践基地1个，建成"双师型"教师培养培训基地2个，培养、引进领军人才、"万人计划"人才、博士、名师、技能大师45人。

实施合作水平提升计划：建成国家示范性能源化工职业教育集团（联盟）1个，国家水平产教融合实训基地1个，助力20个合作企业获批国家级产教融合型企业。

实施服务能力提升计划：为行业和地方培养高素质技术技能人才2.15万人，职业技能培训和技能鉴定1.5万人次，累计成人学历教育人数达到2 000人，累计社会服务到款额达到5 500万元。

实施治理能力提升计划：修订完善以"一章八制"为核心的制度体系，修订校院两级岗位职责、工作标准，建立、完善教学质量保证体系。

实施智慧校园建设计划：建成大数据分析平台和"领导驾驶舱"1个，建设专业虚拟现实实验室10个。

实施能源品牌建设计划：参与制定、修订职业教育国际标准1个，开发具有国际影响的专业建设标准1个，为"走出去"企业定向培养高技术技能人才100人以上，接收国（境）外来校学习交流学生达到100人次以上。

1.2 建设任务与进度

陕西能源职业技术学院分年度建设任务与进度如表1所示。

1.3 建设成效

到2023年，学校办学条件不断优化，专业结构更加合理，办学活力进一步增强，治理体系和治理水平持续改进，整体办学实力和服务发展能力显著提高。

1) 建成能源化工类高素质技术技能人才培养培训高地，煤炭产业技术技能积累重要资源集聚地，校企合作体制机制创新试验基地，校企合作发展、合作育人示范基地。

2) 煤矿开采技术专业群达到全国同类专业群领先水平，高水平专业群集聚效应和服务功能更加凸显，示范引领作用进一步发挥，引领国内同类专业群高质量发展。带动学校现代康养、智能制造、智能建筑、现代物流等专业群向更高水平发展。

表 1　陕西能源职业技术学院分年度建设任务与进度表

序号	建设任务	2020 年度目标（含 2019 年度）	分年度建设进度 2021 年度目标	2022 年度目标	2023 年度目标
1 加强党的建设	1-1 强化政治引领，加强党对学校工作的全面领导，提升党的领导力	修订和完善党委会会、校长办公会、院系党政联席会议事规则；修订和完善基于"一章八制"学校制度体系及工作机制；落实党风廉政责任制，构建"三全育人"工作体系	发挥基层党组织政治核心作用；落实党风廉政责任制，推进落实学校"十四五"事业发展规划目标	完善现代大学治理结构；开展意识形态工作考核；完善党建工作考核体系，创新学习形式并监督执行；落实党风廉政责任制	党建引领"双高计划"建设任务通过验收；推进学校内部治理和治理能力现代化；形成政治规范体系
	1-2 强化价值引领，用习近平新时代中国特色社会主义思想铸魂育人，提升思想引领力	校领导班子每学期给学生讲授思政课不少于 2 学时；听课不少于 4 学时。思政网络实践平台试运行；打造思政校级精品在线课程；开展主题活动不少于 10 次	思政教育网络实践平台正式运行；网络思政微课精品项目上线试运行；新增开设思政必修课程 1 门；选修课 2 门	形成思政教育网络实践平台项目研究成果 3 个以上；建设网络思政微课精品项目 1 个。开展主题活动不少于 10 次；开设选择性思政必修课程 1 门；选修课 1 门	形成思政教育网络实践平台项目研究成果 3 个以上；建设网络思政微课精品项目 1 个。开展主题活动不少于 10 场次；开设选择性思政必修课程 1 门；选修课 1 门
	1-3 强化组织引领，加强基层党组织建设，提升执行力	实施"高擎党旗，为党增辉"党建工程；持续推进"两学一做"学习教育；实施党员积分制管理；完成首批党建示范创建和质量创优"双创"工作 2 个样板支部的示范创建验收工作	完成教师、党支部书记"双带头人"培育工程，"双带头人"比例达到 100%；开展校级标杆院系、样板支部创建工作全覆盖	加强学生党员教育管理，创建申报全国标杆院系 2 个，样板党支部 5 个；培育评选标杆院系 2 个，样板支部 2 个；持续深化"党务干部素质提升工程"	形成多维立体党建体系；挖掘一批先进典型人物和集体

续表

序号	建设任务	分年度建设进度			
		2020年度目标（含2019年度）	2021年度目标	2022年度目标	2023年度目标
1	加强党的建设				
	1-4 强化文化引领，打造德技修身并举的人才培养品牌，提升影响力	启动"三全育人"综合改革工作；打造1~2个特色鲜明、省内有影响的校园文化活动品牌；实践"五个五十工程"；启动省级文明校园创建工作；启动"团建示范校"申报建设工作；组织学生参加各类科技竞赛，获得省级奖项2项以上	推动"三全育人"综合改革，构建"三全育人"工作十大体系，立项相关研究项目2项；校内新增1个校园文化活动品牌；开展"大国工匠进校园"活动；启动"爱校情怀"培育工程；申报并通过省级教育系统文明校园验收	建设10门以上课程思政优秀示范课程，选树10位以上课程思政教学优秀教师和10位以上"三全育人"先进个人，立项相关研究项目2项；校内新增1个校园文化活动品牌；形成优秀校园文化成果2个以上，培育校园文化活动品牌2~3个省级优秀学生社团；启动学生众创空间校园创建工作；申报众创空间国家级备案	建设10门以上课程思政优秀示范课程，选树10位以上课程思政教学优秀教师和10位以上"三全育人"先进个人，立项相关研究项目2项；校内新增1个校园文化活动品牌；暑期实践活动获得国家级奖1项；申报通过省级文明校园验收；申报全国"五四"红旗团委
	1-5 强化人才引领，铸造事业传承"生力军"，提升发展力	修订《陕西能源职业技术学院干部选拔任用管理办法》，完成第四轮处、科级干部聘任；制定《陕西能源职业技术学院干部教育培训制度》	新增培养2个校级教师教学创新团队，培育省级教学创新团队1个；完善干部考核评价机制	培育省级教学创新团队1个；建设思政课教师队伍	培育国家水平教师教学创新团队1个；建设优秀年轻干部队伍
2	打造技术技能人才培养高地				
	2-1 构建课程思政体系，落实立德树人根本任务	开设思政课必修课1门，选修课2门；建设思政教育网络实践平台1个；落实学校领导班子成员听思政课、上思政课	启动通识教育、哲学社会科学特色示范课程建设工作；实施"专业教育课程拓展工程"；建立课审核和教案评价制	完善网络思政教育网络实践平台1个；建设10门课程思政示范课程，培育省级2门	建设10门课程思政示范课程，培育省级1门；完成通识教育示范课程、哲学社会科学特色示范课程建设工作

续表

序号	建设任务	分年度建设进度			
		2020年度目标（含2019年度）	2021年度目标	2022年度目标	2023年度目标
2	打造技术技能人才培养高地				
	2-2 加强学生职业能力开发，促进学生全方位成长	制度；制定学校思政课程与课程思政协同改革方案；建设10门课程思政示范课程，培育省级1门	度；建设10门课思政示范课程，培育省级2门；建设校级以上思政精品在线课程2门		
		开展校园工匠文化建设；试点5个专业进行教学过程改革实践；组织参加职业技能大赛；开展创新创业、技能大师论坛等活动	校企共建职业文化实践基地2个；组织参加职业技能大赛；开展大国工匠论坛活动3次	修订各专业人才培养方案；校企共建职业文化实践基地2个；形成专业文化培育手册3部；组织参加职业技能大赛	形成专业文化培育手册2部；组织参加职业技能大赛
	2-3 加强劳动教育，促进学生德智体美劳全面发展	劳动教育融入课程体系；设立"劳动荣誉积分档案"；组建劳动教育相关社团	宣传劳动模范和高素质劳动者的突出事迹活动2次；开展"劳动教育周""技能竞赛月"实践活动	宣传报道师生模范和榜样；开展"劳动教育周""技能竞赛月"实践活动	形成以劳模、工匠精神为内核的校园文化；开展"劳动教育周""技能竞赛月"实践活动
	2-4 创新人才培养模式，深入推进校企"双元"育人	开展1+X证书制度试点工作；遴选3个专业试点课程改革；探索分层分类培养改革；编制学分制教学工作方案	推进X证书制服务平台、"学分银行"信息平台使用；开展1+X证书试点工作；遴选2个专业试行学分制改革	推进1+X证书制度全面实施；全面推行现代学徒制；完善学分制教学制度，完善"学分银行"制度和学分转换标准	学生职业技能等级证书获得率达到85%；学徒制合作企业增至20家；形成分层分类人才培养模式，学分制教育教学制度，形成理论成果

续表

序号	建设任务	分年度建设进度			
		2020年度目标（含2019年度）	2021年度目标	2022年度目标	2023年度目标
2	2-5 深化教法和教材改革，提升技术技能人才培养质量	遴选2个专业群，组建模块化教师教学团队；推行混合式教学模式；建设"智学堂"课程教学平台；启动"金课"建设工作，开发校企"双元"合作教材，新型活页式教材、工作手册式教材15部	完善"智学堂"平台功能建设；所有课程实现线上混合教学模式；打造"金课"10门；开发校企"双元"合作教材、新型活页式教材25部，申报省级以上优秀教材2部	推行模块化教学模式，组建模块化教师团队；打造"金课"10门；开发校企"双元"合作教材、新型活页式教材25部，申报省级以上优秀教材2部	形成模块化教学模式，形成理论成果；打造"金课"10门；开发校企"双元"合作教材、新型活页式教材20部，申报省级以上优秀教材2部
	2-6 建设优质教学资源，推进标准化建设 打造技术技能人才培养高地	启动3个专业教学资源库建设；建设精品在线课程15门；构建校、省和国家三级信息化教学能力比赛、参赛机制，获得省级以上奖项5项；启动6个专业群综合实训基地建设；组织学生参加国家级奖项4项、省级奖项25项	建设精品在线课程20门，申报省级精品在线课程3门，国家精品在线课程1门；获得省级以上教学相关比赛奖项7项；组织学生参加国家级各类大赛、竞赛获得国家级奖项4项，省级奖项25项	建设精品在线课程25门，申报省级精品在线课程3门；获得省级以上教学相关比赛奖项7项；组织学生参加国家级各类大赛、竞赛获得国家级奖项5项，省级奖项25项。积极参与标准和行业标准开发	建设精品在线课程26门，申报省级精品在线课程3门；获得省级以上教学相关比赛奖项6项；完成5个专业群综合实训基地建设；组织学生参加各级各类大赛、竞赛获得国家级奖项5项，省级奖项25项
3	3-1 建设应用技术协同创新中心，搭建人才培养和技术服务平台 打造技术技能创新服务平台	制定应用和科研创新团队建设方案；横向技术服务提升方案；与专业成果转化机构合作，聘请10名技术科研特派员；选投10名	新建省级标准智能制造应用技术协同创新中心；建设省级标准智能制造和康养医护技术科研创新团队；学校新增10名信息化特派员；与专业成果转化机构合作，培	新建省级标准养老服务协同创新中心；2支科技特派员团队新增10名科技特派员；与专业成果转化机构合作，培	2个协同创新中心（工程技术研究中心）；2支科研创新团队；新增10名科技特派员；与专业成果转化

续表

序号	建设任务	分年度建设进度			
		2020年度目标（含2019年度）	2021年度目标	2022年度目标	2023年度目标
3	打造技术技能创新服务平台 创新平台	1名兼职技术经理人；青年教师、学生参与技术服务与创新创业活动15批次；完成成果转化、技术服务和横向项目38项，到款额达到520万元；授权专利30件	科技特派员，建立学校科技特派员信息库；聘请1名兼职技术经理人；教师、学生参与技术服务与创新创业活动10批次；吸纳40名学生助研；成果转化、技术服务和横向项目11项，到款额达到285万元；授权专利20件	养1名专职技术经理人；建成从应用开发、成果转移到产业转化的全链条转化服务体系；教师、学生参与技术服务与创新创业活动10批次；吸纳40名学生助研；获批市级以上项目2项；成果转化、技术服务和横向项目13项，到款额达到300万元；授权专利20件	机构合作，继续培养1名专职技术经理人；获批市级以上项目2项；青年教师、学生参与技术服务与创新创业活动10批次；吸纳40名学生助研；成果转化、技术服务和横向项目15项，到款额达到320万元；授权专利20件
	3-2 建设产教融合创新实践基地，搭建产教融合平台	制定创新实践基地、校企"双元"创新实验（中心）室、省级名医工作室建设方案；建设5G手机陶瓷烧结新技术实验室；建设校企"双元"智慧康养创新实验中心；获批1个医学类创新学院，创新学院基本建成试运行；获批市级以上项目6项；参与制定行业标准2件，参与制定陕西省级标准12件，参与制定省级标准1项	建设能源化工创新实践基地；新建4个博士工作室；新建市级重点实验室标准校企"双元"智慧康养创新技术实验室；建设创新实验中心，建设创新学院，参与创新创业项目4项；获批市级以上专利6件，参与制定国家标准1项，参与制定陕西省级标准市级以上科研奖励1项	新建4个博士工作室；5G手机陶瓷烧结新技术实验室申报，申请咸阳市重点实验室并获批，继续按照省级标准建设；创新实验中心，创新学院；1个省级名医工作室建成试运行；获批市级及以上项目4项；授权专利6件	9个博士工作室，2个校企"双元"创新实验中心（室）运行正常，校企"双元"智慧康养创新实验中心申请并获批为咸阳市重点实验室；省级名医工作室，创新学院运行正常；获批市级及以上项目4项；授权专利6件，获得市级及以上科研奖励1项
	3-3 组建技能大师工作室	建设1个技能大师工作室；技能大师带教青年教师2人，学	新建3个技能大师工作室；技能大师带教青年教师8人，学	新建4个技能大师工作室；技能大师带教青年教师16人，学	8个技能大师工作室运行正常；技能大师带教青年教师

续表

序号		建设任务	分年度建设进度			
			2020年度目标（含2019年度）	2021年度目标	2022年度目标	2023年度目标
3	打造技术技能创新服务平台	搭建技术技能平台	生20人；承担技术服务和横向项目3项，到款额达到5万元	生80人；承担技术服务和横向项目9项，到款额达到15万元	学生160人；承担技术服务和横向项目12项，到款额达到25万元	16人；学生160人；承担技术服务和横向项目16项，到款额达到30万元
		3-4 建立和健全平台管理体制、运行机制，营造良好的创新环境	建立平台管理机构；制定平台管理和运行制度	制定考核与激励、技术服务与培训、创新创业服务等制度；修订科研管理和学术评价制度	修订成果转移转化、知识产权管理等制度	建成平台管理体制、运行机制，形成科技成果培育转化服务体系
		3-5 建设"互联网+"科研与技术技能服务综合管理系统	开展调研、技术论证、立项招标，搭建系统框架	校内资源融合	系统运行正常	
4	打造高水平专业群	4-1 煤矿开采技术专业群	实施学徒制试点专业1个；完成国家专业教学标准2个；编写活页等教材13部；建设在线开放课"金课"20门；建设教学资源库3个，申报煤矿开采技术专业省级教学资源库1个；培育（引进）各类人才24人；获得技能大赛国奖1项；	新增学徒制试点专业1个；编写活页等教材10部；建设在线开放课"金课"15门；持续建设教学资源库3个；培养、引进各类人才13人；技能大赛获得省级以上奖项7项；组建技能大师工作室3个；助推1家企业入选全国产教融	新增学徒制试点专业1个；编写活页等教材10部；建设在线开放课"金课"8门；持续建设教学资源库3个；培养、引进各类人才6人；技能大赛获得省级以上奖项6项；组建技能大师工作室1个；助推1家企业入选全国产教融合型企业	新增学徒制试点专业1个；编写活页等教材5部；建设在线开放课"金课"7门；持续建设教学资源库3个；培养、引进各类人才9人；技能大赛获得省级以上奖项7项；助推1家企业入选全国产教融合型企业；立项课题

续表

序号	建设任务	分年度建设进度			
		2020年度目标（含2019年度）	2021年度目标	2022年度目标	2023年度目标
4	打造高水平专业群	组建技能大师工作室3个，助推1家企业入选全国产教融合型企业；改造、新建实训室14个；立项课题19项；企业培训达到60 000人次；编制专业群建设与管理制度	合型企业；改造、新建实训室12个；立项课题19项；企业培训达到30 000人次	合型企业；改造、新建实训室4个；立项课题19项；企业培训达到30 000人次；完善专业群建设与管理制度	21项；企业培训达到30 000人次；形成成熟的专业群建设与管理制度
5	5-1 推行以德为先，建设师德高尚、结构合理的师资队伍 5-2 推进领军人才队伍建设，提升专兼职师资队伍建设水平	开展"师德模范"宣传活动2期；组织教师参加师德培训1期；制定教师德考核办法，开展师德师风考评工作，建立教师师德师风相关档案，招聘教师数不少于40人；完善师德师风考评办法，开展师德专任教师数不少于20人 修订骨干教师相关制度；引进领军人才队伍建设人才1人，博士1人，新增名师工作室2个；培养（引进）省级教学名师2人，校级教学名	开展"大国工匠"宣传活动1期；组织教师参加各级师德培训活动1期；完善师德师风考评办法，开展师德师风考评工作，招聘专任教师数不少于20人 引进（培养）领军"万人计划"人才2人，博士2人，新增名师工作室1个；聘任专业群带头人不少于60人；参	开展"万人计划"宣传活动1期；组织教师参加各级师德培训活动1期；开展在岗教师综合测评活动，招聘专任教师数不少于20人 培养（引进）领军"万人计划"人才2人，博士1人，校级教学名师1人，省级教学名师5人，博士2人，新增名师工作室1个；	开展"劳模"宣传活动1期；开展师德师培训活动1期；开展在岗教师综合测评活动；推行教师师德考核负面清单制度；招聘专任教师数不少于20人 引进（培养）领军人才1人，博士1人，新增名师工作室1个；参加国内培训、国（境）外进修、学术会议3批次；培养

续表

序号	建设任务	分年度建设进度			
		2020年度目标（含2019年度）	2021年度目标	2022年度目标	2023年度目标
	设质量	师5人，骨干教师80人；参加国内培训、国（境）外进修、学术会议6批次；培养骨干教师35人；培养（引进）技能大师1人；组织专兼职教师参加培训次数不少于4次。建立不少于350人兼职教师库；兼职教师教学法培训2次；教学量不少于总课时的50%	加国内培训、国（境）外进修、学术会议3批次；培养骨干教师35人；培养（引进）技能大师2人；组织"双师型"教师培养认证；组织专兼职教师参加培训次数不少于2次。兼职教师库不少于400人；兼职教师教学法培训2次；教学量不少于总课时的50%	参加国内培训、国（境）外进修、学术会议3批次；培养骨干教师35名；培养（引进）技能大师2人；组织"双师型"教师培养认证，新技术新工艺、组织专兼职教师参加培训次数不少于2次。兼职教师库不少于450人；兼职教师教学法培训2次；教学量不少于总课时的50%	骨干教师30人；培养技能大师2人；组织"双师型"教师培养认证，比例占专业课教师比例超过50%；组织专兼职教师参加培训次数不少于2次。兼职教师库不少于500人；组织兼职教师教学法培训2次；教学量不少于总课时的50%
5	5-3 建立健全教师职前、职中可持续培养体系，提升教师教学服务创新能力	建立3个校级教师教学创新团队；培育1个省级以上教师教学创新团队，初步建成教师"双轨发展"技术服务团队，为企业提供校本培训不少于11万人次；开展校本培训不少于11万人次；开展校本培训不少于1批次；选派20人出国培训或赴高校学习轮训活动不少于2批次；修订教师企业实践锻炼管理办法	新增2个校级教师教学创新团队；培育1个省级以上教师教学创新团队；为企业提供校本培训不少于7.5万人次；开展校本培训或业务培训不少于15次；选派10人出国研修学习；教师参加国培不少于1批次；教师到企业实践或高校学习轮训活动不少于1批次	新增2个校级教师教学创新团队；培育1个省级水平教师创新团队；为企业提供校本培训不少于8万人次；开展校本培训或业务培训不少于15次；选派10人出国研修学习；教师参加国培不少于1批次；教师到企业实践或高校学习轮训活动不少于1批次	建成国家水平教师教学创新团队1个；为企业提供校本培训不少于8.5万人次；开展校本培训或业务培训不少于15次；选派10人出国研修学习；教师参加国培不少于1批次；教师到企业实践或高校学习轮训活动不少于1批次

打造高水平双师队伍

续表

序号	建设任务	分年度建设进度			
		2020年度目标（含2019年度）	2021年度目标	2022年度目标	2023年度目标
5	5-4 促进教师职业发展，实施教师培养"1中心+2基地"平台工程 打造高水平双师队伍	组建教发中心，形成"3支撑—4'心'文化—5工程"运行模式；建设煤炭、医学类"双师型"教师培训基地各1个；开发培训项目4项，培训不少于1 000人次；校企联合组建煤炭、医学类"双师型"教师企业实践基地各1个	完善教发中心"3支撑—4'心'文化—5工程"运行模式；新增教师培训项目2项；培训不少于500人次；完善"双师型"教师管理模式，运行与管理模式，承接教师实践培养任务	完善教发中心"3支撑—4'心'文化—5工程"运行模式；新增教师培训项目2项；培训不少于500人次；完善"双师型"教师管理模式，运行与管理模式，承接教师实践培养任务	完善教发中心"3支撑—4'心'文化—5工程"运行模式；新增教师培训项目2项；培训不少于500人次；完善"双师型"教师管理模式，承接国家级实践培养任务，培育国家级基地1个
	5-5 推动教师管理机制创新，实施人才"引进+管理+评价"制度改革工程	修订人才引进管理办法；开发积分管理与绩效考评系统	实施教师积分制信息化管理	实施教师积分制信息化管理	实施教师积分制信息化管理
6	6-1 完善适应校企命运共同体的体制机制 提升校企合作水平	重组校企合作办学理事会；修订（制定）理事会、董事、专业建设指导委员会章程；组建专业建设指导委员会	建立校企合作项目相关制度，编制理事会工作手册	召开理事会、董事会年度工作会议，补选理事；修订完善校企合作相关制度	形成可复制推广的合作机制和决议报告；形成一套校企合作制度体系
	6-2 打造实体化运作的国家	筹备组建陕西能源化工职教集团；筹备组建陕西康养医	实施能源化工、智能制造、医护康养类专业现代学徒制合	深化实施能源化工、智能制造、医护康养类专业现代学徒	深化实施能源化工、智能制造、医护康养类专业现代学徒制合

续表

序号	建设任务	分年度建设进度			
		2020年度目标（含2019年度）	2021年度目标	2022年度目标	2023年度目标
6 提升校企合作水平	6-3 创建高水平专业化产教融合实训基地	集团；合作建设健康美容方向的产业学院；合作建设智能制造类新专业；完成现代学徒制试点验收；完成企业生产技术难题10项/年	作；合作建设现代康养方向产业学院，经济管理方向产业学院；合作申报建设能源化工，健康养老、现代康养类新专业；完成企业生产技术难题10项；筹备创建省级示范性职教集团	制合作；合作建设智能制造产业学院，建筑工程产业学院；合作申报建设工程类新专业；合作建设专业教学资源库；完成企业生产技术难题10项；创建省级示范性职教集团，国家示范性职教集团	作；完善职教集团内专业教学资源库；完成企业生产技术难题10项
		建设共享型教学团队；合作建设康复仿真实训基地、专业教学资源	建设仿真实训系统；合作建设智能制造产教融合实训基地	建设信息共享平台；建设并完善仿真实训系统；合作建设产教融合实训基地	完善专业教学资源；完善信息共享平台
	6-4 助推企业认定为国家产教融合企业	与能源化工类知名企业签订共建协议；协助企业承担实施1+X证书制度试点任务；邀请企业参与职教集团组建工作	与医护康养类知名企业签订共建协议；开展企业新型现代学徒制试点；协助企业承担实施1+X证书制度试点任务；助力陕西省产教融合试点建设首批国家产教融合型城市工作；合作助力10家企业建设产教融合型企业	合作共建产教融合实训基地；合作共创校企知识产权；合作建设1+X证书制度试点实施任务；助力陕西省产教融合试点建设首批国家产教融合型城市工作；合作助力10家企业建设产教融合型企业	协助合作企业列入建设信息储备库；助力陕西省产教融合试点建设首批国家产教融合型城市工作

续表

分年度建设进度

序号	建设任务	2020年度目标（含2019年度）	2021年度目标	2022年度目标	2023年度目标
7	7-1 加强高素质人才培养，服务区域产业中高端建设	为各行业输送高素质技术技能型人才7 500余人；完成百万扩招任务	为各行业输送高素质技术技能型人才3 500余人；完成百万扩招任务	为各行业输送高素质技术技能型人才7 500余人；完成百万扩招任务	为各行业输送高素质技术技能型人才3 500余人；完成百万扩招任务
	7-2 加强技术研发及推广，服务区域产业发展建设	开发成果转化、技术服务和横向项目45项，为煤矿中小企业向智能化方向发展提供方案	开发成果转化、技术服务和横向项目20项，建立并试点使用矿井通风阻力在线监测系统	开发成果转化、技术服务和横向项目25项，建立并试点使用矿井动态水文监测系统	开发成果转化、技术服务和横向项目30项，建立并储量动态管理系统使用矿井
	7-3 依托学校教育资源优势，服务国家脱贫攻坚及乡村振兴战略	对贫困生建档立卡，有针对性地管理；加强对口援建新疆技师学院；培训乡村医生、农民工400人	为贫困学生搭建乡村学生就业平台；培训乡村医生、农民工200人	跟踪调研贫困生就业工作情况，完善乡村学生就业平台；培训乡村医生、农民工200人	扩大、完善就业平台；培训乡村医生、农民工200人
	7-4 开展多种类型教育，服务学习型社会建设	开展各类培训9万人次、职业技能培训与鉴定5 500人次；开展成人学历教育700余人；继续教育款到额达到1 500万元；建立信息管理平台	开展各类培训5万人次、职业技能培训与鉴定3 000人次；开展成人学历教育400余人；继续教育款到额达到750万元以上；论证建立能源类培训化资源方案	开展各类培训5万人次、职业技能培训与鉴定3 000人次；开展成人学历教育400余人；继续教育款到额达到800万元以上；开发能源类培训资源库	开展各类培训6万人次、职业技能培训与鉴定3 500人次；开展成人学历教育500余人；继续教育款到额达到950万元以上

续表

序号	建设任务	分年度建设进度			
		2020年度目标（含2019年度）	2021年度目标	2022年度目标	2023年度目标
8 提升学校治理水平	8-1 健全内部治理体系，提升现代大学治理能力	成立制度建设专门机构，完善"一章八制"	健全法律顾问制度，建立规范性文件重大决策合法性审查机制。建立学术委员会（群）建设委员会、教材选用委员会、理事会专家（教授）委员会，建立制度奖励制度	完善学校内部控制制度体系。制定、梳理和完善学院两级教学、科研、学生、后勤、安全人事、财务、审计、资产等方面自主管理的制度规范，建立健全各种办事程序、议事规则和标准，形成"制度管权、流程管事"的校院两级制度体系	进一步健全不同权力主体的责任分工机制、科学决策机制、沟通交流机制、权利监督机制、问责奖惩机制
	8-2 健全学校理事会制度，提升科学决策能力	健全学校、行业、企业、社区、校友等共同参与的理事会章程，修订理事会章程	完善理事会运行机制，探索建立以咨询、参与为主的理事会向决策性理事会过渡机制	实现学校与3~4家大型企业签订实质性共建协议目标	实现理事会"机构实质化、作用实质化、工作常态化"
	8-3 健全校院两级学术委员会制度，提升学术治理能力	修订学校学术委员会章程，全学校学术委员会机构	建立二级学院学术委员会机构	形成学术委员会首席专家（教授）在学术范围内学术权力优先建议机制	充分发挥学术委员会职权
	8-4 健全教材选用委员会制度，提升专业建设能力	健全专业（群）建设委员会组织机构，健全教材选用委员会组织机构	形成可持续专业群建设工作机制，完善教材选用委员会工作制度，健全教材管理机制	进一步调整专业建设委员会和教材选用委员会工作机制	初步形成专业建设工作机制，初步形成有特色、可示范的教材建设管理体系

续表

序号	建设任务	2020年度目标（含2019年度）	2021年度目标	2022年度目标	2023年度目标
8	8-5 发挥教职工代表大会合作用，提升民主管理与监督能力	修订、完善校院两级教职工代表大会制度，建立教代会合作用，提升学校重大决策性会议相关制度	健全民主座谈、协商制度；全团代会、学代会代表列席学校沟通交流机制	进一步调控民主管理运行机制	初步形成各民主管理主体参与学校治理的体系和运行有效的工作机制
	8-6 优化内部治理结构，提升改革创新能力	以专业群为核心建设二级学院，创新二级学院管理制度	与企业共建混合所有制特色产业学院	建立完善专业群群管理制度，组织架构和运行机制	建设混合所有制特色产业学院2～4个；建设跨学院、跨专业教学组织8～10个
	8-7 优化教育质量保证体系，提升核心竞争能力	形成行政管理与考核制度标准体系	形成教学过程管理与评价制度标准；形成毕业生质量评价制度标准体系	确立第三方评价体制，积极引进第三方评价机构，健全第三方评价管理制度。加强数据管理研究、分析与应用	形成教育质量评价机制
	8-8 坚持激发内生动力，形成学校特色治理文化	健全干部培养、选拔、任用、评价、考核机制，完善干部岗位和岗位管理制度，落实党员、教职工积分制考核管理	全面推行教职工全员聘用制和岗位管理制度，落实党员、教职工积分制考核管理	将企业、行业、产业文化融入职业教育培养全过程	形成以"工匠精神"为核心的大学文化融合体系
9	9-1 不断优化信息化公共基础环境建设，提升信息融合服务教育教学水平	完成校园无线网络覆盖建设，校园一卡通建设；实现校园网终升级；完善《陕西能源职业技术学院信息标准》	完成校园网络安全智能防护体系一期建设；完成云智慧教学平台建设；建设全新元宗型、智能型数据中心机房；建设私有	进行校园5G移动网络建设；完成智能网络智能安防体系二期建设；新建业务系统8个并完成统一身份认证	通过省级职业高等院校智慧校园示范性评选验收；完成网络智能安防体系整体建设

续表

序号	建设任务	分年度建设进度			
		2020年度目标（含2019年度）	2021年度目标	2022年度目标	2023年度目标
9	9-2 深入进行信息化应用融合，提高管理效能，提升师生满意度	完成6个主要业务系统等保测评，通过二级认证	远程办公云平台；新建统一认证业务系统7个		
			建设数据融合处理平台及一站式服务大厅综合应用程序上线运行，30个服务应用程序上线运行；完成教学应用数据平台质量监控平台改进优化；建设大数据分析平台；14个业务系统完成等保测评，通过二级认证	建设师生综合服务平台，上线40个服务应用程序；建成校情综合分析与诊改决策分析平台；建设校园安全数据平台	校情综合分析与诊改决策支持大数据分析平台稳定运行；建成线上一站式服务大厅微应用服务大厅，新增30个以上服务应用；建设全景业务大数据平台
	9-3 推进信息化技术与专业教学的融合创新，助推专业深度改革发展	探索升级医学类专业；建设1+X职业技能等级证书培训网络平台	完成"信息化技术+"升级传统专业3个；完成1+X职业技能等级证书培训平台等级证书培训平台5个以上	申报新专业2个；完成"信息化技术+"升级传统专业4个；1+X职业技能等级证书培训网络平台使用，内涵不断丰富，包含证书项目10个以上	完成"信息化技术+"升级传统专业10个以上；申报新专业达到5个以上；完成1+X职业技能等级证书培训网络平台项目达到15个以上
	9-4 强化数字资源建设与应用，助力教育服务供给模式升级	持续建设专业教学资源库和在线开放课程；完成180间教室的多媒体综合改造	建成省级优势特色专业10门；建成省级精品在线开放课程30门；建设省级信息化教学改革案例、新形态教材等4项；完成120间教室的智能化改造	建成2个省级虚拟仿真实训项目；建成30门校级精品在线开放课程；建成省级信息化教学改革案例、新形态教材，虚拟仿真实验教学改革项目、新形态教材等6门	立项国家精品在线开放课程2门；建成省级精品在线开放课程8门

续表

序号	建设任务	分年度建设进度			
		2020年度目标（含2019年度）	2021年度目标	2022年度目标	2023年度目标
9	提升信息化水平 9-5 提升师生信息素养，促进自主、泛在、个性化学习	组织教师信息化教学能力培训1次	化综合改造	项；建设专业虚拟仿真实验室10个；建设50间高标准智慧教室	组织教师信息化教学能力培训2次；组织学生参加陕西省高职院校信息素养大赛
			组织教师信息化教学能力培训2次；开通网上学习空间，建设雨课堂、蓝墨云班课等云课堂平台；组织学生参加陕西省高职院校信息素养大赛	组织教师信息化教学能力培训2次；开设信息素养课程选修课；组织学生参加陕西省高职院校信息素养大赛；建设智慧课堂和虚拟工厂基础教育资源库	
10	提升国际化水平 10-1 引进优质职业教育资源，为学校国际化建设奠定基础	加深与德国、澳大利亚、加拿大、奥地利等教育领域交流合作；新增签订国（境）外院校战略合作框架协议4个以上；开发并举办教师国际合作项目5项；签约掌握国际事务企业专（兼）职教师40人	开展"带薪职业培训+就业"项目，引进国际教育资源；新增签订国（境）外院校战略合作框架协议5个以上；开发并举办教师国际合作项目5项；签约掌握国际事务企业专（兼）职教师20人次；聘任国（境）外职业教育专家学者15人	新增签订国（境）外院校战略合作框架协议6个以上；引进相关专业国际教育资源；开发并举办教师国际合作项目5项；签约掌握国际事务企业专（兼）职教师20人次；聘任国（境）外职业教育专家学者20人	新增签订国（境）外院校战略合作框架协议5个以上；开发教师国际合作项目5项；签约掌握国际事务企业专（兼）职教师20人次；聘任国（境）外职业教育专家学者15人
	10-2 依据国际范式开展专	完成医护康养相关专业群教学资源库建设；以两个专业为	引进并完善德国养老技能相关专业本土化护理专业课程体准的本土化护理专业课程体	开发医护康养相关国际化课程1门；继续开展国际范式专	开发医护康养相关国际化课程1门；完成国际范式专

续表

序号	建设任务	分年度建设进度			
		2020年度目标（含2019年度）	2021年度目标	2022年度目标	2023年度目标
10 提升国际化水平	业建设，提升建设水平	试点，探索国际范式开展专业建设的路径	系；继续开展国际范式专业建设	业建设	建设
	10-3 参与"一带一路"建设，为煤炭产业国际化建设提供人力支撑	设置学生国际化专项资金资助池；开发并举办学生短期游学、实习、学历提升等项目10项；选拔学生10人以上参加短期游学、学历提升等项目；派出学生5人次参加国际技能大赛；促进本土培养的学生国外就业5人；接收国（境）外来校学习交流学生45人次以上	设置学生国际化专项资金管理办法；开发并举办学生短期游学、实习、学历提升等项目6项；派出学生8人以上参加国际技能大赛；促进本土培养的学生国外就业10人以上；接收国（境）外来校学习交流学生50人次以上	完善国际化专项资金预算及管理办法；开发并举办学生短期游学、实习、学历提升等项目6项；派出学生8人以上参加国际技能大赛；促进本土培养的学生国外就业10人以上；接收国（境）外来校学习交流学生50人次以上	开发并举办学生短期游学、实习、学历提升等项目6项；选拔学生20人以上参加短期游学、学历提升等项目；派出学生9人以上参加国际技能大赛；促进本土培养的学生国外就业10人以上；接收国（境）外来校学习交流学生50人次以上
	10-4 依托学校特色专业群资源，探索援助发展中国家职业院校开发合作	初步建成境外培训基地，探索与发展中国家职业院校开发合作	打造职业教育国际"互联网+平台"；向"一带一路"地区推广煤炭相关教育资源和职业技术标准	向"一带一路"地区推广煤炭相关教育资源和职业技术标准	建成中泰丝路学院；在实践基础上探索总结援助发展中国家总结援助发展中国家教育渠道，形成职教援助新模式
	10-5 开展多种形式的国际职业教育服务，推动先进技术技能人才本土化	开展对外籍员工培训；为"一带一路"沿线国家提供医学诊疗服务；为企业提供技术创新服务	开展对外籍员工培训；开展企业员工学历提升、继续教育、技能培训；为"一带一路"沿线国家提供医学诊疗服务；为企业提供技术创新服务	开展对外籍员工培训；开展企业员工学历提升、继续教育、技能培训；为"一带一路"沿线国家提供医学诊疗服务；为企业提供技术创新服务	开展对外籍员工培训；开展企业员工学历提升、继续教育、技能培训；为"一带一路"沿线国家提供医学诊疗服务；为企业提供技术创新服务

3) 以"一章八制"为核心的制度体系更加完善,学校管理工作规范化、科学化、精细化水平大幅提升。学校内部质量保证体系全面建成,形成由学校标准、专业教学标准、课程标准、顶岗实习标准、实训条件建设标准、职业岗位标准等构成的标准体系,建成能够支撑煤炭职业教育高质量发展的制度和标准。

4) 建成国家级示范能源化工类职教集团1个、国家水平产教融合实训基地1个。助力与学校深度合作的20家企业认定为省级以上产教融合型企业。建成校企合作制度体系,形成可供借鉴的理事会参与决策范式、集团化实体运行范式。

5) 开展技术技能人才培训累计25万人次以上。搭建农民工、退役军人"就业+学历教育+技能培训"全链条成长就业平台,学历教育在册人数达到2 000人以上。搭建技术技能研发、创新、成果应用与转化平台,横向项目数量和技术服务到款额显著提升。学校社会服务到款额年均达到1 100万元以上。

6) 在校生满意度达到95%以上,毕业生满意度达到98%以上,用人单位满意度达到95%以上,学生家长满意度达到95%以上。

1.4 经费预算

建设方案预算经费总额为2.75亿元,如表2所示。

表2 陕西能源职业技术学院"双高计划"建设支出预算明细表

建设任务	总预算/万元	按资金来源分配支出预算			
		中央财政投入资金/万元	地方财政投入资金/万元	行业企业投入资金/万元	学校自筹资金/万元
合 计	27 500	2 000	10 000	3 500	12 500
打造技术技能人才培养高地	5 200	—	2410	—	2 790
打造技术技能创新服务平台	800	—	90	—	710
打造高水平专业群	13 500	2 000	5 000	1 500	5 000
打造高水平双师队伍	1 500	—	300	—	1 200
提升校企协同育人水平	625	—	130	300	195
提升服务发展水平	480	—	210	—	270
提升治理水平	665	—	—	—	665
提升信息化水平	4 130	—	1 860	1 700	570
提升国际化水平	600	—	—	—	600

2 煤矿开采技术专业群建设方案

2.1 建设目标

2.1.1 建设总目标

立足国内煤炭主产区经济发展,围绕煤炭智能开采与清洁利用产业链,以煤矿开采技术专业为核心,与机电一体化技术专业(煤矿机电方向)、应用化工技术专业(煤化工方向)、煤田地质与勘查技术专业相互支撑,创新人才培养模式、优化课程体系、强化双师队伍建设、完善教学资源条件、深化国际合作、提升服务质量、健全培养与管理机制,打造煤炭技术技能人才培养高地和技术技能创新服务平台,支撑国家煤炭产业实现智能开采与清洁利用,建成人才培养质量高、产教融合密切、服务能力和国际影响力突出的专业群,为促进国家能源科学开采利用和提高产业竞争力提供优质人才资源支撑,形成具有中国特色的煤炭智能开采与清洁利用职教模式,引领国内同类专业群发展。

到2023年,煤矿开采技术专业群整体办学水平、产业服务能力国内领先,为煤矿智能开采与清洁利用类专业教学改革发展和培养复合型技术技能人才发挥示范引领作用,使煤矿开采技术职业教育成为支撑煤炭主产区地方经济社会发展的重要力量,形成有效支撑全国同类专业建设与人才培养高质量发展的先进培养培训范式、管理制度体系和建设标准。

到2035年,煤矿开采技术专业群跻身国际知名行列,专业群职业教育高质量发展的制度、标准体系更加成熟完善,全面建成具有中国特色的创新型、国际型、引领型专业群,为促进经济社会发展和提高国家竞争力提供优质人才资源支撑。

2.1.2 具体目标

1)建设优质课程教学资源,建成在线开放课和特色"金课"共计50门,建成省级教学资源库3个,其中达到国家水平教学资源库1个。

2)实施教材与教法改革,校企联合开发工作手册式、立体化和活页式教材50部。

3)培育国家水平教学团队,培育(引进)专业(群)带头人、行业知名技能大师、骨干教师、省级教学名师、博士、高级工程师52人,建立百人兼职教师库1个;教师竞赛获得国家级、省级奖项6项。

4)建设集培训项目研发、新技术开发、学生技术技能培养、员工培训、教师培训、职业技能鉴定、煤炭历史和职业教育历史展示功能于一体的国家水平产教融合实训基地。累计提供学生实习实训、企业员工培训、职业技能等级认证6 000人次,承办职业院校省级以上技能大赛5次。

5)建设省级水平技术创新基地,搭建产教融合平台,组建技术研发团队3支,建设技能大师工作室、博士工作室13个,获批市级及以上煤炭工程技术研究中心、重点实验室2个,立项省、市级科研课题8项,横向科研课题60余项,各类项目合同到款额达到500万元。

6）发挥专业群社会服务功能，通过全日制学历教育为煤炭和煤化工企业输送 3 000 名复合型技术技能人才；开展职工岗前培训、继续教育培训、特种作业培训、煤矿安全培训 150 000 人次，开展技能鉴定 2 000 人次。

7）加强国际交流与合作，引进国际教学资源 1 套，选派 40 名教师研习培训；开展企业境外机构项目咨询、技术培训 3 次。

8）建立专业群动态调整、专业群教学组织管理、专业群资源共建共享和专业群质量保障机制。

2.2 建设任务与进度

煤矿开采技术专业群建设任务与进度如表 3 所示。

2.3 建设成效

通过专业群建设，综合实力达到国内领先水平，形成具有中国特色的煤炭智能开采与清洁利用职教模式，引领国内同类专业群发展。形成成熟可推广的分类培养、分层教学、复合成才人才培养培训模式，实现学生人人成才、人人出彩。建成科学合理的宽基础、多方向培养课程体系和共性选用、个性定制的培训课程体系，实现培养培训供给侧和企业需求侧的有效对接。

1）建成稳定与变化相结合、专职与兼职相结合的国内一流教学科研团队、"校内教职人员+企业领军人才+校际教科研人员"三结合教学创新团队，进一步提升团队紧跟产业的敏锐性和"三教"改革的适应能力。

2）建成硬件条件国内领先、管理理念先进的高水平煤炭智能开采与清洁利用产教融合实训基地和煤炭开采与清洁利用虚拟仿真实训基地，在全国范围内发挥实践教学平台育人、培训（学生和教师）、职业资格认证培训等功能。承办全国职业院校技能大赛 1 次，学生技能大赛获得国家级奖项 3 项。

3）进一步扩大专业群的服务面向，增强专业群对煤炭行业的支撑能力，提升专业群对全国经济发展的推动作用，促进专业群在扶贫扶智和基础教育中的延伸功能。为全国煤炭智慧及清洁利用产业高端输出各类人才 3 000 人，完成培训 150 000 人次。

4）建成学生满意、家长满意、单位满意的特色育人基地。通过建设，专业群在校生满意度、毕业生满意度和家长满意度显著提高，用人单位对毕业生总体满意度达到 95% 以上。

2.4 经费预算

煤矿开采技术专业群建设经费总预算 1.35 亿元，具体如表 4 所示。

表3 煤矿开采技术专业群分年度建设任务与进度表

序号	建设任务		分年度建设任务			
			2019—2020年度	2021年度	2022年度	2023年度
1	人才培养模式创新	1-1 创新"分类培养、分层教学、复合成才"人才培养模式	调研岗位群人才需求、岗位能力；实施"分类培养、分层教学、复合成才"培养培训模式	修订"分类培养、分层教学、复合成才"培养培训模式；实施分层教学	持续推进实施分层教学	形成与推广"分类培养、分层教学、复合成才"培养培训模式
		1-2 开展"学历证书+若干职业技能等级证书"取证工作	积极参与职业技能等级"X"证书标准的开发，融入人才培养课程体系；制定人才培养培训方案	积极参与开发职业技能等级证书标准；开展取证工作	积极参与开发职业技能等级证书标准；开展取证工作	积极参与开发职业技能等级证书标准；开展取证工作
		1-3 推广现代学徒制、企业新型学徒制作法	采用学徒制形式与企业开展员工培训；联合企业实施现代学徒制/企业新型学徒制人才培养	采用学徒制形式与企业开展员工培训；联合企业实施现代学徒制/企业新型学徒制人才培养	开展学徒制形式与企业员工培训；联合企业实施现代学徒制/企业新型学徒制人才培养	与企业联合开展企业员工培训；联合企业实施现代学徒制/企业新型学徒制人才培养
2	课程教学资源建设	2-1 标准体系建设	校企联合初步搭建专业教学标准；完成国家专业标准2个	校企联合初步制定群建设标准体系、专业教学标准4个、专业仪器设备配备标准4个	修订专业教学标准、职业标准4个，制定其余课程标准和专业仪器设备配备标准	完善专业建设标准库，形成专业群标准汇编资料
		2-2 校级、省级、国家级三级在线开放课程和"金课"建设	建设10门在线开放课程和10门"金课"资源；培育省级在线开放课程4门	建设7门在线开放课程和8门"金课"资源，培育省级在线开放课程4门，培育国家级在线开放课程1门	建设4门在线开放课程和4门"金课"资源并上线运行；达到省级标准在线开放课程3门，培育国家级在线开放课程1门	建设3门在线开放课程和4门"金课"资源并上线运行；达到省级标准在线开放课程3门，建成国家级在线开放课程1门

续表

序号	建设任务		分年度建设任务			
			2019—2020 年度	2021 年度	2022 年度	2023 年度
2	课程教学资源建设	2-3 专业教学资源库建设	完成 2 个省级教学资源库建设,申报 1 个省级教学资源库;开发工程案例 12 个;制作动画 500 个、微课 800 个、其他素材 3 000 个;实现混合式教学;开展职业培训	完成省级资源库建设验收;制作动画 300 个、微课 500 个、其他素材 3 000 个;开发工程案例 13 个;实现线上线下混合式教学;开展职业培训	开发工程案例 13 个;制作动画 300 个、微课 200 个、其他素材 3 000 个;实现线上线下混合式教学;开展职业培训	建成省级资源库 3 个,达到国家水平教学资源库 1 个;开发工程案例 13 个;制作动画 100 个、微课 150 个、其他素材 3 000 个;实现线上线下混合式教学;开展职业培训
3	教材与教法改革	3-1 活页式、工作手册式教材编制	开发活页式、工作手册式教材,培训教材 10 部	开发活页式、工作手册式教材,培训教材 10 部	开发活页式教材、工作手册式教材,培训教材 10 部	开发活页式教材,培训教材 5 部
		3-2 立体化教材开发	开发立体化教材 3 部	开发立体化教材 5 部	开发立体化教材 4 部	开发立体化教材 3 部
		3-3 教材出版	—	出版教材 6 部	出版教材 6 部	出版教材 4 部
		3-4 教材获奖	—	—	获得省部级优秀教材奖 1 项	获得省部级优秀教材奖 1 项
		3-5 课程思政实施	遴选 2 门优秀专业级课程思政示范课程	遴选 3 门校级课程思政示范课程	遴选 2 门校级、1 门省级课程思政示范课程	遴选 1 门校级、1 门省级课程思政示范课程
		3-6 模块化分层教学	核心课程模块化分层教学比例达到 20%	核心课程模块化分层教学比例达到 50%	核心课程模块化分层教学比例达到 80%	核心课程模块化分层教学比例达到 100%

续表

序号		建设任务	分年度建设任务			
			2019—2020 年度	2021 年度	2022 年度	2023 年度
3	教材与教法改革	3-7 智慧课堂教学	搭建智慧课堂云平台,混合式教学占比达到 80%	混合式教学占比达到 85%	混合式教学占比达到 90%	混合式教学占比达到 95%
		3-8 任务式、虚拟仿真式教学	40% 的课程采用虚拟仿真教学,任务式等教学方法	50% 的课程采用虚拟仿真教学,任务式等教学方法	65% 的课程采用虚拟仿真教学,任务式等教学方法	80% 的课程采用虚拟仿真教学,任务式等教学方法
4	教学创新团队	4-1 建设双师结构教学团队	培育(引进)专业群带头人 2 人,培养省级教学名师 1 人、专业带头人 8 人,骨干教师 8 人;聘请行业知名技能大师 2 人;建设 80 人的企业兼职教师库;引进博士(高级工程师)等人才 2 人	培养骨干教师 5 人;聘请行业知名技能大师 1 人,培养行业知名技能大师 1 人,专业兼职教师 20 人,引进博士(高级工程师)等人才 5 人	聘请行业知名技能大师 1 人,新增企业兼职教师 20 人,引进博士 5 人	培养骨干教师 5 人;新增企业兼职教师 20 人,建成百人以上的兼职教师库;引进博士(高级工程师)等人才 4 人
		4-2 团队教师能力建设	制定、完善专业群团队建设与管理制度;组织团队教师参加专题培训、师德培训,选派教师参加各级各类职业院校比赛,获得国奖、省奖 2 项	开展团队教师专题培训;选派教师参加各级各类职业院校教学比赛,获得国奖、省奖 1 项	开展团队教师专题培训;选派教师参加各级各类职业院校比赛,获得国奖、省奖 1 项	开展团队教师专题培训;选派教师参加各级各类职业院校比赛,获得国奖、省奖 2 项
		4-3 构建对接职业标准、岗位标准的课程体系	构建课程体系,制定专业能力模块化课程设置方案	完善专业群培训课程体系,细化专业能力模块化课程设置方案	完善专业群培训课程体系,细化专业能力模块化课程设置方案	形成成熟的专业群培训课程体系;形成专业能力模块化课程设置方案

续表

序号	建设任务		分年度建设任务			
			2019—2020 年度	2021 年度	2022 年度	2023 年度
4	教师教学创新团队	4-4 推行创新团队模块化教学	融入"X"证书，制定群专业人才培养方案；开发共享课程标准；实施专业核心课程模块化教学	完善群专业人才培养方案；开发群专业核心课程标准；实施专业核心课程模块化教学	完善群专业人才培养方案；开发专业互选课程标准；实施群专业核心课程模块化教学	形成具有推广价值的群专业人才培养方案；实施核心课程模块化教学
		4-5 形成高质量、有特色的经验成果	构建教师创新教学建设与管理团队制度；公开发表成果论文 2 篇	完善教师创新教学建设与管理团队制度；召开教师教学经验交流会议；开发表团队建设相关成果论文 4 篇	完善教师创新教学建设与管理团队制度；公开发表成果论文 2 篇	形成教师创新教学建设与管理团队制度；公开发表成果论文 2 篇建设相关成果论文 2 篇
5	实践教学基地	5-1 国家水平"煤炭智能开采与清洁利用"产教融合实训基地建设	新增校外基地 5 个，开发生产性实训项目 10 个；改造、新建 14 个实验实训室	改造、新建 12 个实验实训室；新增校外实训基地 5 个，开发生产性实训项目 13 个	改造、新建 4 个实验实训室；新增校外实训基地 5 个，开发生产性实训项目 13 个	新增校外实训基地 5 个，开发生产性实训项目 14 个
		5-2 虚拟仿真实训基地建设	制定校内虚拟工厂建设规划；建设 VR 虚拟教学，接待学生达到 500 人次	建设煤化工仿真实工厂（改扩建）、煤矿井仿真实训室（改扩建），加强校企合作，完善"虚拟矿井"和"虚拟化工厂"，接待学生达到 500 人次	虚拟工厂投入实践教学，接待学生达到 500 人次	虚拟工厂投入实践教学，接待学生达到 500 人次

续表

序号	建设任务	分年度建设任务			
		2019—2020 年度	2021 年度	2022 年度	2023 年度
5 实践教学基地	5-3 实践教学体系构建	搭建专业群实践教学体系	完善实践教学体系	完善并运行专业群实践教学体系	形成"基础技能+专业特色技能+综合技能+创新能力"实践教学体系
	5-4 实训基地实体运行	接待校内学生实训1 200人,开展对外服务1 000人次以上;获得国家级技能大赛奖项1项,省部级7项;承办全国职业院校技能大赛1次,全国煤炭职业院校技能大赛1次(4项)	接待校内学生实训600人;开展对外服务800人次以上;获得国家级技能大赛奖项1项,省部级技能大赛奖项6项;承办全国煤炭职业院校技能大赛1次,省级职业院校技能大赛1次	接待校内学生实训600人;开展对外服务1 000人次以上;获得省部级技能大赛奖项6项;承办全国煤炭职业院校行业技能大赛1次	接待校内学生实训600人;开展对外服务1 300人次以上;获得国家级技能大赛奖项1项,省部级技能大赛奖项6项
6 技术技能平台	6-1 省级水平技术创新基地	组建科研创新团队3支;获批市级煤炭工程技术研究中心,教育部认定煤矿应用技术协同创新中心;升级环保技术联合实验室;立项省、市级科研课题2项,横向课题17项,到款额不少于130万元;吸纳15名学生参与科研;发表核心期刊论文25篇	立项省、市级科研项目2项,横向科研课题17项,到款额不少于110万元,吸纳15名学生参与科研;发表核心期刊论文11篇	立项省、市级科研课题2项,横向科研课题17项,到款额不少于110万元,吸纳15名学生参与科研;发表核心期刊论文12篇	立项省、市级科研课题2项,横向科研课题19项,合同到款额不少于150万元,吸纳15名学生参与科研;发表核心期刊论文12篇
	6-2 技能大师工作室建设	组建技能大师工作室3个,新增博士工作室1个	组建技能大师工作室3个,新增博士工作室2个	组建(市级及以上)技能大师工作室2个,新增博士工作室2个	培育市级技能大师工作室1个,新增博士工作室1个

续表

序号		建设任务	分年度建设任务			
			2019—2020 年度	2021 年度	2022 年度	2023 年度
7	社会服务	7-1 技术技能人才培养	为煤炭和煤化工企业输送 1 200 名复合型技术技能人才	为煤炭和煤化工企业输送 600 名复合型技术技能人才	为煤炭和煤化工企业输送 600 名复合型技术技能人才;输送 600 高素质技术技能人才	为煤炭和煤化工企业输送 600 名复合型技术技能人才;输送 600 名高素质技术技能人才
		7-2 地方煤矿与煤化工企业技术服务	服务地方煤矿与煤化工企业不少于 17 次	服务地方煤矿与煤化工企业不少于 17 次	服务地方煤矿与煤化工企业不少于 17 次	服务地方煤矿与煤化工企业不少于 19 次
		7-3 开展企业员工培训和技能等级鉴定	取得特种作业、继续教育培训 60 000 人资质;为企业鉴定 4 000 人次	为企业开展职工培训 30 000 人次,技能鉴定 2 000 人次	为企业开展职工培训 30 000 人次,技能鉴定 2 000 人次	为企业开展职工培训 30 000 人次,技能鉴定 2 000 人次
		7-4 精准扶贫	帮扶建档立卡、低保学生就业率达到 100%	帮扶建档立卡、低保学生就业率达到 100%	帮扶建档立卡、低保学生就业率达到 100%	帮扶建档立卡、低保学生就业率达到 100%
		7-5 职业教育与科普教育融合	完成煤炭职业教育博物馆建设规划,建设井下巷道虚拟漫游 VR 体验中心,接待职业体验和参观 4 000 人次	建设煤炭生成馆、接待职业体验和参观 2 000 人次	建设煤炭与人类馆,利用技术开发,接待职业体验和参观 2 000 人次	接待职业体验和参观 2 000 人次
		7-6 支持企业人选全国产教融合型企业	校企合作,企业新型学徒制培养 100 人;共同开发教材 15 部;协助企业申报专利 1 件;助推其中 1 家企业人选全国产教融合型企业	校企合作,企业新型学徒制培养 100 人;与企业共同开发教材 10 部;协助企业申报专利 1 件;助推其中 1 家企业人选全国产教融合型企业	校企合作,企业新型学徒制培养 100 人;共同开发教材 10 部;协助企业申报专利 1 件;助推其中 1 家企业人选全国产教融合型企业	企业新型学徒制培养 100 人;共同开发教材 10 部;协助企业申报专利 1 件;助推其中 1 家企业人选全国产教融合型企业

续表

序号	建设任务	分年度建设任务			
		2019—2020 年度	2021 年度	2022 年度	2023 年度
8 国际交流与合作	8-1 国际教育资源引进	与德国、加拿大等国家知名职业院校签订合作协议	引进与专业群相关教学资源 1 套,吸收转化所引进的资源;聘请外教 1 名	应用转化教学资源	应用转化教学资源
	8-2 师资队伍国际化培养	选派 6 名教师赴德国、澳大利亚学习;邀请外方专家为专业群教师开展职业培训 1 次	选派 12 名教师赴德国、澳大利亚学习;邀请外方专家为专业群教师开展职业培训 2 次	选派 11 名教师赴德国、澳大利亚学习;邀请外方专家为专业群教师开展职业培训 2 次	选派 11 名教师赴德国、澳大利亚学习;邀请外方专家为专业群教师开展职业培训 1 次
	8-3 国际化人才输出	与陕西煤业化工集团等企业对接,进行前期准备	为驻外企开展项目技术咨询,员工培训 1 次	为驻外企开展项目技术咨询,员工培训 1 次	为驻外企开展项目技术咨询,员工培训 1 次
9 可持续发展保障机制	9-1 专业群动态调整机制	成立专业群建设指导委员会,开展专业群年度调研,制定专业群动态调整管理办法	修订专业群动态调整管理办法,调整专业发展方向	完善专业群动态调整管理办法,调整专业发展方向	形成专业群动态调整管理办法,调整专业发展方向
	9-2 专业群教学组织管理机制	制定专业群管理制度;完成专业群教学组织管理自评报告	按照制度进行专业群管理并予以完善;完成专业群教学组织管理自评报告	按照制度对专业群教学组织管理;完成专业群教学组织管理自评报告	按照制度对专业群教学组织管理;完成专业群教学组织管理自评报告
	9-3 专业群资源共建共享机制	组建校企资源建设团队,进行资源建设,边建边用	扩充资源建设团队;建设、更新资源并进行全面推广	扩充资源建设团队;建设、更新资源并进行全面推广	扩充资源建设团队;建设、更新资源并进行全面推广
	9-4 专业群质量保障机制	实施专业群"8字型"质量诊改	制定专业群年度建设方案,实施专业群自我诊改	制定专业群年度建设方案,实施专业群自我诊改	制定专业群年度建设方案,实施专业群自我诊改

表4 煤矿开采技术专业群建设经费预算表

建设任务	按资金来源分配支出预算				
	总预算/万元	中央财政投入资金/万元	地方财政投入资金/万元	行业企业投入资金/万元	学校自筹资金/万元
合 计	13 500	2 000	5 000	1 500	5 000
人才培养模式创新	1 440	—	—	—	1 440
课程教学资源建设	1 860	600	1 050	200	10
教材与教法改革	580	—	200	50	330
教师教学创新团队	1 580	—	—	195	1 385
实践教学基地	5 430	1 200	2 880	500	850
技术技能平台	930	200	520	180	30
社会服务	590	—	150	325	115
国际交流与合作	1 030	—	200	50	780
可持续发展保障机制	60	—	—	—	60

（学会特聘研究员、陕西能源职业技术学院质控中心副主任陈亚军提供材料）

咸阳职业技术学院"双高计划"建设方案

概　述

2019年12月，依据《教育部 财政部关于公布中国特色高水平高职学校和专业建设计划建设单位名单的通知》（教职成函〔2019〕14号），咸阳职业技术学院学前教育专业群入选国家高水平专业群建设单位C档。为将学校建设成为中国特色、世界水平的高职学校，将学前教育专业群建设成为国家高水平专业群，根据《中国教育现代化2035》《国家职业教育改革实施方案》《教育部 财政部关于实施中国特色高水平高职学校和专业建设计划的意见》《中国特色高水平高职学校和专业建设计划项目遴选管理办法（试行）》等文件精神和相关要求，结合学校实际，特编制《咸阳职业技术学院"双高计划"建设方案》（简称《建设方案》）。

围绕建设"引领改革、支撑发展、中国特色、世界水平"的综合性高职学校的总体目标，建设方案分析了学校的特色与优势、面临的机遇与挑战，厘定了学校实施"双高计划"建设的指导思想、建设目标与思路，制定形成了学校具体的改革建设任务与举措，包括十大子项目（"一加强、四打造、五提升"）的48项改革建设任务，并制定了学前教育高水平专业群建设方案，目标是将学校建设成为西部领先、国内一流的高水平高职学校，成为西部地市高职院校改革创新的"标杆"、陕西省经济社会发展所需的复合型技术技能人才培养的"摇篮"、西咸新区中小微企业技术创新的"智库"、西部学前教育专业的"旗帜"；将学前教育专业群建成国内一流、世界水平的高水平专业群，从而全面推动学校提质培优、增值赋能，为服务国家战略、促进区域经济社会发展和建设职教强省、推动中国职业教育事业发展做出新贡献。

首期建设期限为2019—2023年，预算总资金为2.488亿元。其中，中央财政投入资金2 000万元，地方财政投入资金5 060万元，行业企业支持资金1 450万元，学校自筹资金1.637亿元。

1　学校建设方案

1.1　建设目标

1.1.1　总体目标

围绕新时代办好人民满意职业教育的新要求，将学校建设成为西部地市高职院校改革创新的"标杆"、陕西省经济社会发展所需的复合型技术技能人才培养的"摇篮"、西咸新区中小微企业技术创新的"智库"、西部学前教育专业的"旗帜"。到2023年,学校建校85周年左右,建成西部领先、国内一流的高水平高职学校。到2035年,学校建校100周年左右,建成国内领先、国际知名的高水平高职学校。

1.1.2 具体目标

(1)汇聚党建统领新合力

争创全国职业院校文化建设50强,创建全国文明校园;争创全国高校党建工作样板党支部,实现"双带头人"教师党支部书记全覆盖;扎实开展陕西高校团建示范创建工作;培育1名高水平思政学科带头人、3名在省内外有影响力的思政名师、10名省级以上思政课程和课程思政教学骨干、教学标兵。

(2)打造人才培养新高地

建立"126"专业群协同发展机制;立项省级以上教改项目20项,培育国家级教学成果奖项1项、省级教学成果奖项6项以上;荣获技能大赛国赛奖项30项、省赛奖项200项;开发项目化课程200门;开发新型活页式、工作手册式、说明书式教材20部,建设达到国家规划教材标准的教材1~2部,获评省级以上优秀教材2部;培育国家级在线开放课程1门、省级在线开放课程3门以上;开展1+X证书制度试点工作,"X"证书获取率达到60%以上;修订专业教学标准49个、核心课程标准400门以上,开发顶岗实习标准9套、岗位职业标准9套,制定专业仪器设备装备规范9套。

(3)建设创新服务新平台

建成西部幼儿教育发展研究中心、健康养老产业研究院、人工智能产业研究院、现代农业产业研究院4个产业研究机构,打造集产学研创于一体的高水平技术技能创新服务平台,培育高水平产业研究和技术创新成果。

(4)培植集群发展新特色

实施学前教育专业群"十项行动",将学前教育专业群建设成为幼儿教师培养新高地、幼儿教师培训新高地、幼儿教育新高地。建成国家级高水平专业群1个。

(5)提振卓越双师新素质

引进领航型技术技能带头人、科研创新带头人3~5人,引进高层次专业领军人才10人、博士30人;柔性引进技能大师5人、劳模5人;培育省级教学名师2人、领航型专业(群)带头人6人、专家型专业(群)带头人10人;培养二、三级教授3人,"双师型"教师占专业课教师总数达到90%以上;培育达到省级以上水平教师教学创新团队1~2支;获得国家级教学比赛奖项2项、省级教学比赛奖项20项;高标准建成教师发展中心。

(6)形成校企合作新范式

建成卓越幼师学院、神州数码信息安全学院、人工智能产业学院等3个产业学院;建成产教融合实训基地6个,培育高水平产教融合实训基地1个;共建现代学徒制专业5个;新组建陕西学前教育职教集团、陕西医养健康职教集团;培育校企协同育人典型案例3个;创建国家级示范性职教集团1个。

(7) 培育咸职服务新品牌

全面推进优质就业工程和幼师培训、健康教育服务、现代农业科技服务、全民健身服务、对口帮扶、脱贫攻坚工程助力等6项计划,年培训规模不少于18 000人次,建成高水平培训实训基地1个,职业培训年收入达到500万元以上。

(8) 搭建治理体系新构架

实施"五会共治"的内部治理结构,深化校院两级管理改革,推进"以群建院"落地,加强跨专业教学组织建设;建立自主性、常态化的人才培养质量保证机制,引入和实施第三方参与质量评价,定期发布人才培养质量年度报告、毕业生就业质量年度报告。

(9) 优化智慧咸职新生态

建成智慧教室300间;成立智慧咸职研究中心,建成"e咸职"平台,推进"最多跑一次改革";建成AR、VR、MR、AI虚拟体验馆或学习体验中心5个以上,虚拟仿真实训基地8个;增设人工智能技术等专业;开发信息化培训教材2部;建成咸职校情数据中心。

(10) 创新开放办学新模式

建成德国手工业行会(HWK)培训考试认证基地(中国西部),组建中德合作高素质汽车技能人才培养联盟,新增中外合作项目2项;开发国际通用的专业教学标准、课程标准或教学资源包1~2个(套);建成咸阳职院菲律宾分院、咸阳职院东非分院,组建"一带一路"幼儿教育联盟;每年招录留学生10~15名;建成智能制造领域中外人文交流人才培养基地。

1.2 建设任务与进度

1.2.1 坚持党建统领发展,全面加强党的建设

以习近平新时代中国特色社会主义思想为指导,全面落实新时代党的建设总要求,按照"建牢阵地、建强核心、建厚基石、建优体系"的思路,建牢思政工作阵地,凝聚育人惠民的新共识,建强党委领导核心,汇集跨越发展的新合力;建厚基层组织基石,夯实建功立业新根基,建优"三全育人"体系,搭建立德树人新格局,为学校高质量发展营造良好政治生态。

1.2.2 坚持立德树人根本,打造技术技能人才培养高地

紧盯"创新驱动""中国制造2025""教育强国""健康中国""互联网+"等国家重大战略给职业教育发展带来的绝佳机遇,坚持育人为本、成果导向、深化改革、优化标准的建设思路,遵循职业教育规律、技术技能人才成长规律和学生身心发展规律,构建"126"专业群协同发展机制,深化人才培养模式、课程教材教法、劳动教育等三项改革,深化学生职业能力培养,推进1+X证书制度试点,优化教学标准体系,培养德技并修、全面发展的复合型技术技能人才,培育具有咸职特色的人才培养改革成果,再创技术技能人才培养咸职标杆。

1.2.3 坚持校企协同创新,打造技术技能创新服务平台

聚焦西咸区域学前教育、健康养老、人工智能、现代农业等高端产业和产业高端发展需要,对接科技发展最新趋势,强化技术技能积累,按照"需求导向、资源集成、协同联

动、功能复合"的建设思路,统筹集成学前教育、护理、计算机应用技术、畜牧兽医、园林技术等专业群技术技能资源,建设西部幼儿教育研究中心、健康养老产业研究院、人工智能产业研究院、现代农业产业研究院,打造集人才培养、社会服务、科学研究于一体的高水平技术技能创新服务平台,培育高水平产业研究与技术创新成果。

1.2.4 服务教育强国战略,打造高水平专业群

支撑教育强国、人才强国等战略,服务区域幼儿教育事业发展,按照"行业背景相同、技能领域相近、专业基础相通、双师队伍共建、教学资源共享"的建群原则,以 0～6 岁幼儿教师岗位为主,组建以学前教育专业为龙头,以早期教育专业为骨干,以音乐教育和英语教育专业为支撑的学前教育专业群。到 2023 年,将学前教育专业群建成西部领先、国内一流的高水平专业群。

1.2.5 坚持"四有"教师标准,打造高水平双师队伍

实施人才强校战略,以新时代教师队伍建设"四有"标准为统领,按照"师德为先、能力为重、点面结合、整体提升"的建设思路,以完善高水平师资供给结构、梯队结构和能力结构为突破路径,实施卓越人才领航、卓越团队培植、"百师入企"、校企人员"互兼互聘"、"进阶培养"等五项计划,引培高层次专业群带头人,打造卓越教学创新团队,培育"双师型"骨干教师,推进教师梯次培养,高标准建设教师发展中心,创新创优教师发展机制,打造一支数量充足、专兼结合、结构合理的高水平、专业化、"双师型"教师队伍,奠定学校高质量发展的智力支撑。

1.2.6 实施校企协同育人,提升校企合作水平

坚持合作办学、合作育人、合作就业、合作发展,按照"载体驱动、系统优化、重点培育、协同共融"的建设思路,对接企业发展需求,政行企校协同推进产业学院、产教融合实训基地、现代学徒制、集团化办学,优化校企协同育人机制,构建校企命运共同体,提升校企合作水平,打造可供推广的校企合作咸职范式。

1.2.7 主动融入区域发展,提升服务发展水平

按照"支撑国家战略、融入区域发展、推动技术革新、服务人人出彩"的服务要求,推进优质就业工程和幼师培训、健康教育服务、现代农业科技服务、全民健身服务、对口帮扶、脱贫攻坚工程助力等 6 项计划,年培训规模不少于 18 000 人次,开发职业培训资源包 6 个,建成高水平培训实训基地 1 个,职业培训年收入达到 500 万元以上。政行企校合作把学校建设成为技术服务高地、师资培训高地、技能鉴定高地、职业培训高地,打造职业教育服务发展的咸职品牌。

1.2.8 完善内部治理体系,提升学校治理水平

坚持开放治理、共同治理和分类治理,按照"党建引领、协同共治、重心下移、以群建院"的建设思路,完善学校以章程为核心的现代职业学校制度,优化"五会共治"的内部治理结构,深化校院两级管理机制改革,推动实施"以群建院",建立自主性、常态化的人才培养质量保证机制,形成自我管理、自我约束、自我发展的内部治理生态,推进学校治理体系和治理能力现代化。

1.2.9 加强智慧咸职建设,提升信息化水平

落实《职业院校数字校园建设规范》等文件精神和"互联网+职业教育"要求,以智慧校园建设为平台,深度加强信息技术在教育教学、管理服务中的应用,通过校园网基础设施升级改造、"e咸职"、咸职云数据中心、智慧管理系统、智慧教学平台等形式,推动新一代信息技术支持下学校教育教学、管理服务的环境优化、设施改造、平台搭建、模式变革和生态重构,不断提升学校信息化水平。

1.2.10 服务"一带一路"倡议,提升国际化水平

积极响应"一带一路"倡议,秉持"友好合作、开放包容、互学互鉴、互利共赢"的理念,主动加强与"一带一路"沿线国家合作,高标准举办国际合作办学项目,共享开发优质职教资源,深度推进海外援助计划,打造留学生教育品牌,广泛增进跨国文化交流,打造可复制、可借鉴的国际化办学咸职模式,全面提高国际化水平。

咸阳职业技术学院分年度建设任务与进度如表1所示。

1.3 建设成效

1.3.1 党建统领合力进一步汇聚

学校将构建形成思政阵地、领导核心、基层组织、育人体系"四位一体"联动发展的党建和思政工作建设格局,打造全国高校样板支部,创建陕西高校示范团建,形成"三全育人"咸职经验,实施全课程育人机制,建成全国文明校园,学校党政凝聚力、领导力、组织力全面增强,进一步汇聚厚德强能、育人惠民的磅礴伟力。

1.3.2 高地示范效应进一步彰显

学校将深度推进"126"专业群协同发展机制、人才培养模式改革、课程教材教法改革、劳动教育改革,深化学生职业能力培养,推进1+X证书制度试点。学校在德技并修、全面发展的复合型技术技能人才培养领域,将培育一批标志性教学改革成果,打造一批可推广、可复制的教育教学标准,人才培养质量大幅提高,人才培养的高地示范效应明显发挥。

1.3.3 创新服务能力进一步增强

学校将建成西部幼儿教育发展研究中心、健康养老产业研究院、人工智能产业研究院、现代农业产业研究院4个高水平技术技能创新服务平台,建成咸阳市重点实验室,形成一批特色化创新服务项目。学校的产业研究能力、科研创新能力、技术研发能力、技术服务能力将得到大幅增强。

1.3.4 集群发展特色进一步明晰

学前教育专业群将建设成为西部领先、国内一流的高水平专业群,示范引领作用充分发挥。高水平专业群服务面向明晰、特色鲜明、组群逻辑合理,教育链与产业链紧密对接,专业群建设整体水平提高。学校成为西部学前教育专业的旗帜。

1.3.5 卓越双师素质进一步提振

教学科研领军人才示范带动作用充分发挥,教学名师、专业群建设带头人、骨干教师在国内知名度高,建成达到省级以上水平教师教学团队。学校成为高学历、高学位、

表 1　咸阳职业技术学院分年度建设任务与进度表

序号		建设任务	分年度建设进度			
			2020年度目标（含2019年度）	2021年度目标	2022年度目标	2023年度目标
1	加强党的建设	1-1 建牢思政工作阵地	组建马克思主义学院；组建师生思政理论宣讲队；共建马栏特色思政教育基地；培育省级以上校园文化建设成果2项	建成咸职融媒体中心；共建三原渭北特色思政教育基地；培育省级以上校园文化建设成果1项	培育省级以上校园文化建设成果1项；创建全国职业院校文化建设50强	培育省级以上校园文化建设成果1项
		1-2 建强党委领导核心	召开党委常委会、院务会、民主生活会；开展陕西高校团建示范创建工作；制订实施学校领导力提升计划	召开党委常委会、院务会、民主生活会	召开党委常委会、院务会、民主生活会	召开党委常委会、院务会、民主生活会
		1-3 建厚基层组织基石	建成星级党组织10个；建成党员党性教育体检中心；制定实施《咸阳职业技术学院党员履职考核积分管理办法》	建成星级党组织10个，培育市级以上先进基层党组织1~2个	建成星级党组织10个，培育市级以上先进基层党组织1~2个，力争创建全国高校样板支部1个	建成星级党组织10个，培育市级以上先进基层党组织1~2个；实现"双带头人"支部书记全覆盖
		1-4 建优"三全育人"体系	制定实施《咸阳职业技术学院"十育人"工作实施方案》；培育省级以上思政课程和课程思政教学骨干、教学标兵2人	立项省级以上研究课题1项；培养在省内外有影响力的思政名师1人，培育省级以上教学骨干、教学标兵2人	培养高水平思政学科带头人1人，培育省级以上教学骨干、教学标兵3人	培养在省内外有影响力的思政名师2人，培育省级以上教学骨干、教学标兵3人；培育心理健康教育优秀工作案例1~2个

续表

序号	建设任务	分年度建设进度			
		2020年度目标（含2019年度）	2021年度目标	2022年度目标	2023年度目标
2	2-1 构建"126"专业群协同发展机制	制定"126"专业群建设方案；立项省级以上教改项目4项；培育省级教学成果奖2项以上	立项省级以上教改项目6项；培育省级教学成果奖2项以上	培育国家级教学成果奖1项	立项省级以上教改项目10项；培育省级教学成果奖2项以上
	2-2 深化人才培养模式改革	承办技能大赛国家级赛1项、省级赛项2项，获得技能大赛国赛奖项10项、省赛奖项60项；获得省级以上创新创业大赛奖项3项	承办技能大赛国家级赛1项、省级赛项2项，获得技能大赛国赛奖项10项、省赛奖项70项；获得省级以上创新创业大赛奖项2项	形成高水平专业群人才培养模式改革创新成果3项；获得省级以上创新创业大赛奖2项	承办技能大赛国家级赛2项、省级赛项2项，获得技能大赛国赛奖项10项、省赛奖项70项；获得省级以上创新创业大赛奖项3项
	2-3 深化课程教材教法改革	开发达到国家规划教材标准的教材1～2部，获评省级以上优秀教材1部；培育省级在线开放课程1门以上	培育省级在线开放课程1门以上	获评省级以上优秀教材1部；培育省级在线开放课程1门以上	混合式教学课程覆盖率达到60%以上；培育国家级在线开放课程1门
	2-4 推进1+X证书制度试点	开发试点专业教材1部；制定实施《咸阳职业技术学院学习成果认定、积累和转换学分实施办法》	开发试点专业教材2部	开发试点专业教材3部	1+X证书获取率达到60%以上
	2-5 深化劳动教育改革	建立劳动教育实践基地1个；举办劳模讲座1场次	建立劳动教育实践基地1个；举办劳模讲座1场次	建立劳动教育实践基地1个；举办劳模讲座1场次	举办劳模讲座1场次

续表

序号		建设任务	分年度建设进度			
			2020年度目标（含2019年度）	2021年度目标	2022年度目标	2023年度目标
2	打造技术技能人才培养高地	2-6 深化学生职业能力培养	建立职业生涯教育金牌导师培育制度；培育工匠标兵10人，技能标兵25人	成立工匠坊1个；培育工匠精神优秀典型案例1个，培养工匠标兵15人，技能标兵25人	成立工匠坊1个；培育工匠精神优秀典型案例1个，培养工匠标兵15人，技能标兵25人	培育工匠精神优秀典型案例1个，培养工匠标兵15人，技能标兵25人
		2-7 优化教学标准体系	修订核心课程标准200门以上，开发项岗实习标准3套，岗位职业标准3套	修订专业课程标准20个，核心课程标准200门以上，开发项岗实习标准3套，岗位职业标准3套	修订专业教学标准29个，开发项岗实习标准3套，岗位职业标准3套，制定专业仪器设备装备规范3套	制定专业仪器设备装备规范6套
3	打造技术技能创新服务平台	3-1 建设西部幼儿教育发展研究中心	成立西部幼儿教育发展研究中心	立项西部幼儿教育发展研究课题1项	开展西部幼儿教育发展研究	形成西部幼儿教育发展研究系列成果
		3-2 建设健康养老产业研究院	立项省级以上科研项目1项；建立众创空间1个，建立市级老年人员培训基地1个	建立"互联网+养老服务"示范社区1个，孵化创新创业项目1个，成立省级老年陪护认证中心	立项省级以上科研项目1项；孵化创新创业项目1个	立项省级以上科研项目1项；获得"互联网+"创新创业大赛省级以上奖项1项
		3-3 建设人工智能产业学院	组建协同创新团队2个，立项省级以上科研项目1项；孵化"双创"项目2项	开展人工智能技术横向课题研究1项；孵化"双创"项目2项	立项省级以上科研项目1项；孵化"双创"项目2项	开展人工智能技术横向课题研究1项；孵化"双创"项目2项
		3-4 建设现代农业产业研究院	建设动物疫病快速诊断技术协同创新中心1个；建设咸阳市重点实验室1个；立项省级科研项目1项，开展横向课题研究1项	建立现代农业科技成果推广基地1个；立项市级科技项目1项，开展横向课题研究1项	建立现代农业科技成果推广基地1个；立项省级科技项目1项	建立现代农业科技成果推广基地1个；立项市级科技项目1项

续表

序号	建设任务	分年度建设进度			
		2020年度目标（含2019年度）	2021年度目标	2022年度目标	2023年度目标
4 打造高水平专业群	4-1 建设学前教育高水平专业群	培育省级教学成果奖项1项；推评优秀教材1部；推评教学名师1人；承办国家级职业院校技能大赛国赛奖项1次；获得技能大赛国家级奖项1项；启动建设咸阳职业技术学院附属幼儿园	建设省级在线开放课程1门；承办国家级职业院校技能大赛国赛1次；获得技能大赛国家级奖项1项；成立"一带一路"幼儿教育联盟；建成咸阳职业技术学院附属幼儿园	培育国家级教学成果奖1项；建设省级在线开放课程1门；推评优秀教材1部；推评教学名师1人	形成《学前教育高水平专业群建设标准规范》1套；建设省级在线开放课程1门；建成省级以上示范性实训基地1个；获得技能大赛国赛奖项1项
5 打造高水平双师队伍	5-1 引培领航型卓越人才	引进专业领军人才2人，博士6人，柔性引进技能大师2人，劳模1人，领航型名师1人；培育省级教学专业（群）带头人2人，专家型专业（群）带头人2人，推评教育部教指委、行指委等专家1~2人，培养博士5人以上	引进技术技能带头人，科研创新带头人1~2人，专业领军新带头人2人，博士8人，柔性引进技能大师1人，劳模1人，领航型名师1人；培育省级教学专业（群）带头人1人，专家型专业（群）带头人2人，三级教授2人，培养博士5人以上	引进技术技能带头人，科研创新带头人1~2人，专业领军新带头人3人，博士8人，柔性引进技能大师1人，劳模1人，领航型名师1人；培育省级教学专业（群）带头人1人，专家型专业（群）带头人3人，培养二、三级教授1人，培养博士5人以上	引进技术技能带头人，科研创新带头人1~2人，专业领军创新带头人3人，博士8人，柔性引进技能大师1人，劳模2人；培育省级领航型专业（群）带头人2人，专家型专业（群）带头人3人，培养博士5人以上
	5-2 培养"双师型"骨干教师	校企联合建立教师企业实践基地2家；制定实施《咸阳职业技术学院校企人员互兼互聘管理办法》，建立产业导师信息库	校企联合建立教师企业实践基地1家；研制"双师型"教师认定标准1套	校企联合建立教师企业实践基地1家	校企联合建立教师企业实践基地1家；"双师型"教师占专业课教师总数达到90%以上

续表

序号	建设任务	2020年度目标（含2019年度）	2021年度目标	2022年度目标	2023年度目标
5 打造高水平双师队伍	5-3 打造结构化教学团队	制定实施《咸阳职业技术学院高水平结构化教师教学创新团队建设与管理办法》；培育教学创新团队2支	培育达到省级以上水平教师教学创新团队1~2支	开展高水平结构化教师教学创新团队建设研究	形成高水平结构化教师教学创新团队建设成果
	5-4 完善进阶式培养体系	选派50名教师进行国内培训；培育省级教学比赛奖项5项	选派50名教师进行国内培训；培育国家级教学比赛奖项1项、省级教学比赛奖项5项	选派50名教师进行国内培训；培育省级教学比赛奖项5项	选派50名教师进行国内培训；培育国家级教学比赛奖项1项、省级教学比赛奖项5项
	5-5 建设高标准教师发展中心	开发特色化培训项目；立项省级以上研究课题1项	开发特色化培训项目；编写《职业院校教师岗前培训手册》1部	开发特色化培训项目；立项省级以上研究课题1项	开发特色化职业院校教师发展研究成果1套
	5-6 完善激励性教师队伍建设制度	建立教师德育档案；完善招录修订《咸阳职业技术学院教师专业技术职务评审和聘任办法》等制度	制定实施《咸阳职业技术学院教师专业技术职务聘任制度》	建立实施教师绩效分配动态调整机制	完善教师专业技术职务动态聘任制度及教师绩效分配动态调整机制
6 提升校企合作水平	6-1-1 建设卓越幼师学院	举办卓越幼师创新实验班2个；建立卓越幼师实践基地3个	立项省级以上研究课题1项；新增卓越幼师创新实验班2个；新增卓越幼师实践基地6个	新增卓越幼师创新实验班2个；新增卓越幼师实践基地6个	新增卓越幼师创新实验班2个；建立卓越幼师实践基地5个
	6-1-2 建设神州数码信息安全人才培养基地	建设信息安全综合实训中心1个；立项省级以上研究课题项目	建设信息安全前沿技术控制体验中心1个；解决企业技术难题	建设信息安全技术研发创新中心1个；解决企业技术难题1个以上；信息安全人才社会培训	解决企业技术难题1个以上；信息安全人才社会培训

续表

序号	建设任务		分年度建设进度			
			2020年度目标（含2019年度）	2021年度目标	2022年度目标	2023年度目标
6	提升校企合作水平	安全学院	1个；信息安全人才社会培训和技能鉴定150人次以上	难题1个；信息安全人才社会培训和技能鉴定150人次以上	1个，技术创新成果转化2项；信息安全人才社会培训和技能鉴定150人次以上	和技能鉴定150人次以上
		6-1-3 建设人工智能产业学院	开展人工智能技术横向课题研究；建设人工智能高水平产教融合实训基地1个	立项省级以上研究课题1项；建设工匠工坊2个；建设大数据高水平产教融合实训基地1个	建设工匠工坊3个；建设云计算高水平产教融合实训基地1个；共建云计算平台运维与开发职业技能等级证书培训认证中心1个	建设工匠工坊2个
		6-2 共建产教融合实训基地	建设医养健康产教融合实训基地；共建智能制造产教融合实训基地；立项省级以上研究课题1项	共建新商科教学企业；共建新能源汽车产教融合实训基地	共建建筑工程技术产教融合实训基地；共建石油化工技术产教融合实训基地；立项项目1项	培育高水平产教融合实训基地1个
		6-3 共建现代学徒制专业	制定现代学徒制专业人才培养方案5个；培养学徒制学生100人	培养学徒制学生100人；立项省级以上现代学徒制研究项目1项	培养学徒制学生150人；培育现代学徒制典型案例1个	培养学徒制学生150人；培育现代学徒制典型案例1个
		6-4 组建实体性职教集团	建设陕西医养健康职教集团；建设陕西学前教育职教集团；建设国家级示范性职教集团1个	陕西医养健康职教集团共建专业1个，课程3门；陕西学前教育职教集团共建专业1个，课程3门	举办学术论坛；开展医养健康研究；开展学前教育研究	陕西医养健康职教集团成员单位达到50家以上；陕西学前教育职教集团成员单位达到100家以上

续表

序号	建设任务		分年度建设进度			
			2020年度目标（含2019年度）	2021年度目标	2022年度目标	2023年度目标
6	提升校企合作水平	6-5 优化校企合作工作机制	制定《咸阳职业技术学院产教融合校企合作"十四五"发展规划》	举办校企合作论坛1次；立项省级以上研究项目1项；培育校企协同育人典型案例1个	举办校企合作论坛1次；培育校企协同育人典型案例1个	举办校企合作论坛1次；立项省级以上研究项目1项；合作龙头企业、骨干企业不少于50家
7	提升服务发展水平	7-1 推进优质就业工程	毕业生就业率达到95%以上；雇主满意度达到85%以上	毕业生就业率达到95%以上；雇主满意度达到85%以上	毕业生就业率达到96%以上；雇主满意度达到90%以上	毕业生就业率达到96%以上；雇主满意度达到90%以上；相关专业高端岗位就业达到30%以上；陕西省内就业率达到70%以上
		7-2 推进幼师培训计划	培训西部地区青年教师50人；开办"早教之家"1家；幼师国培不少于300人次；职业技能鉴定不少于1000人次	培训西部地区青年教师50人；开办"早教之家"2家；幼师国培不少于300人次；职业技能鉴定不少于1000人次	培训西部地区青年教师50人；开办"早教之家"2家；幼师国培不少于300人次；职业技能鉴定不少于1000人次	培训西部地区青年教师50人；"早教之家"服务家庭400户；幼师国培不少于300人次；职业技能鉴定不少于1000人次
		7-3 推进健康教育服务计划	职业技能培训300人次以上；健康教育扶贫1000人次以上；服务中小学生1000人次以上；"互联网+养老服务"500人次以上	职业技能培训300人次以上；健康教育扶贫1000人次以上；服务中小学生1000人次以上；"互联网+养老服务"500人次以上	职业技能培训300人次以上；健康教育扶贫1000人次以上；服务中小学生1000人次以上；"互联网+养老服务"500人次以上	职业技能培训300人次以上；健康教育扶贫1000人次以上；服务中小学生1000人次以上；"互联网+养老服务"500人次以上
		7-4 推进现代农业科技服务	服务咸阳市畜禽养殖场40家以上；科技成果转化1项；农	服务咸阳市畜禽养殖场60家以上；科技成果转化1项；农	服务咸阳市畜禽养殖场80家以上；科技成果转化2项；农	服务咸阳市畜禽养殖场100余家；科技成果转化1项；农

续表

序号	建设任务	分年度建设进度			
		2020年度目标（含2019年度）	2021年度目标	2022年度目标	2023年度目标
7	7-5 推进全民健身服务计划	业技术培训3 000人次；新型职业农民培训10 000人次	业技术培训3 000人次；新型职业农民培训10 000人次	业技术培训3 000人次；新型职业农民培训10 000人次	业技术培训3 000人次；新型职业农民培训10 000人次
	（提升服务发展水平）	开放体育馆、游泳馆，承办体育比赛或体育文化活动1次；运动项目培训1 000人次以上	承办体育比赛或体育文化活动1次；运动项目培训1 000人次以上	承办体育比赛或体育文化活动1次；运动项目培训1 000人次以上	承办体育比赛或体育文化活动1次；运动项目培训1 000人次以上
	7-6 推进对口帮扶计划	新增对口帮扶院校1所，共建专业1个	新增对口帮扶院校1所，共建实训基地1个，共建专业1个	新增对口帮扶院校1所；协建实训基地1个，共建专业1个	协建实训基地1个
	7-7 推进脱贫攻坚工程助力计划	精准帮扶对象40家以上；帮扶贫困户20户以上；落实帮扶资金40万元	精准帮扶对象20家以上；帮扶贫困户15户以上；落实帮扶资金20万元；建立产业帮扶基地1个	精准帮扶对象20家以上；帮扶贫困户15户以上；落实帮扶资金20万元；建立产业帮扶基地1个	精准帮扶对象20家以上；帮扶贫困户10户以上；落实帮扶资金20万元；建立产业帮扶基地1个
8	8-1 优化内部治理结构（提升校治理水平）	修订党委常委会、院务会、党政联席会议事规则；优化理事会构成；设立教学工作委员会、学生工作委员会和教材选用委员会；定期召开教代会、学代会	定期召开党委常委会、院务会；定期召开理事会；定期召开教学工作委员会、教材选用委员会、学生工作委员会会议；定期召开教代会、学代会	定期召开党委常委会、院务会；定期召开理事会；定期召开教学工作委员会、教材选用委员会、学生工作委员会会议；定期召开教代会、学代会	定期召开党委常委会、院务会；定期召开理事会；定期召开教学工作委员会、教材选用委员会、学生工作委员会会议；定期召开教代会、学代会
	8-2 深化校院两级管理改革	优化内部机构设置；制定校院两级管理改革实施办法	制定学院内设机构岗位职责标准	持续深化校院两级管理改革	形成"以群建院"典型案例1~2个

续表

序号	建设任务	2020 年度目标（含 2019 年度）	2021 年度目标	2022 年度目标	2023 年度目标
8 提升学校治理水平	8-3 完善质量保证体系	编制人才培养工作状态数据分析报告；发布人才培养年度报告；完善质量绩效考核评价制度	建立第三方质量评价机制；编制人才培养工作状态数据分析报告；发布人才培养质量年度报告	探索开展第三方质量评价机制；编制人才培养工作状态数据分析报告；发布人才培养质量年度报告	开展第三方质量评价；编制人才培养工作状态数据分析报告；发布人才培养质量年度报告
9 提升信息化水平	9-1 优化智慧校园基础环境	校园网出口总带宽达到 5G，计算资源达到 300 核，内存 3T，存储容量 200T，虚拟机可创建数量 150 台；升级建设智慧教室 170 间	计算资源达到 500 核，内存 5T，存储容量 300T，虚拟机可创建数量 200 台；建设智慧教室 20 间	计算资源达到 800 核，内存 8T，存储容量 400T，虚拟机可创建数量 250 台；建设智慧教室 50 间	校园网出口总带宽达到 10G，有线信息点达到 10 000 个，无线 AP 达到 5 000，计算资源达到 1 000 核，内存 10T，存储容量 500T，虚拟机可创建数量 300 台；建设智慧教室 60 间
	9-2 建设智慧业务平台	成立智慧咸阳职业技术学院研究中心；升级现有信息化管理平台；构建智慧校园校级身份认证管理中心	建设智慧平安校园、智慧节能校园专项管理平台；建设"PC+移动"一站式办事大厅；建设咸职校情大数据中心	建设智慧园林校园专项管理平台；"轻应用"达到 60 个	"轻应用"达到 100 个；建成"e 咸职"平台
	9-3 深化智慧教育教学改革	建设虚拟仿真实训基地 2 个；建设 VR、AR、MR、AI 虚拟体验馆或学习体验中心 1 个	建设虚拟仿真实训基地 2 个；建设 VR、AR、MR、AI 虚拟体验馆或学习体验中心 1 个	建设虚拟仿真实训基地 2 个；建设 VR、AR、MR、AI 虚拟体验馆或学习体验中心 2 个	建设虚拟仿真实训基地 2 个；建设 VR、AR、MR、AI 虚拟体验中心 1 个
	9-4 开发数字经济新兴专业	升级改造传统专业 1 个；新增数字经济催生的新兴专业 1 个	升级改造传统专业 1 个；新增数字经济催生的新兴专业 1 个	升级改造传统专业 1 个；新增数字经济催生的新兴专业 1 个	升级改造传统专业 1 个；新增数字经济催生的新兴专业 1 个
	9-5 提升师生信息化水平	举办教师信息化教学大赛；成	举办教师信息化教学大赛；成	举办教师信息化教学大赛；举	举办教师信息化教学大赛；

续表

序号	建设任务	分年度建设进度			
		2020年度目标（含2019年度）	2021年度目标	2022年度目标	2023年度目标
9	信息技术素养	立"咸云"创客工坊，大学生IT技术社团，IT技术训练营	立无人机应用，微视频工坊等社团；举办校园IT科技文化节	办校园IT科技文化节	举办校园IT科技文化节
10 提升国际化水平	10-1 举办高水平合作办学项目	开展德国手工业协会证书认证考试及鉴定；新增中外合作办学项目1项	组建中德合作高素质汽车技能人才培养联盟；开展德国手工业协会证书认证考试及鉴定工作	合作制定汽车检测与维修技术专业群相关标准；开展德国手工业协会证书认证考试及鉴定工作；新增中外合作办学项目1项	开展德国手工业协会证书认证考试及鉴定工作；举办中德高素质汽车技能人才培养联盟会议
	10-2 共享开发优质职教教学资源	引入国际先进的职业教育教学标准或特色教学资源包1~2个(套)	推进引入教学标准或特色教学资源包本土化	联合开发国际通用的专业教学标准、课程标准或教学资源包1~2个(套)	开发标准推广应用到"一带一路"沿线国家(地区)3个以上
	10-3 服务"走出去"战略需求	建设咸阴职业技术学院菲律宾分院；成立"一带一路"幼儿教育中心；成立学校"一带一路"工程教育中心；招录留学生10~15人	建设咸阴职业技术学院东非分院；招录留学生10~15人	招录留学生10~15人；打造对外汉语教师教学团队1支	招录留学生10~15人
	10-4 增进跨国文化交流	建设智能制造领域中外人文交流人才培养基地；成立新罗大学韩国教育学院中国西北分院；选派10~15人大学生赴海外实践；选派10~15人教师赴海外交流研修；引进外教1人；签署国际合作协议2份	选派10~15人大学生赴海外实践；选派10~15人教师赴海外交流研修；引进外教1人；签署国际合作协议2份；承办国际研讨会1次	选派10~15人大学生赴海外实践；选派10~15人教师赴海外交流研修；引进外教1人；签署国际合作协议2份	选派10~15人大学生赴海外实践；选派10~15人教师赴海外交流研修；引进外教1人；签署国际合作协议2份；承办国际研讨会1次

高职称人才及大师、名匠、高层次人才的集聚地。

1.3.6 校企合作范式进一步定型

以3个产业学院、6个产教融合实训基地、5个现代学徒制专业、2个新建职教集团为载体，培育高水平产教融合实训基地、国家级示范性职教集团。学校校企合作机制体制将更加完善，校企合作水平将大幅提升，校企"双主体"育人质量全面提高，形成可供推广的校企合作咸职范式。

1.3.7 咸职服务品牌进一步驰名

学校社会服务组织构架进一步优化，职业培训高质量举办，技术服务高水平推进，对口支援深层次拓展，脱贫攻坚精准性实施，建成高水平培训实训基地。学校在支撑国家战略、融入区域发展、推动技术革新、服务人人出彩等方面的服务能力和成效显著增强。学校将成为技术服务高地、师资培训高地、技能鉴定高地、职业培训高地和终身学习高地。

1.3.8 治理体系构架进一步创新

学校"五会共治"的内部治理结构进一步优化，校院两级管理改革深度推进，初步形成"以群建院"的二级学院设置格局。人才培养质量保证机制进一步完善，教学标准、规范、制度成熟完备，内部治理生态更加优化，治理体系和治理能力现代化进一步推进。

1.3.9 智慧咸职生态进一步优化

学校智慧基础环境大幅优化，"最多跑一次"改革深度推进，"e咸职"平台广泛使用，数据治理水平显著提升。依托AR、VR、MR、AI虚拟体验馆或学习体验中心，智慧教育教学改革成效显著，师生信息化素养大幅提升，"智慧咸职"理念深入人心。

1.3.10 开放办学成效进一步拓展

学校高水平国际合作项目全面推进，建成咸阳职业技术学院菲律宾分院、咸阳职业技术学院东非分院，组建"一带一路"幼儿教育联盟，服务"走出去"战略能力显著增强。与"一带一路"沿线国家国际合作交流创新开展，开发一批国际通用的教学标准并逐步推广到"一带一路"沿线国家和地区。学校开放办学成效显著，形成可复制、可借鉴的国际化办学咸职模式。

咸阳职业技术学院预期完成的标志性成果如表2所示。

1.4 经费预算

咸阳职业技术学院中国特色高水平高职学校和专业建设计划项目资金预算如表3所示，共计2.488亿元。其中，中央财政投入资金2 000万元，地方财政投入资金5 060万元，行业企业支持资金1 450万元，学校自筹资金1.637亿元。学校层面经费预算1.468亿元，学前教育高水平专业群经费预算1.02亿元。

表2 咸阳职业技术学院"双高计划"建设预期完成的标志性成果

序号	项 目	成果名称	数 量
1	党的建设	全国文明校园	1个
2		培育全国高校样板支部	1个
3	人才培养	省级以上教改项目	20项
4		国家级教学成果奖	1项
5		省级教学成果奖	≥6项
6		承办国家级技能大赛赛项	3次
7		承办省级技能大赛赛项	6次
8		技能大赛国赛奖项	30项
9		技能大赛省赛奖项	200项
10		达到国家规划教材标准的教材	1~2部
11		省级以上优秀教材	2部
12		国家在线开放课程	1门
13		省级在线开放课程	≥3门
14		职业技能等级证书标准	≥3个
15	创新服务	技术技能创新服务平台	4个
16		市级重点实验室	1个
17	专业群	学前教育高水平专业群	1个
18	双师队伍	省级教学名师	2人
19		培育达到省级以上水平教师教学创新团队	1~2支
20		国家级教学比赛奖	2项
21		省级教学比赛奖	20项
22	校企合作	产业学院	3个
23		高水平产教融合实训基地	1个
24		国家级示范性职教集团	1个
25	服务发展	高水平培训实训基地	1个
26	学校治理	"以群建院"改革创新案例	1~2个
27	信息化	校企联合开发教育教学管理服务平台	≥10个
28	国际化	建立海外分院	2个
29		"一带一路"幼儿教育联盟	1个
30		开发国际通用的专业教学标准	1~2套

表3 咸阳职业技术学院"双高计划"建设分来源经费预算表

建设内容		中央财政投入资金/万元	地方财政投入资金/万元	举办方投入资金/万元	行业企业支持资金/万元	学校自筹资金/万元	合计/万元
合　计		2 000	5 060		1 450	16 370	24 880
打造技术技能人才培养高地	1. 构建"126"专业群协同发展	—	500		100	1 000	1 600
	2. 深化人才培养模式改革	—	200		50	250	500
	3. 深化课程教材教法改革	—	100		—	400	500
	4. 推进1+X证书制度试点	—	50		50	100	200
	5. 深化劳动教育改革	—	50		—	90	140
	6. 深化学生职业能力培养	—	50		30	60	140
	7. 优化教学标准体系	—	20		—	80	100
打造技术技能创新服务平台	1. 建设西部幼儿教育发展研究中心		50			50	100
	2. 建设健康养老产业研究院	—	50		50	200	300
	3. 建设人工智能产业研究院	—	50		50	200	300
	4. 建设现代农业产业研究院	—	50		50	200	300
打造高水平专业群	1. 建设学前教育高水平专业群	2 000	2 000		200	6 000	10 200
打造高水平双师队伍	1. 引培领航型卓越人才	—	50		—	150	200
	2. 培养"双师型"骨干教师	—	50		50	100	200
	3. 打造结构化教学团队		100		—	100	200
	4. 完善进阶式培养体系		50		50	100	200
	5. 建设高标准教师发展中心		100		—	400	500
	6. 完善激励性教师队伍建设制度		50		—	50	100
提升校企合作水平	1. 建设卓越幼师学院		50		100	150	300
	2. 建设神州数码信息安全学院		100		100	400	600
提升校企合作水平	1. 建设人工智能产业学院		100		100	400	600
	2. 共建产教融合实训基地		100		100	1 000	1 200
	3. 共建现代学徒制专业		50		50	200	300
	4. 组建实体性职教集团		20		20	60	100
	5. 优化校企合作工作机制		20			80	100

续表

建设内容		中央财政投入资金/万元	地方财政投入资金/万元	举办方投入资金/万元	行业企业支持资金/万元	学校自筹资金/万元	合计/万元
提升服务发展水平	1. 推进优质就业工程		20			180	200
	2. 推进幼师培训计划		50			50	100
	3. 推进健康教育服务计划		50			100	150
	4. 推进现代农业科技服务计划		50			100	150
	5. 推进全民健身服务计划		50			100	150
	6. 推进对口帮扶计划		20	—		80	100
	7. 推进脱贫攻坚工程助力计划		—	50		100	150
提升学校治理水平	1 优化内部治理结构		50	—		100	150
	2 深化校院两级管理改革		50			150	200
	3 完善质量保证体系		50			100	150
提升信息化水平	1 优化智慧校园基础环境		300		200	2 000	2 500
	2 建设智慧管理业务平台		50		50	500	600
	3 深化智慧教育教学改革		50		50	400	500
	4 开发数字经济新兴专业		20			80	100
	5 提升师生信息技术素养		20			80	100
提升国际化水平	1 举办高水平合作办学项目		—	50		100	150
	2 共享开发优质职教资源		—	50		100	150
	3 服务"走出去"战略需求		—	50		100	150
	4 增进跨国文化交流		—	20		130	150

2 学前教育专业群建设方案

2.1 建设目标

立足服务西部地区幼儿教育事业发展，秉承"学高为师、身正为范"的教师教育思想，坚持"幼儿为本、师德为先、能力为重、终身学习"的基本理念，实施"学前教育十项行动"，坚实搭建幼儿教师培养新高地、幼儿教师培训新高地、幼儿教育新高地。到2023年，把学前教育专业群建设成为综合实力西部领先、国内一流的高水平专业群。到2035年，把学前教育专业群建设成为国内领先、国际知名的高水平专业群。

2.2 建设任务与进度

(1)实施培养模式创新行动,探索卓越幼师培养新路径

创新实践德能融合、赛教融合、园校融合"三融合"学前教育专业群人才培养模式。开展1+X证书制度试点,形成基于学前教育专业群1+X证书的人才培养体系,对接培训评价组织研发职业技能等级标准。联合有关院校和行业、企业研发专业群专业教学、课程、职业技能鉴定、实训基地建设、顶岗实习等标准、制度。

(2)实施课程资源富集行动,开发卓越幼师教育新资源

根据学前教育专业群所面向的职业岗位,构建"底层共享+中层分立+高层拓展"的课程体系。基于"大思政"理念,全面整理、梳理专业课程的思政环节和思政元素,凸显专业课程的爱国主义教育、价值信仰引领、传统文化陶冶、科学精神培育和人文素养教育等。实施学前教育专业群核心课程上线、专业教学资源库建设、专业群信息化资源中心建设等项目,开发建设各类信息化教学资源。

(3)实施教学改革创新行动,培育卓越幼师教育新成果

以专业核心课程为重点,以职业工作过程为导向,园校行企共同开发新型活页式、工作手册式教材10部,开发群内分专业见习实习指导手册和专业核心课程实训指导手册,开发专业群核心课程双语教材,试点开发云教材。依托课堂教学主阵地,创新实践"课前课中课后、导学练做思"的"三段五步"课堂教学模式以及教育见习、教育实习、教育研习"三习贯通"实践教学体系。将人工智能、虚拟现实等信息技术引入课堂,积极探索开展信息化教学手段改革。

(4)实施人才高地建设行动,汇聚卓越幼师教育新师资

实施学前教育专业群高端人才专项计划,柔性引进教育学、心理学等方面的教授、博士等高层次专家学者。实施"师范优青成长项目",落实青年教师成长"三入一出"机制,即入园所、入高校、入赛场,出国门。落实"过教学关—教坛新秀—骨干教师—教学名师"的青年教师遴培机制,创推"双向互聘""岗位互换""协同教研"等项目,形成高端人才引领、优青人才推动、外脑团队助力、创新团队支撑的学前教育专业群人才队伍建设新局面。

(5)实施实践基地提升行动,建成卓越幼师研训新基地

建设西部领先、国内一流的咸阳职业技术学院附属幼儿园,满足区域民众对优质幼教资源的需求。建设师范教育综合实训中心,构建集实践教学、"三教"改革、教学研究、人才培养于一体的实践基地。建立教医协同综合实训中心,提高共享度和利用率。建设紧密型校外教学实习就业基地,专业群毕业生就业率保持在96%以上。

(6)实施平台载体构筑行动,注入卓越幼师教育新动能

园校行企联合共建卓越幼师学院,举办卓越幼师创新实验班,推进卓越教师培养计划。建设西部幼儿教育发展研究中心,开展幼儿教育学术研究和学术交流活动。建设幼儿教师培训中心,开展面向西部地区的幼儿教师、婴幼儿照护等培训项目。建设幼儿教育咨询中心,面向社会公众开展幼儿教育咨询服务。

(7) 实施社会服务提质行动,支撑西部幼教事业新发展

与50所西部幼儿园、普惠性婴幼儿照护机构等对接,培训西部地区幼儿园所和照护机构200名青年教师。与西部地区10所高职学校对接,提供学前教育专业群全方位、多角度力所能及的帮扶援助。选送师生在西部支教帮扶,以教育扶智阻断代际贫困。推荐输送专业群毕业生在西部地区就业创业,以人才和智力助力西部学前教育事业发展和乡村振兴战略。

(8) 实施国际合作交流活动,形成对外开放办学新局面

面向"一带一路"沿线,汇聚国际幼儿教育高级人才,组建幼儿教育联盟,联盟成员单位共享资源、知识、人才和经验,共同努力使其成为推动全球幼儿教育快速发展的积极力量。探索创新国(境)外办学模式,携手国内知名幼教企业,成立海外教育分支机构。实行学生交换、学分互认的浸濡计划,推荐优秀毕业生赴境外就业。

(9) 实施内部质量保证行动,创新持续发展保障新机制

建立科学决策咨询机制,成立学前教育高水平专业群建设项目专家咨询委员会。建立动态调整优化机制,创新内部质量保证体系,形成基于信息化的学前教育专业群建设动态监测管理机制。对标学前教育专业认证标准体系,积极准备和参与专业认证工作。

(10) 实施文化继承创新行动,营造卓越幼师育人新氛围

坚持幼师教育特色,组织开展"古愚论坛""鹤琴讲坛",启动专业群"一班一特""一舍一长"项目,实施学生"技能强身"计划,开展师范文化活动"九宫格"。增强劳动育人效能,开展"劳模讲堂"活动,让学生真切感受劳动精神、工匠精神的时代内涵。

咸阳职业技术学院学前教育专业群分年度建设任务与进度如表4所示。

2.3　建设成效

(1) 成为卓越幼儿教师培养的重要基地

承办全国职业院校技能大赛2次、全省职业院校技能大赛2次,学生获得国赛奖项3项、省赛奖项10项,开展1+X证书制度试点2项,制定学前教育专业群专业人才培养方案4套,研发学前教育专业群可推广、可应用的标准制度1套,成为卓越幼师培养的有效遵循。

(2) 成为幼儿教师教育改革的重要基地

培育建设省级以上在线开放课程3门,开发专业群有关的信息化教学资源4 000个以上;开发活页式、工作手册式等教材10部,培育省级以上优秀教材2部,形成专业群教法改革案例汇编1套,专业群成为幼儿教师教育"三教"改革的示范基地。

(3) 成为幼儿教育改革和研究的重要基地

建成以咸阳职业技术学院附属幼儿园、西部幼儿教育发展研究中心、陕西省学前教育职教集团等为代表的能够有效支撑区域幼儿教育事业发展的设施平台。

(4) 成为多元合作协同育人的重要基地

"五方共育新幼师"成为学校合作发展、合作育人、合作办学、合作就业的生动写照,

表 4　学前教育专业群分年度建设任务与进度表

序号	建设任务		分年度建设任务			
			2019—2020 年度	2021 年度	2022 年度	2023 年度
1	人才培养模式创新	1-1 创新"三融合"专业群人才培养模式	承办全国职业院校学前教育专业群相关赛项；培育省级教学成果奖	获得全国学前教育专业群相关赛项奖项 1 项；培育省级教学成果奖	建立园长工作室 1 个；培育国家级教学成果奖	获得全国学前教育专业群相关技能竞赛奖项 1 项；培育省级教学成果奖
		1-2 开展 1+X 证书制度试点	申报 1+X 证书制度幼儿照护职业技能等级证书试点	申报设立"学分银行"学前教育学习成果认证基地	申报 1+X 证书制度试点项目	开发 1+X 证书相关的素材库、案例库、习题库等配套资源
		1-3 研发推广专业群教学标准	对接金职伟业，联合研发《幼儿照护职业技能等级证书标准》	联合幼乐美研发《0～3 岁婴幼儿保教职业技能等级标准》和《3～6 岁幼儿保教职业技能等级标准》	联合医院、早教机构等研发《0～3 岁婴幼儿托触与按摩职业技能等级标准》	开发制定《0～6 岁家庭教育指导职业技能等级标准》
2	课程教学资源建设	2-1 重构专业群课程体系	修订专业核心课程标准 6 门	修订专业核心课程标准 8 门	修订专业核心课程标准 8 门	修订专业核心课程标准 8 门
		2-2 开发课程思政教学资源	开展"课程思政大练兵"教学竞赛，培育课程思政精品教学案例 4 个	开展"课程思政大练兵"教学竞赛；培育课程思政优秀教师 4 人	培育课程思政精品教学案例 3 个；选树课程思政优秀教师 4 人	培育课程思政精品教学案例 3 个；选树课程思政优秀教师 4 人
		2-3 开发建设信息化教学资源	建设在线开放课程 6 门；建设早期教育专业教学资源库	建设在线开放课程 8 门，建设省级在线开放课程 1 门	建设在线开放课程 8 门，建设省级在线开放课程 1 门	建设在线开放课程 8 门，建设省级在线开放课程 1 门

续表

序号		建设任务	分年度建设任务			
			2019—2020年度	2021年度	2022年度	2023年度
3	教材与教法改革	3-1 开发优质新形态教材	开发活页式、工作手册式教材2部,双语教材1部,幼儿照护职业技能等级教材1部	开发活页式、工作手册式教材3部,特色园本活动指导参考书1部,课赛融合教材1部	开发活页式、工作手册式教材3部;编写专业教育见习实习指导手册1部	开发活页式、工作手册式教材2部;编写专业教育见习实习指导手册1部
		3-2 持续推进教法改革创新	建立教育教学改革实验基地1个;组织教师参加国、省教学能力大赛	建立教育教学改革实验基地1个;组织教师参加国、省教学能力大赛	建立教育教学改革实验基地2个;组织教师参加国、省教学能力大赛	建立教育教学改革实验基地1个;组织教师参加国、省教学能力大赛
4	教师教学创新团队	4-1 引进引领专业群发展高端人才	柔性引进专业领域教授、博士等高层次专家学者1人	柔性引进专业领域教授、博士等高层次专家学者1人	柔性引进专业领域教授、博士等高层次专家学者2人	柔性引进专业领域教授、博士等高层次专家学者1人
		4-2 培养推动专业群发展"优青人才"	培养骨干教师5人,推评教学名师1人;招录研究生学历教师4人	培养骨干教师5人;招录研究生学历教师5人	培养骨干教师5人,推评教学名师1人;招录研究生学历教师6人	培养骨干教师5人;招录研究生学历教师5人
		4-3 遴建助力专业群发展外脑团队	园校双向互聘教师5人	园校双向互聘教师10人	园校双向互聘教师10人	园校双向互聘教师5人
		4-4 培育支撑专业群发展创新团队	组建学前教育专业教师教学创新团队	培育学前教育专业教师教学创新团队	培育建设学前教育专业教师教学创新团队	培育建设学前教育专业教师教学创新团队

续表

序号		建设任务	分年度建设任务			
			2019—2020年度	2021年度	2022年度	2023年度
5	实践教学基地	5-1 建设咸阳职业技术学院附属幼儿园	联合机关幼儿园开办试点园；启动咸阳职业技术学院附属幼儿园建设	建设咸阳职业技术学院附属幼儿园	建成咸阳职业技术学院附属幼儿园	咸阳职业技术学院附属幼儿园招生150人
		5-2 建设师范教育综合实训中心	改建实训室4个；新建实训室3个、小琴房40间	建设师范教育综合实训中心；改建实训室4个；新建实训室5个；新建幼儿园	改建实训室5个；新建实训室3个，建设VR早教中心	培育省级以上高水平产教融合实训基地1个；新建实训室3个
		5-3 建设教医协同实训中心	建设婴幼儿保健相关的教医协同实训室2个	启动建设教医协同实训中心	建设婴幼儿保健相关的教医协同实训室2个，建成教医协同实训中心	完善教医协同实训中心设施设备
		5-4 建设高水平校外实践基地	新增校外见习实习和就业基地8个	新增校外见习实习和就业基地10个	新增校外见习实习和就业基地12个	新增校外见习实习和就业基地10个
6	技术技能平台	6-1 校企共建卓越幼师学院	成立卓越幼师学院；举办卓越幼师创新实验班2个；建立卓越幼师实践基地3个	立项省级以上研究课题1项；新增卓越幼师创新实验班2个；新增卓越幼师实践基地6个	新增卓越幼师创新实验班2个；新增卓越幼师实践基地6个	形成卓越幼师人才培养模式创新性成果1套；新增卓越幼师创新实验班2个；建立卓越幼师实践基地5个
		6-2 建设西部幼儿教育发展研究中心	建设西部幼儿教育发展研究中心	立项西部幼儿教育发展研究课题1项	开展西部幼儿教育发展研究	形成西部幼儿教育发展研究系列成果

续表

序号		建设任务	分年度建设任务			
			2019—2020年度	2021年度	2022年度	2023年度
6	技术技能平台	6-3 建设幼儿教师培训中心	成立幼儿教师培训中心；开展幼儿教师培训300人次	开展幼儿教师培训300人次；编写幼儿教师培训手册1部	开展幼儿教师培训300人次；开发幼儿教师培训标准与规范	开展幼儿教师培训300人次；开发幼儿教师培训研究
		6-4 建设幼儿教育咨询中心	成立"领跑"早期教育名师工作室	成立"启萌"早期教育网络工作室	开展早期教育线上线下咨询	开展早期教育线上线下咨询
		6-5 组建陕西省学前教育职教集团	建设陕西省学前教育职教集团	陕西省学前教育职教集团共建专业1个，课程3门	陕西省学前教育职教集团共同开展学前教育研究	召开集团理事会
7	社会服务	7-1 实施幼教师资培训项目	实施"青蓝"项目，培训西部地区幼儿园所和照护机构青年教师50人	开办社区"早教之家"2家，开展各类公益性活动，服务家庭200户	实施"青蓝"项目，培训西部地区幼儿园所和照护机构青年教师50人	开展各类公益性活动，服务家庭400户
		7-2 对口支援西部职业学校	帮扶援助西部地区中高职学校2所	帮扶援助西部地区中高职学校3所	帮扶援助西部地区中高职学校3所	帮扶援助西部地区中高职学校2所
		7-3 服务西部脱贫攻坚工程	选派赴西部支教帮扶生30人；推荐毕业生到西部地区就业创业150人	选派赴西部支教帮扶生30人；推荐毕业生到西部地区就业创业150人	开发建设学前教育远程培训云平台；选派赴西部支教帮扶生30人；推荐毕业生到西部地区就业创业100人	选派赴西部支教帮扶生30人；推荐毕业生到西部地区就业创业100人

续表

序号	建设任务		分年度建设任务			
			2019—2020 年度	2021 年度	2022 年度	2023 年度
8	国际交流与合作	8-1 组建"一带一路"幼儿教育联盟	组建"一带一路"幼儿教育联盟	举办"一带一路"幼儿教育发展论坛;与联盟成员单位合作开发幼儿教育课程 1 门	与联盟成员单位合作开发幼儿教育教材 1 部;招收留学生 5~10 人	举办"一带一路"幼儿教育发展论坛;招收留学生 5~10 人
		8-2 "走出去"成立海外分校	设立海外教育分支机构	培养培训海外优秀幼儿教育技能人才 10~20 人	培养培训海外优秀幼儿教育技能人才 10~20 人	培养培训海外优秀幼儿教育技能人才 10~20 人
		8-3 "请进来"增进合作交流	筹备举办国际性学前教育论坛或会议	举办国际性学前教育论坛或会议 1 次;缔结国(境)外友好合作院校 4 家	引进国(境)外优质幼教资源包 1 个;缔结国(境)外友好合作院校 3 家	举办国际性学前教育论坛或会议 1 次;缔结国(境)外友好合作院校 3 家
		8-4 推动海外研修就业项目	申报教师海外研修项目 1 项;选派 5 名学生到国(境)外交流实践	选派 15 名教师到国(境)外培训研修;选派学生到国(境)外学习交流	选派 20 名教师到国(境)外培训研修;选派学生到国(境)外学习交流	选派 15 名教师到国(境)外培训研修;选派学生到国(境)外学习交流
9	可持续发展保障机制	9-1 建立科学决策咨询机制	成立专业群专家咨询委员会	开展专业群建设专家咨询与指导	开展专业群建设专家咨询与指导	形成专业群建设系列成果
		9-2 建立动态调整优化机制	开展专业群人才需求和毕业生就业调研	开展专业群人才需求和毕业生就业调研	开展专业群人才需求和毕业生就业调研	开展专业群人才需求和毕业生就业调研
		9-3 创新内部质量保证体系	编制专业群人才培养质量年度报告和毕业生就业质量年度报告	编制专业群人才培养质量年度报告和毕业生就业质量年度报告	编制专业群人才培养质量年度报告和毕业生就业质量年度报告	编制专业群人才培养质量年度报告和毕业生就业质量年度报告

续表

序号	建设任务		分年度建设任务			
			2019—2020 年度	2021 年度	2022 年度	2023 年度
10	专业群文化建设	10-1 传承师范文化	举办"古愚论坛""鹤琴讲坛"活动	举办孔子文化开放日活动、行知文化交流研讨会	举办"古愚论坛""鹤琴讲坛"活动	举办孔子文化开放日活动、行知文化交流研讨会
		10-2 锻造环境文化	创建名人文化长廊	举办学生优秀实训作品成果展	举办优秀实训作品成果展	举办优秀实训作品成果展
		10-3 做优特色文化	举办"九宫格"品牌文化活动	举办"九宫格"品牌文化活动	举办"九宫格"品牌文化活动	举办"九宫格"品牌文化活动
		10-4 弘扬劳动文化	举办校内外红烛志愿者服务活动；建设校内外劳动教育实践基地 3 个	新增建设校内外劳动教育实践基地 3 个；举办"劳模讲堂"	举办红烛志愿者服务活动；新增建设校内外劳动教育实践基地 2 个	举办红烛志愿者服务活动；举办"劳模讲堂"

多元联合举办卓越幼师学院,开办卓越幼师创新实验班,探索"四一制"的卓越幼师培养模式,推行园校教师置换计划。

(5)成为西部幼儿教师终身学习的重要基地

坚守为党育人、为国育才、为幼育师的初心,扎根西部办师范、融入西部育幼师的办学信念更加坚定,对标终身学习的要求,抓住职前培养和职后培训两个环节,针对西部幼儿教育事业需要,培养和培训一批立身在西部、从业在西部、发展在西部的身正德善、爱岗爱幼、才优艺雅、擅保擅教的卓越幼师。

2.4 经费预算

学前教育专业群建设分来源经费预算如表 5 所示。

表 5 学前教育专业群建设分来源经费预算表

序号	项　目	中央财政投入资金/万元	地方财政投入资金/万元	举办方投入资金/万元	行业企业支持资金/万元	学校自筹资金/万元	合计/万元
1	人才培养模式创新	115	115			90	320
2	课程教学资源建设	415	415			320	1 150
3	教材与教法改革	150	150			200	500
4	教师教学创新团队	250	250			300	800
5	实践教学基地	650	650		200	3 000	4 500
6	技术技能平台	140	140			1 620	1 900
7	社会服务	110	110			60	280
8	国际交流与合作	145	145			210	500
9	可持续发展保障机制	5	5			40	50
10	专业群文化建设	20	20			160	200
	总　计	2 000	2 000		200	6 000	10 200

(学会特聘研究员、咸阳职业技术学院双高办主任贾剑锋提供材料)

第三部分

研讨交流

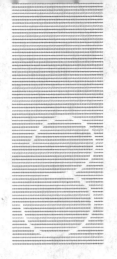

为贯彻落实《国家职业教育改革实施方案》《教育部 财政部关于实施中国特色高水平高职学校和专业建设计划的意见》，助力加快推进陕西8所高职院校承担的国家"双高计划"建设项目，2020年4月25日，由陕西省职业技术教育学会主办、陕西工业职业技术学院承办的陕西省"双高计划"建设研讨会在陕西工业职业技术学院召开。来自全省8所"双高计划"立项建设院校的领导及项目负责人60余人参会了会议，陕西工业职业技术学院院长刘永亮致辞，陕西省职业技术教育学会会长崔岩教授主持会议。

本次研讨会是在陕西8所高职院校的国家"双高计划"建设方案，经陕西省教育厅组织全国专家审核提出的修改意见反馈给学校后，各校对国家"双高计划"建设方案进行最后修改的关键时期召开的。研讨会上，各校针对专家反馈意见的共性问题、建设方案的特色与亮点、修改方案过程中的难点与困惑进行了充分的研讨与交流。

研讨会上，刘永亮教授、赵居礼教授、王津教授、刘敏涵教授、刘予东教授、杨卫军教授、张迪教授和王平教授分别针对研讨会主题进行了主题交流发言。主题交流发言后，参会的其他人员针对方案编制过程中及方案落地建设存在的共性问题进行了热烈的讨论，大家充分交流、相互借鉴、收获颇丰，对最终完善国家"双高计划"建设方案形成了共识。

最后，陕西省职业技术教育学会会长崔岩教授针对各校提出的问题做了总结。

把握"双高计划"建设大方向,修改完善好建设方案

陕西省职业技术教育学会会长　崔　岩教授

根据陕西省职业技术教育学会年度工作安排和 8 所"双高计划"建设学校的提议,学会今天在陕西工业职业技术学院召开"双高计划"建设第一次研讨会,按照大家的建议,年内在其他 7 所学校再轮流召开研讨会。大家集思广益、共同探索、交流研讨、信息共享,在实践探索中全面推进"双高计划"建设。

今天这个研讨会,是陕西省教育厅在将 8 所学校的"双高计划建设方案"上报教育部、财政部之前,组织全国"双高计划"建设咨询专家委员会专家,对每所学校的方案进行审核反馈意见后,各学校进入最后修改阶段召开的,2020 年 5 月 9 日是最后上报时限。所以,这次研讨会对各校取长补短、共同探讨、解决方案编制过程中存在的共性问题具有现实意义。从大家的交流发言看,各校对按照专家反馈的意见修改方案都有深入的思考,对一些共性问题的解决基本达成了共识。结合大家的探讨,为做好方案的最后修改工作,我谈几点学习体会。

一、"双高计划"的建设目标是要打造中国高等职业教育的国际品牌

"双高计划"的实施,是继国家高职示范校(骨干校)、国家优质校建设项目之后,面对以人工智能、"互联网+"、大数据为主的新经济、新技术、新业态的新一轮产业革命挑战下的我国高等职业教育的重要战略部署,是高职教育内涵发展的又一具有战略意义的重大举措。其立足于我国经济社会高质量发展的时代背景,以立德树人为根本、以提升质量为核心、以内涵式发展为主线、以世界水平的高职学校和专业群建设为抓手,集中力量建设一批引领改革、支撑发展、中国特色、世界水平的高职学校和专业群,引领职业教育持续深化改革、强化内涵建设,从产教融合、师资队伍建设、服务水平等多维度提升高等职业教育发展质量,有针对性地破解高职教育发展中的瓶颈问题,推进高职教育从优向精、形成类型教育改革创新发展的中国模式,打造中国高等职业教育的国际品牌。由于任务重、时间长,所以确定建设目标时要紧扣文件精神。

二、"双高计划"战略目标解析

(一)战略规划

"双高计划"对接国家阶段性战略发展目标,对高职教育发展做出战略规划。

(1)为职业教育改革发展和培养千万计的高素质技术技能人才发挥示范引领作用,使职业教育成为支撑国家战略和地方经济社会发展的重要力量,形成一批有效支撑职业教育高质量发展的政策、制度、标准。

（2）中国特色高等职业教育的品牌和优势进一步彰显，引领职业教育实现现代化，为促进经济社会发展和提高国家竞争力提供优质人才资源支撑。

（3）使高职教育成为建设教育强国和人才强国的骨干力量，为促进全球经济社会发展和构建人类命运共同体贡献更多中国元素、中国智慧和中国方案。

（二）内涵发展

1. 高质量内涵发展

"双高计划"的实施，引领新时代高职教育发展的方向、定位与目标，是新时代高等职业院校发展的战略举措，是我国高职教育从创新发展到中国品牌、走高质量内涵发展道路的必然选择，对高职教育服务国家重大发展战略具有极强的带动作用。

2. 提升人才培养水平

"双高计划"建设，就是要创造性地使计划"落地生根"，创新产教融合、校企合作体制机制，与行业、企业共同推进技术技能积累创新机制形成，在创建中国品牌的过程中，大幅提升人才培养水平，为学生就业有优势、创业有本领、升学有渠道、全面终身发展创造良好的环境。

（三）示范引领

1. 引领职业教育服务国家战略、融入区域发展、促进产业升级

"双高计划"放眼世界、扎根中国、面向未来、服务发展、促进就业，将高职教育推向中国品牌建设的新阶段，推动一批优质高职学校和专业群率先发展，引领职业教育服务国家战略、融入区域发展、促进产业升级，带动培养千万计高素质技术技能人才，为建设教育强国、人才强国做出重要贡献。

2. 打造具有国际竞争力的人才培养高地

"双高计划"是新时代落实国家职业教育发展战略布局的具体行动，要集中力量建成一批高水平技术技能人才培养培训基地和技术技能创新服务平台，形成中国高职教育模式和标准以及具有国际竞争力的人才培养高地，必将推动具有中国特色、世界水平的高职教育在创新发展基础上向世界一流迈进。

3. 引领职业教育向类型教育发展

（1）引领现代职业教育人才培养理念变革。职业教育是人人可以成才、人人可以出彩的教育。回顾我国职业教育特别是高等职业教育发展历程，其人才培养目标逐渐向培养复合型技术技能人才，向德智体美劳全面发展，向培养知识型、技能型、创新型劳动者转变。这就要求中国特色高水平高职学校在不断提升社会服务能力的同时，树立以育人为中心的理念，在学生的全面发展与服务经济社会中寻求平衡，注重学生职业素养、通识能力和可持续学习能力的培养，为学生分类可持续的职业发展提供可能。

（2）引领职业院校办学理念变革。面对新经济、新技术带来的生产技术、组织模式快速变化，在培养服务区域发展的高素质技术技能人才之外，重点服务企业特别是中小微企业的技术研发和产品升级成为高职学校办学功能的重要延伸。这需要中国特色高水平高职学校要明确不同于普通大学以基础性、原理性研究的科研创新定位，聚焦于中

小微企业生产工艺等应用性研究,探索符合自身特色的技术创新模式,成为区域产业优化升级的重要创新源、技术源和人才源,使技术创新成为高职学校的内在基因,探索技术创新与教育教学的有机互动模式,以技术创新反哺教学,实现技能人才与技术创新的集成供给,形成"人才培养、技术创新、社会服务、文化传承"有机互动的职业院校办学模式。

(3)引领职业院校现代治理能力提升。《国家职业教育改革实施方案》明确了职业教育标准建设机制:教育部门根据职业标准制定国家教学标准,职业院校根据国家教学标准,通过校企合作方式进行人才培养方案开发。我国以学校为主的职业教育体系,决定了产教融合、校企合作质量对职业教育标准构建起着决定性作用。这需要中国特色高水平高职学校不断创新深化产教融合、校企合作,吸引社会力量多种形式举办和参与职业院校办学,积极打造学校与社会、科研生产与教学、内部资源与外部资源互为交融的开放式无边界组织模式,不断优化和完善治理结构和机制,加强院校自身能力建设,推动企业高水平参与,实现企业参与职业教育和企业自身利益同频共振,推动形成校企命运共同体。

(4)引领职业院校人才培养模式变革。"双高计划"建设的核心是专业群建设。专业是人才培养的基本单位。新一轮产业革命的到来,使企业生产模式、组织形式和人才需求正在发生剧烈的变化,在以智能制造为主的新技术新经济的背景下,生产过程去分工化、人才结构去分层化、技能操作高端化、生产方式研究化、服务与生产一体化成为工作模式的根本性特征。面对技术和职业的快速更新和更迭,需要中国特色高水平高职学校破除内部壁垒,构建基于专业群的专业动态调整机制,打造院系合作、专业融合的学习型组织,践行专业群平台与特色化发展的理念,打造学生个性发展与分流分层的人才培养模式。

(5)引领职业教育国际化进程。从职业教育国际化的模式看,无论是德国的双元制,还是北美的 CBE 模式、澳大利亚的 TAFE 模式,都是在支持本国经济社会发展过程中逐步形成理论化、系统化、标准化的职业教育特色模式,伴随其产业变迁与转移进程,推动职业教育的国际化进程。经过多年发展,我国以产教融合、校企合作、工学结合、知行合一为主要理念的中国特色职业教育模式业已形成,一批具有国际水平的职业院校在服务区域经济发展中扮演着重要角色。这需要中国特色高水平高职学校在创新实践过程中,积极推进中国特色职业教育模式的理论化、系统化和标准化建设,以"一带一路""中国制造 2025"等为载体,积极探索中国职业教育国际化的模式与路径。

三、"双高计划"改革建设任务

(一)建设任务与思路

在"中国制造2025"背景下,提升高职教育的质量,必须走产教融合之路。国家示范建设主要是校企合作创新专业人才培养模式,建设国家重点专业;国家骨干校建设主要是校企合作体制机制创新,建设国家重点专业;国家优质高职学校建设主要是推进产教融合、校企合作,建设国家骨干专业;高水平高职学校和高水平专业群建设,主要是基于产教融合改革,建设一批有效支撑职业教育高质量发展的政策、制度、标准,服务国家经济发展战略,打造中国高等职业教育品牌("十三五"后2年到"十四五"前3年为第一阶段)。

教育部职成司副司长谢俐在2019年12月26日"双高计划"建设培训会上的报告《舞起改革龙头 打造高职样板 用"双高计划"引领带动职业教育创新发展》,大家在修改方案时可以再学习、认识再提高。改革建设10项重点任务:"一个加强、四个打造、五个提升",各校内涵有差异很正常,但按文件要求的任务点不能缺项。

建设思路:方向要明,理念引领是先导,一校一特色;目标要远,长远规划学校发展,"双高计划"要到2035年共15年;标准要高,对标对表国家方案;步子要实,聚焦高水平专业群建设。

(二)如何考核

1. 不同类型的"双高计划"建设院校怎样区别考核

两把"尺子":和自己比,体现增量和增值;和同类院校比,体现特色和水平。绩效评价:教育部正在牵头制定"双高计划"绩效考核方案。教育部、财政部每年采集一次绩效数据,适时开展绩效评价,结果作为调整项目资金支持额度和下一周期遴选的重要依据。对资金筹措有力、建设成效显著的,加大支持力度;对资金筹措不力、进展缓慢、建设实效有限的,警告并酌减资金支持额度;出现重大问题,经整改仍无改善的,中止项目建设,并不得再次申请"双高计划"。

2. 建设方案和任务书怎样确定

项目学校完善建设方案、编制任务书,经省级教育、财政部门核准后,由省级教育部门签章,于2020年5月9日(原定2020年2月29日)前报教育部、财政部备案。最后由教育部、财政部委托全国"双高计划"建设咨询专家委员会专家对各校任务书进行备案评审。

(三)"双高校"与"示范校"异同点

(1)"示范校"建设由教育部、财政部直接管理,"双高校"建设以省管为主。

(2)"示范校"建设没有分类,"双高校"建设分6类实施,但每类都有学校10项改革建设任务。

(3)"示范校"建设要求省级配套资金,"双高校"建设没有要求省级配套资金。

(4)"示范校"以国家重点专业建设为主,兼顾学校的几个建设项目;"双高校"建设既有学校10项建设任务,还有高水平专业群建设任务。

(5)"示范校"建设方案由教育部、财政部组织专家论证;"双高校"建设方案由学校所在省组织论证,教育部、财政部审核备案。

(6)"示范校"建设验收按3年时间最后进行,"双高校"建设按年度考核,期满验收(先做后出考核办法)。

(7)"示范校"建设任务确定后就不变动,验收时完成98%就算通过,"双高校"建设任务随着形势的变化在持续增加(如课程思政)。

(8)"示范校"建设承担项目的部门及人员参与,"双高校"建设涉及学校所有部门及全校教职工。

(9)"示范校"建设周期为3年,"双高校"建设周期为15年。

(10)与"示范校"建设不同,"双高校"建设随着国家对立德树人"顶层设计"措施的持续落实,新出台的文件对高等职业教育战线提出的新要求,自然成为"双高计划"建设的任务。

各"双高校"建设方案尽管有些内容没有,但作为普通高职院校必须贯彻落实的,"双高校"必须做好。

(四)立德树人新要求

"双高计划"文件下发之后,中办、国办及教育部相继出台文件,对立德树人提出新的要求。

1. 思想政治理论课建设的新要求

2019年中办、国办颁布《关于深化新时代学校思想政治理论课改革创新的若干意见》(2019年8月14日)要求"建立高校党委书记、校长带头抓思政课机制"。

(1)要把思政课建设作为党的建设和意识形态工作的标志性工程摆上重要议程,抓住制约思政课建设的突出问题,在工作格局、队伍建设、支持保障等方面采取有效措施。

(2)要把高校思政课建设情况纳入各级党委领导班子考核和政治巡视。

(3)加强和改进高校领导干部深入基层联系学生工作,推动高校领导干部兼任班主任等工作,建立健全高校党委书记、校长及职能部门力量深入一线了解学生思想动态、服务学生发展的制度性安排。

(4)高校党委书记、校长作为思政课建设第一责任人,要结合自身学科背景和工作经历,带头听课讲课,带头推动思政课建设,带头联系思政课教师。高校党委常委会每学期至少召开1次会议专题研究思政课建设,高校党委书记、校长每学期至少给学生讲授4个课时思政课,高校领导班子其他成员每学期至少给学生讲授2个课时思政课,可重点讲授"形势与政策"课。

(5)开学典礼、毕业典礼中的讲话等要鲜明体现党的教育方针、积极传播马克思主义科学理论、弘扬社会主义核心价值观。要把思政课建设情况纳入学校党的建设工作考核、办学质量和学科建设评估标准体系。

(6)整体推进高校课程思政。深度挖掘高校各学科门类专业课程等所有课程蕴含的思想政治教育资源,解决好各类课程与思政课相互配合的问题,发挥所有课程育人功能,构建全面覆盖、类型丰富、层次递进、相互支撑的课程体系,使各类课程与思政课同向同行,形成协同效应。建成一批课程思政示范高校;推出一批课程思政示范课程;选树一批课程思政教学名师和团队;建设一批高校课程思政教学研究示范中心。

2. 专业人才培养方案制定(修订)的新要求

《教育部关于职业院校专业人才培养方案制订与实施工作的指导意见》(教职成

〔2019〕13号,2019年6月5日)对专业人才培养方案制定(修订)提出了新要求。

(1)职业院校在地方党委领导下,坚持以习近平新时代中国特色社会主义思想为指导,切实加强对专业人才培养方案制订与实施工作的领导。职业院校校级党组织会议和校长办公会要定期研究,书记、校长及分管负责人要经常性研究专业人才培养方案制订与实施。职业院校党组织负责人、校长是专业人才培养方案制定与实施的第一责任人,要把主要精力放到教育教学工作上来。

(2)强化课程思政。积极构建"思政课程+课程思政"大格局,推进全员全过程全方位"三全育人",实现思想政治教育与技术技能培养的有机统一。结合职业院校学生特点,创新思政课程教学模式。强化专业课教师立德树人意识,结合不同专业人才培养特点和专业能力素质要求,梳理每一门课程蕴含的思想政治教育元素,发挥专业课程承载的思想政治教育功能,推动专业课教学与思想政治理论课教学紧密结合、同向同行。

3. 教材建设的新要求

(1)职业院校要严格执行国家和地方关于教材管理的政策规定,健全内部管理制度,选好用好教材。在国家和省级规划教材不能满足需要的情况下,职业院校可根据本校人才培养和教学实际需要,补充编写反映自身专业特色的教材。学校党委(党组织)对本校教材工作负总责。

(2)教材编写人员应经所在单位党组织审核同意,并由编写单位集中向社会公示。

(3)国家建立职业院校教材信息库。规划教材自动进入信息库,非规划教材按程序审核通过后纳入信息库。

(4)教材选用单位须组建教材选用委员会,具体负责教材的选用工作。教材选用委员会成员应包括专业教师、行业企业专家、教科研人员、教学管理人员等,成员应在本人所在单位进行公示。

(5)职业院校专业核心课程和高等职业学校公共基础课程教材,原则上从国家和省级教育行政部门发布的规划教材目录中选用。

(6)承担国家统编教材编写修订任务,主编和核心编者视同承担国家级科研课题;承担国家规划公共基础必修课和专业核心课教材编写修订任务,主编和核心编者视同承担省部级科研课题,享受相应政策待遇。审核专家根据工作实际贡献和发挥的作用参照以上标准执行。

四、探索高水平专业群建设路径

参考文献如下:

[1]任占营.高职院校专业群建设的变革意蕴探析[J].高等工程教育研究,2019(6).

[2]林克松,许丽丽.课程秩序重构:高职高水平专业群建设的逻辑、架构与机制[J].高等工程教育研究,2019(6).

[3]崔岩.创新高水平专业群建设路径[N].中国教育报,2019-05-28,第9版.

（一）专业群建设应突出"高"特征

1. 对接产业吻合度高

产业发展是专业群建设的外驱力，是专业群组建的逻辑起点。衡量一个专业群水平高低，首先要看其是否精准对接产业需求，并动态调整、实时优化，实现与产业发展协调互动。高水平专业群紧贴区域产业结构调整规划，围绕区域经济发展战略规划的支柱产业和新兴产业，聚焦服务面向，优化资源配置，动态调整专业组成、专业结构和专业内涵，推动教育链、人才链和产业链、创新链有机衔接，有效服务企业技术研发和产品升级，为增强产业核心竞争力提供有力支撑。

2. 资源整合共享度高

资源整合是专业群建设的内驱力，是优于传统单体专业建设的直接体现。离散的单体专业建设模式，一个明显弊端就是办学资源割裂，造成单体资源不足与整体资源浪费并存。

高水平专业群充分发挥集群效应，有机整合课程资源、教师资源与实训资源，实现资源整合和共享效益最大化，使原本"小"而"散"的单体专业相互支撑，形成人才培养合力。

3. 人才培养产出度高

人才培养是专业群建设的根本任务，是评价专业群成效的根本标准。"群"是专业建设的手段而不是目的，根本在于实现更高水平的人才培养。高水平专业群是我国高职专业建设和人才培养的最新成果和最高水平，培养一批又一批大国工匠和能工巧匠，形成具有国际竞争力的人才培养高地，为中国产业走向全球产业中高端提供高素质技术技能人才支撑；同时，探索形成一系列的理念、标准、模式、资源、课程、教材，为全国高职人才培养提供指引和借鉴，带动提升高职教育的学生满意度、服务贡献度和社会美誉度。

专业群建设并不是简单地把几个专业进行"物理组合"，而是在群统领下，实现专业之间的"化学融合"，促使资源配备和教学组织的系统优化乃至重构。

（二）搭建融合化的产教协同平台

当前，我国经济由高速增长转向高质量发展阶段，着力建设现代化经济体系。面对快速变化的外部产业环境，专业群应发挥集群优势，实现与产业发展的深度融合。

1. 产教协同

服务区域产业转型升级，深化与产业园区、行业协会、企业的合作，建设集科技开发与咨询、技术推广与服务、人才培养等功能为一体的产教融合育人平台，推进实体化运作的职业教育集团化办学，与地方"走出去"企业深度合作，利用集群优势开展国际职业教育服务。

2. 教研互促

强化应用导向，围绕生产生活中的实际问题，打造跨专业的师生技术服务团队，推动中小企业的技术研发和产品升级，提升服务行业、企业、社会的技术附加值，成为区域性技术技能积累中心;构建科研反哺教学机制,把科研项目成果转化为课堂教学案例,实现教学内容与技术进步同步更新,在技术研发中提升师生的实践能力和创新能力。

3. 育训结合

对接行业企业需求,大力开展高技能人才培训,积极开展职工继续教育,服务企业员工职业生涯成长,成为行业企业重要的继续教育基地。

(三)创新柔性化的组织管理模式

专业群突破传统专业建设的刚性模式,促进资源整合共享,发挥"1+1>2"的集聚效益。

1. 建设结构化团队

改变传统专业教研室组织方式,打破专业限制,根据不同职业岗位面向,组建结构化教师团队,更好地贴近市场发展和技术变化前沿;打造高水平专兼结合的教学团队,校企联合建设一批名师工作室和大师工作室。

2. 建设模块化课程

探索柔性、可拓展、面向岗位群的课程建设新模式,按照"平台+模块+方向"的思路,系统重构课程体系。平台课程相对稳定,整合群内共同必需的知识、技能和素质,帮助学生构建职业整体认知;模块课程对接职业标准,按不同职业方向分流培养,帮助学生形成岗位核心能力;方向课程机动灵活,跟随市场需求和技术进步不断调整,使课程体系实时保持与产业界的信息交流、资源共享。

3. 建立开放型培养模式

积极应对求学群体多元化、学习基础差异化、学习场景多样化的实际情况,实行弹性学制和学分制,赋予学生群内专业选择权、课程选择权、教师选择权,自主选择学习路径和进度,激发学习动力,满足多途径成长需求。

(四)完善动态化的持续发展机制

专业群建设不是一成不变的静态结果,而是伴随产业发展持续优化升级的动态过程,要健全对接产业、动态调整、自我完善的专业群建设发展机制。

1. 动态调整专业构成

适应产业发展需要,在通用共享的群基础平台之上,灵活调整专业组成和专业方向,拓展相近或新兴专业,通过原有专业的衍生开发、滚动发展,在专业群主体面向保持稳定的同时,增强外部适应性,使专业群富有旺盛活力,生命周期远远长于单体专业。

2. 动态升级专业内涵

密切跟踪新技术、新模式、新业态,对接未来产业变革和技术进步趋势,调整人才培养定位,更新教学内容,将新技术、新工艺、新规范等产业先进元素纳入教学标准和教学内容,确保培养目标适应岗位要求、教学内容体现主流技术,人才培养体系与时俱进。

3. 动态优化评价机制

以教学工作诊断与改进为基本制度,以学习者的职业道德、技术技能水平和就业质量,以及产教融合、校企合作水平为核心,内部质量保证与行业、企业等外部质量评价有机结合,实现评价主体多元化、评价内容动态化,持续推动高水平专业群高质量发展。

(五)打造专业服务产业能力"升级版"

从传统制造业对单一技能型人才的需要到新型制造业对高级复合型人才的需求,高水平专业群人才培养也应从原来单一的技能培训向智能型、高级技术技能型转变。

现代制造业对人才的需求已经不是简单的具有"一技之长"的工人,而是要有严谨的职业精神和精湛的技艺以满足对产品零部件质量的需求,多方面知识以满足对整个生产线的认识,精通信息网络以满足对智能设备熟练操作的需要等。因此,高水平专业群结构应随之转型升级,实现专业适应力、竞争力与地方经济综合竞争力相匹配,专业设置与行业、产业转型升级需求相匹配,技术技能人才培养与企业实际需求相匹配,实现依据岗位需求定制教学,依据产业发展设置专业,依据市场需求调整结构。

充实和挖掘专业的创新创业教育资源与信息化优质资源,培养学生的批判性思维和创造性思维,提升学生的创新创业能力和思维能力。

五、关于建设方案的具体修改建议

关于学校建设方案:一是材料的整体性要好,除了顶层设计外,要注意统稿和体例一致;二是对于学校的十大重点建设任务、高水平专业群的九大重点任务的目标、思路、任务与措施要具体、量化、经过努力能完成;三是建设进度,在2020年度任务中要包括2019年的年度任务;四是资金预算要将中央财政、地方财政、行业企业投入、学校自筹经费按年度、按任务分配;五是保障措施要实,特别是在学校筹措资金方面。

关于高水平专业群建设方案:一是要注意专业群和群内专业的教学标准研发、人才培养方案的制定,先要解决当地离不开的问题,再就是业内都认同,然后才是国际能交流;二是要处理好点上突破(全国领先)和面上提升问题,立足专业内涵建设、扩大招生和就业、人才培养模式创新、现代学徒制推广,要加强"三教"改革,稳步进行"学分银行"、现代学徒制、1+X证书制度试点、混合所有制、产业学院建设、试点本科层次职业教育等。

同时要处理好任务书与建设方案的关系,建设方案是大框架,任务书是验收的主要依据,要着眼任务的完成,梳理"底线思维",验收时任务能够完成。按照陕西省教育厅的要求,"一把手"要把握好方案的修改工作,要加强研究,边修改方案边思考边提升。这次方案修改总体上是微调,要有高度,但要注意表述方式。陕西省职业技术教育学会将在陕西省教育厅的领导下、在大家的支持下,为各"双高计划"建设学校做好交流研讨、信息共享的服务工作,助推各学校"双高计划"建设。

"双高计划"建设方案任务书编制中的难点及思考

陕西工业职业技术学院院长　刘永亮教授

难点一:我们在编制方案时主要依据的是《教育部 财政部关于实施中国特色高水平高职学校和专业建设计划的意见》(教职成〔2019〕5号)文件。设计的内容也是按照文件要求的"一加强、四打造、五提升"10项内容来设计的。一般来说,文件是蓝本,是模板,设定了路线图,规定了目标、内容和路径。是依规依据,还是创新自立,在特色个性和循规蹈矩方面陷入两难,不敢越雷池。依据文件编制方案,没特色;自己思考创新,不合规。

难点二:国家给"双高计划"建设设计的目标是:"引领改革、支撑发展、中国特色、世界水平"16个字。引领改革是要大胆创新、勇立潮头;支撑发展是要服务经济、产教融合;中国特色是人无我有、彰显个性;世界水平是设定高度、对标树旗。从这16个字来分析,都是定性目标,用的是描述性语言。学校要落实这一目标,就必须把它转换为定量或定量与定性相结合来表达。定性语言比较好说,定量指标难以设定。所以,新、特、高、强这4个字表现的"度"很难把握。加之受地域、行业、建设基础、投入资金4个维度限制,给每个学校方案的编制都带来了很大的不确定性。

难点三:方案编制过程中,通用的捷径就是学习国家有关文件政策,落地转换为自己的行动计划。比如,对职业教育发展改革前景,国务院出台了《国家职业教育改革实施方案》;对"双师型"队伍建设,国家有《深化新时代职业教育"双师型"队伍建设改革实施方案》;对产教融合,国家出台了《国务院办公厅关于深化产教融合的若干意见》;关于校企合作,国家有《职业学校校企合作促进办法》;关于1+X证书制度,国家有《关于推进1+X证书制度试点工作的指导意见》;等等。我对国家和陕西省正在进行或者文件中提出要开展的计划项目进行了归纳梳理,大约有64项,本来可以对标设定为我们建设的量化指标,成为我们建设的绩效目标,但我们担心国家文件中设定的这些项目或指标的不确定性会给我们的年度绩效考核带来不确定因素。比如,国家在《深化新时代职业教育"双师型"教师队伍建设改革实施方案》中设计了:

(1)100家校企合作的"双师型"教师培养培训基地。

(2)100个国家级企业实践基地。

(3)2019—2021年3年360个国家级职业教育教师教学创新团队。

(4)1 000个国家级"双师型"名师工作室。

(5)1 000个国家级教师技艺技能传承创新平台。

(6)300个"双师型"教师培养培训示范单位。

这些项目何时启动,间隔多长时间,如何布点,有啥条件,等等。

陕西工业职业技术学院在编制过程中设立了一些省级层面的建设项目，尚不清楚省级层面是否能够落实。

比如，省级高水平专业群建设搞不搞？投资多少？

建议：出台省级层面的专项项目规划，便于各"双高校"对标修订自身项目。

难点四：关于经费，投入的总量不好把握。从基础条件讲，西部应该投入更大，才能和发达地区比拼最终的建设成效。从现实中讲，西部经济弱，经费投入不足。省级层面是否有"双高计划"项目的专项经费，如何配套，会不会算在生均经费中一并下拨？

我们现在都是按照国家、省级1∶1配套来预算，一旦不到位，学校压力太大。

难点五：省级层面是否有分层分类的支持政策，如允许我们按照"优质优价"原则，涨点学费，弥补建设经费的不足。

难点六：本科层次职业教育试点、人员编制及教师评聘、产教融合的促进机制等改革过程中需要突破的难题是否有政策支持？比如，混合所有制办学改革，省上会不会批准？"双高计划"方案中设计的项目的有效实施是建立在充分的自主权的基础上的，是否可行？

立足行业特色和区位优势，找准定位，完善建设方案

西安航空职业技术学院院长　赵居礼教授

西安航空职业技术学院"中国特色高水平高职学校和专业建设计划"（以下简称"双高计划"）建设方案和任务书编制过程中，始终贯彻《国家职业教育改革实施方案》《教育部　财政部关于实施中国特色高水平高职学校和专业建设计划的意见》等文件精神，立足行业特色和区位优势，找准定位，重点体现改革的思想，在提升技术技能人才培养质量上下功夫，坚持产学研用同台共振，为高等职业教育增值赋能，发挥"双高计划"建设院校的示范引领作用。

一、方案的特色与亮点

建设方案的建设目标设计、推进举措与方法等，符合建设要求，契合学校实际；建设进度安排合理，年度完成的任务明确；预期成效指标可达成、可测量、可跟踪；推进举措得力，可操作性较强；经费预算分解到具体项目，便于执行，保障措施可行。

用一句话概括学校的方案："两航齐追蓝天梦　五方共育航修人"，即面向军航和民航领域，紧跟航空行业产业转型升级和新技术新要求，通过政军行企校"五方"协同培育航空维修方面的高素质技术技能型人才。

（一）提质量——两群聚力共铸人才

集五方合力，打造飞机机电设备维修和无人机应用技术专业群，为C919、ARJ21等国产大飞机和空军高新装备培养"医护人员"，国产大飞机飞到哪儿，我们培训的人才和教学资源就跟到哪儿。为植保、物流、巡线等行业的升级赋能培养"无人机+"应用的复合型技术技能人才。

（二）增效能——产学研用同台共振

统筹五方资源，立足"航空基地"，打造技术技能创新服务平台，实现科技攻关、技术推广、英才培养等功能，服务区域中小微企业技术革新、助力航空产业发展。与西飞公司等航空龙头企业共建培训基地，开展C919维修等技术技能培训、航空文化育人服务。

（三）创高地——根植航空立德树人

落实立德树人根本任务，加强航空职业素养与职业精神的融合，厚植学生敬业乐业、航空报国的职业情怀，培养学生精益求精、追求卓越的工匠精神。培养一批产业亟须、德技并修的技术技能型人才，将学校建成航空特色鲜明的杰出技术技能型人才培养高地。

二、方案编制存在的问题与解决措施

(一) 2 个专业群与学校方案的对接问题

在编制"双高计划"建设方案和任务书时,2 个重点专业群的建设任务和目标对于学校方案是重要支撑,而经费又要分开,不能重复。故编制过程中,学校方案和专业群方案的任务和经费需要精准对接。

学校项目组在编制过程中,各分项目组在申报方案的基础上,修订建设方案、编制任务书。由项目办统一汇总,分析指标变化,提出修改建议,编制学校任务与重点专业群任务对应表,从而明确学校任务中需要其他专业群承接的任务。然后针对任务编制经费预算,从而避免一个任务在学校和专业群方案中重复预算经费的问题。

(二) 量化建设任务指标的标线问题

作为高水平学校立项建设单位,年度考核和 2024 年验收要求都比较高,所有量化的建设任务指标考核和验收时都要逐一兑现,特别是国家层面的指标。这个度如何把控? 高了完成不了,低了达不到高水平。

学校在编制过程中,按照"实事求是、任务不减"的大原则设计。按照"跳起来能够着"的标准设计绩效标线,确定绩效目标的度。各分项目组充分分析校内外情况,本校"优"则绩效目标"提",如"双创"大赛国家级奖项提高 2 项;有的任务外部环境发生了变化,如技能大赛变为两年一次,则降低目标值。绩效目标设置时均设置最低值($\geq$某个值),实际执行中某些建设任务量大于任务书中的任务量。

(三) 预算调整问题

申报时按照中央和省级财政投入 2.4 亿元进行预算,而按照目前的投入,省级财政资金按照 1:1 配套,中央和省级财政给学校的投入共计 1 亿元。而按照中央和省级财政要求,预算编制按照"实事求是、投入不降"的原则开展,需要对经费进行整体调整和预算。

学校在编制预算时,首先按照任务书中的任务实事求是编制预算,不足的经费,将日常经费(如社团经费、"双创"经费、技能大赛经费等)转为专项资金。中央和省级财政投入经费出现的差额由自筹经费补齐进行调整。

三、共同研讨的问题

(一) 省级财政资金配套的问题

中央和省级财政投入差额都需要学校自筹,导致学校自筹资金占到总资金的 70%,加剧了学校的资金压力。省级财政资金能否增加?

(二) 设立"双高计划"重大子项目建设专项

建议由省教育厅统一谋划"双高计划"重大子项目的专项建设,统筹推进重大专项建设并给予经费支持。

对标"双高计划",突出行业特色,支持高铁建设

陕西铁路工程职业技术学院院长　王　津教授

在"双高计划"建设方案和任务书即将上报教育部的关键时期,陕西省职业技术教育学会搭建这次研讨交流的平台,很及时,也很有必要,大家相互交流学习,聚焦共性问题,共同探讨解决,促进工作提升。根据陕西省职业技术教育学会安排,下面结合陕西铁路工程职业技术学院"双高计划"建设方案编制情况,从方案编制基本情况、方案编制过程中存在问题的解决措施和当前存在的共性问题3个方面做以下汇报。

一、方案编制基本情况

成立学校方案修订工作组,分院校方案、两个专业群、财务与审计4个工作小组开展方案修订工作,方案建设内容对标"双高计划"建设计划,全面落实"一加强、四打造、五提升"等10项改革任务,主要做法有以下3个方面。

（一）服务高铁"走出去"战略,建设"支撑高铁建设,铸就筑路先锋"高水平高职学校

陕西铁路工程职业技术学院是唯一精准对接高铁产业的"双高计划"学校,在支撑国家高铁战略上,不断创新思维、提高站位、把握使命、凝练特色,在方案中充分体现了"三个一"（即一句话、一篇文章、一个方案）,聚焦服务国家"一带一路"和高铁"走出去"战略,主动对接铁路产业发展和技术升级,以立德树人为根本,以专业群建设为核心,以师资队伍建设为关键,以技术创新为驱动,以产教融合为抓手,以体制机制改革为动力,按照"一加强、四打造、五提升"的改革发展任务要求,实施"建平台、树标杆、筑高峰"三步走战略,总体规划为"12358",即"确立一个目标,重点建设两个专业群,打造三个示范高地,创建五种模式,树立八个标杆"。实现人才培养、产教融合、技术创新、国际合作等方面的重大突破,有力服务国家战略和铁路发展,建成"引领改革、支撑发展、中国特色、世界水平"的高职学校。

为此,学校服务专业集群发展,以专业群建立二级学院。二级学院的建立原则和思路是:专业群的组群一定要遵循产业链的逻辑,坚持产业主导,同时考虑自身的专业优势,要提高专业群对接产业链的匹配度、衔接度和吻合度。聚焦高铁战略性新兴产业发展和城轨、铁路企业技术升级,以新一代信息技术升级传统专业,将云计算、大数据、物联网等深度融入专业发展,面向高铁高端产业、城轨产业高端,服务铁路工程施工和铁路运营维护领域,构建"四类三级"专业群。

按照以专业群建立二级学院思路,对全校的专业、实训室、干部、教师等进行了优化调整,成立了高铁工程、城轨工程、测绘与检测、道桥与建筑、工程管理与物流、铁道运输、铁道动力、铁道装备制造等8个二级学院,目前已经基本调整到位。

（二）服务企业技术升级，打造技术技能创新服务平台

世界高铁看中国，中国高铁看施工技术，施工技术看"三铁"（即中国中铁、中国铁建和中国铁路）。为更好地服务"三铁"，支撑产教融合发展，重点打造三大重要平台。

一是重点支持高铁智慧建造、绿色装配式建造等在高铁、铁路、城轨领域的技术应用研发与服务，校企共建中铁高铁学院、中铁精测学院、铁建盾构学院、中铁智慧建造学院、广联达工程管理学院、中铁电务学院、神华动力学院、中联重科装备学院等8个产业学院，并明确了产业学院的体制设计、功能定位、如何建设等。

二是设立学校职业教育与产业发展研究中心，打造成为支撑产教融合发展的高水平智库。

三是建立高铁智慧建造、城轨智慧建造和铁路智能运维三大协同创新中心，下设13个技术应用研究中心。

与中铁一局等企业合作成立高铁智慧建造协同创新中心，规划建筑面积18 000m^2，设院士工作室1个、高铁行业杰出技术技能大师工作室2个；新建高铁施工与维护、高铁精密测量2个技术应用研究中心，升级BIM技术应用研究中心和高性能混凝土工程创新中心（陕西省高性能混凝土工程实验室）；建成陕西省铁成创新创业教育培训基地和渭南市铁成众创空间；改扩建实训基地4个，新建实训基地4个和高铁智慧建造虚拟仿真中心；为企业开展高铁智慧建造、动态监测、绿色建材、无人机工程巡检等应用技术研究。

与中铁建工等企业合作成立城轨智慧建造协同创新中心，规划建筑面积18 000m^2，设院士工作室1个、技能大师工作室2个；建设盾构与掘进、隧道与地下空间、装配化建造、桥梁创新等4个技术应用研究中心；建成陕西省大学生创新创业示范基地；升级实训工厂（室）5个，新建实训室6个和虚拟教学工厂2个；为企业开展自动化掘进、装配化施工、动态化监测等应用技术研究。

与中铁西安局等企业合作成立铁路智能运维协同创新中心，规划建筑面积14 000m^2，设技能大师工作室2个；成立企业智能管理、铁路电务工程、现代轨道交通、机车与车辆、铁路维护装备等5个技术应用研究中心；改扩建、新建实训基地9个以上；为企业开展生产安全控制、信号控制智能化检测、铁路运力配置、机车与车辆故障大数据分析、智能焊接与无损检测等应用技术研究。

（三）服务高铁、城轨智慧建造，打造高水平专业群

专业群的"高水平"从哪儿来？首先从行业上来，一个弱势的行业不可能办出高水平专业群。专业群的"特色"从哪儿来，同样来自"行业的底色"，从行业底色中抽取专业群的办学特色。世界高铁看中国，中国高铁看施工技术，施工技术看"三铁"。"三铁"无疑是世界上高铁施工技术的领跑者和制高点，陕西铁路工程职业技术学院90%的毕业生就业于上述"三铁"企业，专业群的服务面向聚焦并服务于这"三铁"企业。"三铁"企业的技术需求、岗位需求，"三铁"需要什么技术（特别是新技术、新标准、新工艺）该专业群就聚焦什么技术，"三铁"岗位需要什么能力该专业群就培养什么能力，"三

铁"企业要求怎么培养该专业群就怎么培养。

高速铁道工程技术专业群对接高铁建造和运营产业精益、智慧、高效、绿色协同发展需求,紧随中国中铁、中国铁建、中国铁路企业发展,聚焦高铁"智慧建造+综合维修+动态监控"技术发展,投入1.3亿元,将人才培养模式创新等9项任务系统规划为"四个三"工程(即三个引领、三个范式、三个品牌和三个典范),打造高铁施工与维护技术技能人才培养高地和技术技能创新服务高地,形成一批可复制、可推广的标准、模式和方案,毕业生成为铁路工程局的首选、铁路局的必选,高铁 BIM 技术应用达到国内领先、世界水平。

城市轨道交通工程技术专业群紧随国家城市轨道交通发展战略及"一带一路"倡议,服务城市轨道交通工程智慧建造,聚焦城轨工程"自动化掘进,装配化施工,动态化监测,信息化管理"等产业技术创新发展,投入1.1亿元,实施"1325"计划,即确立一个目标、创建三个平台、打造两个高地、实现五项引领。将专业群建成为我国高职教育城市轨道建设类专业复合型技术技能人才培养高地,专业群教学资源建设的"领头雁",产教融合实训基地建设的"样板间"。

二、方案编制过程中存在问题的解决措施

问题一:项目支出绩效目标填报难度大,在一些国家级标志性成果上和关键指标数量的设定上,总体不好把握。

解决措施:学习国务院、教育部、财政部有关绩效目标编制文件,掌握填报角度和表述方法;对标"双高计划"建设计划,瞄准建设重点,明确学院未来五年的主攻方向,合理设定预期成效;立足学院实际情况,征集各方意见及建议,评估目标达成度并及时修正。

问题二:院校方案与2个专业群之间相互支撑、呼应不够,统筹难度大。

解决措施:一是提前确定建设期间的各项主要任务的总指标和2个专业群的具体指标,确保数据上相互支撑。二是统一具体名称、说法,如在机构名称上、标准提法上等进行统一,确保表述统一。三是经常性召开视频研讨会,及时研讨解决发现的问题。

三、当前存在的共性问题

1. 组织统筹方面

根据专家反馈意见,省级层面应进一步加强对"双高校"的统筹,需要总体上把握"双高校"的办学目标和定位,特别是一期目标主要解决哪些突出矛盾和突出问题。应尽快成立由省教育厅、财政厅、学会、院校、专家组成的组织机构,凝聚集体智慧,整体统筹各校"双高计划"建设工作。

2. 工作机制方面

应加快建立省级层面联动工作机制,定期召开专题研讨、经验交流、任务推进等会议,及时沟通反馈信息,帮助各校及时解决建设过程中遇到的问题,常态化推进建设进程。

3. 政策支持方面

对"双高计划"建设的支持力度不足,比如,办学经费上应加大生均拨款力度,在省上开展的省级教改课题立项、成果奖评选、精品在线开放课程等项目、质量工程评选等方面给予倾斜,解决"双高计划"高职院校教师事业单位编制等。

4. 建设经费方面

目前,中央财政投入已经明确,但相比申报方案时经费投入不足;省级财政投入目前尚未明确,在学校自筹和企业投入不变的情况下,预计投入总资金相比申报时有较大缺口,如何保证投入不变、任务不减,需要尽快解决。

突出军工特质,完善建设方案,建设高水平专业群

陕西国防工业职业技术学院院长　刘敏涵教授

按照陕西省"双高计划"建设研讨会会议要求,我从以下3个方面进行简单汇报。

一、实施方案的特色与亮点

一是军工特质人才培养贯穿整个方案。基于学校军工历史渊源,将军工文化、军工基因融入实施方案,大力推进兵器工匠、航天工匠的培养。

二是军工行业专家领衔高端人才和优质师资培养。建设期内,我们将聘请军工行业时代楷模、大国工匠等担任学校"双高计划"建设委员会顾问,并指导大师工作室建设,努力实现教师、学生技术技能和思想素质双提高。

三是校企共建高端产业学院。陕西国防工业职业技术学院将联合军工行业龙头企业和航天集团共建航天工匠学院,共同培养高端装备制造业、国防与航天科技工业的高端复合型人才。

四是联合建立小型卫星应用技术创新中心。学校与航天集团合作共建航天人才培养中心,以科普卫星应用技术研究为主线,教师和学生全程深度参与卫星的设计、制造、组装、集成、测试和应用研究,校企共同培养航天职教教师队伍和航天工匠预备人才。

五是校企联合建立海外经世学堂。陕西国防工业职业技术学院依托教育部"中—泰经世项目"建设经世学堂,输出中国职教标准和中国产教融合模式,服务师生海外留学,助力"一带一路"沿线国家智能制造技术培训和教育管理与服务。

二、方案编制中存在的问题与解决措施

一是学校建设内容如何更好地服务高水平专业群建设?陕西国防工业职业技术学院是高水平专业群建设单位,但是按照教育部要求,还要上报学校方案。所以,在学校的"双高计划"实施方案中,我们主要突出为专业群搭建平台,助力专业群高质量发展。

二是学校其他专业如何同步发展?中央和省级财政只能投入到"双高计划"专业群建设,因此,其他专业的发展只能是学校自筹资金。在方案中,我们将学校的其他专业建设也参照高水平专业群建设的要求,融入学校方案的各项任务中,确保非"双高计划"建设专业群不掉队。

三是专业群跨多个二级分院应如何管理?陕西国防工业职业技术学院的专业群跨3个二级分院,为了更好地组织建设和有序管理,我们准备成立智能制造学院,把"双高计划"建设专业群组合到同一个二级分院,以便于后续的专业群建设与管理,更好地服务于智能制造产业发展。

三、需要兄弟院校共同研讨的问题

一是省级财政配套问题。按照教育部要求,省级财政要与中央财政1:1配套。但由于陕西省经济欠发达,可能会造成项目建设中的资金缺口,从而影响项目建设成效。

二是试点高职本科问题。按照"职教二十条"的相关要求,结合我国目前职教本科的发展趋势,陕西国防工业职业技术学院将试点高职本科专业写入了实施方案。如果教育部在建设期内暂不开展此项工作,此项任务将无法完成。

以上是陕西国防工业职业技术学院在撰写"双高计划"建设实施方案中的一些做法和存在的几点疑问,在这里提出来和大家共同分享与探讨。

打造高水平专业群　服务产业高端发展

陕西能源职业技术学院院长　刘予东教授

近年来,党和国家对职业教育重视程度之高前所未有,推动职业教育改革发展的力度之大前所未有,职业教育迎来了重大发展机遇。2019年3月启动的"双高计划"建设项目是党中央、国务院推进高等职业教育高质量发展的重大决策。2019年12月,首批197所"双高计划"建设单位公布,陕西能源职业技术学院有幸入选。不少同行和领导认为陕西能源职业技术学院是异军突起,其实我们异军崛起,成功是必然的。

一、上下齐心,众志成城推动"双高计划"建设

5年来,学校领导班子超前谋划、主动作为、团结协作、勇于担当,以"制度建设年"(2016)、"质量建设年"(2017)、"质量提升年"(2018)、"创新发展年"(2019)为核心,以"优质院校""四个一流""三年创新行动计划""诊断与改进"等重大项目为抓手,一步一个脚印,持续推进学校的改革与发展。在各项工作中,全体教职工发扬"拼搏奉献、求实创新"的太阳石精神,在大家的共同努力下,学校综合实力大幅提升,最终实现了学校的跨越式发展。我们作为全国唯一的煤炭类专业群,代表着全国煤炭职业教育的最高水平,要用更高的站位、更远的目光、更实的步子做好"双高"建设,努力舞起煤炭职业教育改革的龙头。

二、多方论证,持续优化"双高计划"建设方案

在陕西省职业技术教育学会的大力支持和帮助下,学校"双高计划"建设方案经过省内外专家多次打磨。按照专家要求,针对方案中存在的行业引领和龙头作用不明显问题,学校在建设方案中增加了制度、政策、标准等建设任务。同时,对照国家"双高计划"文件,将每一条落实到具体的任务和指标中,确保国家政策要求落实落地。针对方案中落实立德树人根本任务表述不够的问题,通过学习教育部《关于职业院校专业人才培养方案制订与实施工作的指导意见》、国务院办公厅印发的《关于深化新时代学校思想政治理论课改革创新的若干意见》等文件,对部分内容进行了修改完善。按照专家意见和建议,对建设方案打造高水平专业群、打造高水平"双师型"队伍、提升服务发展水平等章节的内容进行了优化。

三、改革创新,奋力打造高水平专业群

(一)放管结合,创新管理机制是基础

以群建院,赋予专业群自主权。立足地方优势产业,对接产业高端化发展,以高水

平专业群为单位,以"共同投资,共同所有,共同管理,风险共担,利益共享"为基本原则,与行业龙头企业合作建设产业学院,从根本上解决专业群内跨院系、跨专业所带来的资源共享难以实现、运行机制不畅、形聚而神散等问题。

大类培养,打破群内专业樊篱。大类培养可打破专业差异,融合交汇多领域人文知识、科学素养,使专业群学生有一个更广博、更全面的知识建构,实现知识和思维复合,为后续专业学习提供更好的知识储备。采用灵活化管理模式和个性化培养方案,扩展学生知识和技能,调动学生内在成长动力,满足学生个性化发展需要。

积分管理,创新考核评价模式。着力建立健全崇尚实干、带动担当、加油鼓劲的正向激励体系。对积极干事创业、工作业绩突出的教职工给予更多的政治关怀和物质奖励。实施积分制管理,为改革担当者撑腰,为干事创业者赋能,让只争朝夕、干事创业的精神成为主流。

(二)紧贴产业,优化培养模式是核心

产教对接,实现专业群动态调整。建立由政行企校组成的专业群建设委员会,负责专业群建设顶层设计,通过年度定期磋商和研究,制定发展规划,紧跟产业发展动态,对接新产业、新业态、新技术、新工艺、新规范,动态调整专业群的专业构成、专业内涵、专业评价机制等方面的内容。

产教融合,校企"双主体"育人。深化校企"双元合作,协同育人",搭建协同育人平台,推进产教融合,优化校企合作,校企"双主体"共同制定人才培养方案、专业标准、课程标准等,实行现代学徒制、订单培养等多样化人才培养模式。

人才共享,优化教学与管理队伍。校企联合培养能够改进企业产品工艺、解决技术难题的骨干教师和具有绝技绝艺的技能大师,打造高水平教学创新团队。支持优秀的企业管理人员到产业学院任职,将企业管理理念和文化融入教育教学管理之中。

校企联动,深化教材与教法改革。推动实施基于职业工作过程的模块化课程、项目式教学。充分发挥信息技术在教育教学改革中的作用,借助网络教学平台,推行线上线下混合式教学,深化项目化教学、案例教学、任务驱动等教学模式,满足不同学生的需求。

(三)立德树人,坚定办学方向是关键

党建引领,坚定社会主义办学方向。专业群建设不应忽视党建工作,要充分发挥党的政治指南针作用,要把坚持正确的政治方向贯彻到谋划重大战略、制定重大政策、部署重大任务、推进重大工作的实践中。将党的建设同专业建设同部署、同落实、同考评,确保党的路线方针政策不折不扣地贯彻执行。

思想铸魂,落实立德树人根本任务。专业群建设应围绕"培养什么人"的问题,大力开展理想信念教育和社会主义核心价值观教育,将习近平新时代中国特色社会主义思想写进教材、带进课堂、融进头脑,着力引导学生树立正确的世界观、人生观、价值观,培育堪当民族复兴大任的时代新人。

(四)标准引领,树立国际品牌是目标

专业群建设要服务产业国际化需求,努力成为国际同类专业职教标准的参与者、中国方案的提供者、企业"走出去"的协同者。标准化建设是引领国际职业教育的突破口，专业群要将"标准引进与标准开发相结合、国际标准与中国实践相结合"，与行业龙头企业联合制定行业认同、国际领先的工作岗位标准和职业教育专业标准、课程标准、教学资源，打造中国职业教育国际品牌。

"蓝图已经绘就，号角已经吹响"，如何搞好"双高计划"建设，需要我们认真思考、精心设计、周密组织，用好职教学会、行业协会提供的发展平台，更需要聚全校之力，为把学校建成"引领改革、支撑发展、中国特色、世界水平"的高水平高职学校而不懈奋斗。

瞄准目标,克服困难,建设好学前教育高水平专业群

咸阳职业技术学院院长　杨卫军教授

首先非常感谢崔会长和学会给我们提供了非常宝贵的学习机会。下面结合前期咸阳职业技术学院"双高计划"建设方案和任务书的制定,我讲两个方面。

一、基本认识

刚才刘予东院长讲到陕西能源职业技术学院底子薄,而咸阳职业技术学院底子就更薄。一是在全国 197 个"双高计划"建设学校中,咸阳职业技术学院排名靠后。二是学校教师队伍相对年轻,高级职称教师少,如教授偏少,陕西能源职业技术学院有教授 20 多人,咸阳职业技术学院目前教授只有 11 人。三是咸阳职业技术学院以前也没有经历过重大项目的历练。所以,今天我们来这里是虚心学习的。基于此,我个人有这样一个基本认识,经过这次"双高计划"建设,到下一轮"双高计划"认定时,咸阳职业技术学院不掉队就可以了。这次在国家立项的"双高计划"建设学校中,很多原来实力强的国家示范(骨干)校,人家"打盹"了,才没有进去。这是我的一个基本认识。

二、主要困惑

一是关于"双高计划"建设指标设置的困惑。"双高计划"建设指标设置,确实我们是心存疑虑,就像刚才赵居礼院长讲的,我们原先搞示范的时候,示范的指标是明确的。当时,教育部高教司已经给出了规定的指标。但是,现在"双高计划"建设指标是没有明确和具体的规定。指标设置既不敢太高,也不敢太低。在学前教育专业群领域,进入"双高计划"建设领域的全国还有金华职业技术学院,其综合实力在全国前十名。同时,我们也进行了大概的摸底,实际上咸阳职业技术学院的学期教育专业群在全国范围内排名不靠前。很多学校申报时"九选五"的条件虽然不够,但是人家办学前教育专业比我们要强。所以,我们在设置指标时,既不敢高也不敢低。低的话,也办不成中国特色、世界水平的高职学校和专业群。

二是关于行业背景缺失的困惑。我们的困难是,与陕西其他 7 所"双高计划"建设学校相比,7 所学校多少都有行业背景,我们学校是市属学校,缺少行业背景。学前教育专业群在教育部也没有行指委,是由教指委主管的,教指委也管文秘、公共课等。相对而言,刘予东院长刚才讲的煤矿方面,实力是十分强的。但是,学前教育专业领域,全国现在还没有哪个学前教育集团能达到垄断并强大到集团的程度。所以,我们的学前教育专业群目前还没有行业作为依靠。

三是关于"双高计划"建设推进实施的困惑。现在不是方案本身的问题,而是"双高

计划"建设项目在实施过程中会遇到很多难题。"双高计划"建设必须以产教融合为主线,而我们提出了要建产业学院、办幼儿园,可是怎么让企业进来呢？我担心的是怕办成学校的包袱。比如,如何解决人员的问题,企业人员能否成为学校的人,这里面存在很多政策和管理方面的问题。因此,2006年国家搞示范(骨干)校建设,管理水平实现了提升。"双高计划"建设搞完后,应该成为改革的示范、管理的示范,应该成为产业的高端,但是实际上里边真正落实下去的时候还是有很多困难的。再比如,企业凭什么进来呢？实力太强的央企,作为副厅级单位与学校很难合作,而小的企业我们又看不上。所以,真正在操作过程中,还是有很多方面很难拿捏,存在一些不确定的困难。

四是关于市属学校资金的困惑。与市属职院相比,省属学校的资金投入要好很多。市属学校的拨款,只要是从财政局转过来后都算是市级拨款,在经费投入上存在一定困难。但是,不管资金多么困难,我们还是要把"双高计划"项目建设好,我校的总盘子相对要小一点,是2.48亿元,我们通过自己的努力是能够把资金问题解决好的。

总之,非常感谢学会提供的这次学习机会,借鉴兄弟院校经验,按照国家要求,修改完善好"双高计划"建设方案和任务书,确保"双高计划"建设达到预期目标。

树立"六新"理念,深化区校融合,
着力打造服务乡村振兴"双高校"

杨凌职业技术学院副院长　张　迪教授

杨凌职业技术学院坚持立德树人根本任务,深入落实《国家职业教育改革实施方案》,明确新定位,聚焦中国特色高水平高职院校建设目标,以"六新"理念迎接新挑战,区校融合培育"双高校"建设新引擎,创新模式打造服务乡村振兴的办学特色,"放管服"改革激发分院办学活力,全面提升学校人才培养质量和办学水平,迈出了"双高校"建设的坚实步伐。

一、开展的主要工作

（一）解放思想,以"六新"理念迎接新挑战

2019年1月,国务院出台《国家职业教育改革实施方案》后,学校围绕"双高计划"建设和学校核心文化理念,组织开展了教育思想大讨论活动,进一步解放思想,引导师生站在全国一流和国际化的高度,按照国家"双高计划"建设"一加强、四打造、五提升"的总体要求,统一思想,提高认识。通过教育思想大讨论,立足学校建设和发展目标,提出了"塑造立德树人新架构、构建区校融合新形态、构筑产教融合新高地、打造专业发展新格局、拓展国际合作新路径、培育改革发展新动能"的"六新"发展理念,以此凝聚力量,迎接挑战,将"双高计划"建设与各项工作有机融合。不断完善学校及专业群建设方案,细化建设任务,明确责任主体,强化督导检查,确保学校各项工作和"双高计划"建设任务全面开展。

（二）精心打磨,高水平编制"双高计划"建设方案

编制"双高计划"建设方案,是"双高校"建设的蓝图。学校以习近平新时代中国特色社会主义思想为指导,全面贯彻党的教育方针,坚持立德树人根本任务,传承85年办学厚重积淀,依托国家杨凌农业高新技术产业示范区"区校一体"平台,落实新发展理念,明确新定位,聚焦中国特色高水平高职院校建设目标,实施"六新"方略,着力突破发展瓶颈,补齐发展短板,学校确定了十大建设任务、50项计划,优先建设农业生物技术和水利工程2个国家级高水平专业群,站在引领农业职业教育改革创新、高质量发展,为干旱半干旱地区经济发展提供重要支撑,为干旱半干旱地区农业高素质技术技能型人才培养提供中国方案的高度,系统编制了学校"双高计划"建设方案。

杨凌职业技术学院编制的"双高计划"建设方案,得到了陕西省教育厅领导的大力支持和精心指导,王建利厅长来我校亲自指导,刘建林厅长多次到校调研对方案提出具体修改意见,高教处领导组织陕西省教育厅方案打磨会,精心打磨、修改提升,最终使学

校"双高计划"建设方案顺利通过教育部专家评审,予以立项建设。

(三)弘扬传统,着力提升服务乡村振兴水平

在长期的办学实践中,学校始终坚持"农科教、产学研"紧密结合的道路,坚持以服务"三农"为己任,将论文写在"三秦"大地,形成了服务"三农"3+X的"杨凌模式",一批以赵瑜为代表的专业教师活跃在田间地头,开展科学研究、科技推广、实用技术培训、科技咨询等,形成了学校鲜明的为农服务特色。在"双高校"建设任务中,杨凌职业技术学院进一步创新"产学研用3+X"模式,建立农业科技服务体系,提升服务乡村振兴水平。一是聚焦干旱半旱地区农业转型升级,在技术研发上取得突破。二是聚焦干旱半旱地区农业主导产业,在产业示范引领方面取得突破。三是聚焦干旱半旱地区农业产业高端,在关键技术推广和科技成果转化上取得突破。四是聚焦"一体两翼"新型职业农民(村干部)育训体系建设,在组织管理和质量提升上取得突破。五是聚焦扶贫攻坚,在创新模式和提高成效上取得突破。

(四)区校融合,聚力形成"双高计划"建设新引擎

按照"融合、共享"发展理念,学校分别与西北农林科技大学、杨凌示范区签署合作框架协议,出台区校融合管理办法(意见)等制度,搭建"区校、科教、产教"融合平台,建立定期沟通协调机制、人才资源共享互补机制、技术协同创新机制,聚力形成"双高计划"建设新引擎。一是着力实施"13671"融合发展方略。区校共建1个现代农业职业教育创新园区,实施3项产教融融合计划,建设6个技术技能协同创新中心、7个产教融合基地及1个毕业生就业创业创新服务基地。二是发挥省部共建杨凌示范区优势,区校共建职教创新园区。三是围绕杨凌示范区产业转型升级,建设"博士+高职生""专家教授+科研成果+推广基地"工作室,实施农产品质量安全提升计划、设施农业新技术推广计划、"两减三基本"技术推广计划等3项产教融合计划,助力杨凌示范区产业转型和农业技术升级。四是围绕提升技术服务能力,打造与示范区企业深度合作的6个技术技能协同创新中心,为杨凌示范区现代农业产业引领世界干旱半干旱农业高端发展提供应用技术支撑。五是围绕学校专业群布局,打造7个专业化产教融合基地,形成区校融合一体化、人才培养精准化、社会服务多样化、就业创业园区化的"四维四化"产教融合模式,助推干旱半干旱地区农业产业和农业职业教育高质量发展。

(五)深化改革,"放管服"激发分院办学活力

全面推进校院二级管理改革,出台了《杨凌职业技术学院校院二级管理实施办法》,建立与实施办法相适应的运行机制、科学决策,稳妥分步厘清人、财、物、事等权限下放清单,扩大二级学院内部业务机构设置权、人事管理权、财务管理权、绩效分配权、项目评审权、资产管理处置权、评优奖惩权等。进一步下放管理权限,增强二级学院办学自主权,激发二级学院办学的内生动力,使二级学院真正成为主动作为、充满活力的办学主体。规范二级学院学术事务管理,在二级学院设立分学术委员会,充分发挥以专业带头人、骨干教师为主体的学术群体在二级学院人才培养、专业建设、科学研究、学术交流等重大学术事务中的决策、审议、评定和咨询作用。对标"双高计划"建设新要求和新目

标,修订出台《杨凌职业技术学院师德负面清单》《杨凌职业技术学院师德师风建设实施方案》《杨凌职业技术学院教师失德违纪处理办法》,继续推行"讲学做评"四位一体师德建设举措,推进用人制度、职称评审、分配制度和教师考核评价制度改革。优化职称评审和绩效工资考核分配办法,发挥职称评审及绩效考核分配导向作用,形成更加有利于人才培养和学校改革发展的良性机制。

(六)党建引领,为"双高校"建设提供坚强保障

全面落实党委领导下的院长负责制,充分发挥学院党委总揽全局、协调各方的领导核心作用,着力提升领导班子和领导干部抓住大事、突破难事的能力和水平,发挥其在"双高计划"建设中的组织、指导、执行和监管作用。持续推进"两学一做"学习教育常态化、制度化,巩固深化"不忘初心、牢记使命"主题教育成果,建立健全长效机制,始终将学习教育、调查研究、检视问题、整改落实贯彻始终,建立"党建+X(育人、教改、科研、服务等)"工作格局,使党建与教育教学改革、专业建设、人才培养、实践教学等方面工作的有机融合,开展党支部"星级创建、追赶超越"活动,探索实施以高水平专业群为单元设立"功能型党总支",强化专业群建设组织保障。

二、存在的主要问题和下一步工作思路

(一)存在的主要问题

面对"双高校"建设目标和新的历史发展机遇,目前存在的主要问题,一是学校面临着现代农业高质量发展和产业转型升级对人才培养提出新的要求,涉农专业报考率低,招生困难;二是企业参与办学动力不足,推进产教深度融合有诸多不可预见因素;三是师资队伍数量、结构、能力、水平还不适应"双高校"建设任务要求等困难。

(二)下一步工作思路

以习近平新时代中国特色社会主义思想为指导,强化党建引领和思想政治教育,坚持立德树人根本任务,深入落实《国家职业教育改革实施方案》,以实施"中国特色高水平高职学校建设"任务为总抓手,全面统揽学校各项工作;以夯实打造人才培养高地之基为要,全面深化教育教学改革;以优化治理体系,提升治理能力和水平为切入点,加大"放管服"改革力度,持续推进人才强校战略,不断创新科研和社会服务模式,拓展国际合作路径;实施实验实训条件提级升档工程,启动新校区建设,强化保障能力,全面提升学校人才培养质量和办学水平,形成特色鲜明的三级专业群建设体系和"一体两翼"的高素质技术技能型人才育训体系,建成国际领先的2个高水平专业群,建立以干旱半干旱地区种植业、果蔬业、畜牧业、高效节水用水等为核心的"产学研用"技术技能创新平台,构筑"区校一体"融合发展体制机制,创新形成"品种研发、成果推广、产业示范"为主导服务"乡村振兴、脱贫攻坚"的"3+X"模式,初步建成中国特色高水平高职学校。主要办学指标达到国际高水平职业院校标准,形成引领农业职业教育改革创新、高质量发展的标准体系和制度体系,成为干旱半干旱地区农业技术技能人才培养高地、农业技术技能研发推广高地、产教融合高地、乡村振兴高地。

突出现代服务业特色　打造智慧文旅人才培养高地

陕西职业技术学院副院长　王　平教授

陕西职业技术学院在《教育部 财政部关于公布中国特色高水平高职学校和专业建设计划建设单位名单的通知》(教职成函〔2019〕14 号)中旅游管理专业群获批中国特色高水平专业群(B 档)建设单位。获批立项后学校紧紧围绕"职教 20 条"及"双高计划"建设文件精神,重新修订了建设方案。

一、建设方案编制

为提高方案编制质量,2020 年 1 月 10 日学校在曲江宾馆召开了旅游管理专业群建设方案研讨会,研讨会邀请了教育部职业教育中心研究所赵伟教授,陕西省职业技术教育学会会长崔岩教授,西安翻译学院校长韩江水教授,杨凌职业技术学院院长王周锁教授,西安航空职业技术学院院长赵居礼教授,陕西交通职业技术学院院长杨云峰教授,西安铁路职业技术学院田和平教授等多位职教领域知名专家对陕西职业技术学院的建设方案进行了研讨交流,并提出了具体的修改意见,为陕西职业技术学院的"双高计划"建设方案编制提供了非常好的建议。学校按照专家意见及学校实际情况,在学校"双高计划"建设领导小组的协调领导下,"双高计划"办公室、教学工作部、旅游与文化学院等部门积极组织人员对文件、专家意见等进行研究,不断完善建设方案的编制。

二、方案主要亮点与特色

陕西职业技术学院"双高计划"建设方案编制紧紧围绕学校"特色化、信息化、国际化""大合作、大联盟、大培训"办学理念,坚持"扎根西安、服务陕西,全国领先、世界一流,打造现代服务业特色人才高地"的办学定位,服务于国家战略、服务于区域经济社会发展,形成鲜明的办学特色。学校目前开设有 54 个专业,按照以群建院的思路,围绕现代服务业领域打造 1+N 的专业群发展格局,分类专业建设目标,将专业分为核心专业和服务型专业,拟建设 10 个专业群。以旅游管理专业群为重点,带动引领其他专业群创新协同发展。

旅游管理专业群构建 NTPD 的培养模式和分层分类相结合的育人体系,主要以"一院两中心"(即产业学院、研创中心、文博中心)进行建设,在智慧文旅、文化遗产保护、红色基因传承发扬、研学旅行、旅游增值产品开发等方面提供专门人才培养培训、技术攻关与革新、工艺流程优化等服务;建设文物修复工坊,在智慧文旅产品创新、平台旅游技术革新、文物遗产修复及保护等领域开展国际合作与交流,输出中国特色高等职业教育智慧文旅人才培养方案,打造"产教共育智慧文旅,匠心锻造国际品牌"的陕西职业技术学院文旅人才培养高地,在旅游类专业中发挥示范与引领作用。

三、存在问题

(1)"双高计划"建设方案编制过程中没有统一的标准,各学校需要根据国家对职业教育改革的要求和学校实际情况进行方案和任务书的编制,任务数量和质量的标准和度难以把握。

(2)"双高计划"学校和"双高计划"专业群建设都需要报送学校方案和专业群方案,两者在验收标准上是否一致,还需要进一步深入探讨。

(3)项目总计投入3.1亿元,专业群投入9 000万元。财政投入共计7 000万元,其中,行业企业投入5 111万元,学校自筹18 889万元,资金筹措压力较大,建议陕西省教育厅和陕西省财政厅予以支持。

学校将以此次"高双计划"建设为契机,不断优化学校专业结构布局,优化学校治理体系和治理能力,提升专业服务地方产业发展能力,推进"三教"改革,提升人才培养质量,打造学校智能化现代服务业品牌特色,实现学校全国领先、世界一流的奋斗目标。

附件 1

"双高计划"建设单位情况统计

一、全国"双高计划"建设单位统计

2019年10月25日,教育部、财政部公示了中国特色高水平高职学校和专业建设计划(简称"双高计划")拟建设单位名单,共有197所高职学校入选。其中,高水平学校建设单位56所、高水平专业群建设单位141所。高水平学校建设单位A档10所、B档20所、C档26所,高水平专业群建设单位A档26所、B档59所、C档56所。

全国"双高计划"建设单位统计表

序号	省、自治区、直辖市	高水平学校56所			高水平专业群141所			合计/所	占比/%
		A	B	C	A	B	C		
1	江苏	2	3	2	1	7	5	20	10.2
2	山东	1	2	1	1	7	3	15	7.6
3	浙江	2	3	1	1	4	4	15	7.6
4	广东	1	4	0	0	3	6	14	7.1
5	湖南	0	1	1	3	2	4	11	5.6
6	重庆	0	2	0	1	3	4	10	5.1
7	河北	0	1	0	1	2	6	10	5.1
8	陕西	1	1	2	0	2	2	8	4.1
9	四川	0	0	1	2	3	2	8	4.1
10	湖北	0	0	1	2	2	3	8	4.1
11	天津	1	1	1	2	1	1	7	3.6
12	北京	1	1	1	2	1	1	7	3.6
13	河南	1	0	0	0	5	0	6	3.0
14	江西	0	1	1	1	2	1	6	3.0
15	黑龙江	0	0	1	2	2	1	6	3.0
16	辽宁	0	1	0	1	0	4	6	3.0
17	福建	0	0	1	1	3	0	5	2.5
18	安徽	0	0	1	2	1	1	5	2.5
19	广西	0	0	0	1	2	1	4	2.0

续表

序号	省、自治区、直辖市	高水平学校56所			高水平专业群141所			合计/所	占比/%
		A	B	C	A	B	C		
20	吉林	0	0	1	1	0	2	4	2.0
21	山西	0	0	1	1	2	0	4	2.0
22	甘肃	0	0	1	1	1	0	3	1.5
23	云南	0	0	1	0	0	2	3	1.5
24	贵州	0	0	1	0	1	1	3	1.5
25	内蒙古	0	0	1	0	1	1	3	1.5
26	新疆	0	0	1	0	0	1	2	1.0
27	宁夏	0	0	1	0	1	0	2	1.0
28	海南	0	0	1	0	0	0	1	0.5
29	上海	0	0	1	0	0	0	1	0.5
30	青海	0	0	0	0	0	0	0	
31	西藏	0	0	0	0	0	0	0	
合计/所		10	20	26	26	59	56	197	
陕西占比/%		10	5	7.7	0	3.4	3.6	4	
西部12省、区、市/所		1	3	10	4	14	14	46	23.4
西北5省、区/所		1	0	3	1	2	3	10	5.1
陕西总体排名:西北第一、西部第二、全国第八	全国第四、西部第一								
	西部第一	西部第二	西部第一		西部第三	西部第二	西部第二		

二、西部地区"双高计划"建设单位统计

根据中华人民共和国行政区划分,全国有34个行政区(23个省、5个自治区、4个直辖市、2个特别行政区)。其中,西部地区包含西北地区和西南地区。西北地区有陕西、甘肃、青海、宁夏、新疆,西南地区有重庆、四川、贵州、云南、西藏。2020年5月17日,《中共中央 国务院关于新时代推进西部大开发形成新格局的指导意见》印发,广西、内蒙古位于其中。西部地区省份、直辖市(含广西和内蒙古)总数占全国行政区总数的35.29%。

包括广西、内蒙古在内的西部地区共计46所院校入选,占全国23.35%。其中,14所高水平学校建设单位,占全国25%;32所高水平专业群建设单位,占全国22.70%。高水平学校建设单位,A档1所,占全国10%;B档3所,占全国15%;C档10所,占全国38.46%;高水平专业群建设单位,A档4所,占全国15.38%;B档14所,占全国23.73%;C档14所,占全国25%。

(注:同一档次内按国务院省级行政区划顺序及校名拼音排序)

第一类：

高水平学校建设单位（A 档）

学校名称	专业群名称
陕西工业职业技术学院	机械制造与自动化、材料成型与控制技术

第二类：

高水平学校建设单位（B 档）

学校名称	专业群名称
重庆电子工程职业学院	物联网应用技术、信息安全与管理
重庆工业职业技术学院	模具设计与制造、汽车检测与维修技术
杨凌职业技术学院	农业生物技术、水利工程

第三类：

高水平学校建设单位（C 档）

学校名称	专业群名称
内蒙古机电职业技术学院	电力系统自动化技术、机械制造与自动化
南宁职业技术学院	建筑室内设计、软件技术
四川工程职业技术学院	数控技术、焊接技术与自动化
贵州交通职业技术学院	道路桥梁工程技术、汽车运用与维修技术
昆明冶金高等专科学校	有色冶金技术、测绘工程技术
陕西铁路工程职业技术学院	高速铁道工程技术、城市轨道交通工程技术
西安航空职业技术学院	飞机机电设备维修、无人机应用技术
兰州资源环境职业技术学院	应用气象技术、金属精密成型技术
宁夏职业技术学院	畜牧兽医、机电一体化技术
新疆农业职业技术学院	种子生产与经营、畜牧兽医

高水平专业群建设单位（A 档）

学校名称	专业群名称
重庆城市管理职业学院	老年服务与管理
成都航空职业技术学院	飞行器制造技术
四川交通职业技术学院	道路桥梁工程技术
兰州石化职业技术学院	石油化工技术

高水平专业群建设单位（B 档）

学校名称	专业群名称
内蒙古化工职业学院	煤化工技术
广西职业技术学院	茶树栽培与茶叶加工
柳州职业技术学院	机电设备维修与管理
重庆电力高等专科学校	发电厂及电力系统
重庆工程职业技术学院	机电一体化技术
重庆工商职业学院	物联网应用技术
成都纺织高等专科学校	服装设计与工艺
成都职业技术学院	软件技术
四川建筑职业技术学院	建筑工程技术
铜仁职业技术学院	畜牧兽医
陕西国防工业职业技术学院	机电一体化技术
陕西职业技术学院	旅游管理
酒泉职业技术学院	风力发电工程技术
宁夏工商职业技术学院	应用化工技术

第四类：

高水平专业群建设单位（C 档）

学校名称	专业群名称
内蒙古建筑职业技术学院	供热通风与空调工程技术
广西建设职业技术学院	建筑工程技术
重庆航天职业技术学院	智能控制技术
重庆三峡医药高等专科学校	中药学
重庆三峡职业学院	畜牧兽医
重庆医药高等专科学校	药学
成都农业科技职业学院	休闲农业
四川邮电职业技术学院	通信技术
贵州轻工职业技术学院	大数据技术与应用
昆明工业职业技术学院	物流管理
云南机电职业技术学院	机电一体化技术
陕西能源职业技术学院	煤矿开采技术
咸阳职业技术学院	学前教育
新疆轻工职业技术学院	应用化工技术

三、陕西"双高计划"建设单位统计

陕西共计 8 所院校入选"双高计划"（4 所高水平学校、4 所高水平专业群建设学校），占全国 4.06%。其中，4 所高水平学校建设单位，占全国 14.28%；4 所高水平专业群建设单位，占全国 2.84%；西北第一、西部第二、全国第八。入选学校中，高水平学校建设单位，A 档 1 所，占全国 10%；B 档 1 所，占全国 5%；C 档 2 所，占全国 7.69%；西部第一、全国第四。高水平专业群建设单位，B 档 2 所，占全国 3.38%；C 档 2 所，占全国 3.57%。

（注：同一档次内按国务院省级行政区划顺序及校名拼音排序）

第一类：

高水平学校建设单位（A 档）

学校名称	专业群名称
陕西工业职业技术学院	机械制造与自动化、材料成型与控制技术

第二类：

高水平学校建设单位（B 档）

学校名称	专业群名称
杨凌职业技术学院	农业生物技术、水利工程

第三类：

高水平学校建设单位（C 档）

学校名称	专业群名称
陕西铁路工程职业技术学院	高速铁道工程技术、城市轨道交通工程技术
西安航空职业技术学院	飞机机电设备维修、无人机应用技术

高水平专业群建设单位（B 档）

学校名称	专业群名称
陕西国防工业职业技术学院	机电一体化技术
陕西职业技术学院	旅游管理

第四类：

高水平专业群建设单位（C 档）

学校名称	专业群名称
陕西能源职业技术学院	煤矿开采技术
咸阳职业技术学院	学前教育

四、陕西8所"双高计划"建设学校和12个高水平专业群组群专业与全国相同专业群建设院校统计

据统计,全国197所"双高计划"建设院校(高水平院校和高水平专业群)总经费预算为400亿元左右,校均2.03亿元,陕西校均预算投入4.411亿元。全国高水平专业群253个(其中,56所高水平院校每校2个,141所院校每校1个),涉及专业1 098个;陕西高水平专业群12个,涉及专业50个,分别占全国的4.74%和4.55%。

陕西12个高水平专业群组群专业情况表

学校	高水平专业群名称	所属大类	组群专业名称
陕西工业职业技术学院	机械制造与自动化	装备制造	机械制造与自动化、机械设计与制造、数控技术、机电设备维修与管理、电气自动化技术
	材料成型与控制技术	装备制造	材料成型与控制技术、模具设计与制造、焊接技术与自动化、理化测试与质检技术、机电一体化技术
杨凌职业技术学院	农业生物技术	生物与化工	农业生物技术、园艺技术、绿色食品生产与检验、食品(农产品)营养与检测
	水利工程	水利	水环境监测与治理(水源)、水利水电建筑工程(取水)、水利工程(输水用水)、建设工程监理(水利工程监理方向)
西安航空职业技术学院	飞机机电设备维修	交通运输	飞机机电设备维修、飞行器制造技术、应用电子技术、材料工程技术
	无人机应用技术	装备制造	无人机应用技术、机电一体化技术、通用航空器维修、摄影测量与遥感技术
陕西铁路工程职业技术学院	高速铁道工程技术	交通运输	高速铁道工程技术、地下与隧道工程技术、土木工程检测技术、工程测量技术
	城市轨道交通工程技术	交通运输	城市轨道交通工程技术、建筑工程技术、道路桥梁工程技术、建设项目信息化管理
陕西国防工业职业技术学院	机电一体化技术	装备制造	机电一体化技术、机械制造与自动化、数控技术、工业机器人技术、机械产品检测检验技术
陕西职业技术学院	旅游管理	旅游	旅游管理、酒店管理、空中乘务

续表

学　校	高水平专业群名称	所属大类	组群专业名称
陕西能源职业技术学院	煤矿开采技术	资源环境与安全	煤矿开采技术、机电一体化技术专业（煤矿机电方向）、应用化工技术专业（煤化工方向）、煤田地质与勘查技术
咸阳职业技术学院	学前教育	教育与体育	学前教育、早期教育、英语教育
合计	12个专业群	7大类	群内专业共涉及12个专业大类、50个专业，有8个专业群跨大类组群

陕西8所"双高计划"建设学校高水平专业群与全国相同专业群院校统计表

学　校	专业群名称	所属专业大类	全国建设院校 高水平学校	全国建设院校 高水平专业群	全国总计
陕西工业职业技术学院	机械制造与自动化	装备制造	金华职院(A) 浙江机电(A) 内蒙古机电(C) 滨州职院(C)	沈阳职院(C)	6
	材料成型与控制技术	装备制造			1
杨凌职业技术学院	农业生物技术	生物与化工			1
	水利工程	水利			1
西安航空职业技术学院	飞机机电设备维修	交通运输		广州民航(C)	2
	无人机应用技术	装备制造		天津现代(A)	2
陕西铁路工程职业技术学院	高速铁道工程技术	交通运输			1
	城市轨道交通工程技术	交通运输		哈尔滨铁道(C)	2
陕西国防工业职业技术学院	机电一体化技术	装备制造	北京工业(B) 哈尔滨职(C) 芜湖职院(C) 宁夏职院(C)	济南职院(B) 河南工业(B) 许昌职院(B) 重庆工程(B) 云南机电(C)	10
陕西职业技术学院	旅游管理	旅游	海南经贸(C)		2
陕西能源职业技术学院	煤矿开采技术	资源环境与安全			1
咸职业技术学院	学前教育	教育与体育	金华职院(A)		2

附件2

陕西8所"双高计划"建设学校和12个高水平专业群建设预算经费统计

一、陕西8所"双高计划"建设学校和12个高水平专业群预算经费、建设任务统计

陕西8所"双高计划"建设学校预算经费分项投入表

单元:万元

学校	总计投资/亿	分项/亿			党建	人才培养	创新服务	专业群	双师队伍	校企协同	服务水平	治理水平	信息化水平	国际化水平	特色项目
		央财	地方	行企	自筹										
陕工职院	8.2	25 000	25 000	3 000	29 000		16 570	16 950	26 500	4 220	2 745	5 605	2 425	4 910	2 075	
杨凌职院	6.8	12 500	12 500	2 600	40 400		4 970	18 610	20 000	6 150	2 920	1 400	150	10 700	1400	
西航职院	4.3	5 000	5 000	1 620	31 380		1 550	2 410	17 770	1 440	4 180	3 340	150	4 710	360	7 090
陕铁职院	5.0	5 000	5 000	6 000	34 000		2 673	11 300	24 000	2 285	4 800	1 250	430	2 396	866	
国防职院	3.15	3 500	3 500	2 300	22 200		2 200	6 800	12 000	2 050	3 350	1 500	100	2 980	520	
陕西职院	3.10	3 500	3 500	5 111	18 889		3 000	2 000	9 000	5 000	5 000	1 000	140	4 860	1 000	
能源职院	2.75	2 000	10 000	3 500	12 000		5 200	800	13 500	1 500	625	480	665	4 130	600	
咸阳职院	2.488	2 000	5 060	1 450	16 370		3 180	1 000	10 200	1 400	3 200	1 000	500	3 800	600	
合计/占比	35.888	58 500 /16.3%	69 560 /19.4%	25 581 /7.5%	204 239 /57.9%		39 743 /11%	59 870 /17%	133 470 /37.8%	24 045 /7%	26 820 /7.4%	15 575 /4.3%	4 560 /1.3%	38 486 /11%	7 421 /2%	7 090 /1.9%
最多	8.2	25 000	25 000	6 000	40 400		16 570	18 610	13 500	6 150	5 000	5 605	2 425	10 700	2 075	
最少	2.488	2 000	3 500	1 620	12 000		1 550	800	9 000	1 400	625	480	100	2 396	360	
平均	4.411	7 312.5	8 695	3 322.6	25 530		4 967.9	7 484	11 100	3 004	3 352	1 946	570	4 810.7	927.7	

陕西"双高计划"12个高水平专业群建设项目预算经费分项投入表

单位：万元

学校	高水平专业群	组群专业	总投入	培养模式创新	课程资源建设	教材教法改革	教师教学团队	实践教学基地	技术技能平台	社会服务	国际交流合作	发展保障机制	特色项目
陕工职院	机械制造与自动化	5	13 000	200	1 100	405	2 422	6 380	650	488	1 245	110	
	材料成型与控制技术	5	13 500	600	850	400	1 230	8 300	1 550	150	340	80	
杨凌职院	农业生物技术	4	9 000	350	1 000	450	800	4 540	660	600	500	100	
	水利工程	4	11 000	760	1 530	500	990	4 410	1 280	630	840	60	
西航职院	飞机机电设备维修	4	9 800	70	800	300	560	6 910	320	140	600	100	
	无人机应用技术	4	7 970	315	720	225	950	3 652	1 278	270	460	100	
陕铁职院	高速铁道工程技术	4	13 000	1 270	1 971	660	1 395	5 370	1 420	164	710	40	
	城市轨道交通工程技术	4	11 000	800	1 400	700	1 300	4 000	1 650	500	600	50	
国防职院	机电一体化技术	5	12 000	100	1 465	145	980	5 550	1 650	120	1 840	150	
陕西职院	旅游管理	3	9 000	640	820	251	942	5 022	450	375	350	150	
能源职院	煤矿开采技术	4	13 500	1 440	1 860	580	1 580	5 430	930	590	1 030	60	200
咸阳职院	学前教育	3	10 200	320	1 150	500	800	4 500	1 900	280	500	50	200
合计		50	133 470	6 865	14 666	5 216	13 849	64 064	13 738	4 307	9 315	1 050	
最多		5	13 500	1 440	1 971	700	2 422	8 300	1 900	630	1 840	150	
最少		3	7 970	70	720	145	560	3 652	320	120	340	40	
平均(12)		4	11 100	572	1 222	434.7	1 154	5 338.7	1 144.8	359	776	87.5	

陕西8所"双高计划"建设学校和12个高水平专业群三级建设任务统计表

学校	建设总经费预算/亿元	学校建设任务/项			高水平专业群/个	专业群经费预算/亿元	专业群建设任务/项		
		一级	二级	三级			一级	二级	三级
陕工职院	8.2	10	40	715	机械制造与自动化	1.3	9	32	310
					材料成型与控制技术	1.35	9	30	337
杨凌职院	6.8	10	49	149	农业生物技术	0.9	9	30	264
					水利工程	1.1	9	37	135
西航职院	4.3	11	40	534	飞机机电设备维修	0.98	9	33	563
					无人机应用技术	0.797	9	29	655
陕铁职院	5	10	43	786	高速轨道工程群	1.3	9	32	479
					城市轨道交通	1.1	9	35	531
国防职院	3.15	10	28	540	机电一体化技术	1.2	9	24	390
陕西职院	3.1	10	42	317	旅游管理	0.9	9	27	455
能源职院	2.75	10	48	729	煤矿开采技术	1.35	9	38	327
咸阳职院	2.488	10	48	257	学前教育	1.02	10	35	138
合计/平均	35.888/4.411	/10	/42	/503	12	13.347/1.11	/9	382/31	/382

二、陕西8所"双高计划"建设学校预算经费概况

(一)"双高计划"建设学校预算经费概况

1. 概况

陕西共有8所高职院校入选"双高计划",其中,4所学校入选高水平学校建设,4所学校入选高水平专业群建设。"双高计划"建设专业群共12个,包含专业共50个。

从专业群布局看,入选的12个专业群覆盖了7个高职专业大类,布点最多的专业大类是装备制造大类和交通运输大类,分别有4个和3个,资源环境与安全大类、水利工程大类、生物与化工大类、旅游大类、教育与体育大类各有1个。

从产业布局看,专业群主要面向陕西省先进制造和交通运输的专业群分别有4个和3个,面向现代农业、水利、资源环境、现代服务业、现代学前教育的专业群各1个。

2. "双高计划"建设学校预算经费情况

一是陕西8所"双高计划"建设学校总投入35.888亿元。通过5.85亿元中央财政投入,带动地方6.956亿元、行业企业2.6581亿元、院校自筹20.4239亿元的经费投入。

二是8所院校投入最多的是陕西工业职业技术学院8.2亿元,最少的是咸阳职业技术学院2.488亿元,平均为4.41亿元;4所高水平院校平均投入6亿元,4所高水平专业群院校平均投入2.747亿元。项目建设必须要有足够的经费支持,但因各"双高校"

专业群所服务的产业、行业发展水平和要求不同,专业和学校的办学条件差异较大,在经费预算方面差异也较大。

三是按照教育部"双高计划"建设要求,经费主要用于党的建设、技术技能人才培养、技术技能创新服务平台、高水平专业群、双师队伍建设、校企协同、提升服务水平、提升内部治理能力、提升信息化水平、提升国际化水平、特色项目等十大方面任务建设。建设的重点是高水平专业群建设,通过高水平专业群建设提高办学效益,适应产业变化,提升服务产业的能力,服务企业转型升级,服务复合型人才培养,促进学生全面发展,扩大学生就业服务面。其中,12个高水平专业群建设经费投入最多,投入13.3470亿元,占总投入的37.2%;其次为打造技术技能创新服务平台,投入5.987亿元,占总投入的17%;打造技术技能人才培养高地、提升信息化水平投入分别为3.9743亿元和3.8486亿元,分别占总投入的11%和10.7%。

四是在十大建设任务中,预算投入差距最大的是打造技术技能创新服务平台和治理水平提升,预算最多的分别是杨凌职业技术学院18 610万元、陕西工业职业技术学院2 425万元,预算最少的是陕西能源职业技术学院仅为800万元、陕西国防工业职业技术学院仅为100万元,相差均为20多倍。

五是十大建设任务预算投入情况。

(1)加强党的建设。各校的建设方案和任务书中均列有3~5项二级任务和若干具体建设任务,但没有明确的预算经费投入。

(2)打造技术技能人才培养高地。投入39 743万元,占总资金的11%。投入最多的是陕西工业职业技术学院,为16 570万元;投入最少的是西安航空职业技术学院,仅为1 550万元,平均为4 967.9万元;建设任务有8~10项二级任务。

(3)打造技术技能创新服务平台。平均预算投入为7 484万元。投入最多的是杨凌职业技术学院,为18 610万元;投入最少的是陕西能源职业技术学院,仅为800万元,院校间差距20多倍。

(4)打造高水平专业群。12个高水平专业群建设经费投入最多,为13.3470亿元,占总经费的37.2%。预算投入平均为11 100万元。投入最多的是陕西工业职业技术学院材料成型与控制技术专业群和陕西能源职业技术学院煤矿开采技术专业群,均为13 500万元;投入最少的是西安航空职业技术学院无人机应用技术专业群,为7 970万元。

(5)打造高水平双师队伍。预算总投入为24 045万元,占比7%。平均为3 004万元。投入最多的是杨凌职业技术学院,为6 150万元;投入最少的是咸阳职业技术学院,为1 400万元。

(6)提升校企合作水平。预算投入平均为3 325万元。投入最多的是陕西职业技术学院,为5 000万元;投入最少的是陕西能源职业技术学院,仅为625万元。

(7)提升服务发展水平。预算投入平均为1 946万元。投入最多的是陕西工业职业技术学院,为5 605万元;投入最少的是陕西能源职业技术学院,仅为480万元。

（8）提升学校治理能力。平均预算投入为570万元。投入最多的是陕西工业职业技术学院，为2 425万元；投入最少的是陕西能源职业技术学院，仅为100万元，最多和最少相差较大，为24倍多。

（9）提升信息化水平。平均预算为4 810万元。投入最多的是杨凌职业技术学院，为10 700万元；投入最少的是陕西铁路工程职业技术学院，为2 396万元。

（10）提升国际化水平。平均预算为927万元。投入最多的是陕西工业职业技术学院，为2 075万元；投入最少的是西安航空职业技术学院，仅为360万元。

(二)12个高水平专业群建设预算经费概况

1. 概况

高水平专业群建设是"双高校"建设的重点。通过高水平专业群建设，一是为了更好地提升专业服务产业的能力，服务企业转型升级，服务国家发展战略；二是对接产业高端和高端产业，有效培养高素质复合型技术技能型人才；三是扩大学生就业服务面，解决单一专业就业面小、就业难等问题。

8所院校共建设12个高水平专业群，涉及7个大类；群内专业涉及12个专业大类、50个专业，且有8个专业群跨专业大类组群，同时带动各"双高校"以群建院，促进其他专业发展。

2. 预算经费投入情况

在12个高水平专业群中，平均经费预算投入为11 100万元。投入最多的是陕西工业职业技术学院材料成型与控制技术专业群和陕西能源职业技术学院煤矿开采技术专业群，均为13 500万元；其次是陕西工业职业技术学院机械制造专业群和陕西铁路工程职业技术学院高速铁道专业群，均为13 000万元；投入最少的是西安航空职业技术学院无人机技术专业群，仅为7 970万元。有4个专业群预算经费投入低于平均水平，包括西安航空职业技术学院2个专业群、陕西职业技术学院1个专业群、杨凌职业技术学院1个专业群。

每个高水平专业群均有9项一级任务。其中，实践教学基地项目预算经费投入最多，为64 064万元，占专业群总投入的47.99%；其次是课程资源建设和教师教学创新团队建设、技术技能创新平台建设，分别为14 666万元、13 849万元和13 738万元，分别占11%、10.4%和10.3%。投入最少的是发展保障机制，仅为1 050万元，占0.7%，平均为87.5万元。

陕西工业职业技术学院材料成型与控制技术专业群实践教学基地项目投入最多，为8 300万元(61.5%)；西安航空职业技术学院无人机专业群实践教学基地项目投入最少，为3 652万元(45.8%)。实践教学基地项目投入占比最高的是西安航空职业技术学院飞机机电设备维修专业群实践教学基地项目，投入6 910万元，占专业群总预算9 800万元的70.5%；占比最少的是陕西铁路工程职业技术学院城市轨道交通专业群实践教学基地项目，投入4 000万元，占专业群总预算11 000万元的36.3%。

预算经费投入差距最大的是人才培养模式创新项目。投入最多的是陕西能源职业技术学院的煤矿开采技术专业群,为 1 440 万元;投入最少的是西安航空职业技术学院飞机机电设备维修专业群,仅为 70 万元,相差 20 多倍。

三、陕西 8 所"双高计划"建设学校和高水平专业群建设任务

1. 8 所"双高计划"学校建设任务

一是 8 所院校平均一级任务 10 项、二级任务 40 多项、三级任务 150~780 项。

二是有 7 所院校一级任务均相同,均为 10 项;唯有西安航空职业技术学院的一级任务为 11 项,除 10 项与其他院校相同外,多了一项院校特色项目(打造军民融合"标杆校",预算投入 7 090 万元)。

三是学校建设三级任务设置中各校设置不均衡,最多的有 780 多项,最少的仅有 150 多项,主要是因为统计口径不同所致。

2. 12 个高水平专业群建设任务

一是 12 个高水平专业群平均一级任务 9 项、二级任务 30 多项、三级任务 130~650 项。

二是有 11 个专业群一级任务均相同,均为 9 项;唯有咸阳职业技术学院的一级任务为 10 项,除 9 项与其他院校相同外,多了一项院校特色项目(专业群文化建设,预算投入 200 万元)。

三是在高水平专业群建设三级任务设置中,各校设置不均衡,最多的有 650 多项,最少的仅有 130 多项,主要是因为统计口径不同所致,有的任务相对细小、具体,有的任务相对宏观一些。